Устойчивая инфраструктура для низкоуглеродного развития в Центральной Азии и на Кавказе

АНАЛИЗ ТЕКУЩЕЙ СИТУАЦИИ И ОПРЕДЕЛЕНИЕ ПОТРЕБНОСТЕЙ

ОЭСР
ЛУЧШАЯ ПОЛИТИКА ДЛЯ ЛУЧШЕЙ ЖИЗНИ

Данная работа публикуется под ответственность Генерального Секретаря ОЭСР. Изложенные в ней мнения и приводимая аргументация могут не отражать официальных взглядов правительств стран – членов ОЭСР.

Настоящий документ и любые содержащиеся в нем данные и карты не затрагивают статуса территорий и их суверенитета, делимитацию государственных границ и пограничных линий, а также названия территорий, городов и областей.

Статистические данные по Израилю предоставлены компетентными органами Израиля под их ответственность. Использование этих данных ОЭСР не является отражением предвзятого отношения к статусу Голанских высот, Восточного Иерусалима и израильских поселений на Западном берегу согласно нормам международного права.

Примечание Турции: Информация, представленная в этом документе относительно «Кипра», касается южной части этого острова. Единый орган власти, который бы представлял как турецких, так и греческих киприотов, населяющих остов, отсутствует. Турция признает Турецкую Республику Северного Кипра. До тех пор, пока долговременное и равноправное решение не будет найдено в контексте ООН, Турция будет продолжать придерживаться этой позиции по «Кипрскому вопросу».

Примечание стран-членов ОЭСР, являющихся членами Европейского Союза, и Европейского Союза: Республика Кипр признана всеми членами ООН, кроме Турции. Информация, представленная в этом документе, касается территории, которая находится под действующим контролем правительства Республики Кипр.

При цитировании просьба ссылаться на настоящую публикацию:
OECD (2020), *Устойчивая инфраструктура для низкоуглеродного развития в Центральной Азии и на Кавказе: анализ текущей ситуации и определение потребностей* , OECD Publishing, Paris, *https://doi.org/10.1787/edba62eb-ru*.

ISBN 978-92-64-78144-3 (печатное издание)
ISBN 978-92-64-76491-0 (pdf)

Sustainable Infrastructure for Low-Carbon Development in Central Asia and the Caucasus

Сведения об авторах фото: Cover © mika48/Shutterstock.com.

Опечатки, которые имеются в опубликованных материалах, можно найти, пройдя по ссылке *www.oecd.org/about/publishing/corrigenda.htm*.

Предисловие

Данный проект осуществляется в рамках Международной климатической инициативы (МКИ). Федеральное министерство окружающей среды, охраны природы и ядерной безопасности (BMU) поддерживает эту инициативу по решению, принятому бундестагом Германии.

Данный доклад подготовлен по программе GIZ «Развитие потенциала климатической политики стран Юго-Восточной и Восточной Европы, Южного Кавказа и Центральной Азии, III фаза».

Как поставщик услуг, осуществляющий деятельность в сферах международного сотрудничества для устойчивого развития и просвещения на международном уровне, GIZ совместно со своими партнерами разрабатывает результативные решения, которые предлагают людям более благоприятные перспективы и улучшают на устойчивой основе условия их жизни. GIZ представляет собой федеральное предприятие по обеспечению общественных интересов, которое оказывает поддержку правительству Германии и целому ряду клиентов государственного и частного секторов по широкому кругу направлений деятельности, в частности, таких как экономическое развитие и содействие занятости, энергия и окружающая среда, мир и безопасность.

Настоящий доклад подготовлен под руководством Куми Китамори и Виржини Маршал. Основными авторами являются Дуглас Херрик, Алин Хорж, Виржини Маршал и Андрей Смирнов. Авторы выражают благодарность Наталье Чумаченко за перевод на русский язык, Адаю Ныгманову за помощь в подготовке русской версии и Лупите Джохансон за помощь в подготовке публикации.

Данный доклад был представлен на Ежегодном совещании Специальной рабочей группы по «зеленым» действиям 2019 году, где свой вклад в виде предложений внесли члены Специальной рабочей группы по «зеленым» действиям, Директората по охране окружающей среды ОЭСР, Секретариата глобальных связей ОЭСР, Германского агенства международного сотрудничества (GIZ), Банка развития Казахстана, Государственного комитета по охране окружающей среды и лесному хозяйству Кыргызской Республики, Министерства экономического развития и торговли Республики Таджикистан, Межгосударственной комиссии по устойчивому развитию Центральной Азии, а также Министерства экономики и промышленности Республики Узбекистан.

Содержание

Таблицы

No table of figures entries found.

Рисунки

В помощь читателю

В данном отчете представлены основные результаты анализа сильных и слабых сторон институциональных основ стратегического планирования устойчивой инфраструктуры, существующих в восьми странах Центральной Азии и Кавказа (Азербайджане, Грузии, Казахстане, Кыргызской Республике, Монголии, Таджикистане, Туркменистане и Узбекистане). В нем также приводится перечень инфраструктурных проектов, планируемых и строящихся, в этом регионе для оценки того, в какой мере планы в отношении инфраструктуры согласуются с долгосрочными целями в области развития, климата и окружающей среды.

В **главе 1** проводится обзор проблем и возможностей, связанных с инвестициями в инфраструктуру в этом регионе.

В **главах 2–9** представлены страновые профили, которые состоят из трех компонентов:

1. **оперативная оценка** проблем и возможностей, связанных с инвестициями, климатом и инфраструктурой;
2. **анализ** актуальных инфраструктурных проектов, которые определяются как инфраструктурные проекты (планируемые и строящиеся) с потенциально высоким экологическим, социальным и экономическим эффектом;
3. **обзор** сильных сторон и недостатков существующей основы стратегического планирования инфраструктуры.

В связи с тем, что доступные данные ограничены, значения данных о восьми странах, включенных в настоящее исследование, не всегда сопоставимы. Авторы приводят самые последние имеющиеся значения данных и, насколько это возможно, в случае каждого сектора используют одинаковые источники. Если это было возможно, включались другие значения данных национальных статистических ведомств за последний имеющийся год.

База данных

В исследовании используется база данных инфраструктурных проектов, созданная ОЭСР. Эта база данных охватывает восемь стран (Азербайджан, Грузию, Казахстан, Кыргызскую Республику, Монголию, Таджикистан, Туркменистан и Узбекистан) и следующие пять отраслей:

- **Транспортная отрасль** (в частности, аэропорты, автомобильные дороги, железные дороги, транспортные узлы для смешанных перевозок, транспортно-логистические центры).
- **Энергетика** (в частности, проекты выработки электроэнергии, передачи и распределения электроэнергии, разведки и добычи нефти и газа, нефте- и газопроводов).
- **Промышленность** (в частности, проекты обрабатывающей промышленности, относящиеся к черной металлургии, цементные заводы, нефтехимические заводы, заводы металлоизделий, заводы по производству кокса и продуктов нефтепереработки).

- **Горнодобывающая промышленность** (в частности, добыча руд металлов, таких как золото, хром, медь, цинк, железно, олово, уран).
- **Водное хозяйство** (в частности, проекты водоснабжения, водохозяйственных сооружений, ирригации и дренажа, мелиорации).

База данных охватывает планируемые, строящиеся и завершенные инфраструктурные проекты за период 2000-2018 годов, и в ней используются следующие источники информации:

- **Веб-сайты следующих международных финансовых организаций и банков развития стран**: Азиатский банк развития (АБР); Азиатский банк инфраструктурных инвестиций (АБИИ); Европейский банк реконструкции и развития (ЕБРР); Европейский инвестиционный банк (ЕИБ); Черноморский банк торговли и развития (ЧБТР); Экспортно-импортный банк Китая (ЭИБК); Банк развития Казахстана (БРК); Международный Валютный Фонд (МВФ); Фонд международного развития ОПЕК (Фонд ОПЕК); Всемирный банк; *Kreditanstalt für Wiederaufbau* (KfW).
- **Агентства по содействию инвестициям**: «Инвестиции в Монголию»; «Инвестиции в Казахстан»; «Инвестиции в Узбекистан»; «Инвестиции в Таджикистан»; Агентство по продвижению и защите инвестиций при Министерстве экономики Кыргызской Республики; «Инвестиции в Грузию».
- **Коммерческие базы данных**: Bloomberg New Energy Finance, Dealogic, IJGlobal, Thomson ONE.
- **Общедоступные наборы данных:** Центр стратегических и международных исследований – Восстановление связей Азии; База данных о транспорте ВП; AidData.
- **Прочие источники**: Sourcewatch; Институт экономики энергетики и финансового анализа (ИЭЭФА); Форум по формирующимся рынкам; База данных о кредитах КСР/ОЭСР; Фонд совместных инвестиций Грузии; Программа центральноазиатского регионального экономического сотрудничества (ЦАРЭС); Международный центр по вопросам налогообложения и инвестиций (МЦНИ).

Следует отметить, что оценки в отношении инфраструктуры, основанные на этой базе данных, являются неопределенными, поскольку данные об инфраструктурных инвестициях официально не отслеживаются и не собираются на национальном и субнациональном уровнях. Полные сопоставимые данные об инфраструктурных инвестициях на уровне стран не отслеживаются на систематической основе. При том что коммерческие базы данных и веб-сайты дают интересную картину текущих проектов и инвестиций, анализ не является полным, и в нем возможны некоторые неточности. Данные следует интерпретировать как указывающие на общие тенденции, а не обозначающие точные объемы инвестиций. Основные источники неопределенностей связаны со следующими методологическими трудностями:

- **Сопоставимость данных** из разных источников информации: отсутствуют гармонизированные определения секторов и статуса проектов (планируемый, строящийся, приостановленный) в базах данных.

- **Двойной счет проектов и их стоимости**: отдельные инфраструктурные проекты могут быть внесены в рассматриваемую базу данных несколько раз как потому, что строительство состоит из нескольких фаз, так и потому, что компоненты одного трансграничного проекта отнесены к регистрам двух или более стран. База данных неоднократно анализировалась для исключения повторяющихся записей в отношении отдельных инфраструктурных проектов из разных источников данных, но двойной счет в определенной мере может по-прежнему сохраняться.

- **Заниженная стоимость некоторых инфраструктурных проектов (маломасштабных, в которых ведущую роль играет частный сектор):** в настоящем исследовании анализ объема проектов проводится на основе проектов стоимостью более 10 млн долл. США. Также возможен значительный разрыв данных об объеме финансирования инфраструктурных проектов, которые не поддерживаются многосторонними банками развития, поскольку данные о частных инвестициях зачастую конфиденциальны или с ними можно ознакомиться только в коммерческих базах данных.

- **Точность статуса проектов:** Некоторые проекты могут быть отнесены к неверным категориям, поскольку имеющаяся информация на уровне проектов, особенно об их статусе, ограничена. Базы данных не обновляются в режиме реального времени, а статус инфраструктурных проектов регулярно меняется. Классификация проектов менялась, когда неточности обнаруживались благодаря комментариям представителей стран и сообщениям средств массовой информации. В категориях статуса проектов отражен статус, данные о котором были представлены в базу данных по состоянию на июль 2019 года.

Выбор актуальных проектов

Актуальные проекты означают инфраструктурные проекты, потенциально высокоэффективные с точки зрения экономических, экологических и социальных результатов. Выбор этих проектов осуществлялся по четырем критериям:

- **Масштаб:** объем денежных средств в долларах, инвестируемый в инфраструктурный проект, служит дублирующим показателем потенциальных экономических и социальных выгод, или рисков, связанных с рассматриваемым проектом (создания рабочих мест, ПИИ). В базу данных включены только крупномасштабные инфраструктурные проекты минимальной стоимостью 10 млн долл. США.
- **Экологический эффект**: Этот критерий отражает то, в какой мере инвестиции в инфраструктуру способствуют достижению экологических целей страны. К проектам с потенциально высоким экологическим эффектом относятся:

  (a) проекты, которые оказывают отрицательное воздействие на окружающую среду и не совместимы с низкоуглеродным будущим (например, угольные электростанции);

  (b) проекты, которые оказывают положительное воздействие на окружающую среду и помогают странам проводить работу в отношении будущего с низкими уровнями выбросов (например, в области возобновляемых источников энергии);

  (c) проекты, которые потенциально могут оказывать весьма сильное воздействие на окружающую среду ввиду своего масштаба и воздействия на ландшафты (например, крупные проекты гидроэнергетики, железнодорожные линии, автомобильные дороги).
- **Эффект в отношении связности**: В этом регионе имеется немало возможностей для повышения связности с остальным миром. То, в какой мере проект способствует повышению региональной связности и интеграции, а также связности и интеграции внутри страны, служит дублирующим показателем потенциальной экономической пользы от него.
- **Статус проекта**: Категориями статуса проектов в базе данных являются: «планируемые», «строящиеся», «завершенные» или «аннулированные». По этому критерию большую ценность имеют проекты, в случае которых у правительства еще имеется возможность влиять на отрицательное воздействие, которое проект оказывает на дальнейшее развитие, путем отмены проекта, его тщательной оценки или перепланирования, или смягчать такое отрицательное воздействие. Такими категориями являются «планируемые» и «строящиеся». На основе имеющейся информации, полученной из различных баз данных и от партнеров по развитию, статус проектов отнесет к разным категориям.

Стандарты устойчивой инфраструктуры

Приложение 1 направлено на повышение уровня информированности директивных органов, органов по планированию инфраструктуры и ответственных должностных лиц о различных доступных способах и инструментарии, которые помогут им лучше интегрировать Повестку дня в области устойчивого развития до 2030 года, а также цели в области климата и развития в свое стратегическое планирование инфраструктуры и процесс принятия решений в отношении инфраструктуры. В нем приводится перечень отдельных международных принципов, стандартов и инструментов, применимых к устойчивой инфраструктуре, при этом особое внимание уделяется стандартам и принципам ОЭСР.

Резюме отчета

В большинстве стран Центральной Азии и Кавказа[1] последние два десятилетия наблюдается беспрецедентный экономический рост в результате рыночных реформ и преимуществ сравнительно высоких цен на такие биржевые товары, как углеводороды и металлы. В настоящее время они стремятся диверсифицировать свою экономику и интегрироваться в глобальные цепочки создания стоимости, с тем чтобы защититься от волатильности цен на биржевые товары, но после десятилетий недостатка инвестиций их существующая инфраструктура не справляется со своей ролью содействия всеобъемлющему экономическому развитию и связности региона (см. Рисунок 1).

По оценкам Азиатского банка развития, необходимы инвестиции в размере около 492 млрд долл. США (или 565 млрд долл. США с учетом необходимых инвестиций, связанных с изменением климата), или 33 млрд долл. США ежегодно до 2030 года[2]. Транспортная инфраструктура требует наибольшего объема инвестиций: страны Центральной Азии относятся к числу наименее интегрированных в мире с экономической точки зрения из-за низкой плотности населенных пунктов и низкой экономической активности, узких мест в инфраструктуре, изнашивающихся автодорожных и железнодорожных сетей и больших расстояний до крупных рынков, а также многочисленных нормативных барьеров и барьеров в области политики для трансграничных потоков. Когда эти страны продолжают проводить реформы в области политики, направленные на диверсификацию экономики, ориентированную на рынок, необходимость результативной ценной инфраструктуры имеет важное значение.

[1] В отчете рассматриваются пять центральноазиатских бывших советских республик (Казахстан, Кыргызская Республика, Таджикистан, Туркменистан и Узбекистан) плюс Монголия, Азербайджан и Грузия.

[2] ADB (2017), *Meeting Asia's Infrastructure Needs*, Asian Development Bank, Manila, https://www.adb.org/sites/default/files/publication/227496/special-report-infrastructure.pdf.

Рисунок 1. Качество инфраструктуры в отдельных странах Центральной Азии и Кавказа

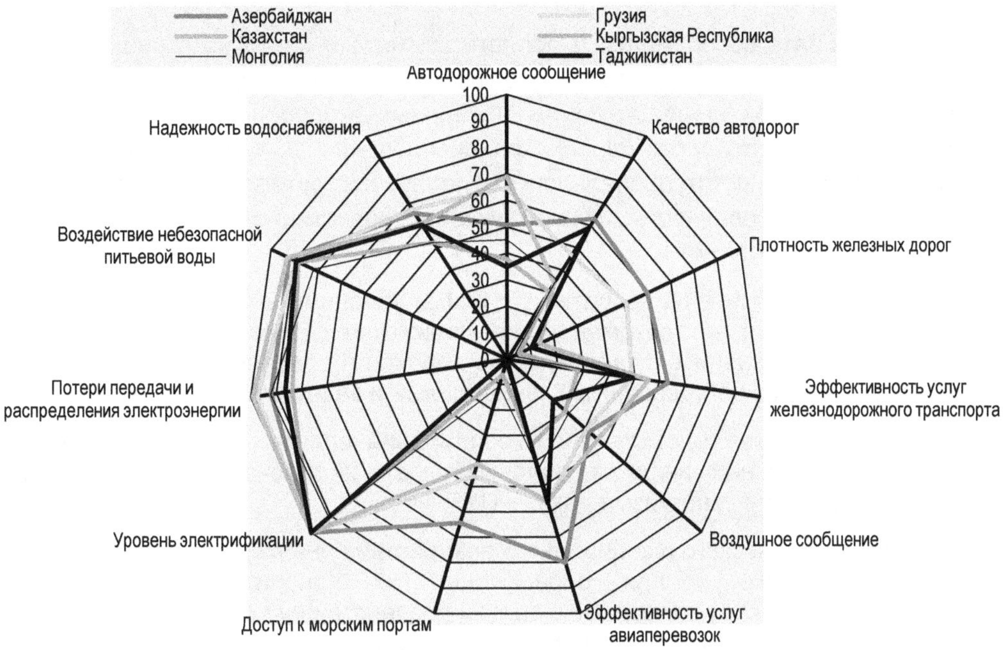

Источник: World Economic Forum (2017[1]), *The Global Competitiveness Report 2017-2018*, World Economic Forum, http://www3.weforum.org/docs/GCR2017-2018/05FullReport/TheGlobalCompetitivenessReport2017%E2%80%932018.pdf

Помимо инвестиций в инфраструктуру в отдельных странах, важное место в повестке дня в области экономического развития большинства стран с формирующимся рынком Европы и Азии занимает региональная связность. Существуют различные инициативы и планы по повышению связности и интеграции Европы и Азии. К ним относятся инициатива ТРАСЕКА ЕС, инициатива Китая «Один пояс, один путь» (ОПОП) и поддерживаемый США проект «Новый шелковый путь», а также различные проекты, инициированные Индией, государствами Центральной Азии и другими субъектами для содействия связности региона, такие как Международный транспортный коридор Север – Юг и предлагаемые коридоры ЦАРЭС, поддерживаемые Азиатским банком развития. Эти инициативы служат возможностью поддержать инфраструктурные проекты, отвечающие целям устойчивого развития, или могут привести к замыканию на углеродоемких технологиях и неустойчивых моделях развития на многие десятилетия.

Многие планируемые и строящиеся инфраструктурные проекты в этом регионе еще не способствуют в полной мере достижению долгосрочных целей стран в области развития и климата. Транспортные проекты хорошо интегрированы в региональные инициативы и в долгосрочной перспективе могут повысить связность этого региона, но их влияние на внутреннюю связность, местное развитие, окружающую среду и благосостояние остается неопределенным. В энергетике и промышленном секторе проекты зачастую сохраняют существующее положение дел, усиливая зависимость региона от ископаемого топлива и добычи полезных ископаемых и ограничивая диверсификацию экономики. В странах — экспортерах ископаемого топлива инвестиции в технологии, согласующиеся с долгосрочными траекториями декарбонизации (например, возобновляемые источники энергии), по-прежнему незначительны. В странах, которые опираются в основном на гидроэнергетику для выработки электроэнергии, планируемые инвестиции зачастую еще более укореняют зависимость от водных ресурсов, несмотря на потенциальную долгосрочную угрозу, которую изменение климата представляет для водных систем региона, особенно уязвимого по отношению к воздействию изменения климата.

Необходимо интегрировать соображения в области климата и развития в решения и стратегии относительно инфраструктурных инвестиций, что требует принятия мер по многим направлениям: от планирования устойчивой инфраструктуры начальных этапов производственного цикла до определения приоритетности проектов, их финансирования и осуществления. Следующие улучшения существующей институциональной структуры и стратегических документов помогут странам повысить согласованность существующих инвестиционных планов со своими долгосрочными задачами развития:

- Разработка стратегий развития с низкими уровнями выбросов на период до середины века, как рекомендуется Парижским соглашением, с тем чтобы можно было оценить существующие проекты и среднесрочные стратегии в соотнесении с долгосрочными концепциями и задачами;
- Повышение межведомственной координации для разработки комплексных межсекторальных инфраструктурных стратегий с учетом компромиссных соотношений и синергизма разных ЦУР;
- Учет экологического и социального воздействия инфраструктурных проектов в их оценке и при определении их приоритетности благодаря систематическому проведению оценки воздействия на окружающую среду, а также утверждению и выполнению международных стандартов в отношении устойчивой инфраструктуры (см. приложение);
- Повышение потенциала на всех уровнях государственного управления в отношении планирования, проверки, подготовки и осуществления проектов устойчивой инфраструктуры.

Глава 1. Устойчивая инфраструктура в Центральной Азии: проблемы и возможности

В настоящей главе представлена региональная обстановка инфраструктурных инвестиций в Центральной Азии и на Кавказе, включая несоответствие между растущими инфраструктурными потребностями и вялыми инвестиционными потоками, а также обсуждены возникающие проблемы для торговой интеграции и региональной взаимосвязанности. Описываются региональные инициативы инфраструктурного развития, в том числе коридоры ЦАРЕС и инициатива «Один пояс, один путь», и их возможная роль в улучшении взаимосвязанности. В данной главе также обсуждены роль инвестиций частного сектора, риски, связанные с изменением климата и возможности текущих схем инфраструктурных инвестиций. И в заключение, представлена нынешняя структура инфраструктурных инвестиций в восьми странах Центральной Азии и Кавказа (в Азербайджане, Грузии, Казахстане, Кыргызской Республике, Монголии, Таджикистане, Туркменистане, Узбекистане), уделяя особое внимание на транспортном и энергетическом секторах.

1.1. Дефицит инфраструктуры

Некачественная инфраструктура мешает региональной интеграции и связности, а также экономическому развитию

Несмотря на повышенные уровни инфраструктурных инвестиций в последние годы, дефицит инфраструктуры в странах Центральной Азии и Кавказа остается высоким, что препятствует дальнейшему развитию торговли и экономики. Необходимые инвестиции в этом регионе составляют 492 млрд долл. США (6,8 процента ВВП), или в среднем 33 млрд долл. США в год в период 2016-2030 годов (Таблица 1.1). С учетом корректировок, связанных с изменением климата, этот дефицит увеличивается до 7,8 процента ВВП (Fay et al., 2019[1]). В 1990-х годах и большую часть 2000-х годов расходы на инфраструктуру в Центральной Азии обычно были на уровне ниже 0,5 процента ВВП, что значительно меньше международных тенденций, особенно в случае стран с высокими темпами роста (Fay et al., 2019[1]). Текущие расходы составляют приблизительно 4 процента ВВП и должны быть увеличены.

Таблица 1.1. Оцениваемая необходимая инфраструктура в разрезе регионов в 2016-2030 годы (в миллиардах долларов США в ценах 2015 года)

	Прогнозируемый годовой прирост ВВП	Базисные оценки			Оценки, скорректированные с учетом климата		
		Необходимые инвестиции	Среднее годовое	Необходимые инвестиции в процентах ВВП	Необходимые инвестиции	Среднее годовое	Необходимые инвестиции в процентах ВВП
Центральная Азия и Кавказ	3,1	492	33	6,8	565	38	7,8
Восточная Азия	5,1	13 781	919	4,5	16 062	1 071	5,2
Южная Азия	6,5	5 447	365	7,6	6 347	423	8,8
Юго-Восточная Азия	5,1	2 759	184	5,0	3 147	210	5,7
Тихоокеанский регион	3,1	42	2,8	8,2	46	3,1	9,1
Всего Азия и Тихоокеанский регион	**5,3**	**22 551**	**1 503**	**5,1**	**26 166**	**1 744**	**5,9**

Источник: ADB (2017[2])(2017), *Meeting Asia's Infrastructure Needs*, Asian Development Bank, Manila, https://www.adb.org/sites/default/files/publication/227496/special-report-infrastructure.pdf

Низкие уровни инвестиций в инфраструктуру в регионе Центральной Азии и Кавказа длительный период трансформировались в ограниченную региональную интеграцию и слабое участие в глобальных цепочках создания стоимости (ГЦСС). Внутрирегиональная торговля в Центральной Азии составляет 5 процентов совокупной торговли стран — экспортеров нефти (ITF, 2019[3]) и 15 процентов совокупной торговли стран — импортеров нефти этого региона (Kunzel et al., 2019[4]), что весьма мало по международным стандартам и не выдерживает сравнения с экспортом внутри Азии и внутри Европы, который составляет, соответственно, 59 процентов и 69 процентов (Sow, 2018[5]). Хотя в последние годы открытость торговли незначительно повысилась, открытость региона в целом уменьшается из-за отсутствия инфраструктуры и того, что торговля сконцентрирована на нескольких продуктах, а также общего делового климата и валютных ограничений (Vera-Martin et al., 2019[6]). Эти факторы также привели к замедленному расширению участия в ГЦСС. Низкий уровень участия в ГЦСС чаще имеет место в случае стран — экспортеров нефти региона, поскольку они экспортируют в основном сырье, такое как топливо (UNESCAP, 2015[7]).

Увеличившийся объем трансевразийских сухопутных перевозок, который с 2011 года представлен более чем 6 000 поездами, осуществляющими перевозки товаров по евразийскому материку, может стать важным поворотным моментом в повышении торговой интеграции Центральной Азии и Кавказа (AIIB, 2019[8]). Ввиду того, что в последние годы Китай утвердился в качестве более крупного субъекта в сетях ГЦСС и в настоящее время торговля Китая с Европой составляет в среднем более 1 млрд долл. США в сутки, у стран имеются возможности в таких отраслях, как промышленные и потребительские товары, текстиль, станки и оборудование (Kunzel et al., 2019[4]). Открытость торговли и участие в ГЦСС, а также диверсификация экспорта и улучшение качества продукции могут повысить уровни доходов стран Центральной Азии и Кавказа на 5-10 процентных пунктов в следующие 5-10 лет (Kunzel et al., 2019[4]).

В целом, связность стран Центральной Азии и Кавказа зависит от того, насколько выгодное положение они занимают в глобальных логистических сетях, инфраструктуре и услугах. В регионе имеются широкие возможности повышения связности с остальным миром. Согласно одному из показателей связности (который определяется с точки зрения доступа к глобальному ВВП), дефицит связности стран Центральной Азии, не имеющих выхода к морю, равен приблизительно 50 процентам связности Германии, показатели которой являются одними из лучших, на Кавказе ситуация несколько лучше (см. Рисунок 1.1). Такой низкий уровень связности отчасти обусловлен большим расстоянием между этими странами и глобальными экономическими центрами, а также отсутствием эффективного малозатратного морского транспортного сообщения (ITF, 2019[3]).

Логистические показатели стран Центральной Азии резко отклоняются от показателей других аналогичных стран, что ведет к их ограниченному участию в региональных и глобальных цепочках создания стоимости (см. Рисунок 1.2). Стоимость перевозки контейнера сухопутным маршрутом через Казахстан составляет более 8 000 долл. США за единицу, эквивалентную двадцати футам (ЕЭД), а морская перевозка стоит лишь 1 161 долл. США за 1 ЕЭД. В отличие от других частей Азиатско-Тихоокеанского региона, инвестиции в Центральную Азию редко участвуют в глобальных производственно-сбытовых цепочках из-за отсутствия регионального сотрудничества и транспортной инфраструктуры, а также проблем, связанных с пересечением границ (ADBI, 2014[9]). Так, на иностранные инвестиции в отрасли, кроме добывающих отраслей, приходится лишь 18 процентов совокупного портфеля ПИИ в Центральной Азии, тогда как глобальные уровни составляют 42 процента (BCG, 2018[10]).

Рисунок 1.1. Глобальная связность

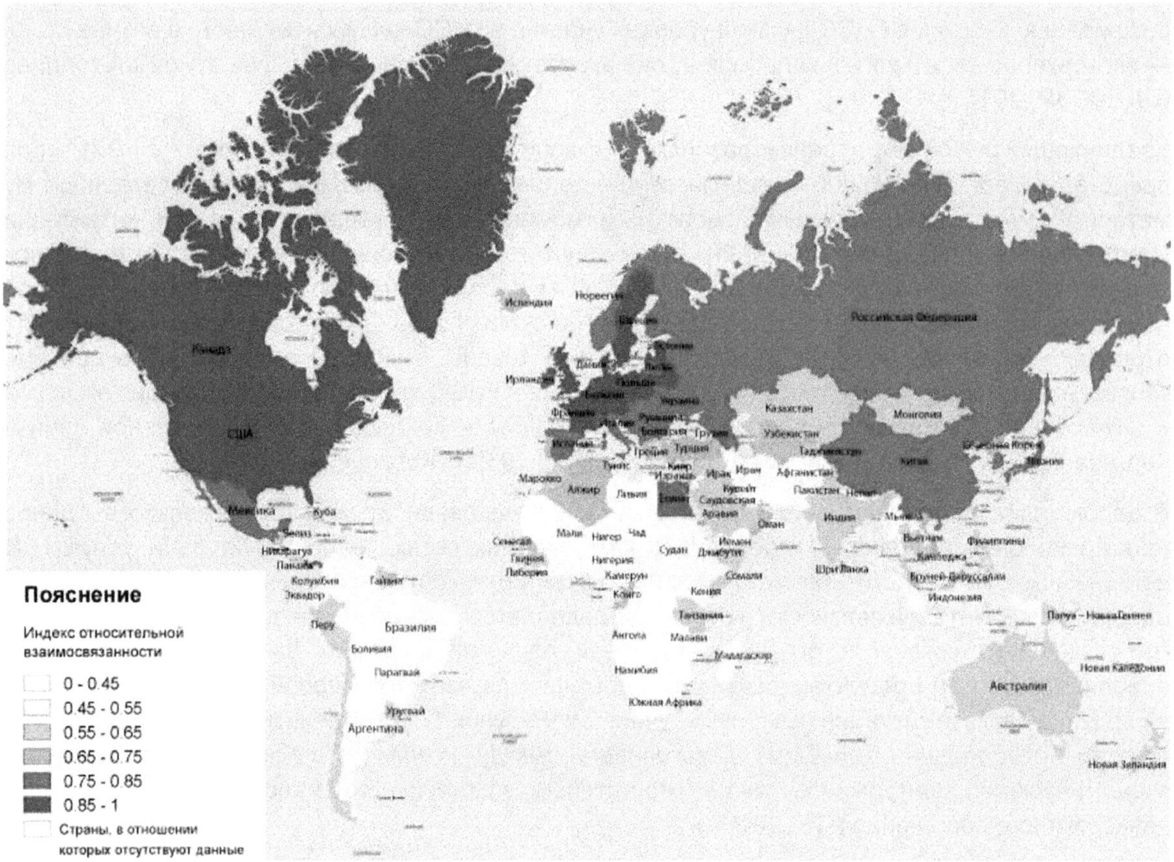

Примечание: Статистические данные по Израилю предоставлены компетентными органами Израиля под их ответственность. Использование этих данных ОЭСР не является отражением предвзятого отношения к статусу Голанских высот, Восточного Иерусалима и израильских поселений на Западном берегу согласно нормам международного права.

Примечание Турции: Информация, представленная в этом документе относительно «Кипра», касается южной части этого острова. Единый орган власти, который бы представлял как турецких, так и греческих киприотов, населяющих остов, отсутствует. Турция признает Турецкую Республику Северного Кипра. До тех пор, пока долговременное и равноправное решение не будет найдено в контексте ООН, Турция будет продолжать придерживаться этой позиции по «Кипрскому вопросу».

Примечание стран-членов ОЭСР, являющихся членами Европейского Союза, и Европейского Союза: Республика Кипр признана всеми членами ООН, кроме Турции. Информация, представленная в этом документе, касается территории, которая находится под действующим контролем правительства Республики Кипр.

Источник: ITF (2019[3]), "Enhancing Connectivity and Freight in Central Asia", International Transport Forum Policy Papers, No. 71, OECD Publishing, Paris

Рисунок 1.2. Логистические издержки и открытость торговли

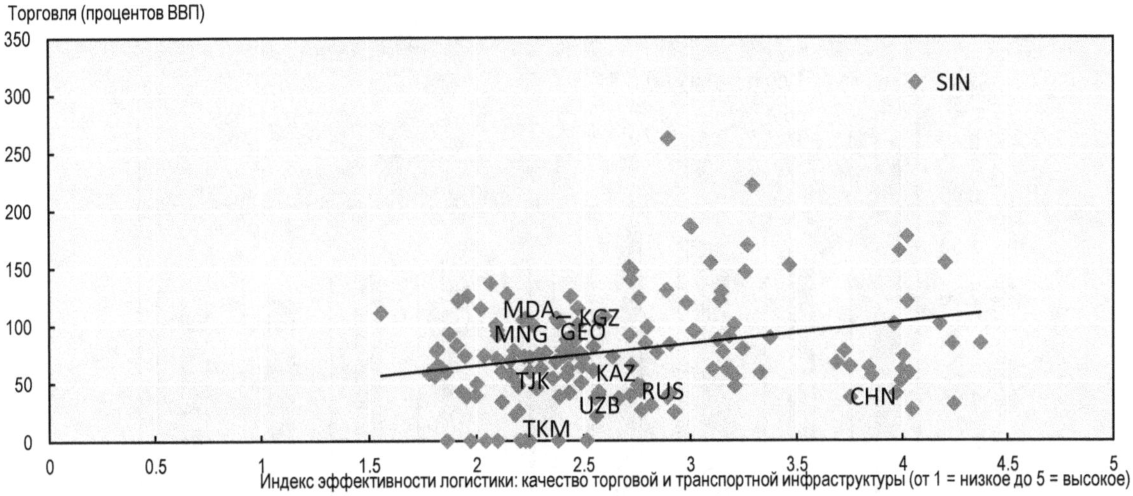

Источник: World Bank (2018[11]), *Logistics Performance Index* (база данных), https://lpi.worldbank.org/international/aggregated-ranking; World Bank (2019[12]), *Показатели мирового развития (база данных)*, Всемирный банк, https://data.worldbank.org/

Хотя в последние годы большинство стран Центральной Азии и Кавказа повысили эффективность своей логистики согласно показателю «качество инфраструктуры» (например, портов, автомобильных дорог, аэропортов, информационных технологий) *индекса эффективности логистики*, который составляет Всемирный банк, многочисленные узкие места, связанные с инфраструктурой, сохраняются. С 2010 года по 2018 год Узбекистан демонстрировал более высокие показатели, чем другие страны этого региона, за ним следовали Казахстан и Кыргызская Республика (см. Рисунок 1.3). Показатель Казахстана снизился с 2,66 в 2010 году до 2,55 в 2018 году по шкале от 1 (худшая) до 5 (лучшая). При том что Монголия улучшила свой показатель по сравнению с 2010 годом, ее инфраструктура воспринимается как самая слабая в регионе. В целом, некачественная инфраструктура ведет к высоким транспортным издержкам, что мешает конкурентоспособности. За некоторыми исключениями, такими как Азербайджан и Грузия, страны этого региона по-прежнему сталкиваются с некоторыми серьезными недостатками, связанными с инфраструктурой, что находит отражение в различных показателях инфраструктуры и оценках восприятия (Таблица 1.2). Эти недостатки также являются результатом ненадлежащих условий для инвестиций.

Рисунок 1.3. Показатель инфраструктуры индекса эффективности логистики Всемирного банка

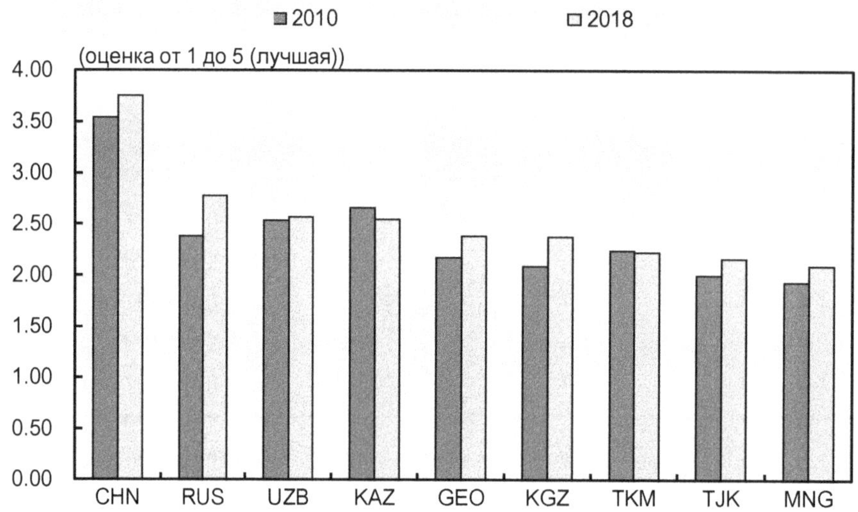

Источник: World Bank (2018[11]), *Logistics Performance Index* (база данных), https://lpi.worldbank.org/international/aggregated-ranking

В том, что касается энергетики, большинство стран достигли всеобщего доступа к электроснабжению, исключение составляет Монголия. Однако качество активов энергетической инфраструктуры обычно является низким из-за недостатка инвестиций в текущий ремонт и содержание, а также замену существующих мощностей последнее десятилетие: потери в энергосистеме являются высокими, и часто имеют место прекращения подачи электроэнергии. Во многих странах основным источником энергии остаются уголь и прочее ископаемое топливо, что ведет к высоким выбросам парниковых газов и низкому качеству атмосферного воздуха в городах, например, Казахстана и Монголии.

Таблица 1.2. Отдельные показатели инфраструктуры стран Центральной Азии и Кавказа

	Азербайджан	Грузия	Казахстан	Кыргызская Республика	Монголия	Таджикистан	Туркменистан	Узбекистан
Энергетика								
Выработка электроэнергии из источников, работающих на угле (% совокупной) в 2015 году	0	0	71,6	13,2	92,7	1,5	0	4,1
Потери при передаче и распределении электроэнергии (% выработки) в 2014 году	14	6	7	24	15	17	12	9

Качество снабжения электроэнергией (1-7 (самое высокое), ВЭФ в 2017-2018 годы	5,5	5,0	4,6	3,6	4,0	3,7	н.д.	н.д.
Водоснабжение и водоотведение								
Улучшенный источник водоснабжения (% населения, имеющего доступ) в 2015 году	87	100	92,9	90	64,4	73,8	60,4*	87,3**
Улучшение сооружения водоотведения (% населения, имеющего доступ)	89,3	86,3	97,5	93,3	59,7	95	н.д.	100
Транспорт								
Качество автомобильных дорог, 1-7 (самое высокое), ВЭФ в 2017-2018 годы	4,8	3,8	2,9	2,7	3,1	4,1	н.д.	н.д.
Качество железнодорожной инфраструктуры, 1-7 (самое высокое), ВЭФ в 2017-2018 годы	4,7	3,8	4,1	2,4	2,8	3,7	н.д.	н.д.
Качество портовой инфраструктуры, 1-7 (самое высокое), ВЭФ[1] в 2017-2018 годы	4,7	4,1	3,2	1,4	1,4	2,0	н.д.	н.д.
Качество инфраструктуры воздушного транспорта, 1-7 (самое высокое), ВЭФ в 2017-2018 годы	5,6	4,3	4,0	3,1	3,2	4,3	н.д.	н.д.

Примечания: *Данные по Туркменистану имеются, начиная с 2006 года. ** Данные по Узбекистану имеются, начиная с 2012 года.

Источник: World Bank (2019[12]), IBRD (2019[13]), World Economic Forum (2017[14]).

После распада Советского Союза большинство стран Центральной Азии и Кавказа остались сильно зависимыми от отраслей, связанных с нефтью и ископаемым топливом. Основная часть выбросов парниковых газов в регионе приходится на энергетику (73 процента), за которой следуют ЗИЗЛХ (8 процентов) и сельское хозяйство (7 процентов) (FAO, 2018[15]). Страной с наиболее крупными выбросами парниковых газов в Центральной Азии и на Кавказе является Казахстан (см. Рисунок 1.4), который осуществляет 0,68 процента совокупных глобальных выбросов парниковых газов. Другие страны региона, такие как Кыргызская Республика, Грузия и Таджикистан, составляют весьма малую долю совокупных глобальных парниковых газов, наименьшая из которых, 0,026 процента, приходится на Таджикистан (World Bank, 2019[12]), поскольку в своем энергоснабжении он опирается в основном на гидроэнергетику. Однако эти страны особенно уязвимы по отношению к изменению климата, которое представляет большую угрозу для водообеспеченности, а впоследствии для их дальнейшей энергетической безопасности и сельского хозяйства, что в будущем может вести к возникновению трансграничных споров относительно водообеспеченности.

Рисунок 1.4. Выбросы ПГ в разрезе стран в 1990-2012 годы

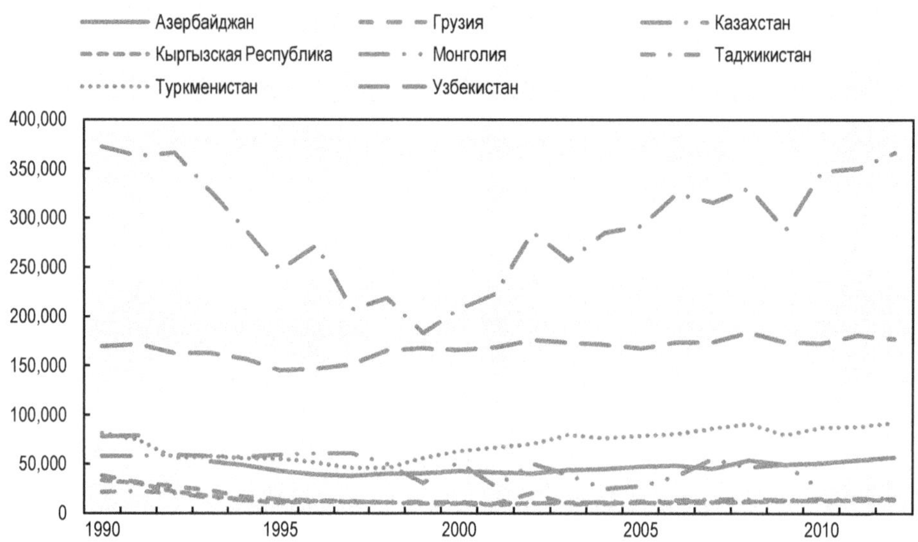

Источник: World Bank (2019[12]), *Показатели мирового развития (база данных)*, Всемирный банк, https://data.worldbank.org/indicator/EN.ATM.GHGT.ZG

Отсутствие инфраструктуры, обеспечивающей связность, также является серьезным ограничением для компаний-экспортеров обрабатывающей промышленности

Узкие места в логистической и транспортной инфраструктуре региона являются серьезным препятствием для увеличения объема торговли внутри региона и инвестиций в него. Эти узкие места, в частности, препятствуют дальнейшему росту компаний обрабатывающей промышленности, отечественных и иностранных. Согласно Обследованию предприятий Всемирного банка, более 22 процентов компаний-экспортеров указывают на транспорт как на серьезное ограничение для своей текущей деятельности (см. Рисунок 1.5). Это обследование также показывает, что существуют многочисленные различия на уровне стран в этом регионе, где транспортная инфраструктура является серьезной проблемой повсеместно. По сравнению с компаниями, деятельность которых сосредоточена на внутреннем рынке, компании-экспортеры обрабатывающей промышленности сталкиваются со значительно более серьезными ограничениями для своей деятельности в регионе, особенно в Таджикистане (в случае компаний-экспортеров 38 процентов, в случае компаний, которые не являются экспортерами — 12 процентов), Монголии и Грузии (32 процента), Кыргызской Республике (23 процента), Казахстане (21 процент). Данные об Азербайджане и Казахстане отсутствуют.

Рисунок 1.5. Компании-экспортеры обрабатывающей промышленности Центральной Азии и Кавказа указывают на транспорт как на серьезное ограничение

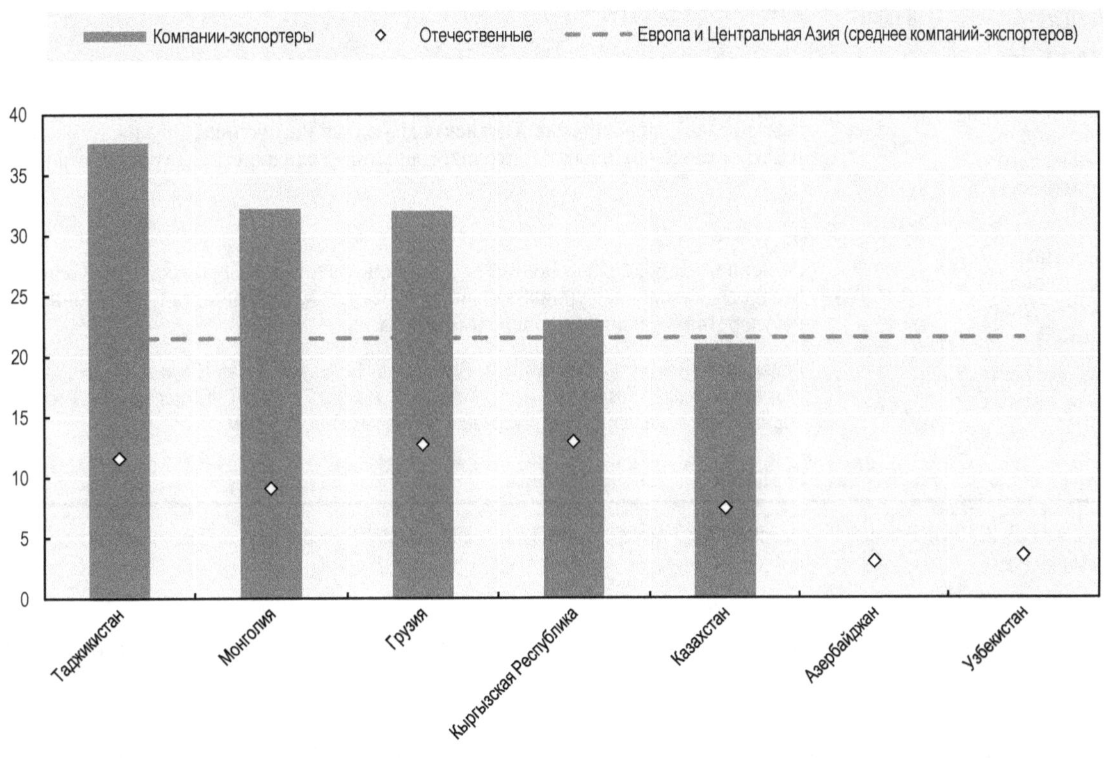

Примечание: Данные обследования 2013 года. Данные о Туркменистане отсутствуют. Компании-экспортеры включают компании, которые напрямую экспортируют 10 процентов и более продаж; отечественные компании включают компании, которые не являются экспортерами.

Источник: World Bank (World Bank, 2013[16]), “Enterprise Surveys”, https://www.enterprisesurveys.org/

Региональные инициативы служат возможностью устранить этот дефицит

Необходимость устранения узких мест в инфраструктуре и повышения связности также отмечается в разрабатываемых региональных стратегиях (ADB, 2017[2]). Целый ряд субрегиональных проектов, программ и стратегий направлен на повышение связности и стимулирование конкурентоспособности (Таблица 1.3) (OECD, 2018[17]). К ним относятся программа Европейского союза по организации транспортного коридора Европа – Кавказ – Азия

(ТРАСЕКА), а также другие региональные инициативы, такие как международный коридор Север – Юг и предлагаемые коридоры Центральноазиатского регионального экономического сотрудничества (ЦАРЭС). Эти региональные программы призваны создать достаточную инфраструктуру для обеспечения высокого уровня транспортного сообщения и интеграции в различные способы перевозок (OECD, 2018[17]).

Таблица 1.3. Региональные транспортные коридоры в Центральной Азии

Название проекта	Объем инвестиций (в млрд долл. США)	Охватываемые страны и материки
Инициатива «Один пояс, один путь» (ОПОП)	900 – 8 000	Европа, Азия, Африка
Программа центрально-азиатского регионального экономического сотрудничества (ЦАРЭС)	31,5	Афганистан, Азербайджан, Китайская Народная Республика, Грузия, Казахстан, Кыргызская Республика, Монголия, Пакистан, Таджикистан, Туркменистан, Узбекистан.
Транспортный коридор Европа – Кавказ – Азия (ТРАСЕКА)	0,16	Армения, Азербайджан, Болгария, Грузия, Казахстан, Кыргызская Республика, Иран, Молдова, Румыния, Турция, Украина, Узбекистан, Таджикистан, Туркменистан плюс государства — члены Европейского союза.
Трансазиатская железная дорога (ТАЖД)	75,6	Афганистан, Армения, Азербайджан, Бангладеш, Беларусь, Бутан, Бруней, Камбоджа, Китай, Индия, Индонезия, Иран, Казахстан, Лаос, Монголия, Непал, Пакистан, Южная Корея, Россия, Шри-Ланка, Таджикистан, Таиланд, Турция, Туркменистан, Узбекистан, Вьетнам.

Источник: ITF (2019[3]), "Enhancing Connectivity and Freight in Central Asia", International Transport Forum Policy Papers, No. 71, OECD Publishing, Paris.

Самая комплексная из этих стратегий, программа ЦАРЭС, представляет собой инициативу стоимостью 31,5 млрд долл. США, которой руководит Азиатский банк развития и которая сосредоточена на определении и развитии шести основных транспортных и торговых коридоров для долгосрочных инвестиций (см. Рисунок 1.6). Ее задача аналогична задачам других региональных инициатив в Азии, направленных на укрепление транснациональных экономических коридоров, например, в субрегионе Большого Меконга (СБМ) и Программы южноазиатского субрегионального экономического сотрудничества (ЮАСЭС) (ADB, 2015[18]). Однако по сравнению с другими регионами Азии страны — получатели ЦАРЭС остаются менее интегрированными с точки зрения торговли и инвестиций (AIIB, 2019[8]).

Шестью коридорами ЦАРЭС являются следующие

- *Коридор 1*: Европа — Восточная Азия (Казахстан, Кыргызская Республика и Синьцзян-Уйгурский автономный район);
- *Коридор 2*: Средиземноморье — Восточная Азия (Афганистан, Азербайджан, Казахстан, Кыргызская Республика, Таджикистан, Туркменистан, Узбекистан и Синьцзян-Уйгурский автономный район);
- *Коридор 3*: Российская Федерация — Ближний Восток и Южная Азия (Афганистан, Казахстан, Кыргызская Республика, Таджикистан, Туркменистан и Узбекистан);

- *Коридор 4*: Российская Федерация — Восточная Азия (Автономный район Внутренняя Монголия и Синьцзян-Уйгурский автономный район в Китайской Народной Республике и Монголия);
- *Коридор 5*: Восточная Азия — Ближний Восток и Южная Азия (Афганистан, Кыргызская Республика, Пакистан, Таджикистан и Синьцзян-Уйгурский автономный район);
- *Коридор 6*: Европа — Ближний Восток и Южная Азия (Афганистан, Казахстан, Пакистан, Таджикистан, Туркменистан и Узбекистан) (ADB, 2014[19]).

Рисунок 1.6. Карта экономических коридоров ЦАРЭС

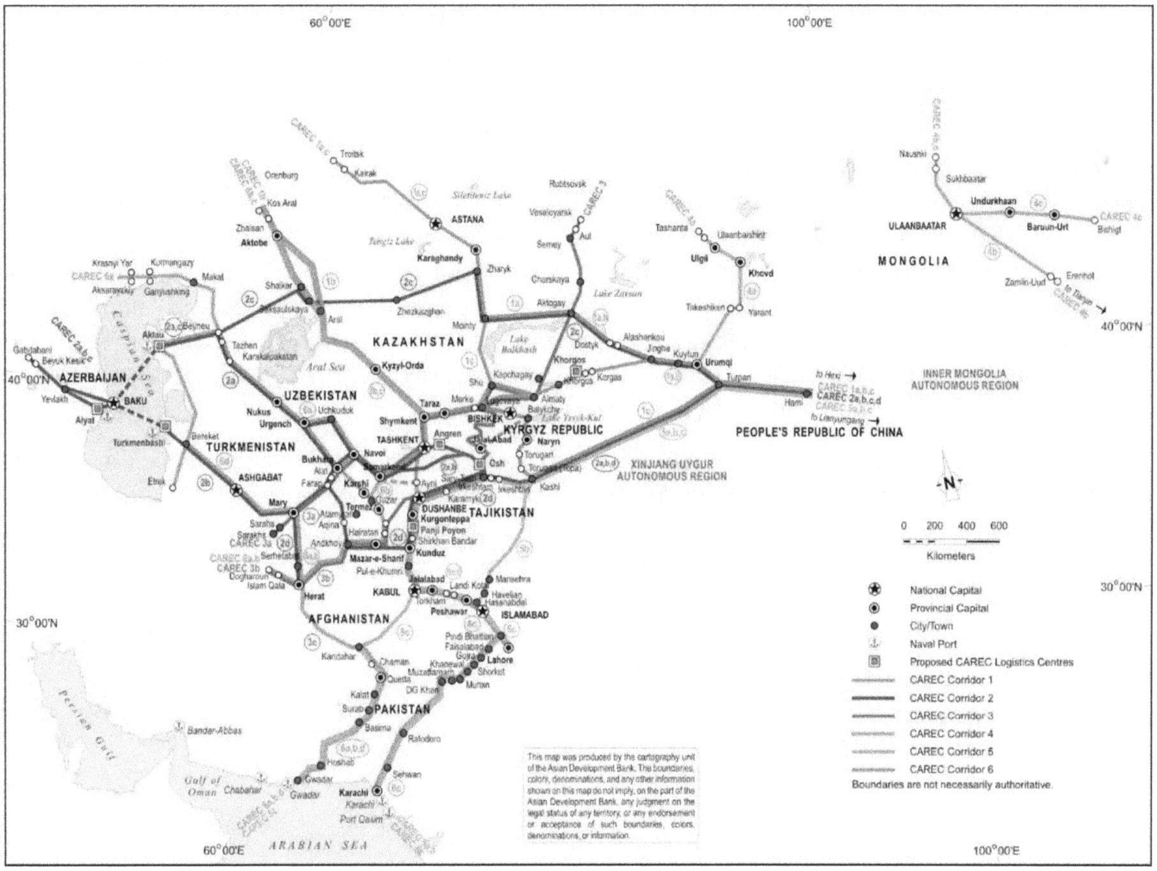

Источник: CAREC (n.d.[20]), "CAREC Program", Central Asia Regional Economic Cooperation, https://www.carecprogram.org/?page_id=31

Еще одной важной глобальной инфраструктурной инициативой, которая имеет большое значение для Центральной Азии и Кавказа, является инициатива Китая «Один пояс, один путь» (ОПОП). Предложенная в 2013 году, ОПОП направлена на повышение глобальных связности и сотрудничества. Охват ОПОП еще точно не определен, но два ее основных компонента касаются инвестиций в инфраструктуру, а именно экономический пояс «Шелковый путь» (сухопутный «Пояс») и Новый морской шелковый путь (морские маршруты, образующие «Путь») (Freund and Ruta, 2018[21]). Пояс свяжет Китай с Центральной и Южной Азией и далее с Европой, а Путь лучше свяжет Китай с Юго-Восточной Азией, странами Персидского залива, Восточной и Северной Африкой и Европой. ОПОП может значительно улучшить торговлю, инвестиции и условия жизни граждан в регионе. Однако это произойдет только в том случае, если Китай и отдельные страны-получатели проведут более глубокие реформы в области политики, направленные на повышение прозрачности, расширение торговли, повышение устойчивости долговой ситуации и снижение при этом экологических, социальных рисков и рисков управления (World Bank, 2019[22]). В рамках инициативы ОПОП предлагается шесть сухопутных экономических коридоров

1. Экономический коридор Китай – Монголия – Россия
2. Новый евразийский сухопутный пост
3. Экономический коридор Китай – Центральная Азия – Западная Азия
4. Экономический коридор Китай – полуостров Индокитай
5. Экономический коридор Китай – Пакистан
6. Экономический коридор Бангладеш – Китай – Индия – Мьянма

В последние годы страны Центральной Азии и Кавказа стали крупными получателями китайских инвестиций: с 2005 года по 2018 год инвестиции в них составили более 60,8 млрд долл. США (Рисунок 1.7). Как показывает база данных Китая «Индикаторы глобальных инвестиций», в которой отслеживаются инвестиционные проекты Китая в мире, основная часть этих инвестиций в регионе сосредоточена на энергетике, на которую приходится более 68 процентов (или 41 млрд долл. США) совокупных инвестиций. В отличие от энергетики транспортная отрасль получила лишь 11 процентов совокупных китайских инвестиций, за ней следуют металлургия (10 процентов) и химическая промышленность (7 процентов). Крупнейшим получателем китайских инвестиций в регионе является Казахстан (более 32,6 млрд долл. США, в частности, крупные инвестиции в рамках ОПОП с 2013 года), за которым следуют Туркменистан и Монголия (соответственно, 6,8 млрд долл. США и 6,2 млрд долл. США).

Как показывает база данных Китая «Индикаторы глобальных инвестиций», в которой отслеживаются проекты ОПОП в Центральной Азии, основная часть китайских инвестиций в Центральной Азии и на Кавказе сосредоточена на энергетике, которая составляет более 68 процентов (или 61 млрд долл. США) совокупных инвестиций (см. Рисунок 1.7). В отличие от энергетики транспортная отрасль с 2005 года получила лишь 11 процентов совокупных китайских инвестиций. В последние годы Казахстан стал одной из ведущих стран — получателей китайских ПИИ в Центральной Азии с учетом проектов, связанных с ОПОП.

Рисунок 1.7. Китайские инвестиции в Центральной Азии и на Кавказе в разрезе секторов

В миллиардах долларов США

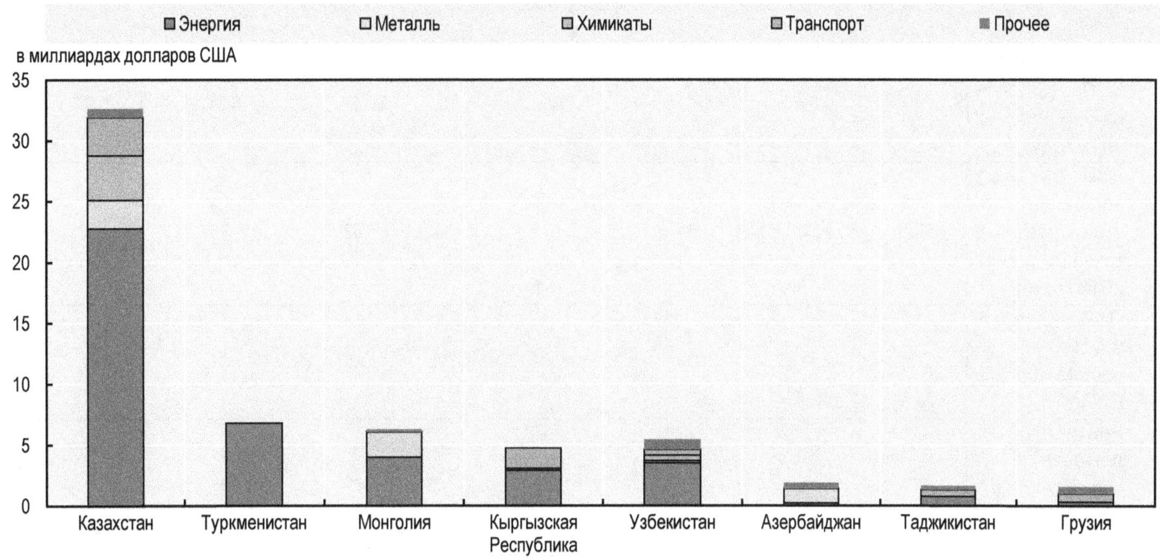

Source: *Примечание:* Прочее включает проекты в сельском хозяйстве; сфере туризме; недвижимости (строительства и имущества); промышленности; банковском секторе; деревообрабатывающей промышленности.
Источник: American Enterprise Institute (2019[23]), "China Global Investment Tracker", http://www.aei.org/china-global-investment-tracker/

1.2. Условия для инвестиций

Инвестиционный климат улучшается в регионе, но участие частного сектора необходимо расширить

В последние годы многие страны Центральной Азии и Кавказа стали более привлекательными странами назначения инвестиций. Их улучшающийся инвестиционный климат отражен в отдельных показателях, представленных ниже (Таблица 1.4). Согласно показателям ведения бизнеса Всемирного банка, этот регион достиг успехов в сфере налогово-бюджетных, нормативных и политических реформ. Повышение уровня обеспечения электроэнергией в сочетании с усилением принципа верховенства закона и улучшением положений о налогообложении корпораций еще более повысили уверенность инвесторов в инвестициях в отдельные страны этого региона. Так, Грузия стала одной из самых открытых экономик в мире с точки зрения легкости ведения бизнеса и в 2019 году заняла 6е место в мире. Азербайджан и Казахстан в 2019 году также демонстрировали сравнительно лучшие показатели, чем другие страны этого региона: они заняли 25е и 28е места в мире.

В большинстве стран необходимы дальнейшие реформы для привлечения дополнительных внутренних и международных частных инвестиций. Уровни выхода компаний на рынок в регионе Центральной Азии и Кавказа значительно ниже, чем в других регионах, и даже ниже, чем в странах Африки к югу от Сахары (IMF, 2018[24]). Наиболее распространенные проблемы для ведения бизнеса в этом регионе связаны с доступом к финансированию, ставками налогов и налоговым регулированием, инфляцией и коррупцией. Содействие более широкому участию частного сектора и повышение открытости росту торговли и инвестиций может открыть доступ к более дешевым товарам и услугам, а также повысить диверсификацию и конкуренцию (IMF, 2018[24]).

Таблица 1.4. Отдельные экономические показатели стран Центральной Азии и Кавказа

	Азербай-джан	Грузия	Казахстан	Кыргызская Республика	Монголия	Таджики-стан	Туркменистан	Узбекистан
Рост реального ВВП (годовое изменение в 2019 году)	1,4%	4,6%	3,2%	3,8%	6,3%	5%	6,3%	5,1%
ВВП на душу населения (в долл. США в текущих ценах 2018 года)	4 721	4 345	9 331	1 220	4 104	827	6 967	1 532
ПИИ, чистые притоки (в процентах ВВП)	3,0%	7,3%	0,1%	-1,4%	16,7%	2,9%	6,1%	1,2%
Рейтинг легкости ведения бизнеса	25	6	28	70	74	60	н.д.	76
Число процедур для начала бизнеса (женщины) в 2019 году	3	1	5	4	8	4	н.д.	3
Число дней для начала бизнеса (женщины) в 2019 году	3,5	2	5	10	11	11	н.д.	4
Возможность вести трансграничнуюторговлю (от 0 до 100 (оптимальный результат)) в 2019 году	77,4	90,3	70,36	80,74	66,89	59,06	н.д.	49,79
Рейтинг прозрачности, подотчетности и коррупции в государственном секторе (1= весьма коррумпированный, 6 = минимально коррумпированный, в 2017 году)	2,5	3,5	н.д.	3	3,5	2,5	н.д.	2

Источник: World Bank (2019[12]), IBRD (2019[13]), World Economic Forum (2017[14]).

Отход от инвестиций в ископаемое топливо и добычу полезных ископаемых

Многие страны этого региона пытаются диверсифицировать свою экономику и ограничить свою зависимость от ископаемого топлива и добывающих отраслей. Но, как показывает обзор прямых иностранных инвестиций в новые предприятия в регионе, ПИИ по-прежнему поступают в основном в проекты, связанные с добывающими отраслями и ископаемым топливом. С 2003 года по 2017 год ПИИ в новые предприятия в этом регионе составили более 228,8 млрд долл. США, в том числе 43 процента — в отрасли угля, нефти и природного газа (см. Рисунок 1.8). Эти отрасли являются наиболее привлекательными для ПИИ в новые предприятия почти во всех странах. Казахстан привлек наибольшую долю в размере 56,4 млрд долл. США, за ним следовали Азербайджан и Узбекистан — соответственно, 16,2 млрд долл. США и 13 млрд долл. США. Хотя масштаб инвестиций в металлы был значительно меньше, они составили всего 34,3 млрд долл. США (или 15 процентов совокупной суммы), за ними следовала недвижимость в размере 7 процентов (или 15,5 млрд долл. США). Инфраструктурные инвестиции, особенно в транспортной отрасли, составили почти 12,9 млрд долл. США (или 6 процентов совокупных ПИИ в новые предприятия), а на отрасль строительства и строительных материалов приходилось лишь 2 процента (4,4 млрд долл. США). Прочими отраслями, которые привлекали ПИИ в новые предприятия, были химическая промышленность (5 процентов), финансовые услуги (4 процента) и альтернативные/возобновляемые источники энергии (3 процента). Ограниченные ПИИ в отрасль альтернативных/возобновляемых источников энергии показывают, что имеются широкие возможности для выхода иностранных инвесторов на эти рынки при наличии правильных стимулов и условий для ведения бизнеса.

Рисунок 1.8. ПИИ в новые предприятия в Центральной Азии и на Кавказе в разрезе видов экономической деятельности в 2003-2007 годы

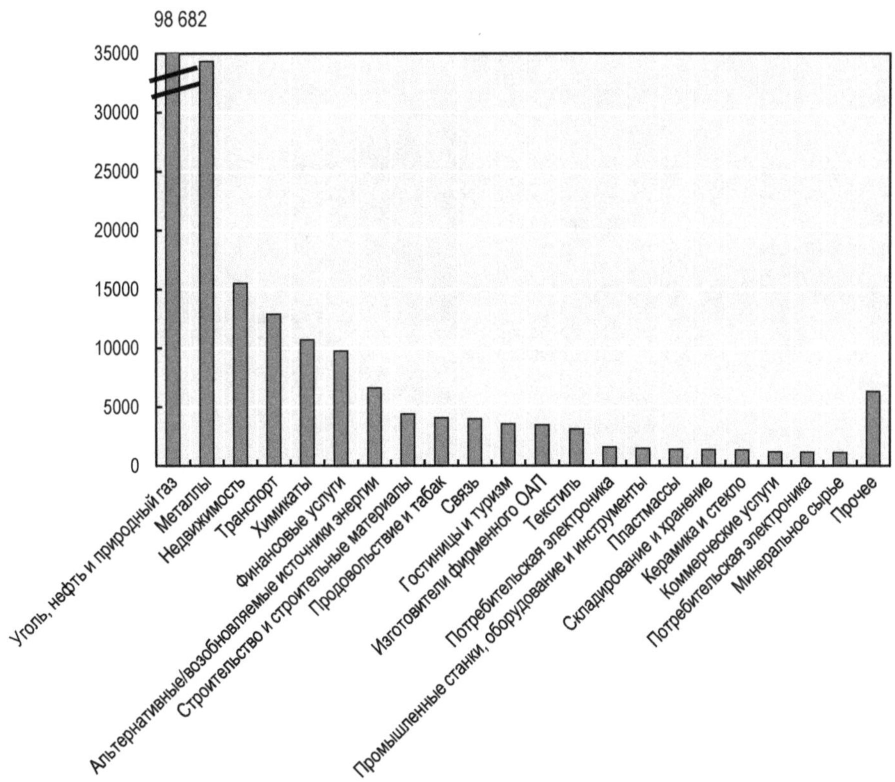

Примечание: ОАП = оборудования автомобильной промышленности. Прочее включает следующее: фармацевтика, изготовители фирменного оборудования, не связанного с автотранспортом; отдых и развлечения; резина; напитки; программное обеспечение и услуги в сфере ИТ; электронные комплектующие; автомобильные комплектующие; авиакосмическая промышленность; двигатели и турбины; здравоохранение; коммерческие станки и оборудование; бумажная, полиграфическая и тароупаковочная промышленность; медицинские изделия; биотехнологии; полупроводники; древесная продукция.
Источник: ОЭСР на основе fDi Markets (2019[25]), *fDi Markets: the in-depth crossborder investment monitor (база данных)*, fDi Markets, https://www.fdimarkets.com/

1.3. Обзор существующих инфраструктурных проектов, планируемых и строящихся

В базе данных, созданных для данного исследования, отслеживаются планируемые и строящиеся инфраструктурные проекты объемом приблизительно 546 млрд долл. США в восьми странах: Азербайджане, Грузии, Казахстане, Кыргызской Республике, Монголии, Таджикистане, Туркменистане и Узбекистане. Энергетические проекты[i] составляют более половины (53 процента, или 289 млрд долл. США), за ними следуют проекты обрабатывающей промышленности (22 процента, или 117,9 млрд долл. США) и транспортной отрасли (17 процентов, или 94,2 млрд долл. США) (см. Рисунок 1.9). Наконец, на водные проекты приходится лишь 1 процент, или 4,9 млрд долл. США совокупных инвестиций, и они касаются в основном водоснабжения и водоотведения. В инвестициях в энергетику проекты разведки и добычи нефти и газа составляют более 42 процентов (или 122,7 млрд долл. США), за ними следуют проекты выработки электроэнергии (30 процентов, или 88 млрд долл. США) и нефте- и газопроводы (22 процента, или 62,9 млрд долл. США). Наконец, инвестиции в передачу и распределение электроэнергии равны 5 процентов (или 15,3 млрд долл. США).

Рисунок 1.9. Инвестиционные проекты в Центральной Азии и на Кавказе в разрезе секторов

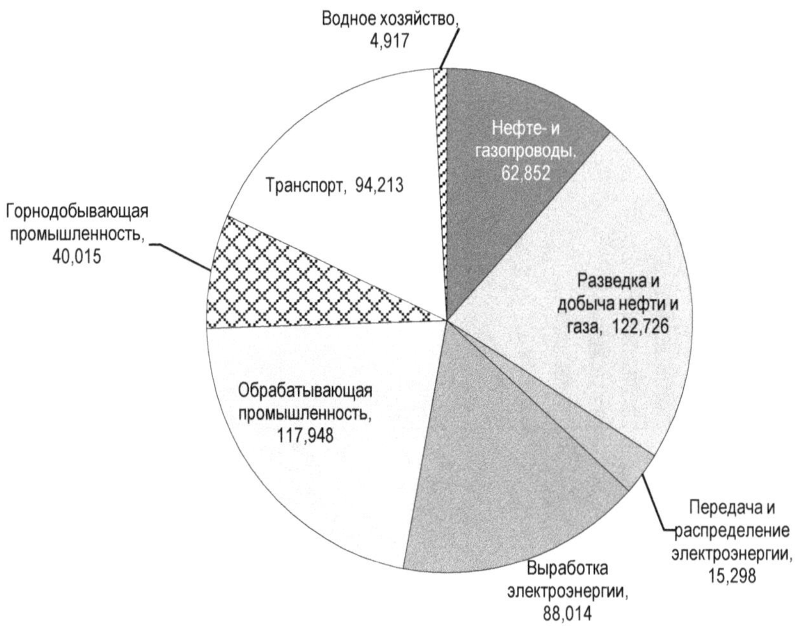

Примечания: К проектам *выработки электроэнергии* относятся газовые электростанции, ветровые электростанции, солнечные электростанции, гидроэлектростанции и угольные электростанции. Проекты *передачи и распределения электроэнергии* включают проекты теплоснабжения от теплоцентрали, централизованные сети передачи и распределения электроэнергии, двухцепные линии электропередачи. К проектам *разведки и добычи нефти и газа* относятся проекты разработки нефтяных и газовых месторождений. *Проекты в обрабатывающей промышленности* включают нефтехимические заводы, цементные заводы, заводы по производству ферросицилия, алюминиевые заводы, заводы по производству полипропилена, металлургические комплексы, производство моторного топлива, заводы по производству кислот, сталелитейные заводы, биоэтаноловые заводы и заводы по производству прочего транспортного оборудования. Проекты *транспортной отрасли* включают проекты смешанных перевозок, железные дороги и автомобильные дороги. *Водные проекты* включают водоснабжение и водоотведение, а также орошение и управление водными ресурсами.
Источник: ОЭСР на основе баз данных по состоянию на июнь 2019 года.

Двумя ведущими странами Центральной Азии и Кавказа с точки зрения инвестиций в инфраструктуру являются Казахстан (33 процента) и Азербайджан (23 процента) (Рисунок 1.10). Монголия и Узбекистан привлекают по 11 процентов совокупных инвестиций, за ними следуют Грузия (7 процентов), Таджикистан и Туркменистан (по 6 процентов) и Кыргызская Республика (3 процента).

Рисунок 1.10. Инвестиционные проекты, планируемые и строящиеся, в странах Центральной Азии и Кавказа в разрезе секторов

В миллиардах долларов США

Источник: ОЭСР на основе баз данных по состоянию на июнь 2019 года.

Транспорт

Проекты транспортной инфраструктуры в базе данных составляют приблизительно 94,2 млрд долл. США, они представлены в основном автодорожными проектами в размере около 56,8 млрд долл. США, или 60 процентов совокупных инвестиций в транспорт (см. Рисунок 1.11). Инвестиции в железные дороги занимают второе место в размере приблизительно 29,8 млрд долл. США (или 32 процентов), за ними следуют проекты в отношении портов общим объемом 3,9 млрд долл. США (4 процента). Основную часть инвестиций в транспорт в регионе привлекали автомобильные дороги, но в ближайшие годы железные дороги также потребуют значительных инвестиционных потоков для поддержания и улучшения показателей их деятельности. По оценкам, этому региону потребуется около 38 млрд долл. США до 2030 года для модернизации железных дорог и строительства новых железнодорожных линий (AIIB, 2019[8]). Улучшение железнодорожного сообщения благодаря новым инвестициям в технологии и усовершенствованную логистику поможет уменьшить существующие узкие места, такие как различия в ширине колеи, и расширить участие региона в региональных и глобальных цепочках создания стоимости.

Рисунок 1.11. Транспортные проекты, планируемые и строящиеся, в странах Центральной Азии и Кавказа в разрезе подсекторов

В миллионах долларов США

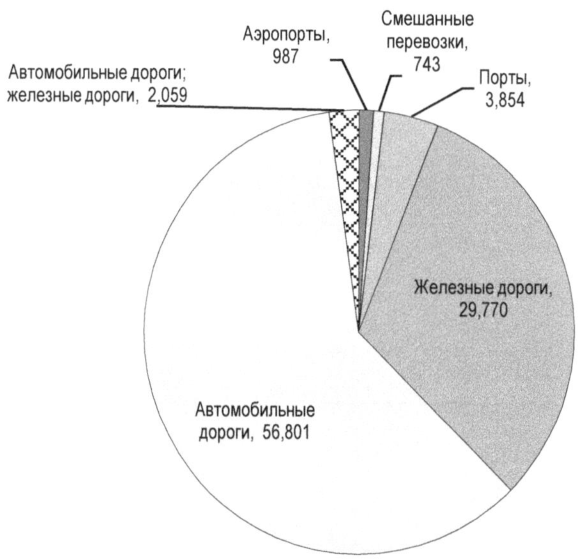

Примечания: Проекты смешанных перевозок включают строительство логистических центров.
Источник: ОЭСР на основе баз данных по состоянию на июнь 2019 года.

Энергетика

В том, что касается проектов инвестиций в выработку электроэнергии в регионе, приблизительно 50 процентов инвестиций, выраженных в мощности, (или 20 339 МВт) приходится на гидроэлектростанции, угольные и газовые электростанции составляют 40 процентов совокупных инвестиций. Прочие проекты возобновляемых источников энергии, такие как фотовольтаика (ФВ) и ветровая энергетика, образуют 10 процентов выработки электроэнергии (см. Рисунок 1.12). Проекты гидроэнергетики сосредоточены в основном в Грузии и Таджикистане, которые обладают высоким потенциалом гидроэнергетики. Ориентация этих стран на гидроэлектростанции согласуется с поставленными их правительствами целями развития мощности выработки электроэнергии для продажи избыточной электроэнергии соседним странам. Несмотря на сравнительно малые инвестиции в прочие виды возобновляемой энергии, некоторые страны региона указывают на использование возобновляемых источников энергии как на важную составляющую своих стратегий устойчивого развития. На уровне стран яркими примерами служат *Концепция по переходу к «зеленой» экономике* Казахстана и *Стратегия действий по пяти приоритетным направлениям в 2017–2021 годах* Узбекистана.

Рисунок 1.12. Проекты выработки электроэнергии в разрезе видов топлива

В МВт

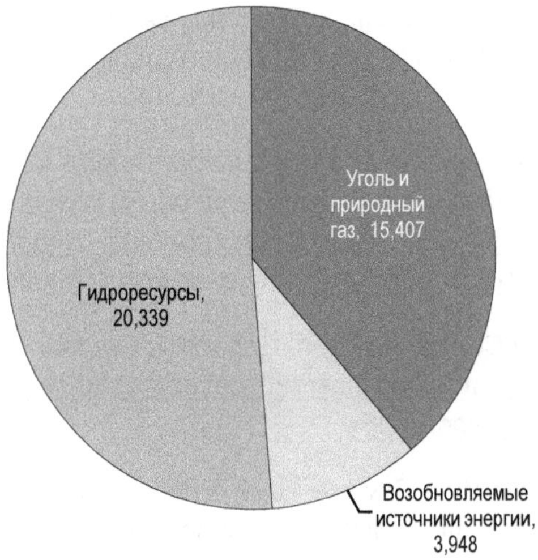

Примечание: Возобновляемые источники энергии включают солнечную фотовольтаику и ветровую энергетику, к углю и газу относятся угольные электростанции и газовые электростанции

Примечание: Возобновляемые источники энергии включают солнечную фотовольтаику и ветровую энергетику, к углю и газу относятся угольные электростанции и газовые электростанции

Примечания

[i] Энергетические проекты включают нефте- и газопроводы, проекты разведки и добычи нефти и газа, проекты передачи и распределения электроэнергии, а также проекты выработки электроэнергии.

Литература

ADB (2017), *Meeting Asia's Infrastructure Needs*, Asian Development Bank, Manila, https://www.adb.org/sites/default/files/publication/227496/special-report-infrastructure.pdf (accessed on 1 August 2019). [2]

ADB (2015), *Greater Mekong Subregion Economic Cooperation Program: Overview*, Asian Development Bank, Manila, https://www.adb.org/publications/greater-mekong-subregion-economic-cooperation-program-overview (accessed on 1 August 2019). [18]

ADB (2014), *Central Asia Regional Economic Cooperation - Corridor Performance Measurement and Monitoring: A Forward-Looking Retrospective*, Asian Development Bank, Manila, https://think-asia.org/bitstream/handle/11540/4085/carec-cpmm-forward-looking-retrospective.pdf?sequence=1 (accessed on 1 August 2019). [19]

ADBI (2014), *Connecting Central Asia with Economic Centers*, ADBI, Tokyo, https://www.adb.org/sites/default/files/publication/159307/adbi-connecting-central-asia-economic-centers-final-report.pdf. [9]

AIIB (2019), *Asian Infrastructure Finance 2019: Bridging Borders - Infrastructure to Connect Asia and Beyond*, Asian Infrastructure Investment Bank, Beijing, https://www.aiib.org/en/news-events/asian-infrastructure-finance/common/base/download/AIIB-Asian-Infrastructure-Finance-2019-Report.pdf (accessed on 1 August 2019). [8]

American Enterprise Institute (2019), *China Global Investment Tracker*, http://www.aei.org/china-global-investment-tracker/ (accessed on 1 August 2019). [23]

BCG (2018), *Investing in Central Asia: One Region, Many Opportunities*, BCG, Boston, https://www.bcg.com/Images/BCG-Investing-In-Central-Asia-report-ENG_tcm26-212857.pdf. [10]

CAREC (n.d.), *CAREC Program*, Central Asia Regional Economic Cooperation, https://www.carecprogram.org/?page_id=31 (accessed on 1 August 2019). [20]

FAO (2018), *Regional Analysis of the Nationally Determined Contributions of Countries in Southern-Eastern Europe and Central Asia*, FAO, Rome, http://www.fao.org/3/CA2518EN/ca2518en.pdf. [15]

Fay, M. et al. (2019), "Hitting the Trillion Mark: A Look at How Much Countries Are Spending on Infrastructure", No. 8730, World Bank Group, Washington, D.C., http://documents.worldbank.org/curated/en/970571549037261080/pdf/WPS8730.pdf (accessed on 1 August 2019). [1]

fDi Markets (2019), *fDi Markets: the in-depth crossborder investment monitor (database)*, https://www.fdimarkets.com/. [25]

Freund, C. and M. Ruta (2018), *Overview: BRI at a Glance*, World Bank, https://www.worldbank.org/en/topic/regional-integration/brief/belt-and-road-initiative (accessed on 1 August 2019). [21]

IBRD (2019), *Doing Business 2019*, IBRD, Washington DC, https://www.doingbusiness.org/en/rankings. [13]

IMF (2018), *Regional Economic Outlook: Middle East and Central Asia November 2018*, International Monetary Fund, Washington, D.C., https://www.imf.org/en/Publications/REO/MECA/Issues/2018/10/02/mreo1018#Chapter%203 (accessed on 1 August 2019). [24]

ITF (2019), *Enhancing Connectivity and Freight in Central Asia*, International Transport Forum, Paris, http://www.itf-oecd.org. [3]

Kunzel, P. et al. (2019), "Opening Up in the Caucasus and Central Asia: Policy Frameworks to Support Regional and Global Integration", *18*, No. 7, International Monetary Fund, Washington, D.C., https://www.imf.org/en/Publications/Departmental-Papers-Policy-Papers/Issues/2018/06/19/Opening-Up-in-the-Caucasus-and-Central-Asia-Policy-Frameworks-to-Support-Regional-and-Global-45910 (accessed on 1 August 2019). [4]

OECD (2018), *Enhancing Connectivity through Transport Infrastructure: The Role of Official Development Finance and Private Investment*, The Development Dimension, OECD Publishing, Paris, https://dx.doi.org/10.1787/9789264304505-en. [17]

Sow, M. (2018), *Figures of the week: Africa's intra- and extra-regional trade*, Brookings, https://www.brookings.edu/blog/africa-in-focus/2018/03/29/figures-of-the-week-africas-intra-and-extra-regional-trade/ (accessed on 1 August 2019). [5]

UNESCAP (2015), *Asia-Pacific Trade and Investment Report 2015: Supporting Participation in Value Chains*, UNESCAP, Bangkok, https://www.unescap.org/sites/default/files/publications/APTIR%202015_Full%20Report.pdf (accessed on 1 August 2019). [7]

Vera-Martin, M. et al. (2019), "Promoting Inclusive Growth in the Caucasus and Central Asia", *19*, No. 9, International Monetary Fund, Washington, D.C., https://www.imf.org/en/Publications/Departmental-Papers-Policy-Papers/Issues/2019/05/14/Promoting-Inclusive-Growth-in-the-Caucasus-and-Central-Asia-46857 (accessed on 1 August 2019). [6]

World Bank (2019), *Belt and Road Economics: Opportunities and Risks of Transport Corridors*, World Bank Group, Washington, D.C., http://documents.worldbank.org/curated/en/715511560787699851/Main-Report (accessed on 1 August 2019). [22]

World Bank (2019), *World Development Indicators (database)*, https://datacatalog.worldbank.org/dataset/world-development-indicators. [12]

World Bank (2018), *Logistics Performance Index*, https://lpi.worldbank.org/international/aggregated-ranking. [11]

World Bank (2013), *Enterprise Surveys (database)*, https://www.enterprisesurveys.org/ (accessed on 1 August 2019). [16]

World Economic Forum (2017), *The Global Competitiveness Report 2017-2018*, World Economic Forum, Geneva, http://www3.weforum.org/docs/GCR2017-2018/05FullReport/TheGlobalCompetitivenessReport2017%E2%80%932018.pdf. [14]

Глава 2. Стратегическое планирование инфраструктуры для устойчивого развития в Азербайджане

В настоящей главе описывается планирование устойчивой инфраструктуры в Азербайджане и представляются текущие тенденции в области инвестиций в крупномасштабные инфраструктурные проекты. Сравниваются инфраструктурные планы в энергетическом, транспортном, промышленном и водохозяйственном секторах с международными обязательствами по Парижскому соглашению и Целями в области устойчивого развития (ЦУР). В данной главе также рассматриваются документы стратегического планирования по долгосрочному экономическому развитию, отраслевому развитию и охране окружающей среды, включая документы, связанные со смягчением последствий изменения климата и адаптацией к нему. В заключение определены несогласованности между поставленными целями и наблюдаемыми инвестиционными потоками, и тем самым предложены рекомендации для улучшения стратегического планирования устойчивой инфраструктуры.

Основные соображения

Азербайджан является страной южного Кавказа с доходами выше средних. Движущей силой его экономики выступает добыча ископаемого топлива: нефтепродукты составляют более 90 процентов экспорта Азербайджана, а нефтегазовая отрасль образует от 33 процентов до 50 процентов ВВП Азербайджана в зависимости от цен на нефть. В последние годы Азербайджан значительно улучшил свой инвестиционный климат, укрепив институциональные, нормативные и операционные условия для деятельности компаний в стране: в 2019 году страна заняла 25е место в рейтинге легкости ведения бизнеса по сравнению с 57м в 2018 году. Страна провозгласила цель диверсификации прямых иностранных инвестиций и переориентации с угля, нефти и природного газа (в 2003-2017 годы 50 процентов ПИИ) на инфраструктуру и промышленность (горнодобывающую, металлургическую, цементную).

При том что инфраструктура Азербайджана является относительно высококачественной по сравнению с другими странами Евразии и странами с доходами выше средних в целом, Азербайджан имеет низкий рейтинг в индексе эффективности логистики Всемирного банка (123е место из 167 стран) из-за неэффективной нематериальной торговой инфраструктуры, такой как квалификация транспортных операторов и агентов по таможенной очистке, а также качество логистических услуг. Сети автомобильных и железных дорог Азербайджана требуют модернизации и увеличения расходов на их текущий ремонт и содержание. Проекты повышения трансграничной связности являются главными приоритетами правительства и составляют основную часть транспортных инвестиций Азербайджана, но уделение большего внимания второстепенным и местным дорогам повысит внутреннюю связность и снизит транспортные издержки. Внутренний транспорт в разрезе видов перевозок в последнее десятилетие в значительной мере переориентировался на автомобильные дороги, на которые в 2015 году приходился 71 процент грузовых перевозок и 98 процентов пассажирских перевозок.

Хотя правительство Азербайджана указывает на диверсификацию экономики и усиление «ненефтяного сектора» в качестве основных приоритетов в своей стратегии развития *«Азербайджан – 2020: взгляд в будущее»*, многие его инвестиции способствуют сохранению доминирующего положения нефти и газа в энергетике и экономике в целом. Так, хотя существующие планы инвестиций в проекты ветровой энергетики значительны, они невелики по сравнению с крупномасштабными проектами разведки и добычи нефти и газа и нефте- и газопроводами. В настоящее время в Азербайджане отсутствует последовательная стратегия на период до середины века с сильным акцентом на окружающей среде и, что принципиально важно, достаточно длинным временным горизонтом для того, чтобы можно было оценить синергизм и компромиссы, связанные с разными инфраструктурными инвестициями. Последние институциональные изменения в Азербайджане ослабили положение транспортной отрасли и энергетики, которые являются основными инфраструктурными секторами, вследствие слияния в 2017 году Министерства транспорта с Министерством связи и высоких технологий и упразднения в 2019 году Государственного агентства по альтернативным и возобновляемым источникам энергии.

2.1. Состояние дел: экономика, инвестиции и изменение климата в Азербайджане

Экономика и торговля

Таблица 2.1. Основные показатели экономики Азербайджана

Население (2018 год)	9 942 334
Уровень урбанизации (2018 год)	56%
Годовой прирост населения (2018 год)	0,9%
Площадь территории	86 600 км[2]
ВВП (в долл. США в текущих ценах 2018 года)	46 940 миллионов
ВВП на душу населения (в долл. США в текущих ценах 2018 года)	4 721
Рост реального ВВП (годовое изменение в 2018 году)	1,4%
Инфляция (средняя потребительская цена, годовое изменение в 2018 году)	1,9%
Экспорт товаров и услуг (% ВВП в 2018 году)	54,3%
Импорт товаров и услуг (% ВВП в 2018 году)	37,7%
ПИИ, чистые притоки (% ВВП в 2018 году)	3,0%
Чистое кредитование/заимствование сектора государственного управления (% ВВП в 2019 году)	4,4%
Безработица (% общей численности рабочей силы в 2018 году)	5,2%
Денежные переводы (% ВВП в 2018 году)	2,6%
Рейтинг прозрачности, подотчетности и коррупции в государственном секторе (1= весьма коррумпированный, 6 = минимально коррумпированный, в 2017 году)	2,5

Источник: World Bank (2019[1]), *Показатели мирового развития (база данных)*, Всемирный банк, https://datacatalog.worldbank.org/dataset/world-development-indicators; IMF (2018[2]), *Перспективы развития мировой экономики: октябрь 2018 года*, Международный Валютный Фонд https://www.imf.org/external/datamapper/GGXCNL_NGDP@WEO/OEMDC/ADVEC/WEOWORLD

Экономика и демографические показатели

Азербайджан является страной Кавказа с доходами выше средних (Таблица 2.1). Годовой прирост его населения, самое многочисленного на южном Кавказе, неизменно составляет около 0,9 процента. В отличие от соседних Армении и Грузии, после распада Советского Союза население Азербайджана не сократилось, и страна никогда не испытывала неположительного годового прироста населения.

В экономике Азербайджана, с другой стороны, прослеживалась траектория, аналогичная другим странам бывшего Советского Союза. Она сократилась более чем вдвое по сравнению со своими уровнями до независимости: с 22,7 млрд долл. США в 1990 году до 9,5 млрд долл. США в 1995 году, после чего в конце 1990-х годов и начале 2000-х годов медленно восстанавливалась. В 2005 году ВВП Азербайджана превысил свои уровни 1990 года и к 2017 году он был на 56 процентов больше, чем до независимости.

Территория Азербайджана состоит из двух не связанных между собой частей, разделенных Арменией. Более крупная часть территории Азербайджана является единственной частью южного Кавказа, имеющей доступ к Каспийскому морю, а Нахичеванская Автономная Республика, эксклав страны, окружен сушей и находится между Арменией, Ираном и Турцией. После нескольких лет вооруженного конфликта Нагорно-Карабахская область на западе Азербайджана, граничащая с

Арменией, в 1991 году провозгласила себя независимой Республикой Арцах (или Нагорно-Карабахской Республикой), и в 1994 году Армения, Азербайджан и представители этого самопровозглашенного района подписали соглашение о прекращении огня. До настоящего времени ни одно государство — член ООН не признало независимости самопровозглашенного района. Вследствие конфликта граница между Арменией и Азербайджаном закрыта.

Экономика Азербайджана, в отличие от других стран, рассматриваемых в данном исследовании, за исключением Туркменистана, в большей мере зависит от промышленности и строительной отрасли (которые в 2018 году составляли 52,2 процента ВВП), чем от услуг (35,2 процента) и сельского хозяйства (5,3 процента). Доля сельского хозяйства в экономике Азербайджана является второй наименьшей в этом регионе после Казахстана (4,4 процента) (World Bank, 2019[1]).

Торговля

Азербайджан является наблюдателем, не членом, Всемирной торговой организации. Он не входит в Евразийский экономический союз, но представляет собой целевую страну Европейской политики соседства Европейского союза в рамках инициативы в области политики Восточное партнерство (ВП). Эти инициативы направлены на углубление отношений ЕС с Азербайджаном благодаря действиям в области экономического развития, управления, связности и контактов между людьми (European Commission, 2019[3]). С 1999 года его торговые отношения с ЕС регулируются Соглашением о партнерстве и сотрудничестве, а в 2017 году начались переговоры о подписании более полного торгового соглашения (European Commission, 2019[4]).

В нефтегазовой отрасли производится весь экспорт Азербайджана, за исключением его малой доли (см. Рисунок 2.1(c), на котором он отнесен к категории «полезные ископаемые). Важнейшей статьей экспорта страны является сырая нефть (82 процента экспорта), за которой следуют нефтяной газ (9,1 процента) и продукты нефтепереработки (2,3 процента). Кроме небольшого экспорта металла, доля прочего экспорта весьма мала. Если Азербайджан экспортирует в основном сырые углеводородные ресурсы, то он импортирует главным образом готовые промышленные товары и потребительские товары. Главными статьями его импорта являются оборудование (25 процента) и транспортные средства (11 процентов, в основном легковые автомобили, которые составляют 3,9 процента импорта), а также металлы (10 процентов), химическая продукция (10 процентов) и овощи (8 процентов) (см. Рисунок 2.1(d)). После легковых автомобилей вторым важнейшим импортируемым продуктом Азербайджана являются продукты нефтепереработки.

Основным экспортным рынком Азербайджана выступает Европейский союз (59,2 процента экспорта), особенно Италия (33 процента), Чешская Республика (5,4 процента), Германия (4,9 процента) и Португалия (4,7 процента) (см. Рисунок 2.1(a)). В число крупных стран назначения экспорта за пределами ЕС входят Турция (8 процентов), с которой Азербайджан объединяют тесные исторические, культурные и лингвистические связи, Канада (6 процента) и Израиль (4,5 процента). Важнейшими странами назначения экспорта Азербайджана в бывшем Советском Союзе являются соседняя с ним Грузия (3,8 процента) и Украина (2,5 процента), Россия составляет лишь 1,4 процента. Европейский союз как блок служит крупнейшим источником импорта Азербайджана (25,5 процента), в котором Германия (5,6 процента), Италия (3,6 процента), Соединенное Королевство (3,3 процента) и Нидерланды (2 процента) являются источниками основного импорта Азербайджана из ЕС. Соседние страны Азербайджана, Российская Федерация (17 процентов) и Турция (15 процентов), являются основными странами импорта Азербайджана, за которыми следует Китайская Народная Республика (9,7 процента) (см. Рисунок 2.1(b)). Помимо Российской Федерации, Украина (5,1 процента), Грузия (3,2 процента) и Казахстан (1,6 процента) представляют собой страны бывшего Советского Союза с крупнейшими объемами экспорта в Азербайджан. В *Стратегической дорожной карте относительно развития логистики* Азербайджана поставлены задачи увеличения к 2020 году объемов торговли с конкретными регионами и странами по сравнению с 2015 годом (см. раздел 2.3 в отношении основных стратегических документов Азербайджана). Азербайджан стремится увеличить торговлю по Черному морю с Центральной Азией на 40 процентов и Ираном на 25 процентов. Он также нацелен на увеличение объемов транзита различными маршрутами: между Центральной Азией и Европой на 25 процентов, между Китаем и Европой на 3 процента и между Российской Федерацией и Ираном на 40 процентов (President of Azerbaijan, 2016[5]).

Рисунок 2.1. Торговля Азербайджана

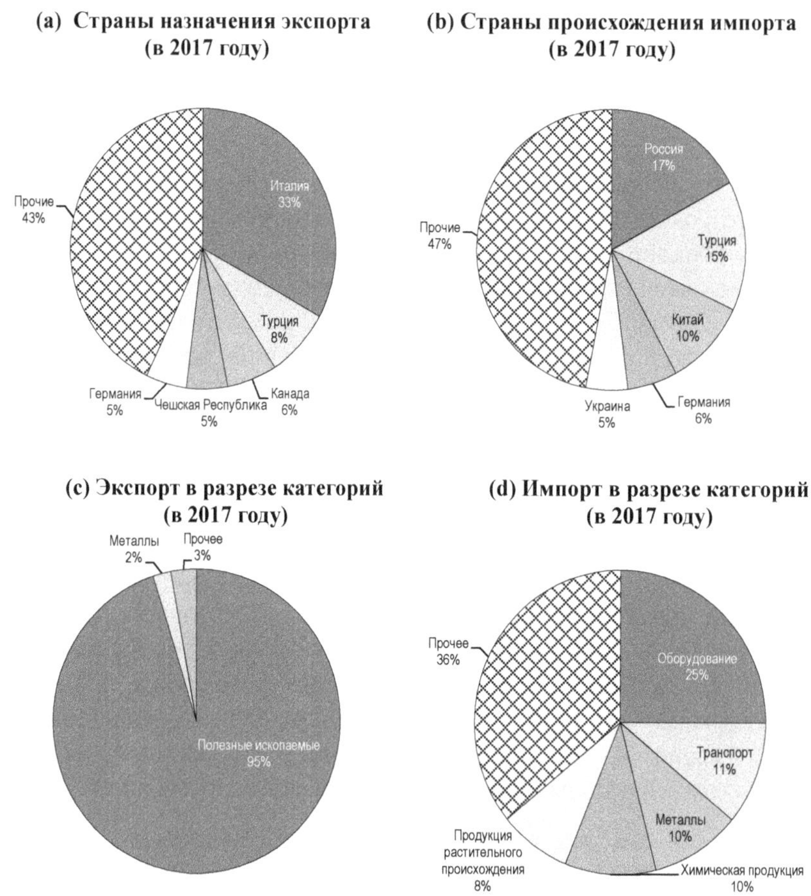

Источник: Observatory of Economic Complexity (2017[6]), *Azerbaijan: Exports, Imports and Trade Partners*, Observatory of Economic Complexity, https://atlas.media.mit.edu/en/profile/country/aze/

Инвестиционный климат

В последние годы Азербайджан проводит серьезные реформы для улучшения своего инвестиционного климата путем укрепления институциональных, нормативных и операционных условий для деятельности компаний в стране. Такие реформы и программы являются частью усилий правительства по развитию промышленности и улучшению имиджа страны в мире (OECD, 2019[7]). Согласно докладу «Ведение бизнеса» Всемирного банка (2019[8]), страна достигла значительных улучшений по вопросам разрешений на строительство, снабжения электроэнергией, регистрации имущества, получения кредитов, защиты миноритарных инвесторов, уплаты налогов, трансграничной торговли и урегулирования неплатежеспособности. Эти реформы существенно улучшили общую легкость ведения бизнеса в стране, которая в 2019 году заняла 25е место из 190 стран по сравнению с 57м в 2018 году и вошла в первую десятку стран мира, которые в наибольшей мере улучшили свои показатели (OECD, 2019[7]).

Как показывает одно из последних обследований ОЭСР, проводившихся в Азербайджане, бизнес также воспринимает реформы в Азербайджане положительно: более 50 процентов компаний считают все реформы «хорошими» или «весьма хорошими» (OECD, 2019[7]). К реформам, хорошо воспринятым бизнесом, относятся приостановка проверок компаний (86 процентов компаний ответили, что это хорошо или весьма хорошо) и предоставление в онлайновом режиме услуг лицензирования (82 процента) и визовых услуг (77 процентов). Прочие инициативы, такие как упрощение налоговой системы и упрощение таможенной системы, также положительно воспринимаются бизнесом в Азербайджане.

Однако, невзирая на такие реформы по улучшению инвестиционного климата, Азербайджану еще необходимо улучшить свои возможности содействия формированию профессиональных навыков, усиления конкуренции компаний и снижения неопределенности. Несмотря на улучшение нормативной основы, существующие условия для ведения бизнеса по-прежнему сдерживают выход новых компаний на рынок и расширение действующих предприятий (EBRD, 2019[9]). Согласно данным некоторых компаний, которые обследовались ОЭСР, в отраслях, на рост которых нацелено правительство, имеет место волатильность, что создает неопределенность для компаний и препятствует результативности инициатив (OECD, 2019[7]). Компании с удовлетворением воспримут бо́льшую согласованность и долгосрочную приверженность в отношении программы реформ.

Международные данные об объявленных проектах ПИИ в новые предприятия дают представление о трансграничных инвестициях в разрезе видов экономической деятельности в Азербайджане. С 2003 года по 2017 год экономика привлекла проекты ПИИ в новые предприятия в размере 32,7 млрд долл. США, 50 процентов которых (или 16,3 млрд долл. США) были направлены в отрасли угля, нефти и природного газа (см. Рисунок 2.2). Инфраструктурные инвестиции, особенно в транспортной отрасли, привлекли почти 5 млрд долл. США (или 15 процентов совокупных ПИИ в новые предприятия), что является относительно крупным объемом по сравнению с другими странами этого региона. Это согласуется с текущими приоритетами правительства в отношении развития новых торговых маршрутов и транспортных коридоров, в частности, создания зоны свободной торговли «Алят», строительства международного торгового морского порта и железной дороги Баку – Тбилиси – Карс, которые, как ожидается, привлекут дополнительные ПИИ в страну (German-Azerbaijan Chamber of Commerce, 2018[10]). Другими секторами, которые привлекали ПИИ в новые предприятия, являются финансовые услуги (2,8 млрд долл. США), недвижимость и металлы (приблизительно по 1 млрд долл. США). В целом, правительство признает необходимость диверсификации своих ПИИ, ухода от ПИИ в уголь, нефть и природный газ и увеличения доли ПИИ за пределами нефтяного сектора с 2,6 процента ВВП в 2017 году до 4 процентов к 2025 году, как указано в Стратегической дорожной карте по перспективе национальной экономики (Center for Analysis of Economic Reforms and Communication, 2017[11]).

Рисунок 2.2. ПИИ в новые предприятия в Азербайджане в разрезе видов экономической деятельности в 2003-2017 годы

Кумулятивный капитал ПИИ в новые предприятия с января 2003 года по сентябрь 2017 года в миллионах долларов США

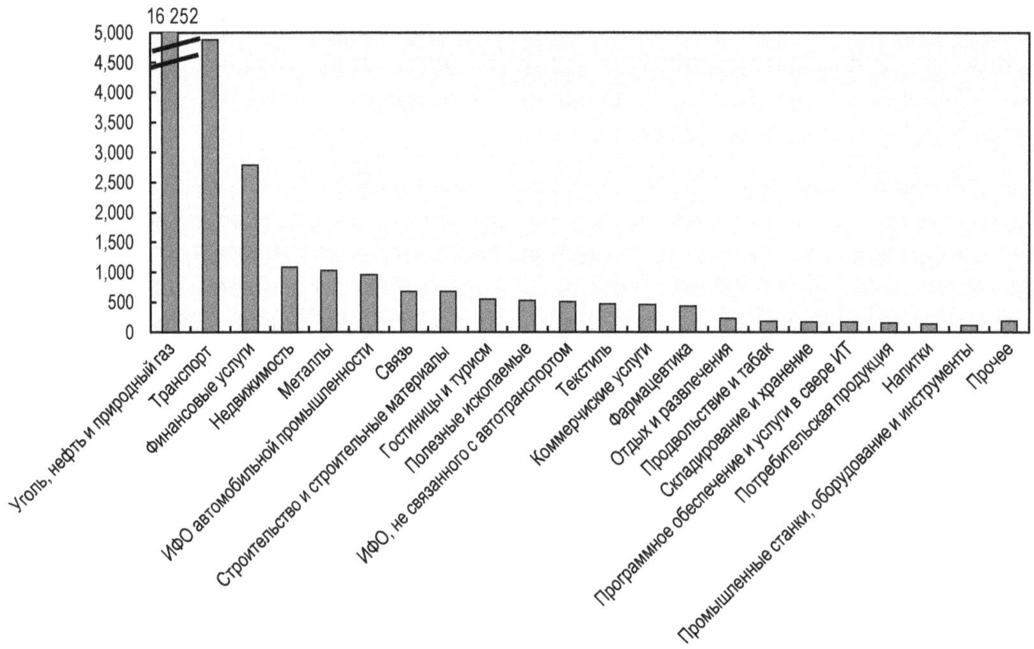

Примечание: ИФО = изготовители фирменного оборудования. Прочее включает следующее: пластмассы, авиакосмическая промышленность, потребительская электроника, электронные комплектующие, химикаты, медицинские изделия, коммерческие станки и оборудование, бумажная, полиграфическая и тароупаковочная промышленность.
Источник: ОЭСР на основе fDi Markets (2019[12]), *fDi Markets: the in-depth crossborder investment monitor (база данных)*, fDi Markets, https://www.fdimarkets.com/

Европейский союз (и, в частности, Великобритания) служит крупнейшим источником прямых иностранных инвестиций (ПИИ) в Азербайджан, с 2009 года по 2017 год он обеспечил 30 процентов (и 25,7 процента) иностранных инвестиций в основные средства (см. Рисунок 2.3). В основе интереса Великобритании к Азербайджану лежит нефтегазовая отрасль страны, в которой активно участвует компания BP. Многосторонние банки развития в совокупности инвестировали еще 14 процентов, превзойдя инвестиции соседней с Азербайджаном Турции (12,9 процента). Прочие страны, которые осуществляют крупные инвестиции в Азербайджан, относятся к разным географическим регионам: Малайзия (9,3 процента), Швейцария (7,6 процента), Российская Федерация (6 процентов), Иран (6 процентов), Япония (5,3 процента) и Соединенные Штаты Америки (4,5 процента). За исключением Российской Федерации, страны бывшего Советского Союза крупными инвесторами не являются.

Основная часть государственного долга Азербайджана (более 70 процентов) выражена в иностранных валютах, и отношение долга к ВВП увеличивается (с 11 процентов в 2014 году до такого высокого уровня, как 38 процентов в 2016 году). В 2014 году курс азербайджанской валюты, *маната*, снизился на 60 процентов по отношению к доллару США и может столкнуться с дальнейшим давлением в сторону снижения, что ухудшит ситуацию с долгом, выраженным в иностранной валюте, Азербайджана. Ввиду волатильности валютных курсов и рыночной стоимости основных статей экспорта Азербайджана структура и размер его долга могут стать неустойчивыми в случае, если он столкнется с неблагоприятными потрясениями (IMF, 2016[13]).

Рисунок 2.3. ПИИ в Азербайджан в разрезе стран-источников в 2009-2017 годы

В миллионах азербайджанских манатов

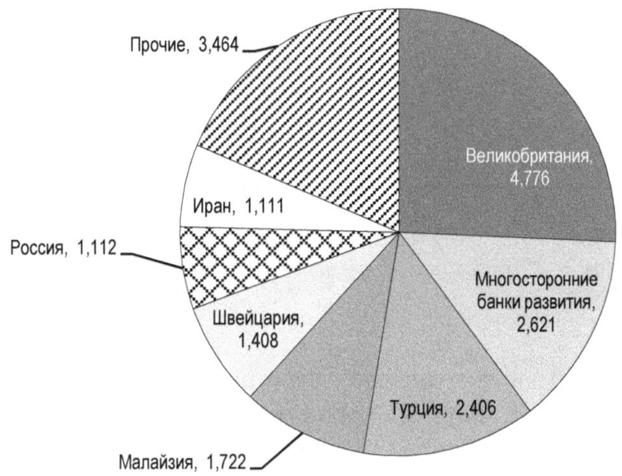

Источник: The State Statistical Committee of the Republic of Azerbaijan (2018[14]), *Foreign investment directed to fixed capital by foreign countries*, The State Statistical Committee of the Republic of Azerbaijan, https://www.stat.gov.az/source/construction/en/020en.xls

Изменение климата

Ввиду сравнительно малого размера страны ее общие выбросы составляют лишь 0,1 процента совокупных глобальных выбросов парниковых газов (ПГ). В 1990-х годах после распада Советского Союза как выбросы ПГ, так и ВВП Азербайджана сократились вдвое. Его выбросы ПГ снизились с 78 мтCO_2-экв в 1990 году до 38 мтCO_2-экв в 1997 году, при этом его ВВП сократился (см. Рисунок 2.4). Последние два десятилетия выбросы Азербайджана медленно увеличиваются, но по состоянию на 2012 год они еще не превысили своих уровней 1990-х годов. С другой стороны, экономика Азербайджана с конца 1990-х годов быстро растет: к 2017 году она была в 2,5 раза крупнее, чем до независимости. Вследствие этого интенсивность выбросов ПГ экономики Азербайджана уменьшилась более чем вдвое с 3,5 кгCO_2-экв на 1 долл. США (в неизменных долларах 2010 года) в 1990 году до 1 кгCO_2-экв на 1 долл. США ВВП к 2012 году. При том что эта цифра является самой низкой интенсивностью выбросов ПГ в странах, анализируемых в данном исследовании, она значительно выше среднего в государствах — членах ОЭСР (0,35 кгCO_2-экв на 1 долл. США в 2012 году) (World Bank, 2019[1]).

Выбросы на душу населения Азербайджана также снизились с 10,9 тCO_2-экв в 1990 году до 6,1 тCO_2экв. Хотя эта цифра составляет менее трети показателей других стран, экономика которых зависит от углеводородов, таких как Казахстан и Российская Федерация, и менее половины среднего в государствах — членах ОЭСР на уровне 12,9 тCO_2–экв на душу населения, она значительно выше выбросов на душу населения в соседней Грузии в размере 3,8 тCO_2–экв (World Bank, 2019[1]).

Рисунок 2.4. Выбросы ПГ и ВВП Азербайджана в 1990-2017 годы

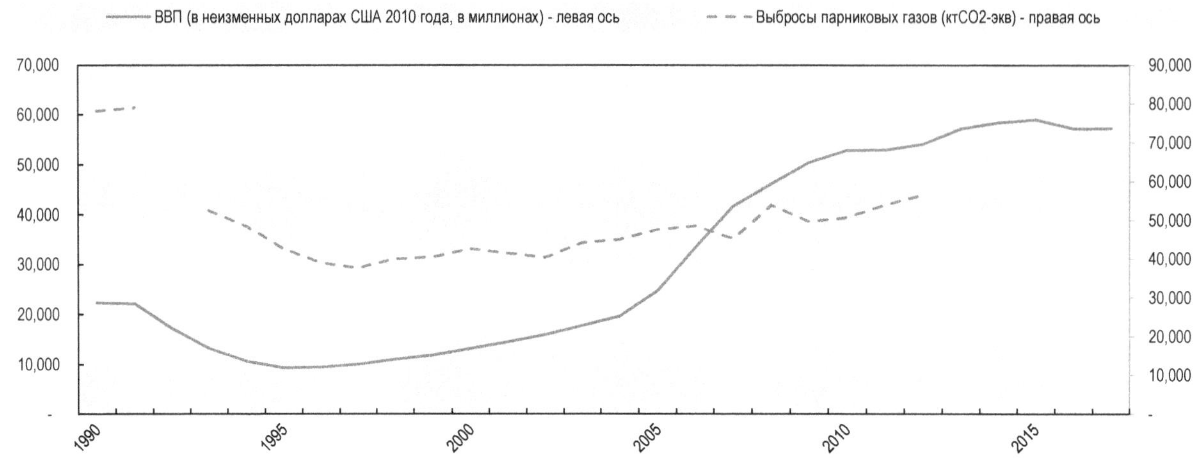

World Bank (2019[1]), *Показатели мирового развития (база данных)*, Всемирный банк, https://data.worldbank.org/indicator/EN.ATM.GHGT.ZG

На энергетику (с учетом сжигания топлива транспортом) приходится основная часть выбросов парниковых газов Азербайджана: в 2012 году 75,3 процента. Хотя это крупная доля, она меньше, чем в 1990 году, когда энергетика составляла 87,2 процента совокупных выбросов. Выбросы Азербайджана, связанные с энергетикой, были на 38,5 процента ниже, чем в 1990 году, а выбросы из всех прочих источников постепенно увеличиваются с тех пор, как Азербайджан стал независимым. В 2012 году на сельское хозяйство приходилось 13,6 процента выбросов, промышленные процессы составляли 5,8 процента и отходы — 4,8 процента (Ministry of Ecology and Natural Resources Republic of Azerbaijan, 2015[15]).

Текущие тенденции уменьшения атмосферных осадков и повышения температур в связи с изменением климата уже сказываются на сельском хозяйстве Азербайджана, в котором занято 38 процентов населения. Пастбища и жизненно важные культуры, такие как пшеница, хлопок и виноград, особенно уязвимы по отношению к этим изменениям. Страна уже сталкивается с нехваткой водных ресурсов для удовлетворения внутренних потребностей, и прогнозируемые сокращения объемов водных ресурсов (рек, озер, водохранилищ и ледников) увеличат этот дефицит. Число дней, максимальная температура в которые превышает 35 градусов Цельсия, в Азербайджане, быстро увеличилось с 3 в период 1961-1990 годов до 16 в 2000-х годах. В 2010 году в столице Баку было зарегистрировано 44 дня с температурой выше 35 градусов Цельсия, что вело к росту частоты солнечных ударов и случаев госпитализации. Воздействие изменения климата на экономическую активность и благополучие людей, по прогнозам, усилится, если не будут приняты достаточные меры по адаптации к последствиям изменения климата (Ministry of Ecology and Natural Resources Republic of Azerbaijan, 2015[15]).

2.2. Потребности в инфраструктуре и текущие планы Азербайджана

Инфраструктура Азербайджана является относительно высококачественной по сравнению со странами Евразии и в целом странами с доходами выше средних. По большинству показателей его инфраструктура находится на одном уровне с инфраструктурой Российской Федерации и Турции или лучше нее, исключение составляют воздушное сообщение и автодорожное сообщение (см. Рисунок 2.5). Однако основные фонды на душу населения Азербайджана являются одними из самых низких в бывшем Советском Союзе, и имеются широкие возможности для увеличения инфраструктурных инвестиций, особенно в модернизацию железных дорог и улучшение орошения, а также водоснабжение и водоотведение. Предоставление инфраструктурных услуг является весьма различным в разных регионах, сельские районы лишены внимания, которое сосредоточено на столичном регионе (World Bank, 2015[16]). Невзирая на свою сравнительно хорошую инфраструктуру, Азербайджан демонстрирует слабые показатели индекса эффективности логистики Всемирного банка (123е из 167 стран) в основном из-за своей нематериальной торговой инфраструктуры, такой как уровень квалификации и качество его логистических услуг (World Bank, 2018[17]).

Рисунок 2.5. Качество инфраструктуры в Азербайджане

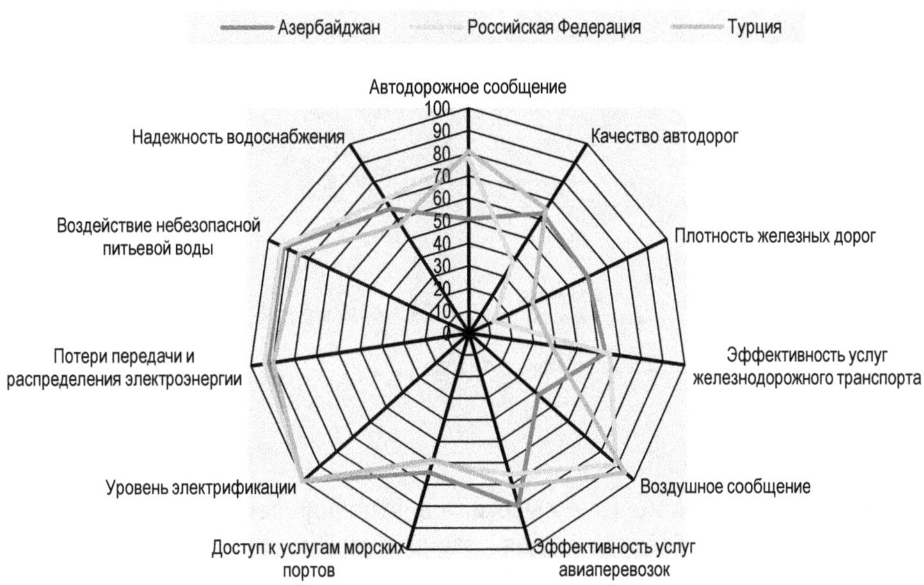

Источник: World Economic Forum (2017[18]), *The Global Competitiveness Report 2017-2018*, World Economic Forum, http://www3.weforum.org/docs/GCR2017-2018/05FullReport/TheGlobalCompetitivenessReport2017%E2%80%932018.pdf

Из отслеживаемых планируемых и строящихся инвестиционных проектов объемом 131,4 млрд долл. США энергетические проекты составляют основную часть инвестиций, или 63,4 млрд долл. США (48 процентов) совокупных инвестиций, за ними следуют проекты обрабатывающей промышленности (60,2 млрд долл. США, или 46 процентов) и транспорт (7,5 млрд долл. США, или 6 процентов) (см. Рисунок 2.6). Водные проекты составляют лишь 0,2 процента (234 млн долл. США) совокупных инвестиций и касаются в основном водоснабжения и водоотведения. В инвестициях в энергетику основная часть инвестиций приходится на проекты разведки и добычи нефти и газа (более 62 процентов совокупных энергетических проектов, или 39,4 млрд долл. США), за которыми следуют проекты крупных нефте- и газопроводов (21,2 млрд долл. США, или 34 процента) и выработки электроэнергии (2,3 млрд долл. США, или 4 процента). Инвестиции в передачу и распределение электроэнергии ограничиваются 325 млн долл. США и направлены на модернизацию распределительной сети в городах второстепенного значения и сельских районах (ADB, n.d.[19]).

Рисунок 2.6. Инвестиционные проекты в Азербайджане в разрезе секторов

Планируемые и строящиеся
В миллионах долларов США

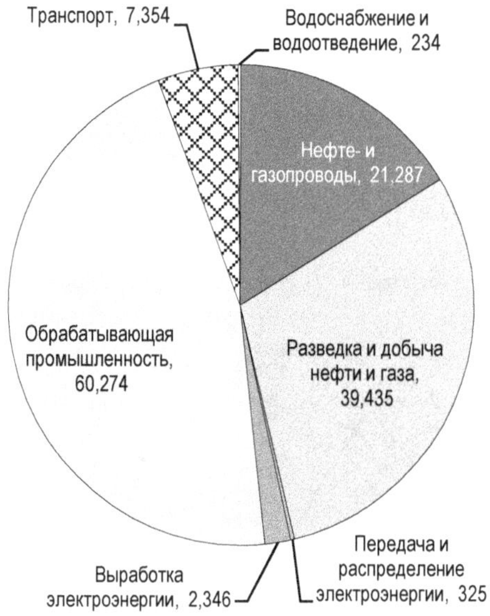

Источник: ОЭСР на основе баз данных по состоянию на июнь 2019 года

Транспорт

Транспортные издержки в Азербайджане высоки, и внутренняя связность за пределами столицы, Баку, является серьезным барьером для экономических перспектив сельских жителей. Автодорожные и железнодорожные сети Азербайджана требуют модернизации и увеличения расходов на их текущий ремонт и содержание, с тем чтобы страна использовала преимущества своего местоположения у Каспийского моря и близости к крупным рынкам, таким как Иран, Российская Федерация и Турция (World Bank, 2015[16]). Однако в последние годы расходы на душу населения Азербайджана на транспортную инфраструктуру сократились (см. Рисунок 2.7). В государственных расходах на транспортную инфраструктуру преобладают инвестиции в автодорожную инфраструктуру, а инфраструктура внутреннего водного транспорта по-прежнему имеет большое, но второстепенное значение. Лишь 0,2 процента расходов на внутреннюю инфраструктуру относится к железнодорожной сети страны (ITF, 2019[20]).

Рисунок 2.7. Инвестиции во внутреннюю транспортную инфраструктуру Азербайджана (в 2012-2016 годы)

Распределение по видам перевозок (в процентах) совокупных инвестиций во внутреннюю инфраструктуру (левая ось) и совокупные инвестиции во внутреннюю транспортную инфраструктуру в текущих долларах США на душу населения (правая ось)

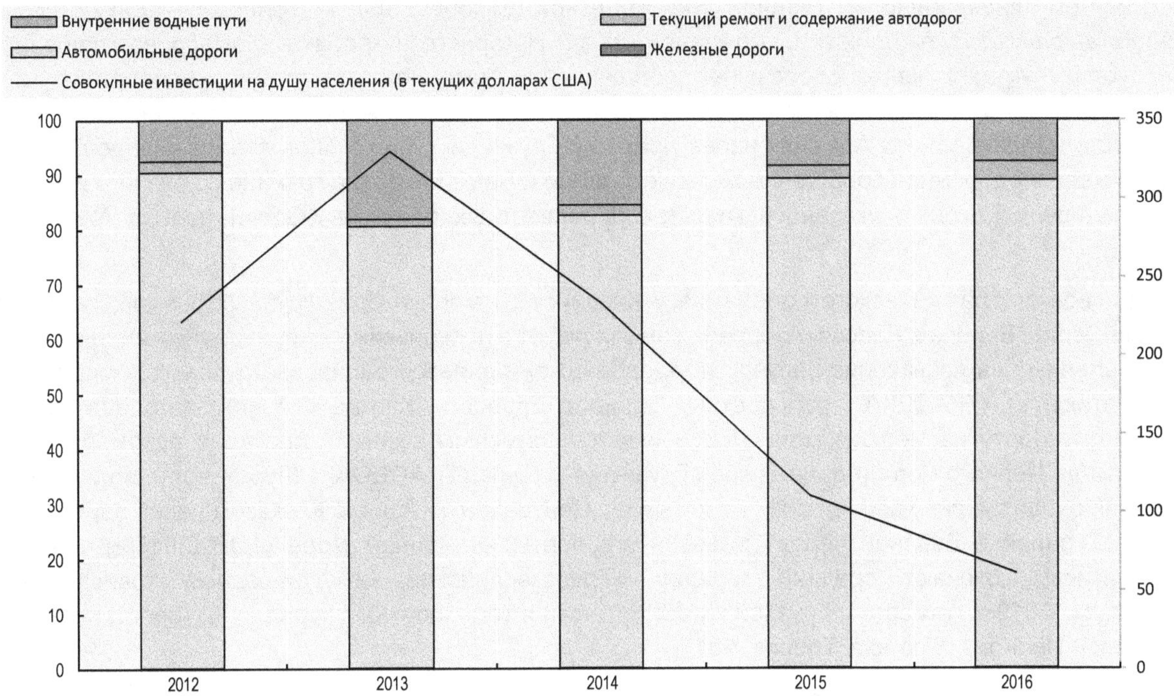

Источник: ITF (2019[20]), *Transport performance indicators*, International Transport Forum, https://doi.org/10.1787/trsprt-data-en

Распределение по видам перевозок внутренним транспортом Азербайджана в случае грузов со временем переориентировалось на автомобильные дороги. В 2005 году на автомобильные дороги приходилось только 44 процента грузовых перевозок страны в тонно-километрах, но к 2015 году эта доля увеличилась до 71 процента (15,5 млрд ткм), а доля железных дорог уменьшилась с 56 процентов до 29 процентов (6,2 млрд ткм). В случае пассажирских перевозок доминирование автомобильных дорог является еще более явным: в 2015 году 98 процентов пассажирских перевозок (23,8 млрд пассажиро-км по сравнению с 15,3 млрд пкм в 2009 году) осуществлялось по автомобильным дорогам по сравнению с лишь 2 процентами (0,5 млрд пкм, что меньше 1,1 млрд пкм в 2009 году) по железным дорогам (UNECE, 2018[21]).

В автодорожной отрасли в главной стратегии развития правительства, *«Азербайджан – 2020: Взгляд в будущее»*, в качестве приоритета указано развитие двух коридоров: одного с востока на запад из столицы Баку в Грузию и еще одного коридора с севера на юг из Российской Федерации в Иран (Government of Azerbaijan, 2012[22]). Всемирный банк, однако, рекомендует сосредоточиться на второстепенных и местных дорогах для повышения внутренней связности и снижения транспортных и торговых издержек (World Bank, 2015[16]).

Портовый комплекс Азербайджана на Каспийском море в Баку является важнейшим активом транспортной инфраструктуры страны, и правительство указало в качестве приоритета его дальнейшее развитие путем инвестиций в модернизацию и увеличение пропускной способности, предусмотренных стратегией *«Азербайджан – 2020»* (Government of Azerbaijan, 2012[22]). Поскольку при нынешних уровнях добычи Азербайджан может истощить свои запасы нефти и газа в следующие 30 лет, новый современный порт Баку в районе Алят рассматривается как один из основных компонентов стратегии превращения страны, добывающей нефть, в региональный транспортный и торговый центр (Shepard, 2016[23]).

Государственная железнодорожная компания Азербайджана, «Азербайджанские железные дороги», является собственником и оператором железнодорожной сети страны. У Азербайджана имеется международное сообщение с Грузией, Ираном (только из эксклава Нахичевань), Российской Федерацией и Турцией (по железной дороге Карс – Тбилиси – Баку). Ввиду продолжающегося конфликта с Арменией из-за Нагорного Карабаха (самопровозглашенной Республики Арцах) железнодорожное сообщение с Арменией отсутствует, вследствие чего железнодорожные перевозки между большей частью Азербайджана и его эксклавом должны осуществляться в объезд Армении через Иран или Грузию и Турцию. В стратегии *«Азербайджан – 2020»* железнодорожное сообщение между столицей и Беюк Кесик (на границе с Грузией) и Ялама (на границе с Россией) указано в качестве приоритетных проектов (Government of Azerbaijan, 2012[22]).

Ввиду своего стратегического положения у Каспийского моря и близ крупных рынков, таких как Турция, Иран, Европа и Россия, Азербайджан участвует в нескольких международных инициативах, направленных на повышение связности. Азербайджан является одним из основных компонентов инициативы ЕС ТРАСЕКА (транспортный коридор Европа – Кавказ – Азия) благодаря своему основному порту на Черном море (Баку) и устоявшимся железным дорогам и автомобильным дорогам до Черного моря и далее через Грузию и Турцию (TRACECA, 1998[24]). Коридор 2 ЦАРЭС также проходит через Азербайджан и связывает Центральную Азию с Кавказом через порт Баку и далее Турцией и Европой через Грузию и его порты на Черном море (ADB, 2017[25]). Прочие инициативы включают средний коридор «Транскаспийский международный транспортный маршрут» (2019[26]) (вместе с Грузией и Казахстаном) и транспортный коридор Юг-Запад (вместе с Грузией и Ираном) (Financial Tribune, 2017[27]).

Планируемые и текущие проекты транспортной инфраструктуры Азербайджана составляют приблизительно 7,5 млрд долл. США и представлены в основном автомобильными дорогами (40 процентов, или почти 3 млрд долл. США) и проектами, направленными на развитие как автомобильных дорог, так и железных дорог (27 процентов, или 2 млрд долл. США) (см. Рисунок 2.8). Остальные инвестиции осуществляются в порты и железные дороги, которые составляют близкие доли в размере, соответственно, 18 процентов и 15 процентов, за ними следуют весьма малые инвестиции в международный логистический центр в размере 38 млн долл. США (или около 1 процента). Инвестиционные проекты в автодорожной отрасли сосредоточены в основном на расширении и реконструкции автомагистралей, которые имеют большое значение для дальнейшего усиления географического положения Азербайджана как важного связующего звена между Черным и Каспийским морями и между Россией и Ираном.

Рисунок 2.8. Проекты в сфере транспорта в Азербайджане в разрезе подсекторов

Планируемые и строящиеся В миллионах долларов США

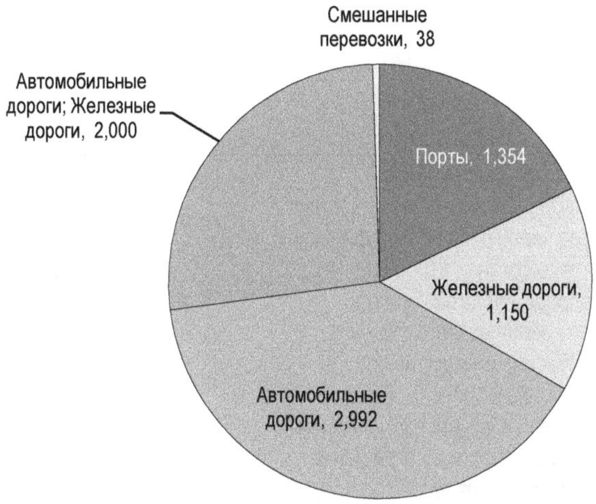

Примечание: К категории «Автомобильные дороги; железные дороги» относятся проекты, включающие как железнодорожный, так и автодорожный компоненты, а «смешанные перевозки» означают в основном логистические центры.
Источник: исследование ОЭСР на основе баз данных по состоянию на июнь 2019 года.

Проекты повышения трансграничной связности составляют основную часть инвестиций в транспортную отрасль Азербайджана (Таблица 2.2). К ним относятся крупномасштабные проекты автомобильных и железных дорог, а также порты, которые имеют своей целью повышение связности Азербайджана с соседними странами, а также другими международными рынками. Одним из важнейших проектов является транспортный коридор Афганистан – Туркменистан – Азербайджан – Грузия – Турция стоимостью 2 млрд долл. США, направленный на повышение экономической интеграции участвующих в нем стран благодаря увеличению торговли внутри региона (AzerNews, 2018[28]). Различные проекты также являются частью инициативы «Международный транспортный коридор Север-Юг», например, маршрут грузовых перевозок протяженностью 7 200 км, связывающий Индию, Иран, Азербайджан и Россию морским путем, железными дорогами и автомобильными дорогами, направленный на повышение связности и сокращение транспортных издержек (RailFreight.com, 2019[29]). Еще одним примером служит железная дорога Астара – Астара — проект стоимостью 1 млрд долл. США, который, как ожидается, станет второй железнодорожной веткой между Ираном и Азербайджаном. Вместе с тем Программа развития железнодорожной отрасли объемом 651 млн долл. США направлена на реконструкцию железнодорожной ветки Сумгаит – Ялама, связывающей Азербайджан с Россией, которая также считается одной из основных веток железнодорожного коридора Север-Юг коридоров ЦАРЭС (ADB, n.d.[30]).

Таблица 2.2. Актуальные проекты в транспортной отрасли Азерб

Название	Подсектор	Описание	Стоимость проекта (млн долл. США)	Источник финансирования	Тип инвестиций
(a) Строящиеся					
Железная дорога Астара-Астара (Казвин – Решт – Астара)	Железная дорога	Проектом предусматривается строительство моста протяженностью 82,5 метра через реку Астарачай, и, как ожидается, он станет второй железнодорожной веткой между Ираном и Азербайджаном. Проект является частью инициативы «Международный транспортный коридор Север-Юг», направленной на повышение связности и сокращение транспортных издержек. Строительство началось в 2016 году.	1 000	АО «Российские железные дороги» и «Азербайджанские железные дороги» в качестве исполнителей проекта.	В новое предприятие
Международный морской торговый порт Алят в Баку (фаза 1)	Порт	Проектом предусматривается строительство нового порта на юге столицы Азербайджана, и он представляет собой расширение порта Баку. По завершении проекта пропускная способность порта составит 25 млн тонн и 1 млн ЕЭД. Ожидается, что он станет важным связующим звеном между Европой, Турцией, Ираном, Индией и Россией. Строительство началось в 2016 году.	760	Правительство Азербайджана с ЗАО «Международный морской торговый порт Баку» в качестве исполнителей и операторов проекта.	В новое предприятие
Программа развития железнодорожной отрасли	Железная дорога	Проектом предусматривается реконструкция железнодорожного полотна и структуры железнодорожной ветки Сумгаит-Ялама. Эта железнодорожная ветка считается одной из основных веток железнодорожного коридора Север-Юг в сети ЦАРЭС.	651	АБР, Правительство Азербайджана, Агентство по развитию Франции	В существующее предприятие
(b) Планируемые					
Название	Подсектор	Описание	Стоимость проекта (млн долл. США)	Источник финансирования	Тип инвестиций
Коридор Афганистан – Туркменистан – Азербайджан – Грузия – Турция	Автомобильная дорога; железная дорога	Проект соединит город Торкунди (Афганистан) с портом Туркменбаши (Туркменистан) и по Каспийскому мою с Баку. Оттуда дальнейшие ветки свяжут Баку с Тбилиси, Поти и Батуми (Грузия) и далее с Анкарой и Стамбулом (Турция).	2 000	Правительства Афганистана (20 процентов), Туркменистана (20 процентов), Азербайджана (20 процентов), Грузии (20 процентов), Турции (20 процентов)	В новое предприятие

Проект расширения автомагистрали Гаджигабул – граница с Грузией	Автомобильная дорога	Проектом предусматривается расширение двухполосного шоссе протяженностью 184 км между Гаджигабулом и границей с Грузией до четырехполосной автомагистрали. Проект финансируется совместно BNP Paribas и Всемирным банком. Проект был утвержден в 2010 году, ожидается, что он будет завершен до конца 2019 года.	600	BNP Paribas, Всемирный банк	В существующее предприятие

Примечание*:* См. Введение в отношении определения понятия «актуальный» в данном отчете и прочих сведений о том, как отбирались вышеуказанные проекты и определялась их приоритетность.
Источник*:* CSIS (2019[31]); UNESCAP (2017[32])

Энергетика

В целом, энергетика Азербайджана извлекает пользу от более высококачественной инфраструктуры, чем другие стратегические секторы, но показатели деятельности систем передачи и распределения электроэнергии страны являются более низкими по сравнению с его соседними странами. Если в энергосистемах соседней Грузии потери составляют 7,3% процента выработки электроэнергии, то уровень потерь в азербайджанских сетях передачи и распределения электроэнергии равен 9,7 процента. Как прочие страны бывшего Советского Союза, Азербайджан достиг всеобщего доступа к электроснабжению.

Энергетика имеет основополагающее значение для азербайджанской экономики. Нефтепродукты составляют более 90 процентов экспорта Азербайджана, а нефтегазовая отрасль образует крупную, но изменчивую долю экономики. На нефть и газ приходилось 33 процента ВВП Азербайджана в 2016 году, когда цены на нефть были низкими (46,4 долл. США за баррель сырой нефти марки Brent), и 50 процентов в 2011 году, когда цены на нефть были выше (112 долл. США за баррель) (Deloitte, 2017[33]). Для экспорта своих нефти и газа в Турцию и далее Европу у Азербайджана имеется несколько нефте- и газопроводов, которые проходят через его соседнюю страну, Грузию: нефтепровод Баку – Тбилиси – Джейхан (БТД), газопровод Баку – Тбилиси – Эрзурум (БТЭ) и Трансанатолийский газопровод (ТАНАП) (Emerging Markets Forum, 2019[34]).

В выработке электроэнергии Азербайджан опирается на свои углеводородные ресурсы. На газовых электростанциях вырабатывается 81 процент электроэнергии страны, на нефтяных электростанциях — еще 10 процентов (см. Рисунок 2.9). Азербайджан традиционно в большей мере опирается на нефтяные электростанции, чем на газовые электростанции с более экологически чистым сгоранием природного газа. В 1995 году на первые приходилось 66 процентов вырабатываемой электроэнергии, тогда как на природный газ — лишь 16,9 процента, но к 2000-м годам выработка электроэнергии на природном газе превысила электроэнергию, вырабатываемую на основе нефти. Плотины гидроэлектростанций также являются важной частью структуры электроэнергетики Азербайджана, хотя в прошлом десятилетии их доля была весьма различной. В 2016 году гидроэнергетика составляла 8 процентов (2,0 ТВт·ч) электроэнергии страны, что значительно меньше, чем в 2010 году (18 процентов, 3,4 ТВт·ч), но несколько больше по сравнению с 2015 годом (6,6 процента, 1,6 ТВт·ч). В 2010-х годах Азербайджан также начал вырабатывать электроэнергию на основе сжигания отходов; к 2016 году на отходы приходился 1 процент вырабатываемой электроэнергии. Прочие возобновляемые источники энергии также составляют небольшие, но возрастающие доли структуры электроэнергетики Азербайджана: в 2016 году ветровая энергетика и солнечная фотовольтаика (ФВ) выработали, соответственно, 23 МВт·ч (0,09 процента) и 35 МВт·ч (0,14 процента) по сравнению с 1 МВт·ч (0,005 процента) в 2010 году в случае ветровой энергетики и 5 МВт·ч (0,02 процента) в 2015 году в случае солнечной ФВ (IEA, 2018[35]).

Рисунок 2.9. Выработка электроэнергии в разрезе видов топлива (ГВт·ч в 2016 году)

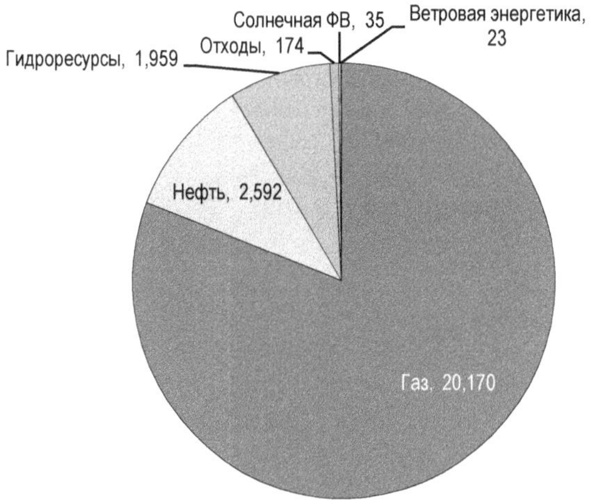

Источник: International Energy Agency (2018[35]), *IEA World Energy Balances 2018*, International Energy Agency, https://webstore.iea.org/world-energy-balances-2018

Благодаря своим запасам углеводородов Азербайджан является чистым экспортером энергии и не сталкивается с такими же проблемами энергетической безопасности, как соседняя Грузия. В 2015 году и 2016 году он экспортировал, соответственно, 37,3 мт и 36,5 мт нефти, став третьей крупнейшей страной-экспортером нефти в бывшем Советском Союзе после Российской Федерации и Казахстана. Он также является чистым экспортером природного газа (в 2015 году 6,8 мтнэ, в 2016 году 6,5 мтнэ) и электроэнергии (в 2015 году 0,01 мтнэ, в 2016 году 0,08 мтнэ) (IEA, 2018[35]).

Хотя правительство Азербайджана указывает на диверсификацию экономики и усиление «ненефтяного сектора» как на основные приоритеты в своей стратегии развития *«Азербайджан – 2020»*, многие ее задачи в энергетике способствуют сохранению доминирующего положения нефти и газа в энергетике и экономике в целом. В стратегии *«Азербайджан – 2020»* фаза 2 газового месторождения Шах-Дениз и его соединение с Трансанатолийским газопроводом (ТАНАП) указаны в качестве приоритетных задач (Government of Azerbaijan, 2012[22]).

Правительством определен ряд целевых показателей использования возобновляемых источников энергии и энергоэффективности. *Национальная стратегия по использованию альтернативных и возобновляемых источников энергии в Азербайджане (на 2015-2020 годы)* нацелена на увеличение доли возобновляемых источников энергии в выработке электроэнергии до 20 процентов, а в общем потреблении энергии — до 9,7 процента к 2020 году (EaPGREEN, 2016[36]). В *Стратегической дорожной карте относительно развития коммунальных услуг* определены следующие задачи диверсификации установленной мощности выработки электроэнергии страны: 350 МВт ветровой энергии, 50 МВт солнечной энергии и 20 МВт биоэнергии к 2020 году (President of Azerbaijan, 2016[37]). Эта *дорожная карта*, в которой признается неэффективность существующих сетей передачи и распределения электроэнергии, также направлена на сокращение потерь электроэнергии до 7 процентов в Баку и 8 процентов в других районах страны и ограничение потерь природного газа 8 процентами во всей стране (Det Norske Veritas, 2018[38]).

В том, что касается строящихся и планируемых инвестиционных проектов выработки электроэнергии, внимание Азербайджана сосредоточено на проектах ветропарков, на которые приходится почти 100 процентов инвестиций совокупной мощностью около 824 МВт. Фактически ветровая энергетика является одним из крупнейших потенциальных источников выработки энергии из возобновляемых источников потенциальной мощностью 4 500 МВт (Aliyeva, 2018[39]). Однако, несмотря на этот потенциал, инвестиции в проекты ветровой энергетики малы по сравнению с продолжающимися инвестициями в нефтегазовую отрасль. Энергетические проекты Азербайджана в большой мере сосредоточены на крупномасштабных проектах разведки и добычи нефти и газа, а также нефте- и газопроводах (Таблица 2.3). Некоторые из этих проектов являются частью Южного газового коридора, который состоит из нескольких инфраструктурных проектов, направленных на повышение энергетической безопасности Турции и Европейского союза благодаря поставкам газа из Каспийского региона в Европу (AIIB, 2016[40]).

Одним из наиболее значительных строящихся проектов, который, как ожидается, будет иметь и экологические последствия, является проект полномасштабной разработки месторождения Шах-Дениз — один из крупнейших проектов освоения газового месторождения в мире, стоимость которого оценивается приблизительно в 28 млрд долл. США и который финансируется консорциумом нефтяных компаний. Он позволит экспортировать газ из Азербайджана в Европу и Турцию газопроводами протяженностью более 3 500 км через Азербайджан, Грузию, Турцию, Грецию, Болгарию, Албанию и по дну Адриатического моря в Италию. Еще одним важным планируемым проектом является проект Трансанатолийского газопровода (ТАНАП) протяженностью 1 850 км, который позволит Азербайджану почти утроить свой экспорт природного газа с 8,1 млрд м^3 в год до приблизительно 24 млрд м^3 в год и таким образом повысить интеграцию страны в региональные и европейские рынки энергоносителей (AIIB, 2016[40]).

Таблица 2.3. Актуальные проекты в энергетике Азербайджана

(a) Строящиеся					
Название	Подсектор	Описание	Стоимость проекта (млн долл. США)	Источник финансирования	Тип инвестиций
Полномасштабная разработка месторождения Шах-Дениз (ПРМ)	Разведка и добыча нефти и газа	Проектом предусматривается полномасштабная разработка месторождения Шах-Дениз с добавлением к нынешним 8 млрд м^3/год (первый этап) 16 млрд м^3 газа в год (второй этап). Поскольку это один из крупнейших проектов разработки газового месторождения, его расширение существенно повысит безопасность и разнообразие импорта газа в Европе. Он позволит экспортировать газ из Азербайджана в Европу и Турцию. Проект строится с 2015 года.	28 000	BP Global, TPAO, ГНКАР, PETRONAS, Lukoil, NICO	В новое предприятие
Проект соединительного газопровода (AGRI) СПГ Азербайджан – Грузия – Румыния	Нефте- и газопровод	Проектом предусматривается строительство газопровода СПГ для поставок СПГ из Азербайджана через Черное море в Румынию и терминал регазификации в румынском порту Констанца. Прогнозируемая пропускная способность проекта составляет от 2 до 8 млрд м^3/год.	4 500	ГНКАР, GOGC, MVM Group	В новое предприятие
Трансадриатический газопровод	Нефте- и газопровод	Проектом предусматривается строительство газопровода протяженностью 878 км, которым природный газ с месторождения Шах-Дениз-2 в Азербайджане будет транспортироваться на юг Италии и далее в Западную Европу. Первоначальная годовая пропускная способность проекта составит 10 млрд м^3. Проект	4 287	Snam Rete Gas, BP Global, ГНКАР, Fluxys, Enagas, AXPO Group	В новое предприятие

		представляет собой заключительный сегмент Южного газового коридора для транспортировки природного газа из Каспийского моря в Европу.			
Транс-каспийский газопровод	Нефте- и газопровод	Проектом предусматривается строительство газопровода протяженностью 300 км, которым будет транспортироваться газ из Туркменистана в Россию через Казахстан. Общая пропускная способность составит 10 млрд м³/год.	3 000	Правительство Азербайджана	В новое предприятие
Программа инвестиций в повышение качества распределения электроэнергии, первый транш	Передача и распределение электроэнергии	Проектом предусматривается модернизация распределительных сетей в городах второстепенного значения и сельских районах для повышения надежности снабжения электроэнергией домашних хозяйств. В общем, проект, как ожидается, принесет пользу 1,4 млн потребителей и послужит стимулом для экономики в целом.	325	АБР	В существующее предприятие
(b) Планируемые					
Проект Трансанатолийского газопровода (ТАНАП)	Нефте- и газопроводы	По проекту планируется построить газопровод протяженностью 1 850 км от месторождения Шах-Дениз-2 в Азербайджане до Турции. Его общая пропускная способность составит 16 млрд м³/год, 6 млрд м³/год будет потреблять Турция, остаток будет продаваться на рынках Юго-Восточной Европы. Проект является частью Программы Южного газового коридора, он был утвержден в 2016 году.	8 600	ЕБРР; Всемирный банк; АБИИ; ЕИБ; Турция; British Petroleum; частные коммерческие источники; Азербайджан	В существующее предприятие
Проект газового НПЭ Алят	Природный газ	Планируемым проектом предусматривается строительство газовой электростанции мощностью 750 МВт в Азербайджане. Проект сталкивался со значительными задержками. Газовый НПЭ Алят представляет собой первый проект независимого производителя электроэнергии (НПЭ) в стране.	1 100	Korea Electric Power Corp	В новое предприятие
Проект ветропарка в Каспийском море	Ветровая энергетика	Планируемым проектом предусматривается строительство ветропарка мощностью 200 МВт в Каспийском море, финансируемого Экспортно-импортным банком Китая. Проект, как ожидается, в полной мере послужит вкладом в потенциал возобновляемых источников энергии Азербайджана.	510	Экспортно-импортный банк Китая	В новое предприятие
Проект ветропарка на острове Пираллахи	Ветровая энергетика	Проектом предусматривается строительство ветровой электростанции мощностью 200 МВт для стабильного снабжения электроэнергией островов Пираллахи и Чилов.	430	н.д.	В новое предприятие
Ветропарк Пирекушкул	Ветровая энергетика	Проект включает строительство ветропарка, расположенного на полуострове Апшерон, Азербайджан. Совокупная мощность оценивается в 100 МВт.	226	н.д.	В новое предприятие

Примечание: См. Введение в отношении определения понятия «актуальный» в данном отчете и прочих сведений о том, как отбирались вышеуказанные проекты и определялась их приоритетность. GOGC = Georgian Oil and Gas Corporation; NICO = Naftiran Intertrade Company; PETRONAS = Petroliam Nasional Berhad (нефтегазовая компания Малайзии); ГНКАР = Государственная нефтяная компания Азербайджанской Республики, ТРАО = Türkiye Petrolleri Anonim Ortaklığı (Turkish Petroleum)

Источник: ADB (2019[41]), AGRI (n.d.[42]), AIIB (2019[43]); BP Azerbaijan (n.d.[44]), CSIS (2019[31]), Dealogic (2019[45]), the Export-Import Bank of China (2019[46]), IJGlobal (2019[47]), Renewables Now (n.d.[48]), Thomson One (2019[49]), Trans Adriatic Pipeline AG (n.d.[50]), Trans-Caspian Pipeline (n.d.[51]) по состоянию на июнь 2019 года.

Промышленный сектор и горнодобывающая промышленность

Обрабатывающая промышленность Азербайджана тесно связана с нефтегазовой отраслью страны: нефтепереработка и производство химикатов, в основном нефтехимической продукции, составляют, соответственно, 33 процента и 7 процентов промышленного производства (см. Рисунок 2.10). Помимо углеводородной продукции, единственной другой отраслью обрабатывающей промышленности, которая играет значительную роль в экспорте Азербайджана, является металлургия: прежде всего алюминиевая, железная и медная промышленность. В случае алюминиевой промышленности, однако, Азербайджан экспортирует больше алюминия-сырца, чем готовой алюминиевой продукции (например, алюминиевых пластин) (Observatory of Economic Complexity, 2017[6]).

Рисунок 2.10. Категории продукции обрабатывающей промышленности в стоимостном выражении в 2017 году

В процентных долях совокупного объема производства продукции обрабатывающей промышле

Источник: The State Statistical Committee of the Republic of Azerbaijan (2018[52]), *Industry of Azerbaijan: Manufacture of the most important types of industrial products in natural value*, The State Statistical Committee of the Republic of Azerbaijan, https://www.stat.gov.az/source/industry/?lang=en

В *Стратегической дорожной карте относительно развития тяжелой промышленности и машиностроения* развитие следующих отраслей названо приоритетным для уменьшения зависимости от нефти и газа: горнодобывающая промышленность, металлургия, производство строительных материалов (цемента), переработка нефти и газа и производство электрического оборудования. К 2020 году Азербайджан намерен построить новый завод по добыче и переработке железной руды и уменьшить свою зависимость от импорта запасных частей сельскохозяйственного оборудования на 65 процентов и газового оборудования — на 45 процентов (President of Azerbaijan, 2016[53]). В стратегии *«Азербайджан – 2020»* перечислены различные отрасли, которые следует развивать, помимо указанных в *Стратегической дорожной карте*: алюминиевая промышленность, космическая промышленность и пищевая промышленность (Government of Azerbaijan, 2012[22]).

Инвестиции Азербайджана в обрабатывающую промышленность в большой мере сосредоточены на проектах в отношении кокса и продуктов нефтепереработки, а также химикатов. Согласно рисунку 2.11 (ниже), на углеводородные проекты производства топлива (кокса и продуктов нефтепереработки) и нефтехимической продукции приходится основная часть инвестиций в промышленность Азербайджана. Более 53 процентов (32 млрд долл. США) инвестиций направляются на производство как топлива, так и нефтехимической продукции, еще 28 процентов инвестиций сосредоточены исключительно на топливе (коксе и продуктах нефтепереработки). Проекты производства нефтехимической продукции, такой как полиэтилен (12 процентов) и полипропилен (4 процента), также образуют значительную долю инвестиций. Эти проекты, как ожидается, будут способствовать развитию нефтехимической и химической промышленности, в частности, благодаря современным технологиям, что позволит Азербайджану быть одним из крупнейших производителей в регионе. Так, Сумгаитский полипропиленовый завод представляет собой проект стоимостью 995 млн долл. США, расположенный близ столицы Баку, на котором планируется производить около 184 0000 тонн полипропилена в год, 70 процентов которого будет экспортироваться в Европу, Турцию и другие соседние страны (Таблица 2.4).

Рисунок 2.11. Проекты промышленного сектора в Азербайджане в разрезе подсекторов

В миллионах долларов США

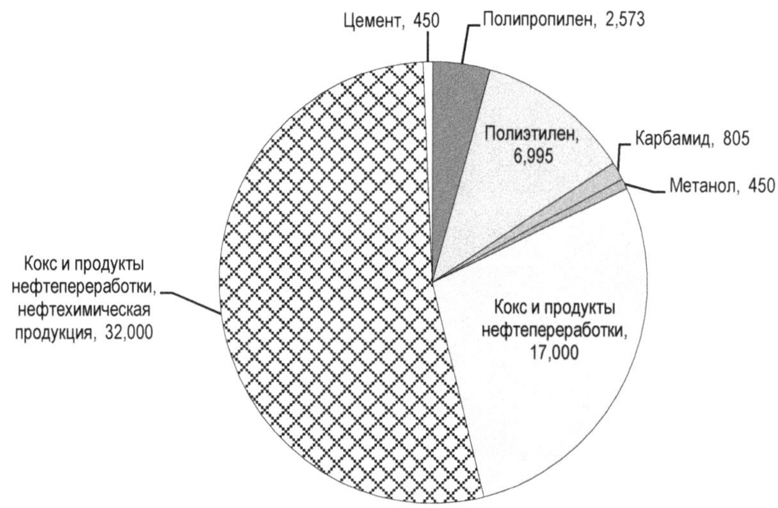

Источник: исследование ОЭСР на основе информации по состоянию на июнь 2019 года

Таблица 2.4. Актуальные проекты промышленного сектора Азербайджана

Название	Подсектор	Описание	Стоимость проекта (млн долл. США)	Источник финансирования	Тип инвестиций
Газоперерабатывающий и нефтехимический комплекс ГНКАР	Кокс и продукты нефтепереработки; химикаты	Проектом предусматривается строительство газоперерабатывающего и нефтехимического комплекса в 60 км к югу от Баку. Общая мощность комплекса составит приблизительно 10 млрд $м^3$ природного газа в год. Проект строится с 2016 года.	15 000	ГНКАР	В новое предприятие
Завод «Этилен-полиэтилен» ГК «Азерхимия»	Химикаты	Проектом предусматривается строительство 19 нефтехимических заводов на основе современных технологий. Эти заводы позволят Азербайджану стать крупнейшим производителем различной нефтехимической продукции в регионе. Проект строится с 2008 года.	6 000	Частные инвестиции государственного концерна «Азерхимия»	В новое предприятие
Сумгаитский полипропиленовый завод	Химикаты	Проектом предусматривается строительство полипропиленового завода в 30 км к северу от Баку. Ожидаемая мощность — 184 000 тонн в год, в том числе 30 процентов для местного рынка, остальная часть — для экспорта в Европу, Турцию и СНГ. Проект строится с 2013 года.	995	ГНКАР; Gilan Holding; Pasha Holding; Azersun Holding.	В новое предприятие
(b) Планируемые					
Название	Подсектор	Описание	Стоимость проекта (млн долл. США)	Источник финансирования	Тип инвестиций
Бакинский нефтегазоперерабатывающий комплекс	Кокс и продукты нефтепереработки	Проект планируется с 2014 года	17 000	ГНКАР	н.д.
Нефтеперерабатывающий и нефтехимический комплекс в Гарадаге	Кокс и продукты нефтепереработки; химикаты	Проект планируется с 2012 года	17 000	ГНКАР	В новое предприятие

Примечание: См. Введение в отношении определения понятия «актуальный» в данном отчете и прочих сведений о том, как отбирались вышеуказанные проекты и определялась их приоритетность. ГНКАР = Государственная нефтяная компания Азербайджанской Республики.

Источник: ГНКАР GPC (2019[54]), Chemicals Technology (2019[55]), Thomson One (2019[49]), IJGlobal (2019[47]).

Вода

В Азербайджане осуществляются ограниченные инвестиции в водное хозяйство. В настоящее время имеется лишь один проект, финансируемый Всемирным банком, связанный со Вторым национальным проектом водоснабжения и водоотведения, в совокупном размере 234 млн долл. США. Проект направлен на предоставление надежных услуг водоснабжения и водоотведения в отдельных региональных центрах страны (World Bank, n.d.[56]). В целом, инфраструктура водоснабжения и водоотведения Азербайджана является сравнительно качественной. Его доля населения, обеспеченного чистой водой, (92 процента) является второй самой высокой в регионе после Казахстана (93 процента), а его водоснабжение — вторым наиболее надежным после Грузии (World Economic Forum, 2017[18]). Вместе с тем лишь около половины земель, потенциально пригодных для возделывания, в Азербайджане оснащены для орошения, а на половине площади орошаемых сельскохозяйственных угодий отсутствует соответствующий дренаж (ADB, 2019[57]). Для дальнейшего улучшения водохозяйственной инфраструктуры Азербайджана *Стратегической дорожной картой относительно развития коммунальных услуг* предусмотрено сокращение к 2020 году коммерческих потерь воды с 20 процентов по крайней мере до 14 процентов и потерь, связанных с распределением, с 31 процента до 25 процентов. Она также нацелена на повышение уровня водоотведения с 46 процентов до 65 процентов (President of Azerbaijan, 2016[37]).

2.3. Сильные и слабые стороны существующей институциональной структуры для планирования устойчивой инфраструктуры

Стратегическое планирование и взаимосвязи между долгосрочными задачами, планами в отношении инфраструктуры и экологическими соображениями

В 2012 году Азербайджан утвердил стратегию долгосрочного развития *«Азербайджан – 2020: взгляд в будущее»*, в которой излагается видение правительства относительно повышения темпов экономического роста, диверсификации, ухода от ископаемого топлива и развития основных отраслей, в частности, информационных и коммуникационных технологий (ИКТ) и логистики (см. Таблица 2.5 и Таблица 2.6). В 2016 году правительство дополнило этот документ *Стратегической дорожной картой по перспективе национальной экономики* и двенадцатью дорожными картами по секторам в отношении важнейших секторов экономики с количественными целевыми показателями до 2020 года, 2025 года и некоторыми неопределенными целевыми показателями на период после 2025 года.

Азербайджану необходима более долгосрочная стратегия развития, предпочтительно на период до середины века, с тем чтобы он спланировал свой переход на другие виды экономической деятельности. При том что в стратегии *«Азербайджан – 20202»* и *Стратегической дорожной карте* рассматриваются экологические проблемы, в них не формулируется четкий план действий относительно выбросов парниковых газов или долгосрочной устойчивости транспортной системы и энергосистемы страны. Азербайджану принесет пользу последовательный документ с сильным акцентом на окружающей среде и, что принципиально важно, достаточно длительным временным горизонтом, с тем чтобы можно было оценить синергизм и компромиссы, связанные с различными инфраструктурными инвестициями.

Кроме того, в Азербайджане отсутствуют официальные стратегии, вместо этого им определены стратегические направления развития определенных важнейших секторов. Одна из главных целей *Стратегической дорожной карты* состоит в укреплении секторов экономики за пределами нефтяного сектора благодаря увеличению потоков прямых иностранных инвестиций (ПИИ), поддержке отраслей за пределами нефтяного сектора, ориентированных на экспорт, и увеличению занятости в секторе услуг (в частности, в сфере туризма) и производства биржевых товаров (например, промышленном секторе и пищевой промышленности). Наряду с этим, в *Стратегической дорожной карте* правительству рекомендуется уменьшить зависимость бюджета от трансфертов из государственного нефтяного фонда СОФАЗ (фонда национального благосостояния Азербайджана) с приблизительно 50 процентов в 2016 году до 15 процентов к 2025 году. Однако, невзирая на эти задачи диверсификации экономики, нефтегазовый сектор по-прежнему занимает важное место в видении развития страны, прежде всего в связи с увеличением добычи на газовом месторождении Шах-Дениз.

В числе профильных дорожных карт, которыми сопровождалась *Стратегическая дорожная карта по перспективе национальной экономики* Азербайджана, были стратегии разведки и добычи нефти и газа (*Стратегическая дорожная карта относительно развития нефтяной и газовой промышленности*) и конечного потребления энергоносителей (полученных из углеводородов и прочих источников) (*Стратегическая дорожная карта относительно развития коммунальных услуг).* Однако в Азербайджане отсутствует стратегия в отношении энергетики в целом, и в настоящее время не существует законодательства о стандартах энергоэффективности. Правительство находится в процессе разработки этих документов (EU Neighbours, 2018[58]).

В транспортной отрасли в стратегии *«Азербайджан – 2020»* и *Стратегической дорожной карте относительно развития логистики* определены задачи развития транспорта, в основном с точки зрения международной связности и упрощения торговли. Ни в первом, ни во втором документе не представлен целостный план развития транспортной отрасли, в частности, улучшения второстепенных и сельских дорог для повышения связности внутри страны, низкий уровень которой указан в качестве барьера для регионального экономического развития (World Bank, 2015[16]).

Институциональная структура и процессы принятия решений

Последние институциональные изменения ослабили положение основных инфраструктурных секторов. В 2017 году произошло слияние Министерства транспорта Азербайджана с Министерством связи и высоких технологий и было сформировано Министерство транспорта, связи и высоких технологий. С точки зрения распределения кадровых ресурсов в новом министерстве сохраняется доминирование прежнего Министерства связи и высоких технологий: согласно данным веб-сайта нового министерства, в двух управлениях по вопросам транспорта насчитывается только 23 сотрудника, а в четырех управлениях по вопросам ИКТ занято 40 человек. Кроме того, министр и все его заместители ранее работали в Министерстве связи и высоких технологий (Ministry of Transport, Communications and High Technologies of the Republic of Azerbaijan, n.d.[59]).

В 2019 году в Азербайджане было упразднено Государственное агентство по альтернативным и возобновляемым источникам энергии, которое ранее разработало *Национальную стратегию Азербайджана по использованию альтернативных и возобновляемых источников энергии (на 2015-2020 годы)* (President of Azerbaijan, 2019[60]). Неясно, какие государственные органы в настоящее время ответственны за выполнение функций, предусмотренных портфелем Агентства, и каким образом схожая единица, специализирующаяся на возобновляемых источниках энергии, будет интегрирована — и будет ли она интегрирована — в новую институциональную структуру Азербайджана.

Азербайджан является стороной Конвенции об оценке воздействия на окружающую среду (ОВОС) в трансграничном контексте (Конвенции Эспо), и в 2018 году Азербайджан принял закон «Об оценке воздействия на окружающую среду». Однако стороны Конвенции сообщают о том, что действующее законодательство Азербайджана и то, что в настоящее время отсутствуют подзаконные акты об ОВОС, не соответствует статьям Конвенции (UNECE, 2019[61]).

В отличие от соседней Грузии Азербайджан не является подписантом Протокола по стратегической экологической оценке (СЭО). Однако Азербайджан совместно с программой EaP GREEN проводил пилотную СЭО *Национальной стратегии по использованию альтернативных и возобновляемых источников энергии в Азербайджане (на 2015-2020 годы)* (EaPGREEN, 2016[36]). В рамках программы EaP также поддерживаются учебные программы и семинары в Азербайджане, равно как и публикация документов о пользе СЭО на азербайджанском языке для поощрения внедрения и применения этого инструмента (UNECE, n.d.[62]).

Перечень значимых стратегических документов

Таблица 2.5. Основные действующие стратегические документы

	Статус	Временной горизонт	Охватываемые секторы	Основные цели
Первый определяемый на национальном уровне вклад (ОНВ)	Представлен в 2017 году	2017-2030 годы	Экономика в целом	• Целевой показатель: достижение к 2030 году сокращения на 35 процентов совокупных выбросов парниковых газов по сравнению с уровнями 1990 года • Основные отрасли, в которых будут сокращены выбросы: энергетика (обеспечение разработки законодательных актов и нормативных документов об энергетике, замена используемых технологий современными экологичными технологиями, реконструкция энергораспределительных сетей, например, для сокращения потерь газа в газораспределительных сетях на 1 процент к 2020 году); транспортная отрасль (содействие использованию электротранспортных средств в общественном транспорте, обеспечение электрификации железнодорожных дорог); сектор управления отходами (создание современной системы управления твердыми отходами)
Азербайджан – 2020: взгляд в будущее	Утвержден в 2012 году	2011-2020 годы	Управление, транспорт, энергетика, водное хозяйство, промышленность	• Достижение к 2020 году ВВП на душу населения в размере 13 000 долл. США • Достижение самых высоких позиций в группе стран с высоким уровнем развития человеческого потенциала согласно классификации развития человеческого потенциала Программы развития ООН • Обеспечение увеличения строительства и использования возобновляемых и альтернативных источников энергии • Модернизация 6 международных аэропортов • Обеспечение сел и городов водоочистными установками и обеспечение регулярного мониторинга качества воды для улучшения водоснабжения • Модернизация нефтехимической промышленности • Обеспечение диверсификации экономики и уход от нефтегазового сектора

Стратегическая дорожная карта по перспективе национальной экономики	Утвержден в 2016 году	2016-2025 годы	Управление, энергетика, промышленность, транспорт	• Дальнейшее укрепление судебной системы • Улучшение условий для ведения бизнеса • Обеспечение утверждения наиболее целесообразных и конкурентоспособных ставок налогов и тарифов • Развитие транспортно-логистических коридоров регионального масштаба • Минимизация энергопотребления для производства одной единицы ВВП благодаря увеличению доли возобновляемых источников энергии
Стратегическая дорожная карта относительно развития логистики и торговли в Азербайджанской Республике	Утвержден в 2016 году	2016-2025 годы	Управление, энергетика, промышленность, транспорт	• Преобразование Азербайджана в региональный логистический центр • Проведение технико-экономических обоснований для увеличения числа зон свободной торговли • Увеличение объема торговли и содействие торговле продукцией с более высокой добавленной стоимостью для диверсификации экономики • Усиление роли частного сектора в экономике
Национальная стратегия по использованию альтернативных и возобновляемых источников энергии в Азербайджане (на 2015-2020 годы)	Утвержден в 2015 году	2015-2020 годы	Управление, энергетика	• Увеличение доли возобновляемых источников энергии в энергетике • Создание структур централизованного управления возобновляемой энергетикой • Создание нормативно-правовой основы для ее применения в секторе альтернативных и возобновляемых источников энергии • Улучшение тарифной политики в отношении возобновляемых источников энергии
Стратегическая дорожная карта относительно развития нефтяной и газовой промышленности	Утвержден в 2016 году	2016-2025 годы	Энергетика, промышленность	• Обеспечение национальной энергетической безопасности, например, путем защиты прибрежной энергетической инфраструктуры • Диверсификация вариантов транспортировки газа • Развитие отношений в сфере нефтяной и газовой промышленности с каспийскими и европейскими государствами
Стратегическая дорожная карта относительно развития коммунальных услуг	Утвержден в 2016 году	2016-2025 годы	Энергетика, водное хозяйство	• Увеличение инвестиций в альтернативные и возобновляемые источники энергии • Увеличение потенциала выработки электроэнергии страны на 1 000 МВт в следующие 5-10 лет и выработка 420 МВт из возобновляемых источников

				(ветровой энергии — 350 МВт, солнечной энергии — 50 МВт, биоэнергии — 20 МВт) • Пересмотр тарифов на рынке энергоносителей
Стратегическая дорожная карта относительно развития тяжелой промышленности и машиностроения	Утвержден в 2016 году	2016-2025 годы	Промышлен-ность	• Внедрение энергосберегающих технологий, которые также соответствуют экологическим стандартам • Увеличение объема производства тяжелой промышленности

Таблица 2.6. Прочие значимые документы

	Статус	Временной горизонт	Охватываемые секторы
Стратегическая дорожная карта относительно развития индустрии специализированного туризма в Азербайджанской Республике	Утвержден в 2016 году	2016-2025 годы	Многосекторный
План действий по улучшению экологической ситуации на 2010-2014 годы	Утвержден в 2010 году	2010-2014 годы	Многосекторный
Национальная программа экологически устойчивого социального и экономического развития на период 2003–2010 годов	Утвержден в 2003 году	2003-2010 годы	Многосекторный
Государственная программа социально-экономического развития регионов Азербайджана на период 2009–2013 годов	Утвержден в 2009 году	2009-2013 годы	Многосекторный, в основном энергетика и водное хозяйство
Государственная программа по лесовосстановлению и облесению на период 2003–2008 годов	Утвержден в 2003 году	2003-2008 годы	Многосекторный
Государственная программа относительно летних/зимних пастбищ, эффективного использования лугов и предотвращения опустынивания на период 2004–2010 годов	Утвержден в 2004 году	2004-2010 годы	Многосекторный
Государственная программа развития топливно-энергетического комплекса на период 2005–2015 годов	Утвержден в 2005 году	2005-2015 годы	Энергетика
Программа развития гидрометеорологии на период 2004–2010 годов	Утвержден в 2004 году	2004-2010 годы	Водное хозяйство
Государственная стратегия управления опасными отходами на период 2004–2010 годов	Утвержден в 2004 году	2004-2010 годы	Управление отходами

Литература

ADB (2019), *Azerbaijan: Country Partnership Strategy (2019-2023)*, ADB, Manila, https://www.adb.org/sites/default/files/institutional-document/510266/cps-aze-2019-2023.pdf. [57]

ADB (2019), *Projects and Tenders (database)*, https://www.adb.org/projects?terms=. [41]

ADB (2017), *The CAREC Corridors - Linking the Russian Federation with South Asia and the Middle East*, https://www.adb.org/news/infographics/carec-corridors-linking-russian-federation-south-asia-and-middle-east. [25]

ADB (n.d.), *Azerbaijan: Power Distribution Enhancement Investment Program*, https://www.adb.org/projects/42401-014/main#project-pds. [19]

ADB (n.d.), *Azerbaijan: Railway Sector Development Program*, https://www.adb.org/projects/48386-004/main. [30]

AGRI (n.d.), *The First LNG Project to be Developed in the Black Sea*, http://agrilng.com/. [42]

AIIB (2019), *Approved and Proposed Projects*, https://www.aiib.org/en/projects/approved/index.html#. [43]

AIIB (2016), *Republic of Azerbaijan: Trans Anatolian Natural Gas Pipeline (TANAP) Project*, AIIB, Beijing, https://www.aiib.org/en/projects/approved/2016/_download/trans-anatolian/document/tanap-project-document.pdf. [40]

Aliyeva, K. (2018), *Wind power generation greatly increases in Azerbaijan*, AzerNews, https://www.azernews.az/oil_and_gas/136315.html. [39]

AzerNews (2018), *First cargo via Afghanistan-Turkmenistan-Azerbaijan-Georgia-Turkey transport corridor to be shipped in October*, https://www.azernews.az/business/137118.html. [28]

BP Azerbaijan (n.d.), *Shah Deniz Stage 2*, https://www.bp.com/en_az/caspian/operationsprojects/Shahdeniz/SDstage2.html. [44]

Center for Analysis of Economic Reforms and Communication (2017), *Azerbaijan Economic Reforms Review*, http://www.vusalmusayev.com. [11]

Chemicals Technology (2019), *Projects (database)*, https://www.chemicals-technology.com/ (accessed on 29 July 2019). [55]

CSIS (2019), *Reconnecting Asia (database)*, https://reconnectingasia.csis.org/database/#. [31]

Dealogic (2019), *Multiple Markets: One Platform (database)*, https://www.dealogic.com/. [45]

Deloitte (2017), *Business Outlook in Azerbaijan*, https://www2.deloitte.com/content/dam/Deloitte/ru/Documents/research-center/business-outlook-in-Azerbaijan-2017.pdf. [33]

Det Norske Veritas (2018), *Первое заседание межминистерской Рабочей группы по разработке долгосрочной энергетической стратегии Республики Азербайджан [First Meeting of the Inter-Ministerial Working Group on the Development of a Long-Term Energy Strategy of the Republic of Azerbaijan]*, https://energycharter.org/fileadmin/DocumentsMedia/EU4Energy/EU4E_Aze_EnStrat_IMWG_short_all_050718_ru_0407_fin_1.pdf. [38]

EaPGREEN (2016), *Strategic Environmental Assessment of the National Strategy of Azerbaijan on the use of Alternative and Renewable Energy*, http://www.unece.org/fileadmin/DAM/env/eia/documents/EaP_GREEN/1_Homepage/Azerbaijan/SEA_report_Azerbaijan_Executive_Summary_October_2016.pdf. [36]

EBRD (2019), *Azerbaijan Country Strategy 2019-2024*, https://www.ebrd.com/news/2019/ebrd-approves-new-strategy-for-azerbaijan.html. [9]

Emerging Markets Forum (2019), *The Impact of the Belt and Road Initiative in Central Asia and the South Caucasus: "'Inside-out" Perspectives of Experts from the Region*, Emerging Markets Forum, Gerzensee, http://www.research.pmcg-i.com/images/banners/The%20Belt%20and%20Road%20Initiative%20in%20the%20South%20Caucasus%20Region.pdf. [34]

EU Neighbours (2018), *Azerbaijan is developing its Energy Strategy and Law on Energy efficiency: but what do they mean for the country?*, https://www.euneighbours.eu/en/east/eu-in-action/stories/azerbaijan-developing-its-energy-strategy-and-law-energy-efficiency-what. [58]

European Commission (2019), *Azerbaijan: Trade picture*, http://ec.europa.eu/trade/policy/countries-and-regions/countries/azerbaijan/. [4]

European Commission (2019), *Eastern Partnership*, https://ec.europa.eu/neighbourhood-enlargement/neighbourhood/eastern-partnership_en. [3]

fDi Markets (2019), *fDi Markets: the in-depth crossborder investment monitor (database)*, https://www.fdimarkets.com/. [12]

Financial Tribune (2017), *Georgia, Iran, Azerbaijan to Launch Transport Corridor*, https://financialtribune.com/articles/economy-domestic-economy/66042/georgia-iran-azerbaijan-to-launch-transport-corridor. [27]

German-Azerbaijan Chamber of Commerce (2018), *EU Business Climate Report Azerbaijan 2018*, https://eeas.europa.eu/sites/eeas/files/business_climate_report_-2018.pdf. [10]

Government of Azerbaijan (2012), *Концепция развития Азербайджан 2020: взгляд в будущее [The concept of development Azerbaijan 2020: view to the future]*, https://president.az/files/future_ru.pdf. [22]

IEA (2018), *IEA World Energy Balances 2018*, https://webstore.iea.org/world-energy-balances-2018. [35]

IJGlobal (2019), *Project Finance (database)*, https://ijglobal.com/data/index. [47]

IMF (2018), *World Economic Outlook: October 2018*, https://www.imf.org/external/datamapper/GGXCNL_NGDP@WEO/OEMDC/ADVEC/WEOWORLD. [2]

IMF (2016), *Republic of Azerbaijan: 2016 Article IV Consultation-Press release; Staff Report; and Informational Annex*, IMF, Washington DC, http://www.imf.org. [13]

ITF (2019), *Transport Performance Indicators*, https://www.oecd-ilibrary.org/transport/data/itf-transport-statistics/transport-performance-indicators_2122fa17-en. [20]

Ministry of Ecology and Natural Resources Republic of Azerbaijan (2015), *Third National Communication to the United Nations Framework Convention on Climate Change: Republic of Azerbaijan*, https://unfccc.int/sites/default/files/resource/azenc3.pdf. [15]

Ministry of Transport, Communications and High Technologies of the Republic of Azerbaijan (n.d.), *Структура Министерства транспорта, связи и высоких технологий [Structure of the Ministry of Transport, Communications and High Technologies]*, http://www.mincom.gov.az/ru/view/structure/. [59]

Observatory of Economic Complexity (2017), *Azerbaijan: Exports, Imports and Trade Partners*, https://oec.world/en/profile/country/aze/. [6]

OECD (2019), *Azerbaijan: Linking Domestic Suppliers with Foreign Investors*, OECD, Paris, http://www.oecd.org/eurasia. [7]

President of Azerbaijan (2019), *Указ Президента Азербайджанской Республики о дополнительных мерах по усовершенствованию государственного управления в Азербайджанской Республике [Decree of the President of the Republic of Azerbaijan on additional measures to improve public administration in the Republic of Azerbaijan]*, https://ru.president.az/articles/31521. [60]

President of Azerbaijan (2016), *Azərbaycan Respublikasında ağır sənaye vəmaşınqayırmanın inkişafına dair Strateji Yol Xəritəsi [Strategic Roadmap on Development of Heavy Industry and Machinery in the Republic of Azerbaijan]*, http://minenergy.gov.az/docs/dp/syx/1.pdf. [53]

President of Azerbaijan (2016), *Azərbaycan Respublikasında kommunal xidmətlərin (elektrik və istilik enerjisi, su və qaz) inkişafına dair Strateji Yol Xəritəsi [Strategic Roadmap for the Development of Utility Services (electricity, heat, water and gas) in the Republic of Azerbaijan]*, https://mida.gov.az/documents/Kommunal_xidm%C9%99tl%C9%99rin_inki%C5%9Faf%C4%B1na_dair_Strateji_Yol_X%C9%99rit%C9%99si_.pdf. [37]

President of Azerbaijan (2016), *Azərbaycan Respublikasında logistika vəticarətin inkişafına dair Strateji Yol Xəritəsi [Strategic Roadmap for Development of Logistics Outcomes in the Republic of Azerbaijan]*, https://static.president.az/pdf/38542.pdf. [5]

RailFreight.com (2019), *New services on International North-South Transport Corridor*, https://www.railfreight.com/corridors/2019/02/04/new-services-on-international-north-south-transport-corridor/?gdpr=accept. [29]

Renewables Now (n.d.), *Azerbaijan's 200MW offshore wind plan may be tweaked after feasibility study*, https://renewablesnow.com/news/interview-azerbaijans-200mw-offshore-wind-plan-may-be-tweaked-after-feasibility-study-503906/. [48]

Shepard, W. (2016), *An Inside Look At The New Crossroads Of Eurasia: Azerbaijan's New Port of Baku*, Forbes, https://www.forbes.com/sites/wadeshepard/2016/11/03/an-inside-look-at-the-new-crossroads-of-eurasia-azerbaijans-new-port-of-baku/#36e3148053a4. [23]

SOCAR GPC (2019), *Road to the Future*, http://www.socargpc.az/ (accessed on 29 July 2019). [54]

The Export-Import Bank of China (2019), *Major Projects (database)*, http://english.eximbank.gov.cn/. [46]

The State Statistical Committee of the Republic of Azerbaijan (2018), *Foreign investment directed to fixed capital by foreign countries*, https://www.stat.gov.az/?lang=en. [14]

The State Statistical Committee of the Republic of Azerbaijan (2018), *Industry of Azerbaijan: Manufacture of the most important types of industrial products in natural value*, https://www.stat.gov.az/source/industry/?lang=en. [52]

Thomson One (2019), *Thomson One (database)*, https://www.thomsonone.com/DirectoryServices/2006-04-01/Web.Public/Login.aspx?brandname=www.thomsonone.com&version=3.7.9.18833&protocol=0. [49]

TITR (2019), *Trans-Caspian International Transport Route: History of Company*, http://titr.kz/en/about-the-association/history-en. [26]

TRACECA (1998), *TRACECA- Restoration of the Historic Silk Road*, http://www.traceca-org.org/en/countries/azerbaijan/azerbaijan-in-traceca/. [24]

Trans Adriatic Pipeline AG (n.d.), *Trans Adriatic Pipeline*, https://www.tap-ag.com/. [50]

Trans-Caspian Pipeline (n.d.), *The European Commission's Connecting Europe Facility is funding the Pre-FEED, Reconnaissance Surveys and Strategic and Economic Evaluations of the Trans-Caspian Pipeline*, http://www.w-stream-transcaspian.com/. [51]

UNECE (2019), *Decision IS/1c on compliance by Azerbaijan with its obligations under the Convention in respect of its national legislation*, UNECE, Geneva, http://www.unece.org/fileadmin/DAM/env/documents/2019/ece/Meeting_of_Parties_-_2019/adopted_decisions/IS.1.c_ADOPTED_07.02.2019_advance_unedited.pdf. [61]

UNECE (2018), *2018 Transport Statistics Infocards*, UNECE, http://www.unece.org/trans/main/wp6/infocards.html. [21]

UNECE (n.d.), *Azerbaijan: Environmental Policy*, http://www.unece.org/environmental-policy/conventions/environmental-assessment/about-us/protocol-on-sea/enveiaabouteap-green/azerbaijan.html. [62]

UNESCAP (2017), *Review of Developments in Transport in Asia and the Pacific 2017*, UNESCAP, Bangkok, https://www.unescap.org/sites/default/files/publications/Review2017_Hires_21Dec2017.pdf. [32]

World Bank (2019), *Ease of Doing Business in Azerbaijan*, https://www.doingbusiness.org/en/data/exploreeconomies/azerbaijan. [8]

World Bank (2019), *World Development Indicators (database)*, https://datacatalog.worldbank.org/dataset/world-development-indicators. [1]

World Bank (2018), *Logistics Performance Index*, https://lpi.worldbank.org/international/aggregated-ranking. [17]

World Bank (2015), *Azerbaijan Systematic Country Diagnostic*, World Bank, Washington DC, https://openknowledge.worldbank.org/bitstream/handle/10986/23105/Azerbaijan000S00country0diagnostic0.pdf?sequence=1&isAllowed=y. [16]

World Bank (n.d.), *Second National Water Supply & Sanitation Project - AF*, http://projects.worldbank.org/P147378/?lang=en&tab=overview. [56]

World Economic Forum (2017), *The Global Competitiveness Report 2017-2018*, World Economic Forum, Geneva, http://www3.weforum.org/docs/GCR2017-2018/05FullReport/TheGlobalCompetitivenessReport2017%E2%80%932018.pdf. [18]

Глава 3. Стратегическое планирование инфраструктуры для устойчивого развития в Грузии

В настоящей главе описывается планирование устойчивой инфраструктуры в Грузии и представляются текущие тенденции в области инвестиций в крупномасштабные инфраструктурные проекты. Сравниваются инфраструктурные планы в энергетическом, транспортном, промышленном и водохозяйственном секторах с международными обязательствами по Парижскому соглашению и Целями в области устойчивого развития (ЦУР). В данной главе также рассматриваются документы стратегического планирования по долгосрочному экономическому развитию, отраслевому развитию и охране окружающей среды, включая документы, связанные со смягчением последствий изменения климата и адаптацией к нему. В заключение определены несогласованности между поставленными целями и наблюдаемыми инвестиционными потоками, и тем самым предложены рекомендации для улучшения стратегического планирования устойчивой инфраструктуры.

Основные соображения

Грузия является страной с доходами ниже средних, которая находится на южном Кавказе. В Грузии создан один из наиболее благоприятных инвестиционных климатов в регионе, она стала привлекательной страной назначения иностранных инвестиций. Проведены значительные структурные реформы для упрощения процедур ведения бизнеса, разрешений на строительство, режимов лицензирования и выдачи разрешительной документации, а также улучшения процедур налогообложения и таможенных процедур. В 2019 году Грузия заняла 6^{е} место в показателях легкости ведения бизнеса Всемирного банка, поднявшись с 115^{м} места, которое она занимала в 2005 году. Грузия привлекает инвестиции из множества различных стран во все секторы экономики: от финансовых услуг до отраслей угля, нефти, газа и возобновляемых источников энергии. При этом на инфраструктурные проекты ПИИ практически не направляются.

Качество существующей инфраструктуры Грузии является различным: инфраструктура электроэнергетики является сравнительно высококачественной и представлена в основном гидроэнергетикой (более 80 процентов), качество транспортной и водохозяйственной инфраструктуры ниже. Повышение связности с внешними рынками благодаря как материальной инфраструктуре (например, транспортному сообщению), так и нематериальной инфраструктуре (например, институтам) является одним из приоритетов для повышения производительности Грузии и отражено в перечне планируемых транспортных проектов, призванных создать новые коридоры, которые свяжут Грузию автомобильными и железными дорогами с соседними странами. Однако проекты в энергетике, планируемые в настоящее время, не обязательно согласуются с общими целями правительства по диверсификации структуры выработки электроэнергии страны, поскольку на гидроэнергетику по-прежнему приходится более 90 процентов планируемых мощностей по выработке электроэнергии. Дальнейшая зависимость почти исключительно от гидроэлектроэнергетики может создать в долгосрочной перспективе проблемы, связанные с энергетической безопасностью, потому что водные ресурсы Грузии особенно уязвимы по отношению к изменению климата.

В этой связи отсутствие в Грузии долгосрочных стратегических документов вызывает серьезную обеспокоенность. Принятые стратегии развития и правительственные программы Грузии охватывают период лишь до 2020 года, в них отсутствуют количественные, ограниченные по срокам целевые показатели и не возлагается ответственность за прогресс в достижении приоритетов правительства. Отсутствие национальной стратегии в отношении энергетики и мер политики по ее осуществлению затрудняет оценку энергетических проектов на соответствие тенденциям в области энергоснабжения и энергопотребления, а также вопросам энергетической безопасности и долгосрочным природоохранным целям. При том что условия в области политики в стране стали благоприятными для инвестиций, институциональный потенциал государственных органов отстает от улучшений. Этот потенциал требуется для результативной оценки рисков, а также разработки, анализа и реализации инфраструктурных проектов.

3.1. Состояние дел: экономика, инвестиции и изменение климата в Грузии

Экономика и торговля

Таблица 3.1. Основные показатели экономики Грузии

Население (2018 год)	3 731 000
Уровень урбанизации (2018 год)	58,6%
Годовой прирост населения (2018 год)	0,08%
Площадь территории	69 700 км^2
ВВП (в долл. США в текущих ценах 2018 года)	16 210 миллионов
ВВП на душу населения (в долл. США в текущих ценах 2018 года)	4 345
Рост реального ВВП (годовое изменение в 2019 году)	4,6%
Инфляция (средняя потребительская цена, годовое изменение в 2017 году)	6,0%
Экспорт товаров и услуг (% ВВП в 2018 году)	55,1%
Импорт товаров и услуг (% ВВП в 2018 году)	66,7%
ПИИ, чистые притоки (% ВВП в 2018 году)	7,3%
Чистое кредитование/заимствование сектора государственного управления (% ВВП в 2019 году)	-1,7%
Безработица (% общей численности рабочей силы в 2018 году)	14,1%
Денежные переводы (% ВВП в 2018 году)	12,6%
Рейтинг прозрачности, подотчетности и коррупции в государственном секторе (1= весьма коррумпированный, 6 = минимально коррумпированный, в 2013 году)	3,5

Источник: World Bank (2019[1]), Показатели мирового развития (база данных), Всемирный банк, https://datacatalog.worldbank.org/dataset/world-development-indicators; IMF (2018[2]), Перспективы развития мировой экономики: октябрь 2018 года, Международный Валютный Фонд, https://www.imf.org/external/datamapper/GGXCNL_NGDP@WEO/OEMDC/ADVEC/WEOWORLD

Экономика и демографические показатели

Грузия является страной с доходами ниже средних, которая находится Кавказе. Ее население, второе самое малочисленное после Монголии в выборке данного исследования, резко сократилось с 4,9 млн человек в 1993 году до 3,7 млн человек в 2013 году, но с тех пор стабилизировалось. После двух десятилетий почти непрерывного отрицательного прироста населения в 2014 году его прирост стал положительным (на уровне 0,05 процента). С тех пор темпы прироста населения Грузии остаются самыми низкими в странах Центральной Азии и Кавказа (в 2016 году 0,06 процента, 2017 году 0,01 процента и 2018 году 0,08 процента)(Таблица 3.1).

Сразу после распада Советского Союза первоначально в экономике Грузии прослеживалась траектория, аналогичная ее населению: она сократилась с 7,8 млрд долл. США в 1990 году до 2,5 млрд долл. США в 1994 году. Затем в последующие два десятилетия она восстановилась до 16,2 млрд долл. США в 2018 году.

Правительство Грузии фактически контролирует лишь приблизительно 80 процентов своей территории, признанной на международном уровне (Ellyatt, 2019[3]). Два региона — Абхазия на северо-западе и Южная Осетия на севере — провозгласили себя независимыми республиками и, получая поддержку соседней России, взяли под контроль территории, на которые они заявляли претензии, в результате серии вооруженных конфликтов, начавшихся сразу после того, как Грузия стала независимой (в 1991-1992 годы в Южной Осетии, 1992-1993 годы в Южной Осетии), и достигших апогея в русско-грузинской войне 2008 года. Лишь некоторые государства — члены ООН (Российская Федерация, Никарагуа, Венесуэла, Науру и Сирия) признают независимость этих двух самопровозглашенных регионов, в то же время остальной мир признает их в качестве составных частей Грузии.

Экономика Грузии является наиболее ориентированной на сектор услуг в регионе, наряду с Казахстаном. В 2017 году услуги составляли 57,6 процента ВВП, тогда как промышленность и строительство — 22,6 процента, а сельское хозяйство — лишь 6,9 процента (World Bank, 2019[1]).

Торговля

Грузия с 2000 года является членом Всемирной торговой организации и имеет тесные связи с Европейским союзом, являясь одной из стран, охватываемых Европейской политикой соседства Европейского союза в рамках инициативы в области политики «Восточное партнерство» (ВП). Эти инициативы направлены на углубление отношений ЕС с Грузией благодаря действиям в области экономического развития, управления, связности и контактов между людьми (European Commission, 2019[4]). В 2014 году Грузия и Европейский союз подписали Соглашение об ассоциации и создали Углубленную и всеобъемлющую зону свободной торговли (УВЗСТ) (European Commission, 2017[5]).В 2017 году Грузия стала Договаривающейся стороной Энергетического сообщества ЕС, взяв на себя тем самым обязательства по реализации *правовых концепций* в области энергетики и либерализации энергетических рынков.

Грузия экспортирует более диверсифицированный спектр продукции, чем большинство стран региона (см. Рисунок 3.1(c)). Ее важнейшими категориями экспорта в стоимостном выражении являются полезные ископаемые (в основном медная руда, которая составляет 16 процентов совокупного экспорта), продовольствие (особенно вино, крепкие алкогольные напитки и вода, составляющие, соответственно, 5,4 процента, 3,7 процента и 3 процента), металлы (в основном ферросплавы, 9,9 процента), химическая продукция и транспорт (автомобили, 6,1 процента). Импорт Грузии еще более разнообразен (см. Рисунок 3.1(d)). Импорт топлива Грузией (на продукты нефтепереработки и нефтяной газ приходится, соответственно, 8,7 процента и 4,3 процента импорта) объясняет сравнительно большую долю полезных ископаемых в структуре импорта страны.

Грузия в меньшей мере опирается на индивидуальных торговых партнеров, чем большинство стран этого региона (см. Рисунок 3.1(a) и (b)). Чаще всего ее крупнейшими рынками экспорта и импорта служат страны — ее географические соседи, особенно Россия (13 процентов экспорта, 10 процентов импорта), Турция (7 процентов экспорта, 17 процентов импорта) и Азербайджан (8 процентов экспорта, 7 процентов импорта), а также, в меньшей мере, Армения (5 процентов экспорта, 3 процента импорта) и Украина (3 процента экспорта, 6 процентов импорта). Хотя на индивидуальные европейские страны приходятся лишь малые доли торговли Грузии, Европейский союз как блок составляет 28 процентов как экспорта, так и импорта. Важнейшей страной назначения экспорта Грузии в ЕС выступает Болгария (10 процентов), а Германия является главной страной происхождения ее импорта (5 процентов). Помимо ЕС и непосредственных соседних стран, Грузия также поддерживает важные торговые отношения с Китайской Народной Республикой (7 процентов экспорта, 9 процентов импорта) и США (4,5 процента экспорта, 2,6 процента импорта).

Рисунок 3.1. Торговля Грузии

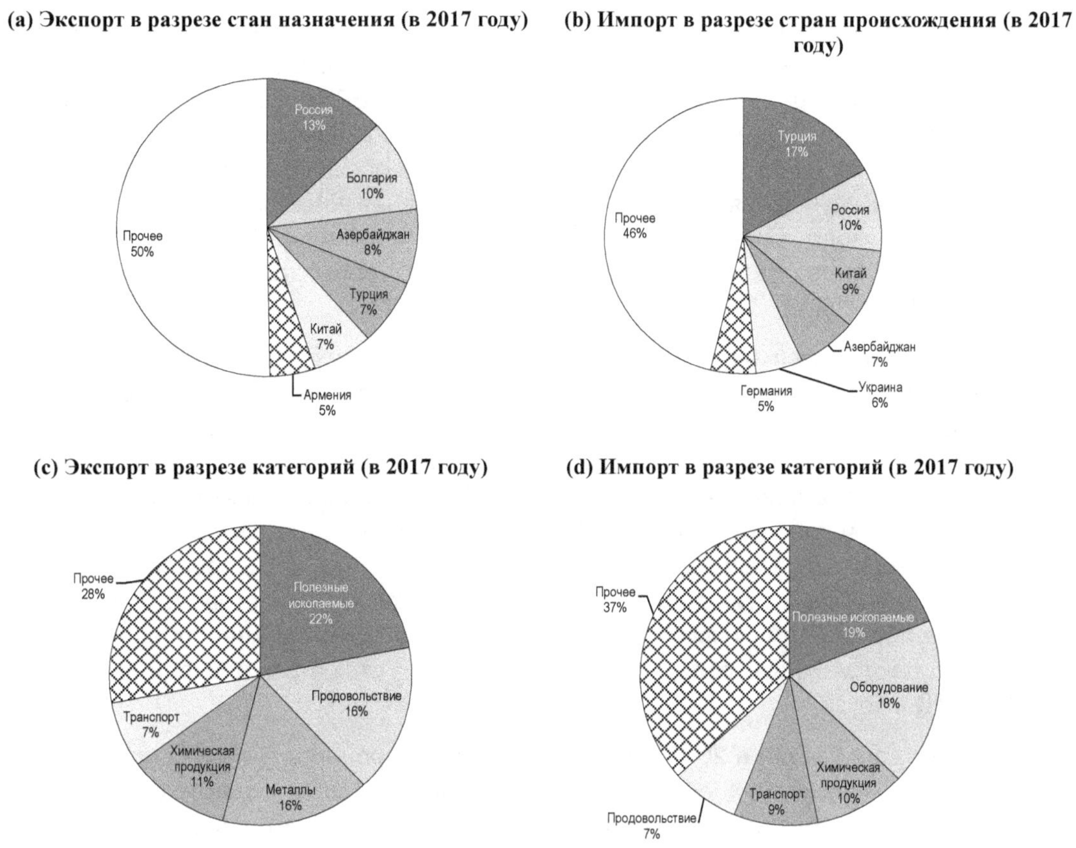

Источник: Observatory of Economic Complexity (2017[6]), *Georgia: Exports, Imports and Trade Partners*, Observatory of Economic Complexity, https://atlas.media.mit.edu/en/profile/country/geo/

Инвестиционный климат

В Грузии создан один из наиболее благоприятных инвестиционных климатов в регионе, что делает ее привлекательной страной назначения инвестиций. Проведены значительные структурные реформы для упрощения процедур ведения бизнеса, разрешений на строительство, сокращения бюрократии, упрощения режимов лицензирования и выдачи разрешительной документации, а также улучшения процедур налогообложения и таможенных процедур. Эти реформы не только привели к сближению с законодательством ЕС, но и существенно улучшили показатели в докладе Всемирного банка «Ведение бизнеса». В 2019 году Грузия заняла 6[е] место в мире по сравнению с 115[м] в 2005 году, получив более высокий рейтинг, чем США и Великобритания (IBRD, 2019[7]).

Правовую базу регулирования внутренних и иностранных инвестиций образуют два закона, а именно закон Грузии «О поддержке и гарантиях инвестиционной деятельности» и закон «О государственной поддержке инвестиций» (Government of Georgia, 2006[8]). В 2002 году также учреждено ведомство по содействию инвестициям, Национальное инвестиционное агентство Грузии, для упрощения инвестиционного процесса путем оказания содействия инвесторам в получении требуемых лицензий и разрешений, а также представления инвесторов в других государственных ведомствах в ходе процедур лицензирования и выдачи разрешений (Grant Thornton, 2018[9]). Кроме того, создан онлайн-портал «Invest in Georgia» (n.d.[10]) для поощрения и поддержки потенциальных проектов ПИИ в стране в сферах энергетики, гостиничного хозяйства и недвижимости, обрабатывающей промышленности, логистических узлов, сельского хозяйства и пищевой промышленности, аутсорсинга технологических процессов.

Невзирая на такой благоприятный инвестиционный климат, в большой части экономики по-прежнему преобладают отрасли с низкой добавленной стоимостью. Согласно данным ЕБРР, Грузия не использует в полной мере свой инновационный потенциал (EBRD, 2016[11]). Например, на уровне компаний инновации по-прежнему внедряются слабо, а технологическая инфраструктура, такая как широкополосные платформы и платформы ИКТ, требуют расширения и совершенствования. К другим необходимым улучшениям относятся реструктуризация земельного рынка, создание более совершенных основ ухода компаний с рынка и их реструктуризации (IBRD, IFC and MIGA, 2018[12]), а также улучшение стандартов корпоративного управления в обрабатывающей промышленности и сфере услуг (EBRD, 2016[11]).

Европейский союз является важным источником ПИИ в Грузию. С 2006 года по 2017 год он инвестировал в совокупности всего 6,6 млрд долл. США, что составляет более 40 процентов совокупных чистых ПИИ в Грузию за указанный период. Крупнейшими странами ЕС — инвесторами в Грузию выступают Австрия, на которую приходилось более 25 процентов совокупных ПИИ, и, в меньшей мере, Польша, Дания и Мальта (см. Рисунок 3.2). Последнее десятилетие страны бывшего Советского Союза, в частности, Армения, Азербайджан и Беларусь, также являются крупными источниками иностранных инвестиций и составляют, соответственно, 13 процентов, 6 процентов и 9 процентов. За пределами этих двух блоков самыми важными инвесторами Грузии выступают Турция (5 процентов) и США (4 процента). Китай и Россия, крупные инвесторы в другие страны этого региона, играют меньшую роль в Грузии: на каждую из этих стран приходится немного более 3 процентов ПИИ в Грузию.

Государственный долг Грузии в 2017 году был равен 44,9 процента ВВП и, по прогнозам, к 2019 году незначительно снизится до 43,5 процента. По итогам своего третьего обзора в рамках Механизма расширенного кредитования МВФ (2018[13]) оценивал ситуацию с долгом Грузии как связанную со сравнительно низким риском.

Рисунок 3.2. ПИИ в Грузию в разрезе стран-источников в 2006-2017 годы

В тысячах долларов США

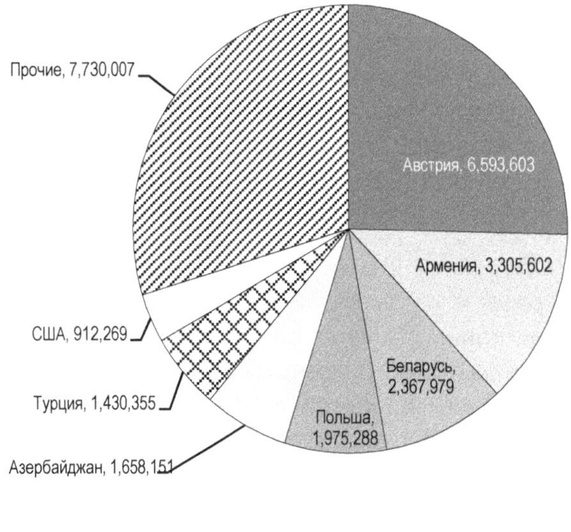

Источник: National Statistics Office of Georgia (2019[14]), *Foreign Direct Investments by Countries*, National Statistics Office of Georgia, https://www.geostat.ge/en/modules/categories/191/foreign-direct-investments

С 2003 года по 2017 года Грузия привлекла объявленные проекты трансграничных ПИИ в новые предприятия в размере около 16,9 млрд долл. США — больше, чем Туркменистан или Монголия, но значительно меньше, чем Азербайджан и Казахстан. Однако по сравнению с другими странами этого региона ПИИ носят более диверсифицированный характер, ни один сектор не доминирует в этом ландшафте. Приблизительно 19 процентов ПИИ осуществляется в финансовые услуги, за которыми следуют уголь, нефть и природный газ (12 процентов), а также альтернативные и возобновляемые источники энергии (11 процентов). Инфраструктурные инвестиции весьма умеренны. Так, транспорт получает около 7 процентов совокупных ПИИ в новые предприятия, или приблизительно 1,2 млрд долл. США, а строительство и строительные материалы — лишь около 500 долл. США совокупных объявленных проектов ПИИ в новые предприятия в Грузии (Рисунок 3.3).

Рисунок 3.3. ПИИ в новые предприятия в Грузии в разрезе видов экономической деятельности в 2003-2017 годы

Кумулятивный капитал ПИИ в новые предприятия с января 2003 года по сентябрь 2017 года в миллионах долларов США

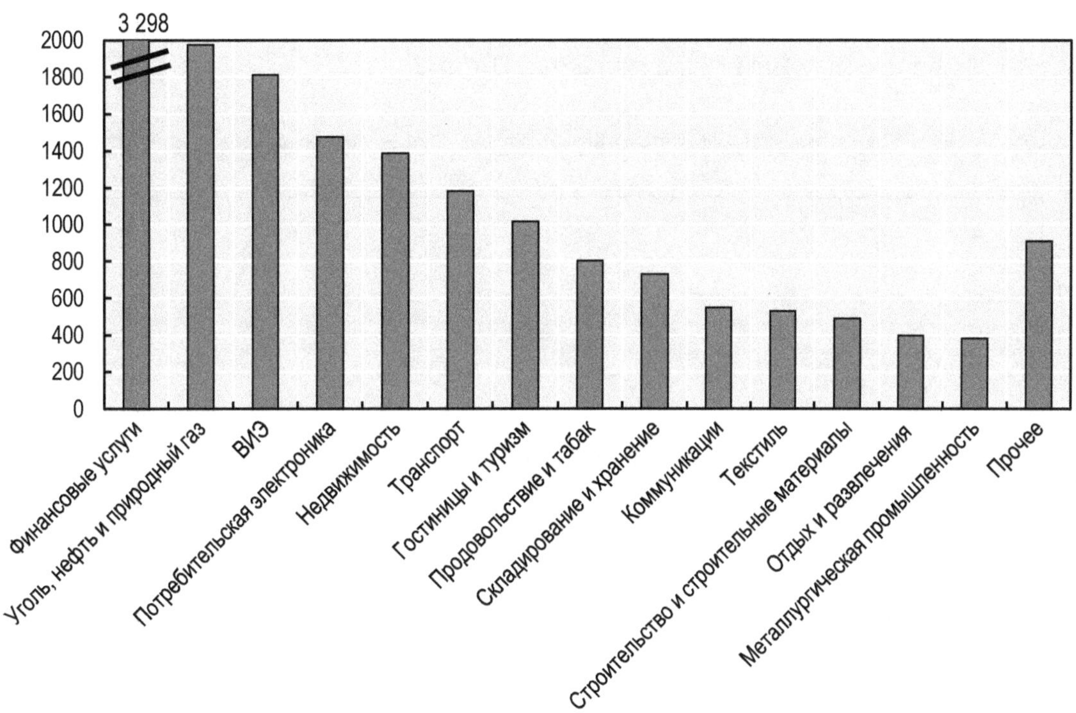

Примечание: Прочее включает следующее: керамика и стекло; коммерческие услуги; авиакосмическая промышленность; коммерческие станки и оборудование; химикаты; потребительская продукция; резина; программное обеспечение и услуги в сфере ИТ; промышленные станки, оборудование и инструменты; автомобильные комплектующие; изготовители фирменного оборудования автомобильной промышленности; фармацевтическая промышленность; здравоохранение; электронные комплектующие; пластмассы.
Источник: ОЭСР на основе fDi Markets (2019[15]), *fDi Markets: the in-depth crossborder investment monitor (база данных)*, fDi Markets, https://www.fdimarkets.com/

Изменение климата

Грузия характеризуется сравнительно низкой интенсивностью выбросов парниковых газов (ПГ), в 2012 году на нее приходилось лишь 0,03 процента совокупных глобальных выбросов. В 2012 году выбросы Грузии на душу населения составляли лишь 3,8 тCO_2-экв, что значительно меньше ее уровней 8,0 тCO_2-экв 1990 года и является одним из самых низких уровней в Центральной Азии и на Кавказе (в данном исследовании выбросы на душу населения только Таджикистана и Кыргызской Республики ниже). Они составляют лишь приблизительно одну треть среднего государств — членов ОЭСР (в 2012 году 12,9 тCO_2-экв на душу населения) (World Bank, 2019[1]).

В годы после распада Советского Союза годовые выбросы ПГ Грузии резко сократились менее чем на четверть от уровня, существовавшего до обретения независимости, с 45 606 ктCO_2-экв в 1990 году до 10 1084 ктCO_2-экв в 2001 году. Хотя в начале 1990-х годов в экономической ситуации страны первоначально прослеживалась аналогичная тенденция, с тех пор ВВП Грузии восстановился до уровней, близких к его пику советской эпохи, при этом выбросы ПГ за прошедшее десятилетие увеличились лишь незначительно (см. Рисунок 3.4). В результате, интенсивность выбросов ПГ экономики Грузии (выбросы ПГ на единицу ВВП) снизилась более чем наполовину с 2,7 кгCO_2-экв на 1 долл. США (в неизменных долларах 2010 года) в 1990 году до 1,1 кгCO_2-экв на 1 долл. США к 2007 году, а затем постепенно увеличивалась до 1,2 кгCO_2 к 2015 году. По сравнению с Центральной Азией, где интенсивность выбросов вдвое, а в некоторых случаях почти в четыре раза выше, интенсивность выбросов грузинской экономики не особенно высока, но ее выбросы ПГ на единицу ВВП по-прежнему больше чем в три раза выше среднего в государствах — членах ОЭСР (0,35 кгCO_2-экв на 1 долл. США в 2012 году) (Ministry of Environmental Protection and Agriculture of Georgia, 2019[16]).

Рисунок 3.4. Выбросы ПГ и ВВП Грузии в 1990-2017 годы

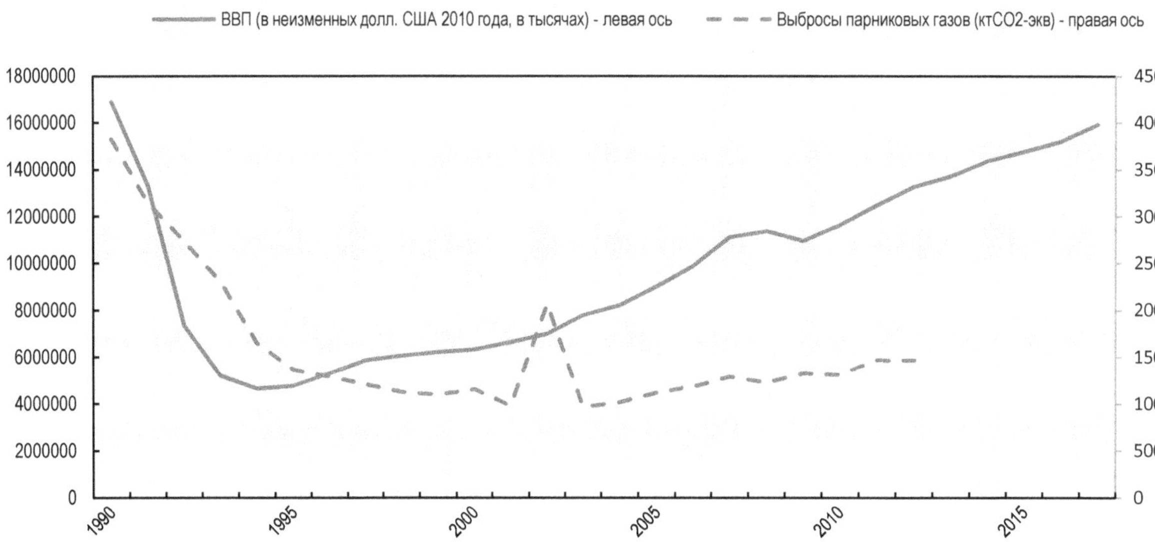

Источник: GDP data from World Bank (2019[1]), *World Development Indicators (database)*, World Bank, https://datacatalog.worldbank.org/dataset/world-development-indicators; GHG data from Ministry of Environmental Protection and Agriculture of Georgia (2019[16]), *Georgia's Second Biennial Update Report*, https://unfccc.int/documents/196359

Основная доля выбросов ПГ Грузии приходится на энергию (с учетом сгорания топлива в транспортной отрасли), в 2015 году она составляла 61,8 процента. Эта доля сократилась по сравнению с 1990 годом, когда на энергетику приходилось 80,5 процента выбросов. Промышленные процессы (11,7 процента), сельское хозяйство (8,6 процента) и отходы (7,9 процентов) в 2015 году были источниками остальных выбросов Грузии (Ministry of Environmental Protection and Agriculture of Georgia, 2019[16]).

Текущие тенденции воздействия изменения климата, такие как повышение температур, эрозия почв, усиление засух, наводнений и осадков в виде града, как ожидается, снизят урожайность в крупных сельскохозяйственных регионах, например, восточном регионе Кахети. Значительно возросла частота разрушительных стихийных бедствий, таких как оползни и сели. В 1972 году в Грузии было менее 10 000 случаев оползней, но в 2013 году их число увеличилось до более чем 50 000 (Government of Georgia, 2015[17]).

3.2. Потребности в инфраструктуре и текущие планы Грузии

Качество существующей инфраструктуры Грузии является различным: инфраструктура электроэнергетики является сравнительно высококачественной, а качество транспортной и водохозяйственной инфраструктуры ниже (World Trade Organisation, 2015[18]) (см. Рисунок 3.5). Всемирный банк (2018[19]) указывал на повышение связности с внешними рынками благодаря как материальной инфраструктуре (например, транспортному сообщению), так и нематериальной инфраструктуре (например, институтам) как на один из приоритетов для повышения производительности Грузии. Он также заострял внимание на важности сохранения уникальной окружающей среды Грузии, которую он называет «одним из ее величайших экономических активов». Низкий рейтинг Грузии в индексе эффективности логистики (119е место из 160 стран) объясняется недостатками ее транспортной инфраструктуры. Хотя в последние годы международная связность повысилась, слабая внутренняя связность остается барьером для интеграции в глобальные цепочки создания стоимости (World Bank, 2018[19]).

Рисунок 3.5. Качество инфраструктуры в Грузии

Источник: World Economic Forum (2017[20]), *The Global Competitiveness Report 2017-2018*, World Economic Forum, http://www3.weforum.org/docs/GCR2017-2018/05FullReport/TheGlobalCompetitivenessReport2017%E2%80%932018.pdf

В обширных инфраструктурных планах Грузии особенно преобладает энергетика. Из отслеживаемых инвестиций объемом 36,6 млрд долл. США проекты в энергетике составляют более

52 процентов (18,9 млрд долл. США) проектов, а на транспортные проекты приходится 45 процентов, или 16,4 млрд долл. США. Наконец, водные проекты составляют лишь 3 процента (1,2 млрд долл. США) планируемых и строящихся инвестиционных проектов. Инвестиции в энергетику представлены проектами выработки электроэнергии, составляющими 36 процентов совокупных инвестиций (или 13,2 млрд долл. США) и нефте- и газопроводами (12 процентов, или 4,5 млрд долл. США). Инвестиции в проекты передачи и распределения электроэнергии, а также разведку и добычу нефти и газа составляют, соответственно, 2,4 процента и 1,9 процента (Рисунок 3.6).

Рисунок 3.6. Инфраструктурные проекты в Грузии в разрезе секторов

Планируемые и строящиеся
В миллионах долларов США

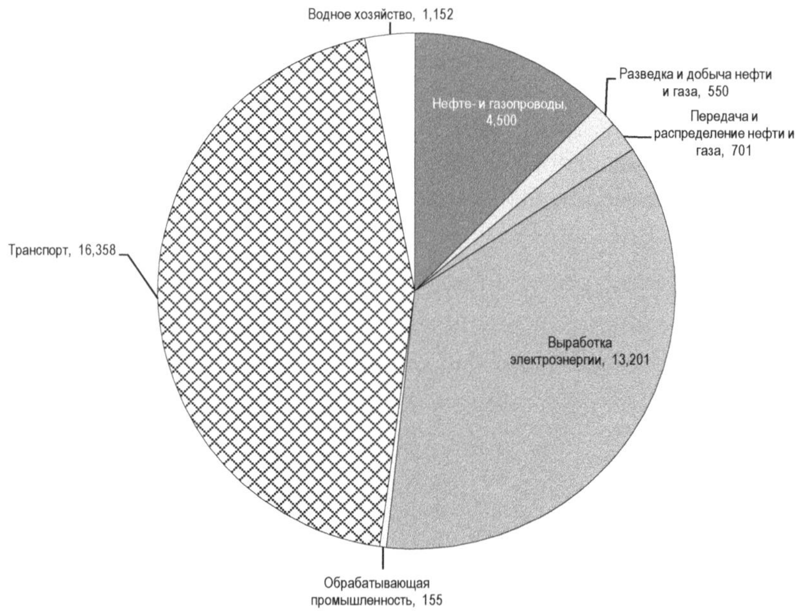

Примечание: Водные проекты включают водоснабжение и водоотведение, орошение и управление водными ресурсами. Нефте- и газопроводы включают крупные трансграничные газовые проекты между Грузией, Австрией, Азербайджаном, Румынией и Турцией. К проектам разведки и добычи нефти и газа относится подземное хранение природного газа. Проекты передачи и распределения электроэнергии включают строительство новых линий электропередачи, а также совершенствование и расширение существующих линий электропередачи. К проектам выработки электроэнергии относятся гидроэлектростанции, газовые электростанции, проекты солнечной фотовольтаики и ветровые электростанции. Обрабатывающая промышленность включает обновление и модернизацию линии производства аммиака. К транспортным проектам относятся отечественные и трансграничные железные и автомобильные дороги, а также логистические центры.
Источник: ОЭСР на основе баз данных по состоянию на июнь 2019 года.

Транспорт

Признавая недостатки своей транспортной инфраструктуры, Грузия увеличила инвестиции в инфраструктуру сухопутного транспорта на душу населения. С 2007 года по 2016 год она инвестировала в среднем 110 долл. США на душу населения ежегодно, при этом соседняя Армения инвестировала лишь 31 долл. США, а значительно более богатый Азербайджан — 96 долл. США. Расходы на инвестиции в транспорт по-прежнему несколько ниже, чем в Турции (114 долл. США), и значительно ниже, чем в Российской Федерации (146 долл. США) (ITF, 2019[21]). В инвестициях в разрезе автодорожных и железнодорожных перевозок имели место в некоторой мере циклические колебания (см. Рисунок 3.7), но большинство лет (за исключением 2007, 2011 и 2012 годов) автодорожный сектор получал более крупную долю инвестиций.

Рисунок 3.7. Инвестиции в инфраструктуру внутреннего транспорта в Грузии (в 2002-2016 годы)

Распределение по видам транспорта (в процентах) совокупных инвестиций в инфраструктуру внутреннего транспорта (левая ось) и совокупных инвестиций в инфраструктуру внутреннего транспорта в текущих долларах США на душу населения (правая ось)

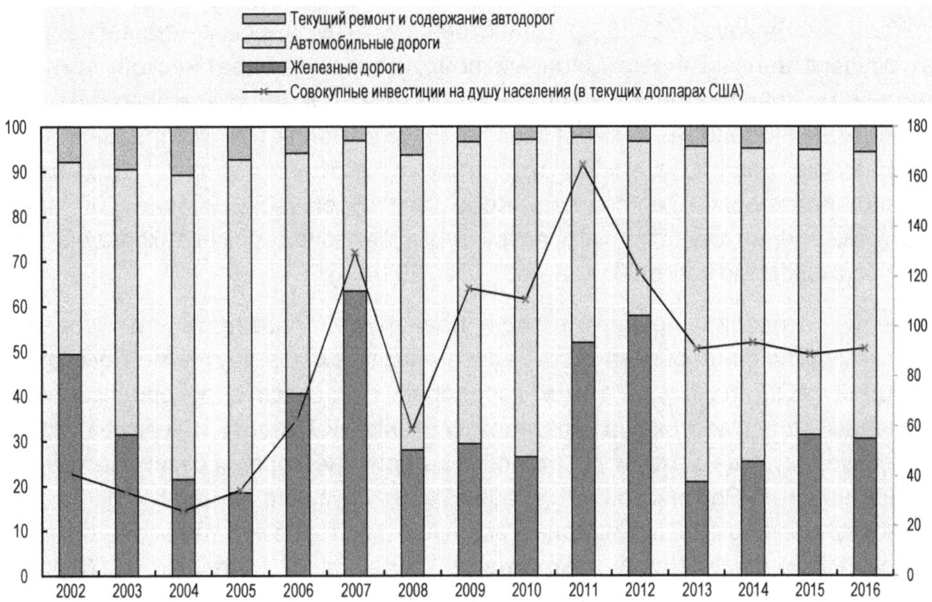

Источник: ITF (2019[21]), *Transport Performance Indicators*, International Transport Forum, https://doi.org/10.1787/2122fa17-en

Распределение грузовых перевозок по видам внутреннего транспорта Грузии со временем сместилось в пользу автомобильных дорог. В 2005 году 91 процент грузов страны в тонно-километрах перевозился по железным дорогам, но к 2016 году доля железных дорог уменьшилась до 84 процентов (3,4 млрд ткм), а доля автомобильных дорог увеличилась до 16 процентов (0,7 млрд ткм). Данная тенденция несовместима с целями страны по декарбонизации транспортного сектора, что потребует перевода пассажирского и грузового транспорта с автомобильного на железнодорожный и, следовательно, увеличения инвестиций в железнодорожный транспорт. Важность такого перехода для усилий Грузии по смягчению последствий изменения климата отражена в проекте плана действий по борьбе с изменением климата, который в настоящее время находится в стадии разработки.

Правительство Грузии обозначило содержание существующих дорожных систем приоритетным направлением своей повестки, о чем свидетельствует доля на содержания в общем объеме инвестиций во внутреннюю инфраструктуру (регулярно более 5%). Данный приоритет частично вытекает из Соглашения об ассоциации с ЕС и усилий Грузии по сближению соответствующих директив ЕС.

Сорок семь процентов железнодорожных грузов в объемном выражении, пересекающих Грузию, лишь перевозится через страну транзитом, остальную часть составляют импорт (25 процентов), экспорт (10 процентов) и местные грузы (18 процентов) (UNESCAP, 2018[22]). В случае пассажиров распределение по видам транспорта является обратным: 93 процента пассажирских перевозок (6,9 млрд пкм) имело место по автомобильным дорогам по сравнению лишь с 7 процентами (0,5 млрд пкм) по железным дорогам (UNECE, 2018[23]).

У Грузии есть международное железнодорожное сообщение с Арменией, Азербайджаном и Турцией. Хотя традиционно существует железнодорожная линия между Грузией и Российской Федерацией, она проходит через самопровозглашенный регион Абхазию, и из-за замороженного конфликта движение поездов приостановлено. Ее железнодорожная компания, «Грузинская железная дорога», крупнейший работодатель в стране, является собственником железнодорожной инфраструктуры и оператором всех грузовых и пассажирских перевозок в стране. Компания «Грузинская железная дорога» находится в процессе разделения своих функций собственника и оператора для повышения прозрачности и эффективности и намерена сделать это к 2022 году (Benmaamar, Keou and Saslavsky, 2015[24]). Единственным акционером компании является АО Фонд партнерства (государственный инвестиционный фонд, который владеет несколькими стратегически важными компаниями транспортной отрасли и энергетики) (Georgian Railway, n.d.[25]). Основными барьерами для железнодорожных перевозок в Грузии являются устаревшие и в основном однопутные железные дороги, а также отсутствие качественного парка подвижного состава, особенно вагонов-платформ (Benmaamar, Keou and Saslavsky, 2015[24]). К примеру, из-за недостатков с точки зрения качества инфраструктуры, железнодорожный коридор страны восток-запад работает со скоростью всего 33 км в час (ADB, 2014[26]).

В автодорожной отрасли правительство планирует развивать и совершенствовать субрегиональные мультикоридоры в качестве альтернативных маршрутов между странами Южного Кавказа и Турцией (ADB, n.d.[27]). К таким коридорам относятся два коридора, которые будут усовершенствованы: один с востока на запад между столицей Тбилиси и Турцией через Аджарскую Автономную Республику (где находится второй по величине город Грузии Батуми) и еще один коридор с севера на юг из Российской Федерации через Грузию в Армению. Из-за замороженных конфликтов в Абхазии и Южной Осетии единственный открытый пункт пересечения границы между Грузией и Российской Федерацией находится в селе Ларс к северу от Степанцминда на автомагистрали С3 («Военно-Грузинская дорога»). При том что международное автодорожное сообщение является сравнительно хорошим, второстепенные и местные автодороги требуют модернизации для улучшения внутренней связности (World Bank, 2018[19]).

У Грузии имеется несколько портов на побережье Черного моря, но ее международные морские связи слабы. В индексе обслуживания линейным судоходством, которым оценивается интеграция страны в глобальные сети линейного судоходства по шкале от 0 до 100 (связность Китая в 2004 году), Грузия в 2017 году получила оценку лишь 6. Для сравнения: оценки Украины и Российской Федерации составляли, соответственно 76 и 36 (UNCTAD, 2017[28]).

Ввиду своего стратегического положения между Черным и Каспийским морями и близ крупных рынков, таких как Турция, Иран, Европа и Россия, Грузия участвует в различных международных инициативах по повышению связности. Грузия является одним из важнейших компонентов инициативы ЕС ТРАСЕКА (Транспортный коридор Европа–Кавказ–Азия) в форме двух основных портов на Черном море (Поти и Батуми) и надежного железнодорожного и автодорожного сообщения с Каспийским морем через Азербайджан (TRACECA, 2018[29]). Через Грузию также проходит коридор 2 ЦАРЭС, который связывает порты Каспийского моря через Азербайджан и Грузию с Турцией и Черным морем (ADB, 2017[30]). К числу прочих инициатив относятся средний коридор «Транскаспийский международный транспортный маршрут» (вместе с Азербайджаном и Казахстаном) (TITR, 2019[31]) и транспортный коридор Юг-Запад (совместно с Азербайджаном и Ираном) (Financial Tribune, 2017[32]).

Планируемые и текущие проекты транспортной инфраструктуры Грузии составляют приблизительно 16,4 млрд долл. США и представлены в основном автодорожными проектами (59 процентов, или около 7,4 млрд долл. США) (см. Рисунок 3.8). Хотя уровень инвестиций в портовую отрасль значительно ниже, они занимают второе место и составляют приблизительно 2,5 млрд долл. США (или 18 процентов), за ними следуют инвестиции в железные дороги (15 процентов, или 2,1 млрд долл. США). Наряду с этим, крупномасштабные трансграничные инвестиции, охватывающие автомобильные и железные дороги, составляют в совокупности 2 млрд долл. США. Проекты смешанных перевозок также получают определенные инвестиции, но их суммы весьма умеренны и достигают лишь 1 процента (или 83 млн долл. США). Большинство этих проектов представляют собой региональные проекты, направленные на улучшение сообщения Грузии с соседними странами, и согласуются с целью Грузии стать региональным транспортно-логистическим узлом.

Рисунок 3.8. Проекты в сфере транспорта в Грузии в разрезе подсекторов

Планируемые и строящиеся
В миллионах долларов США

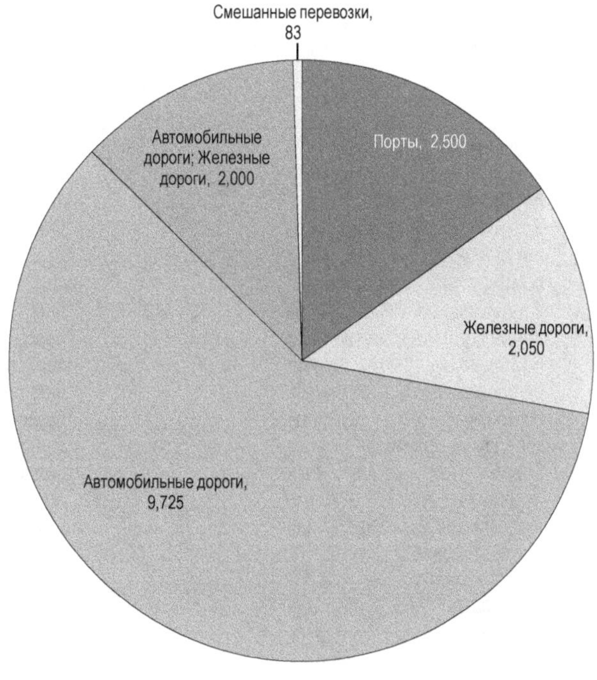

Примечание: Автомобильные дороги и железные дороги включают крупномасштабный проект между Афганистаном, Туркменистаном, Азербайджаном, Грузией и Турцией, которым предусматривается строительство железных дорог и автомобильных дорог. К проектам смешанных перевозок относится строительство логистических центров.
Источник: ADB (2019[33]), AIIB (2019[34]), Dealogic (2019[35]), IJGlobal (2019[36]), EaP (n.d.[37]), CSIS (2019[38]), EBRD (n.d.[39]), EIB (2019[40]), Thomson One (2019[41]).

Проекты Грузии в сфере транспорта сосредоточены в основном на улучшении внутренней транспортной сети и создании новых коридоров, связывающих Грузию автомобильными и железными дорогами с соседними странами (Таблица 3.2). Это включает Программу инвестиций в автодорожный коридор Грузии, направленную на восстановление внутренней транспортной сети и создание субрегиональной сети, которая упростит торговлю в стране, а также с международными рынками. Еще одним высокоэффективным проектом является автомагистральный коридор Восток-Запад (АКВЗ), различные участки которого строит страна. Этот проект является одним из приоритетов Плана действий 2014 года правительства, на него приходится более 60 процентов международной торговли страны. Повышение связности и улучшение доступа к глобальным рынкам, а также увеличение доходов от транзита грузов и логистики считаются имеющими важное значение для дальнейшей интеграции Грузии в глобальную экономику. Указанный проект также согласуется с Соглашением об ассоциации с ЕС и будет играть важнейшую роль в сокращении бедности и уязвимости в сельских и отдаленных районах благодаря тому, что он свяжет людей с услугами, рабочими местами, экспортными рынками и прочими возможностями (IBRD, IFC and MIGA, 2018[12]). Такие проекты развития мультикоридоров на субрегиональном уровне согласуются с целью правительства сделать экономику страны транзитным узлом автодорожных перевозок Кавказа и Евразии и тем самым стимулировать торговые связи между Европой и Азией (ADB, n.d.[27]).

Таблица 3.2. Актуальные проекты в транспортной отрасли Грузии

(a) Строящиеся					
Название	Подсектор	Описание	Стоимость проекта (млн долл. США)	Источник финансирования	Тип инвестиций
Программа инвестиций в автодорожный коридор	Автодорога	Улучшение от 120 км до 200 км субрегиональных автодорог в стране Улучшение субрегиональной автодорожной сети и создание торгового коридора.	2 333	АБР; Правительство Грузии (не указан)	В новое предприятие
Автомагистраль Восток-Запад (E60 Тбилиси-Сенаки-Леселидзе): участок Чумателети – Аргвета	Автодороги	Строительство 60 км автодороги автомагистрали Восток-Запад. Это проект регионального значения, поскольку это основной коридор транзита через Грузию. В 2014 году проведено технико-экономическое обоснование, осуществление запланировано на 2017-2020 годы.	820	Министерство регионального развития и инфраструктуры Грузии при финансовой поддержке доноров (не указаны)	В существующее предприятие
Железная дорога Марабда-Карцахи (строительство и реконструкция)	Железные дороги	В Грузии будет построен первый железнодорожный мост после распада Советского Союза. Карцахи будет соединен с Турцией туннелем протяженностью 4,4 км.	775	Государственный нефтяной фонд Азербайджана (SOFAZ)	В новое предприятие; в существующее предприятие
Новая железнодорожная линия Баку – Тбилиси –Карс	Железная дорога	Реконструкция и строительство железной дороги протяженностью 154 км между станциями Марабда и Ахалкалаки и строительство новой железной дороги протяженностью 25 км между Ахалкалаки и Карцахи у границы с Турцией. Проект обеспечит новый коридор, связывающий Грузию с Азербайджаном и Турцией.	775	Не указан	В новое предприятие; в существующее предприятие
Проект улучшения (участка Хеви-	Автодороги	Строительство 12-километровой автодорожной сети между Хеви и Убиса	570	АБР; Японское агентство международного	В существующее предприятие

Убиса) автомагистрали Восток-Запад		автомагистрали Восток-Запад. Результатом является повышение эффективности и безопасности автодорожного транспорта по автомагистрали Восток-Запад.		сотрудничества; Всемирный банк; Европейский инвестиционный банк	
(b) Планируемые					
Название	Подсектор	Описание	Стои-мость проекта (млн долл. США)	Источник финанси-рования	Тип инвестиций
Глубоководный морской порт Анаклия	Порт	Строительство порта в поселке Анаклия в крае Самегрео-Земо Санети на западе Грузии на побережье Черного моря. Строительство будет осуществляться различными фазами каждый раз с повышением годовой пропускной способности, в перспективе до 100 млн тонн, когда порт достигнет максимального потенциала. Этот порт, как ожидается, сможет принимать суда стандарта «Панамакс» и «Постпанамакс», груженные как минимум 6 500 контейнеров. Ожидаемые сроки первой фазы – 2017-2020 годы.	2 500	Министерство экономики и устойчивого развития Грузии, Anaklia Development Consortium LTD (TBC Holdings and Conti Group).	В новое предприятие
Коридор Афганистан–Туркменистан–Азербайджан–Грузия– Турция	Автодорога; железные дороги	Строительство железных и автомобильных дорог, связывающих город Тургунди в афганской провинции Херат с Ашгабатом и портом Туркменбаши в Туркменистане. Проект, как ожидается, будет способствовать внутрирегиональной торговле и экономической интеграции.	2000	Правительства Афганистана, Туркменистана, Азербайджана, Грузии и Турции	В новое предприятие
Проект железной дороги Марабда – Ахалкалаки	Железная дорога	Реконструкция и восстановление железной дороги Марабда – Ахалкалаки эксплуатационной протяженностью 153 км (объявлен в 2007 году).	400	Железная дорога Марабда-Карцахи	В существующее предприятие
Объездная дорога вокруг Тбилиси	Автодороги	Строительство участка протяженностью 55 км четырехполосных автодорог. Проект предусмотрен генеральным планом транспортной отрасли Грузии. Проект планируется осуществить в 2018-2020 годы. В настоящее время проводится технико-экономическое обоснование.	350	АБР	В существующее предприятие

Источник: ADB (2019[33]), AzerNews (2018[42]), CSIS (2019[38]), EIB (2019[40]), EaP (n.d.[37]), IJGlobal (2019[36]), Thomson One (2019[41])

Энергетика

В целом, качество энергетической инфраструктуры Грузии является хорошим, соответствует показателям более богатых соседних стран, таких как Азербайджан и Российская Федерация, или превосходит их. Системы передачи и распределения электроэнергии Грузии сравнительно эффективны, что ведет к потерям лишь 7,3 процента вырабатываемой электроэнергии в 2017 году, по сравнению с 9,7 процента в Российской Федерации и 9,7 процента в Азербайджане (IEA, 2019[43]) . Хотя внутренние запасы нефти и газа Грузии ограничены, через нее проходит несколько крупных газопроводов, соединяющих богатые нефтью Азербайджан и Турцию, в частности, нефтепровод Баку–Тбилиси–Джейхан (БТД), газопровод Баку–Тбилиси–Эрзурум (БТЭ) и Трансанатолийский газопровод (TANAP) (Emerging Markets Forum, 2019[44]).

В выработке электроэнергии Грузия опирается в основном на плотины гидроэлектростанций, которые производят 81 процент энергии страны, остальная ее часть поступает с газовых теплоэлектростанций (см. Рисунок 3.9). Электроэнергия вырабатывается лишь на 60 процентов установленной мощности гидроэнергетики Грузии, поскольку несколько гидроэлектростанций должны подвергнуться реконструкции, и в настоящее время страна эксплуатирует лишь одну пятую своего совокупного гидроэнергетического потенциала (Chechelashvili, 2007[45]). Крупнейшая гидроэлектростанция страны, Ингурская ГЭС, которая вырабатывает одну треть всей электроэнергии в Грузии (Business Association of Georgia, 2016[46]), расположена на границе с Абхазией — одним из самопровозглашенных регионов Грузии. Хотя по неформальному соглашению между Грузией и Абхазией выработка электроэнергии первоначально была разделена (40 процентов — Абхазия, 60 процентов — остальная часть Грузии), энергопотребление Абхазии значительно возросло и сейчас в зимние месяцы превышает выработку электроэнергии Ингурской ГЭС. Абхазия не платит за свое энергопотребление, и эта ситуация является риском для энергетической безопасности Грузии и затратами для ее бюджета (World Experience for Georgia, 2017[47]).

Рисунок 3.9. Выработка электроэнергии в разрезе видов топлива (ГВт·ч в 2016 году)

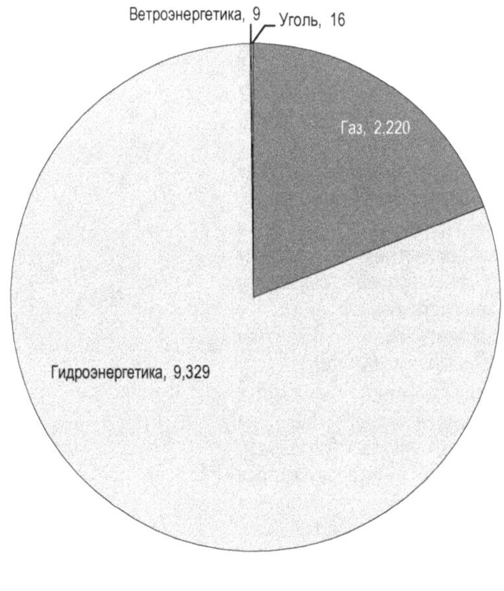

Источник: International Energy Agency (2018[48]), *IEA World Energy Balances 2018*, https://webstore.iea.org/world-energy-balances-2018

По сравнению с богатыми углеводородами Азербайджаном или Российской Федерацией ситуация в сфере энергетической безопасности Грузии является более ненадежной. Ее внутреннее производство энергии покрывает только одну треть спроса на энергию, а ее ограниченная добыча нефти и природного газа обеспечивает лишь малую долю энергопотребления (IEA, n.d.[49]). Грузия является чистым импортером угля (в 2016 году 0,16 мтнэ), нефти (в 2016 году 1,45 мт), природного газа (в 2016 году 1,89 мтнэ) и, большинство лет, электроэнергии (IEA, 2018[48]). Невзирая на ограниченные запасы нефти и природного газа Грузии, правительство поставило задачи увеличения к 2020 году годовой добычи нефти и природного газа, соответственно, до 3 млн тонн и 2 млрд м³ (UNECE, 2016[50]).

С момента вступления в Энергетическое сообщество ЕС в 2017 году Грузия добилась значительного прогресса в реализации необходимого законодательства в различных стратегических областях. Особый прогресс достигнут в области статистики (93%) и, в меньшей степени, в области окружающей среды (49%) и возобновляемых источников энергии (35%), в то время как в области нефти (8%), газа (15%) и инфраструктуры (17%) реализация находится на начальной стадии. Сеть Грузии в настоящее время не подключена ни к какой-либо другой Договаривающейся Стороне Энергетического Сообщества, ни к какому-либо государству-члену ЕС (Energy Community, 2019[51]).

Грузия обладает значительным потенциалом выработки электроэнергии из возобновляемых источников без использования гидроэнергетики, и диверсификация источников электроэнергии является приоритетом правительства. В документе *Свобода, быстрое развитие и процветание: государственная платформа 2016-2020* (см. раздел 3 о стратегических документах Грузии) правительство относит повышение энергетической безопасности к одному из своих основных приоритетов, и оно намерено делать это путем постепенного отказа страны от импорта энергии и развития отечественных энергоресурсов (Government of Georgia, 2016[52]). Ее геотермальный потенциал, например, оценивается в 3 тераватт·часов (ТВт·ч) в год. Хотя Грузия начала использовать геотермальные воды в теплоснабжении и в определенных целях в сельском хозяйстве и промышленности, в настоящее время она не располагает потенциалом выработки электроэнергии из геотермальных источников. Грузия также обладает потенциалом солнечной энергетики объемом 60-120 ГВт·ч, но из-за значительных сезонных расхождений это менее надежный способ повышения энергетической безопасности (UNECE, 2016[50]).

Текущие и планируемые инвестиции в энергетику в Грузии согласуются с планами правительства по повышению потенциала гидроэнергетических проектов для выработки электроэнергии. Хотя Стратегия долгосрочного развития с низкими уровнями выбросов (ДС-СРНУВ) Грузии еще не утверждена, она направлена на увеличение доли выработки энергии гидроэнергетикой во внутреннем потреблении электроэнергии по крайней мере до 85 процентов и установку 150 МВт ветроэнергетики к 2030 году (United States Agency for International Development, 2017[53]). Более 92 процентов проектов выработки электроэнергии, выраженных в мощности, относятся к гидроэнергетике, а ветровые электростанции составляют лишь 4 процента совокупных проектов выработки электроэнергии (см. Рисунок 3.10). Грузия с ее приблизительно 300 реками, которые являются экономически жизнеспособными для проектов гидроэнергетики и в настоящее время остаются в основном не использованными, обладает одним из крупнейших гидроэнергетических потенциалов для инвесторов. Она располагает совокупным потенциалом выработки 15 000 МВт, что в пять раз превышает мощность гидроэлектростанций, существующих в стране. Об этом потенциале свидетельствуют и неизменно растущие ПИИ в энергетику, на которую последние пять лет приходилось в среднем 12 процентов совокупных ПИИ в страну (Georgian Co-Investment Fund, n.d.[54]). К 2020 году правительство намерено привлечь дополнительные инвестиции в энергетику объемом более 1,1 млрд долл. США и создать установленную мощность в размере по крайней мере 500 МВт (Government of Georgia, 2016[52]).

Зависимость от гидроэлектроэнергии имеет свои недостатки. Потенциал гидроэлектростанций по выработке электроэнергии уязвим к последствиям изменения климата по мере таяния ледников и изменения характера выпадения осадков. Кроме того, гидроэлектростанции оказывают большое, непосредственное влияние на окружающую среду, в которой они строятся; это относится и к малым гидроэлектростанциям, кумулятивный эффект от которых может быть значительным.

Рисунок 3.10. Выработка электроэнергии в Грузии в разрезе видов топлива

В МВт

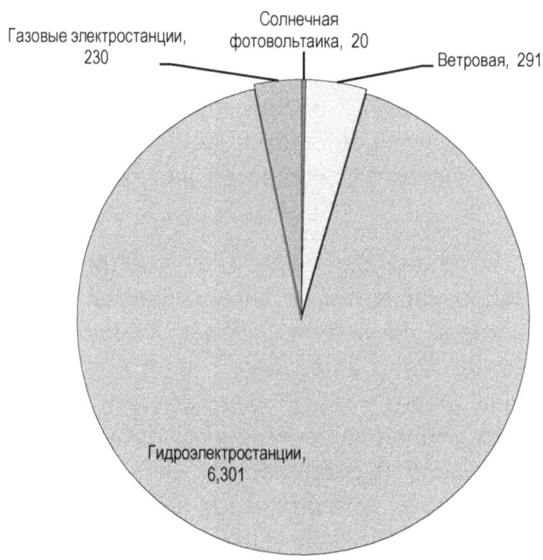

Источник: исследование ОЭСР на основе баз данных по состоянию на июнь 2019 года.

Большинство проектов в энергетике Грузии относятся к гидроэнергетике в соответствии с ее задачей далее развивать свой гидроэнергетический потенциал (Таблица 3.3). Такие высокоэффективные проекты осуществляются в основном частным сектором, но партнеры по развитию, например, ЕБРР и АБР, также поддерживают эти инвестиции. К крупным строящимся проектам относятся проект «Каскад гидроэлектростанций Цхенисцкали», Аджарис-Цкальская ГЭС и Шуахеви ГЭС. Один из проектов, Шуахеви ГЭС, который строится индийской компанией Tata Power при поддержке Международной финансовой корпорации, станет первым проектом в гидроэнергетике Грузии, сертифицированным Рамочной конвенцией ООН об изменении климата относительно сокращения выбросов углерода на 200 000 тонн в год. Совокупная мощность этих проектов составляет более 859 МВт, и они вносят значительный вклад в годовую выработку электроэнергии, в совокупности потребляемой в Грузии. Еще одним крупным планируемым проектом является Ненскра ГЭС мощностью 280 МВт, спроектированная для удовлетворения до 12 процентов совокупного внутреннего спроса страны на электроэнергию (IBRD, IFC and MIGA, 2018[12]). В настоящее время более 60 потенциальных проектов в гидроэнергетике находятся на этапе предварительного технико-экономического обоснования (KPMG, 2016[55]). Многие из них представляют собой малые гидроэнергетические проекты[1], которые, при условии их надлежащего проектирования и эксплуатации, могут увеличить потенциал выработки энергии из возобновляемых источников страны, оказывая меньшее воздействие на окружающую среду по сравнению с крупномасштабными проектами плотин гидроэлектростанций.

Таблица 3.3. Актуальные проекты в энергетике Грузии

(а) Строящиеся						
Название	Подсектор	Описание	Стоимость проекта (млн долл. США)	Мощность	Источник финансирования	Тип инвестиций
«Каскад гидроэлектро-станций Цхенисцкали»	Гидро-энергетика	Две гидроэлектростанции на реке Цхенисцкали. Установленная мощность электростанций составляет 312 МВт, ожидаемая годовая выработки энергии — 1 192 ГВт·ч. Годовая выработка этих электростанций составляет 9,4 процента совокупного потребления электроэнергии Грузии.	534	312	Georgian Co-Investment Fund	В новое предприятие
Гидроэнерге-тический проект Шуахеви	Гидро-энергетика	Установленная мощность 185 МВт и выработка приблизительно 452 ГВт·ч энергии в год на реке Аджарисцкали на юго-западе Грузии. Электростанция, как ожидается, сможет хранить воду до 12 часов и продавать электроэнергию в периоды пиковой нагрузки. Строительство проекта началось в 2014 году.	417	185	Tata Power, Clean Energy Investment, Международная финансовая корпорация.	В новое предприятие
Гидроэнерге-тический проект «Каскад Они»	Гидро-энергетика	Две новые гидроэлектростанции на реке Риони на северо-западе Грузии с установленной мощностью 177,2 МВт, ожидаемая выработка электроэнергии на электростанциях составит в совокупности 788,6 ГВт·ч в год. Годовая выработка каскада гидроэлектростанций Они составляет 6,2 процента совокупного потребления электроэнергии Грузии.	330	177	Georgian Co-Investment Fund и Peri ltd.	В новое предприятие
Проект Аджарис-Цкальской гидроэлектро-станции	Гидро-энергетика	Проект инвестиций в новое предприятие в русле реки с установленной мощностью 185 МВт. Проект, как ожидается, увеличит потенциал гидроэнергетики Грузии, а также объем трансграничной торговли в регионе. Строительство началось в 2015 году.	284	185	АБР; Канадский климатический фонд для частного сектора в Азии	В новое предприятие
Черноморская система передачи электроэнергии	Передача и распре-деление	Расширение энергосистемы Грузии благодаря новой подстанции напряжения 500 кВ близ границы с Турцией в	260	н.д.	ЕБРР; ЕИБ; KfW; Правительство Грузии (не указан)	В существующее предприятие

	электро-энергии	городе Ахалцихе. Проект повысит энергетическую безопасность и обеспечит баланс нагрузки и снабжения с запада на восток Грузии. Строительство проекта началось в 2009 году, он совместно финансируется Европейским инвестиционным фондом и KfW.				
(b) Планиру-емые						
Название	Подсектор	Описание	Стоимость проекта (млн долл. США)	Мощность	Источник финансирования	Тип инвестиций
Худонская ГЭС	Гидро-энергетика	Электростанция на реке Ингури мощностью более 702 МВт. Ожидается, что электростанция позволит двум другим существующим плотинам, Ингурской ГЭС и Варднили ГЭС, вырабатывать дополнительную энергию, необходимую остальную часть года. Проект составит более 16 процентов выработки энергии в гидроэнергетике Грузии. Его строительство было прекращено в 1989 году из-за распада Советского Союза и протестов относительно экологических вопросов. Проект является весьма неоднозначным, поскольку ожидается, что он приведет к перемещению около 2 000 человек (из 12 000, проживающих в Верхней Сванетии), а село с 800 жителей будет полностью переселено.	1 200	702	Не указан	В существующее предприятие
Ненскра гидро-электростанция	Гидро-энергетика	Плановая мощность Ненскра гидроэлектростанции составляет 280 МВт, она находится в горном районе Сванети. Проект представляет собой самую передовую гидроэлектростанцию Грузии в регионе Верхняя Сванетия. Как ожидается, он повысит потенциал выработки электроэнергии страны в течение года, сократит	1 100	280	АБИИ; АБР; ЕБРР; ЕИБ; КБР; частный сектор	В новое предприятие

		загрязнение, а также позволит уменьшить импорт электроэнергии из соседних стран.				
Проект каскада гидроэлектро-станций Намахвани	Гидро-энергетика	Строительство двух гидроэлектростанций на реке Риони, гидроэлектростанций Нижний Намахвани и Верхний Намахвани мощностью, соответственно, 333 МВт и 100 МВт с совокупной оцениваемой годовой выработкой 1 514 ГВт·ч в год. Проект послужит вкладом в поставленные Грузией цели достижения к 2020 году почасового балансирующего рынка электроэнергии «на сутки вперед». Планирование началось в 2016 году.	730	433	Clean Energy Group (Норвегия) Enka Insaat ve Sanayi AS (Турция)	В новое предприятие
Гидроэнерге-тический проект Цхинвали	Гидро-энергетика	Гидроэнергетический проект в городе Цхинвали. В 2015 году было проведено технико-экономическое обоснование проекта. Дальнейшая информация о проекте пока отсутствует.	723	н.д.	Не указан	В новое предприятие
Гидроэнерге-тический проект Ацкури Двири Да Сакунети Хесеб	Гидро-энергетика	Строительство трех гидроэлектростанций в Ниала (81,6 МВтэ), Хертвиси (81,6 МВтэ) и Аспиндза (55,2 МВтэ) общей стоимостью 604 млн долл. США. Это приоритетный проект, которому оказывает содействие Министерство энергетики Грузии.	604	219	Не указан	В новое предприятие

Источник: исследование ОЭСР на основе данных ADB (2019[33]), AIIB (2019[34]), BloombergNEF (n.d.[56]) CSIS (2019[38]), EBRD (n.d.[39]), EIB (2019[40]), ENKA (n.d.[57]), IJGlobal (2019[36]), Dealogic (2019[35]), Georgian Co-Investment Fund (n.d.[54]), Invest in Georgia (n.d.[10]), KfW (n.d.[58]), Ministry of Energy of Georgia (n.d.[59]), Thomson One (2019[41]),World Bank (2019[60]) по состоянию на июнь 2019 года.

Вода

В настоящее время Грузия сталкивается с серьезными проблемами, связанными с водными ресурсами. В частности, существует обеспокоенность тем, что в долгосрочной перспективе на ледниках Грузии скажется изменение климата, что приведет к значительным сокращениям излишков воды. Страна уже испытывает существенную изменчивость атмосферных осадков и поверхностного стока воды, которая, по прогнозам, в предстоящие годы усилится (EBRD, 2016[11]). Засухи, как ожидается, также будут оказывать дополнительное воздействие на водообеспеченность. Правительство разработало программу развития сектора городского водоснабжения и водоотведения с планами инвестировать 1,6 млрд долл. США, с тем чтобы обеспечить услугами водоснабжения и водоотведения всех своих городских жителей (ADB, n.d.[61]).

Текущие и планируемые водные проекты составляют приблизительно 1,2 млрд долл. США и сосредоточены в основном на водоснабжении и водоотведении (91 процент), и лишь один проект стоимостью 100 млн долл. США направлен на ирригацию и управление водными ресурсами для улучшения ирригационных и дренажных услуг в отдельных районах, охватываемых проектом (World Bank, n.d.[62])(Рисунок 3.11). Соответствующие проекты водоснабжения и водоотведения включают программу, финансируемую Азиатским банком развития, по дальнейшей модернизации услуг водоснабжения и водоотведения в различных средних городах, в частности, Зугдиди, 84 процента населения которого не обеспечены водопроводной водой (ADB, 2014[63]).

Рисунок 3.11. Водные проекты в Грузии в разрезе подсекторов

Планируемые и строящиеся
В миллионах долларов США

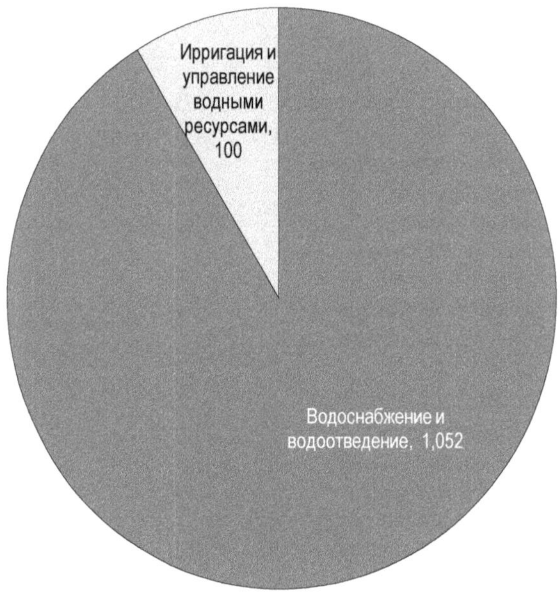

Примечание: Ирригация и управление водными ресурсами включают ирригацию и развитие земельного рынка.
Источник: ADB (2019[33]), Dealogic (2019[35]), World Bank (2019[60]), KfW (n.d.[58]), EIB (2019[40]).

3.3. Сильные и слабые стороны существующей институциональной структуры для планирования устойчивой инфраструктуры

Стратегическое планирование и взаимосвязи между долгосрочными задачами, планами в отношении инфраструктуры и экологическими соображениями

Грузии необходимы последовательные стратегии долгосрочного развития, поскольку она не утвердила ни одной стратегии, в которой излагается ее видение экономического развития после 2020 года. В 2014 году Грузия утвердила свою *Стратегию социально-экономического развития – «Грузия 2020»* (Таблица 3.4 и Таблица 3.5), направленную на то, чтобы повысить более чем вдвое уровни ВВП на душу населения 2013 года и увеличить экспорт. В ней, однако, не было сформулировано четкое видение инфраструктурных инвестиций, необходимых для содействия долгосрочному устойчивому росту; в ней лишь отмечается важная роль транспортной инфраструктуры в упрощении торговли и поставленная страной задача повышения энергетической безопасности. Разрабатывая стратегическое видение экономического развития после 2020 года, Грузия должна установить амбициозные измеримые целевые показатели, четко указать ответственные министерства и определить охват и характер требуемых инфраструктурных инвестиций.

Другими утвержденными Грузией стратегическими документами по экономическому развитию являются только *Государственная платформа 2016-2020* и *Свобода, быстрое развитие и благополучие: программа правительства на 2018-2020 годы*, в которых подробно излагаются приоритеты страны в краткосрочной перспективе, но отсутствуют количественные, ограниченные по срокам целевые показатели и не возлагается ответственность за прогресс в достижении приоритетов правительства.

Кроме того, в настоящее время в Грузии отсутствует стратегический документ, подробно характеризующий траекторию решения страной задач середины века, связанных с изменением климата, поставленных в Парижском соглашении. ЮСАИД (2017[53]) с 2013 года помогает Грузии разработать стратегию долгосрочного развития с низкими уровнями выбросов и опубликовала проект с измеримыми задачами до 2030 года в основных отраслях (энергетике, транспортной отрасли, промышленности, сельском хозяйстве, ЗИЗЛХ), но правительство официально не утвердило его. В отличие от всех стратегий долгосрочного развития с низкими уровнями выбросов, которые стороны передали в РКИК ООН, проект стратегии Грузии охватывает лишь период до 2030 года, а не до 2050 года. Грузии следует рассмотреть вопрос о том, чтобы последовать примеру Украины, которая стала первой, и до настоящего времен единственной, страной бывшего Советского Союза, которая представила в РКИК ООН стратегию долгосрочного развития с низкими уровнями выбросов с задачами до 2050 года (2019[64]).

Грузия находится на стадии обновления ОНУВ, который она планирует представить до конца 2019 года. Правительство также разрабатывает первый План действий по предотвращению изменения климата, который будет действовать в качестве инструмента для достижения целей ОНУВ по смягчению последствий и адаптации. Грузия добилась значительного прогресса в интеграции Программы до 2030 года и ЦУР в национальный контекст с разработкой национальной матрицы ЦУР.

Параллельно Грузия разрабатывает стратегию «зеленой» экономики при поддержке GIZ, ЮНЕП и ОЭСР по программе «Экологизация экономики стран Восточного соседства» (EaP GREEN). В стратегии будут сформулированы планы перехода страны к «зеленой» экономике после утверждения ею Декларации «зеленого» роста ОЭСР (Agenda.ge, 2017[65]). Однако стратегия еще ожидает утверждения.

Для развития энергетики страны Грузия привлекла на договорной основе консалтинговую компанию McKinsey & Company, с тем чтобы она оказала помощь в разработке стратегии развития энергетики, но официально ничего не утверждено (Agenda.ge, 2018[66]). Отсутствие национальной стратегии в энергетике и мер политики, обеспечивающих ее осуществление, затрудняют оценку энергетических проектов на предмет того, согласуются ли они с национальными тенденциями энергоснабжения и энергопотребления, а также вопросами энергетической безопасности и долгосрочными экологическими целями (UNECE, 2016[50]).

В других важнейших секторах — транспортной отрасли и промышленности — отсутствуют стратегии, определяющие курс развития инфраструктуры. Хотя Грузия утвердила стратегии в сфере транспорта, такие как ее *Национальная стратегия безопасности дорожного движения* (UNECE, 2016[67]) и *Стратегия устойчивого городского транспорта Тбилиси* (Municipal Development Fund of Georgia, 2015[68]), по-прежнему отсутствует национальная стратегия развития транспорта с задачами развития транспортной инфраструктуры. Грузия приняла свою *Стратегию развития МСП на 2016-2020 годы* (Ministry of Economy and Sustainable Development of Georgia,

2015[69]), но у нее нет стратегий относительно промышленного сектора и горнодобывающей промышленности.

Институциональная структура и процессы принятия решений

В 2019 году Грузия заняла 6[е] место в мире в индексе легкости ведения бизнеса Группы Всемирного банка, которым измеряется защита прав собственности и инвесторов, а также качество нормативных актов в области бизнеса (IBRD, 2019[7]). Для сравнения: в 2006 году страна заняла 100[е] место. Впечатляющие темпы реформ Грузии, направленных на развитие бизнеса, сделали страну лидером в регионе в части либерализации рынка и привлечения ПИИ. Грузия также достигла значительных успехов в задействовании частного сектора в развитие инфраструктуры, разработав правовую основу государственно-частных партнерств (ГЧП), но государственные органы, ответственные за управление инфраструктурой, сталкиваются с серьезными ограничениями, связанными с потенциалом. Для результативного анализа рисков, а также разработки, отбора и осуществления инфраструктурных проектов необходимо развивать институциональный потенциал государственных органов в сфере развития инфраструктуры (World Bank, 2018[19]).

Правительству также необходимо лучше оценивать оценки воздействия на окружающую среду (ОВОС), при том что проведение ОВОС новых и существующих инфраструктурных проектов является обязательным, действующие процедуры и качество отчетов не соответствуют международным стандартам (UNECE, 2016[50]). Правительство признает этот недостаток: в документах *Грузия-2020* и *Свобода, быстрое развитие и благополучие: программа правительства на 2018-2020 годы* говорится о том, что Грузия намерена утвердить прозрачные процедуры оценки воздействия на окружающую среды инфраструктурных проектов..

Перечень значимых стратегических документов

Таблица 3.4. Основные действующие стратегические документы

	Статус	Временной горизонт	Охватываемые секторы	Основные цели
Первый определяемый на национальном уровне вклад (ОНВ)	Представлен в 2017 году	2017-2030 годы	Экономика в целом	• Необусловленный целевой показатель: сокращение выбросов парниковых газов на 15 процентов ниже сценария обычного хода деятельности к 2030 году, это равно сокращению интенсивности выбросов на единицу ВВП приблизительно на 34 процента в 2013-2030 годы. • Обусловленный целевой показатель: сокращение выбросов парниковых газов на 25 процентов, это равно сокращению интенсивности выбросов на единицу ВВП приблизительно на 43 процента в 2013-2030 годы. • Основные отрасли, в которых будут сокращены выбросы: энергетика (переход на возобновляемые источники энергии), промышленность (внедрение новых технологий), сельское хозяйство/водное хозяйство (эффективное управление и разработка политики). • Приоритеты в области адаптации: внедрение новаторских технических методов управления орошением и

				водопользования, внедрение технологий охраны прибрежных зон, осуществление перечня стратегических документов/мер политики
Стратегия социально-экономического развития «Грузия 2020»	Утвержден в 2014 году	2014-2020 годы	Управление, энергетика, транспорт, водное хозяйство, промышленность	• Минимизация вмешательства государства в частный сектор, вмешательство государства только в случаях, если частный сектор неэффективен • Развитие транспортной инфраструктуры для увеличения торговли, в частности, экспорта • Совершенствование ирригационной и дренажной инфраструктуры • Обеспечение в дальнейшем стабильного и доступного энергоснабжения, уменьшение зависимости от внешних источников энергии • Развитие экосистемных услуг путем улучшения управления (например, устойчивого управления в лесном хозяйстве)
Свобода, быстрое развитие и процветание: государственная платформа 2016-2020	Утвержден в 2016 году	2016-2020 годы	Управление, энергетика, транспорт, водное хозяйство, промышленность	• Улучшение мониторинга государственных процессов и расширение взаимодействия с общественностью • Повышение энергетической безопасности, снижение, в свою очередь, импорта энергии • Дальнейшее укрепление частного сектора (например, развитие налоговых стимулов) • Развитие человеческого капитала, обеспечение того, чтобы высшее образование было нацелено на потребности экономики • Развитие автодорожных сетей и общественного транспорта, помогающих развивать туризм
Свобода, быстрое развитие и благополучие: программа правительства на 2018-2020 годы	Утвержден в 2018 году	2018-2020 годы	Управление, энергетика, транспорт, водное хозяйство, промышленность	• Экономическое развитие на основе принципов свободной рыночной экономики • Цель сохранения отношения государственного долга к ВВП на стабильном уровне • Участие в полной мере в международных экономических процессах и привлечение ПИИ • Использование отечественных энергоресурсов и диверсификация источников энергоснабжения • Развитие смешанных перевозок и создание логистических центров, соответствующих международным стандартам • Внедрение в методах промышленного производства современных технологий и инноваций • Долгосрочная цель полной интеграции Грузии в ЕС
Стратегия развития МСП на 2016-2020 годы	Утвержден в 2015 году	2016-2020 годы	Управление, промышленность	• Повышение конкурентоспособности МСП как на внутреннем, так и на международном рынках • Улучшение профессиональных навыков МСП и развитие современной культуры предпринимательства

				• Обеспечение улучшения технологических возможностей МСП • Цель увеличения объема производства МСП на 10 процентов ежегодно до 2020 года • Увеличение численности сотрудников МСП на 15 процентов • Повышение производительности МСП на 7 процентов
Национальные стратегия и план действий в области биоразнообразия Грузии на 2014-2020 годы	Впервые утвержден в 2005 году	2014-2020 годы	Управление, энергетика, транспорт, водное хозяйство, промышленность	• Цель информирования по крайней мере 50 процентов населения о значении биоразнообразия • Обеспечение, чтобы устойчивое использование экосистемных услуг было включено в национальное законодательство • Активное принятие мер экологической политики в соответствии с изменением климата
Концепция национальной безопасности Грузии	Утвержден в 2018 году	Сроки не определены	Управление	• Содействие развитию свободного, демократического общества и усиление верховенства закона • Повышение прозрачности на всех уровнях управления • Обеспечение экологической безопасности на национальном и субнациональном уровнях • Улучшение отношений с Российской Федерацией • Развитие экономического сотрудничества и торговли с США
Стратегия развития сельского хозяйства Грузии на 2015-2020 годы	Утвержден в 2015 году	2015-2020 годы	Водное хозяйство	• Содействие более эффективным и современным технологиям в ирригационных и дренажных системах • Создание базы данных для сбора данных об отрицательных последствиях изменения климата • Содействие рациональным с точки зрения климата методам ведения сельского хозяйства для обеспечения стойкости сельского хозяйства
Стратегия развития сельских районов Грузии на 2017-2020 годы и План действий Стратегии развития сельских районов на 2017-2020 годы	Утвержден в 2017 году	2017-2020	Сельское хозяйство, туризм, окружающая среда	• Модернизация сельскохозяйственной деятельности и диверсификация экономики сельских районов • Улучшение сельской инфраструктуры и систем управления отходами
«Произведено в Грузии»	Утвержден в 2014 году	Сроки не определены	Промышленность	• Цель вливания 27 млн долл. США в производственные отрасли • Содействие развитию промышленного сектора (например, строительных материалов, автомобилестроительной, текстильной, электротехники)
Национальная стратегия безопасности дорожного движения	Утвержден в 2015 году	2015-2020 годы	Транспорт	• Обеспечение строительства соответствующей инфраструктуры автомобильных дорог в соответствии с международными стандартами • Обеспечение сотрудничества различных министерств в решении вопросов инфраструктуры автомобильных дорог и транспорта

				• Контроль числа используемых автотранспортных средств

Таблица 3.5. Прочие значимые документы

	Статус	Временной горизонт	Охватываемые секторы
Стратегия регионального развития Грузии на 2010-2017 годы	Утвержден в 2010 году	2010-2017 годы	Многосекторный
План действий по осуществлению УВЗСТ на 2014-2017 годы	Утвержден в 2014 году	2014-2017 годы	Многосекторный
Национальная программа действий по охране окружающей среды Грузии на 2012-2016 годы	Утвержден в 2012 году	2012-2016 годы	Многосекторный
Национальная стратегия и план действий по экологическому просвещению для устойчивого развития на 2012-2014 годы	Утвержден в 2012-2014 годы	2012-2014 годы	Многосекторный
Стратегия долгосрочного развития с низкими уровнями выбросов (ДС-СРНУВ)	Разработан в 2013 году, не утвержден	2013-2030 годы	Многосекторный
Стратегия роста «зеленой» экономики	Не утвержден	Сроки не определены	Многосекторный
Стратегия энергетического развития	Не утвержден	Сроки не определены	Энергетика
План действий правительства по сокращению загрязнения окружающей среды транспортной отраслью в Грузии	Разрабатывается	Сроки не определены	Транспорт
Национальный план действий по борьбе с опустыниванием	Разрабатывается	Сроки не определены	Многосекторный
Национальная стратегия управления отходами и национальный план действий по управлению отходами	Разрабатывается	Сроки не определены	Отходы

Примечания

[1] Определение малых гидроэлектростанций является весьма различным в разных странах: от менее 50 МВт (Канада, Китай) до менее 1,5 МВт (Швеция) (IEA, 2012[71]). В Грузии правительство определяет малые гидроэлектростанции как электростанции, генерирующая мощность которых составляет от 1 МВт до 13 МВт; электростанции меньшей мощности являются миниэлектростанциями (100 кВт–1 кВт) и микроэлектростанциями (до 100 кВт) (Ministry of Energy of Georgia, 2016[70]).

Литература

ADB (2019), *Projects and Tenders (database)*, https://www.adb.org/projects?terms=. [33]

ADB (2017), *The CAREC Corridors - Linking the Russian Federation with South Asia and the Middle East*, https://www.adb.org/news/infographics/carec-corridors-linking-russian-federation-south-asia-and-middle-east. [30]

ADB (2014), *ADB Provides $108 Million to Improve Water, Sanitation Services in Zugdidi, Poti*, https://www.adb.org/news/adb-provides-108-million-improve-water-sanitation-services-zugdidi-poti. [63]

ADB (2014), *Georgia Transport Sector Assessment, Strategy and Road Map*, Asian Development Bank. [26]

ADB (n.d.), *Georgia: Developing an Urban Water Supply and Sanitation Sector Strategy and Regulatory Framework for Georgia*, ADB, Manila, https://www.adb.org/sites/default/files/project-document/60275/43556-012-geo-tcr.pdf. [61]

ADB (n.d.), *Georgia: MFF - Road Corridor Investment Program*, https://www.adb.org/projects/41122-013/main#project-pds. [27]

Agenda.ge (2018), *International consultancy company helps Georgia create energy development strategy*, http://agenda.ge/en/news/2018/475. [66]

Agenda.ge (2017), *Green economy strategy on Georgia's to-do-list*, http://agenda.ge/en/news/2017/818. [65]

AIIB (2019), *Approved and Proposed Projects*, https://www.aiib.org/en/projects/approved/index.html#. [34]

AzerNews (2018), *Afghanistan-Turkmenistan-Azerbaijan-Georgia-Turkey transport corridor*, https://www.azernews.az/tags/33755/. [42]

Benmaamar, M., O. Keou and D. Saslavsky (2015), *Georgia's Transport and Logistics Strategy: Achievements to Date and Areas for Improvements*, World Bank, Washington DC, http://documents.worldbank.org/curated/en/623591468191346382/pdf/96577-REVISED-WP-PUBLIC-Georgia-Box391464B-Final-Jan2015.pdf. [24]

BloombergNEF (n.d.), *Energy and Industry (database)*, https://about.bnef.com/. [56]

Business Association of Georgia (2016), *Electricity Sector: Overview*, https://bag.ge/file.helix?i=427e322d-a7ea-48fc-a283-d27ee04ac0a2&r=P. [46]

Chechelashvili, V. (2007), *The Future of Energy Security in Eurasia: the View from Georgia*, http://www.unece.org/fileadmin/DAM/ie/se/pp/unece_60/chechelashvili_georgia_270407.pdf. [45]

CSIS (2019), *Reconnecting Asia (database)*, https://reconnectingasia.csis.org/database/#. [38]

Dealogic (2019), *Multiple Markets: One Platform (database)*, https://www.dealogic.com/. [35]

EaP (n.d.), *Transport Projects in the Eastern Partnership Countries (database)*, http://trt.serverlet.com/EaP/login.php. [37]

EBRD (2016), *Strategy for Georgia*, https://www.ebrd.com/news/2016/ebrd-adopts-new-country-strategy-for-georgia.html. [11]

EBRD (n.d.), *Project Summary Documents*, https://www.ebrd.com/work-with-us/project-finance/project-summary-documents.html. [39]

EIB (2019), *Projects (database)*, https://www.eib.org/en/projects/index.htm. [40]

Ellyatt, H. (2019), *Russia is still occupying 20% of our country, Georgia's prime minister says*, CNBC, https://www.cnbc.com/2019/01/22/russia-is-still-occupying-20percent-of-our-country-georgias-leader-says.html. [3]

Emerging Markets Forum (2019), *The Impact of the Belt and Road Initiative in Central Asia and the South Caucasus: "'Inside-out" Perspectives of Experts from the Region*, Emerging Markets Forum, Gerzensee, http://www.research.pmcg-i.com/images/banners/The%20Belt%20and%20Road%20Initiative%20in%20the%20South%20Caucasus%20Region.pdf. [44]

Energy Community (2019), *2019 Implementation Report*, https://www.energy-community.org/implementation/IR2019.html (accessed on 26 November 2019). [51]

ENKA (n.d.), *Namakhvani HPP Cascade Project*, https://www.enka.com/portfolio-item/namakhvani-hpp-cascade-project/. [57]

European Commission (2019), *Eastern Partnership*, https://ec.europa.eu/neighbourhood-enlargement/neighbourhood/eastern-partnership_en. [4]

European Commission (2017), *EU-Georgia Trade: Deep and Comprehensive Free Trade Area (DCFTA)*, European Commission, http://eeas.europa.eu/delegations/georgia/index_en.htm. [5]

fDi Markets (2019), *fDi Markets: the in-depth crossborder investment monitor (database)*, https://www.fdimarkets.com/. [15]

Financial Tribune (2017), *Georgia, Iran, Azerbaijan to Launch Transport Corridor*, https://financialtribune.com/articles/economy-domestic-economy/66042/georgia-iran-azerbaijan-to-launch-transport-corridor. [32]

Georgian Co-Investment Fund (n.d.), *Investment Projects: Energy and Infrastructure*, http://www.gcfund.ge/en/energyandinfrastructure/. [54]

Georgian Railway (n.d.), *About Us*, http://www.railway.ge/en/about-us/. [25]

Government of Georgia (2016), *Freedom Rapid Development Prosperity: Government Platform 2016-2020*, http://gov.ge/files/41_61087_816118_GoG_Platform_LKF_19_05_2017.pdf. [52]

Government of Georgia (2015), *Georgia's Third National Communication to the UNFCCC*, https://unfccc.int/resource/docs/natc/geonc3.pdf. [17]

Government of Georgia (2006), *Law of Georgia on Promotion and Guarantees of Investment Activity*, http://www.matsne.gov.ge. [8]

Grant Thornton (2018), *Doing business in Georgia 2018: Commercial guide for investors*, https://www.grantthornton.ge/globalassets/1.-member-firms/bronze/georgia/doing-business-in-georgia_2018.pdf. [9]

IBRD (2019), *Doing Business 2019*, IBRD, Washington DC, https://www.doingbusiness.org/en/rankings. [7]

IBRD, IFC and MIGA (2018), *Country Partnership Framework for Georgia for the period FY19-FY22*, IBRD, IFC, MIGA, http://documents.worldbank.org/curated/en/588751525364587100/pdf/WBG-Georgia-CPF-FINAL-4-25-04302018.pdf. [12]

IEA (2019), *World Energy Statistics 2019*, International Energy Agency, Paris, https://doi.org/10.1787/2e828dea-en. [43]

IEA (2018), *IEA World Energy Balances 2018*, https://webstore.iea.org/world-energy-balances-2018. [48]

IEA (2012), *Technology Roadmap: Hydropower*, IEA, Paris, https://www.oecd-ilibrary.org/docserver/9789264189201-en.pdf?expires=1564407765&id=id&accname=ocid84004878&checksum=2CFFAF4C099B8DA717BE6EB606BB4393. [71]

IEA (n.d.), *Georgia Energy Factsheet*, IEA, Paris, https://www.eu4energy.iea.org/Documents/Georgia-Final-HD.pdf. [49]

IJGlobal (2019), *Project Finance (database)*, https://ijglobal.com/data/index. [36]

IMF (2018), *Georgia : Third Review Under the Extended Fund Facility Arrangement - Press Release; Staff Report; Staff Supplement*, https://www.imf.org/en/Publications/CR/Issues/2018/12/19/Georgia-Third-Review-Under-the-Extended-Fund-Facility-Arrangement-Press-Release-Staff-Report-46484. [13]

IMF (2018), *World Economic Outlook: October 2018*, https://www.imf.org/external/datamapper/GGXCNL_NGDP@WEO/OEMDC/ADVEC/WEOWORLD. [2]

Invest in Georgia (n.d.), *Investment Opportunities*, http://investingeorgia.org/en/agency/news-events/news. [10]

ITF (2019), *Transport Performance Indicators*, https://www.oecd-ilibrary.org/transport/data/itf-transport-statistics/transport-performance-indicators_2122fa17-en. [21]

KfW (n.d.), *Project (database)*, https://www.kfw-entwicklungsbank.de/International-financing/KfW-Development-Bank/Projekte/. [58]

KPMG (2016), *Power Sector Overview: Georgia*, KPMG, https://home.kpmg/content/dam/kpmg/ge/pdf/2017/Georgia%20-%20Power%20Sector%20Overview.pdf. [55]

Ministry of Economy and Sustainable Development of Georgia (2015), *SME Development Strategy of Georgia 2016-2020*, http://www.economy.ge/uploads/files/2017/ek__politika/eng_sme_development_strategy.pdf. [69]

Ministry of Energy of Georgia (2016), *Cost Base for Small Hydropower Plants in Georgia < 13 Megawatt*, http://www.energy.gov.ge/projects/pdf/news/COST%20BASEFOR%20SMALL%20HYDROPOWER%20PLANTS%20IN%20GEORGIA%201588%20eng.pdf. [70]

Ministry of Energy of Georgia (n.d.), *Energy*, http://energy.gov.ge/energy.php?id_pages=54&lang=eng. [59]

Ministry of Environmental Protection and Agriculture of Georgia (2019), *Georgia's Second Biennial Update Report*, Ministry of Environmental Protection and Agriculture of Georgia, Tblisi, https://unfccc.int/documents/196359 (accessed on 17 October 2019). [16]

Municipal Development Fund of Georgia (2015), *Tbilisi Sustainable Urban Transport Strategy*, http://mdf.org.ge/storage/assets/file/documents%202016/murtazi/Strategic%20Paper%20Report%20PDF%20Geo(18_03_2016)/Strategic%20Paper%20Report%20final%20ENG.pdf. [68]

National Statistics Office of Georgia (2019), *Foreign Direct Investments by Countries*, https://www.geostat.ge/en/modules/categories/191/foreign-direct-investments. [14]

Observatory of Economic Complexity (2017), *Georgia: Exports, Imports, and Trade Partners*, https://oec.world/en/profile/country/geo/. [6]

Thomson One (2019), *Thomson One (database)*, https://www.thomsonone.com/DirectoryServices/2006-04-01/Web.Public/Login.aspx?brandname=www.thomsonone.com&version=3.7.9.18833&protocol=0. [41]

TITR (2019), *Trans-Caspian International Transport Route: History of Company*, http://titr.kz/en/about-the-association/history-en. [31]

TRACECA (2018), *Georgia: General Overview of the Transport Sector*, http://www.traceca-org.org/en/countries/georgia/general-overview-of-the-transport-sector/. [29]

UNCTAD (2017), *Handbook of Statistics: Maritime Transport Indicators*, https://stats.unctad.org/handbook/MaritimeTransport/Indicators.html. [28]

UNECE (2018), *2018 Transport Statistics Infocards*, UNECE, http://www.unece.org/trans/main/wp6/infocards.html. [23]

UNECE (2016), *Georgia Environmental Performance Reviews: Third Review*, UNECE, Geneva, https://www.unece.org/fileadmin/DAM/env/epr/epr_studies/ECE_CEP_177.pdf. [50]

UNECE (2016), *Georgia's National Road Safety Strategy*, UNECE, https://www.unece.org/fileadmin/DAM/trans/doc/2018/UNDA/Georgia_s_National_Road_Safety_Strategy_2016.pdf. [67]

UNESCAP (2018), *Capacity Building Workshop on Facilitation of International Railway Transport*, https://www.unescap.org/sites/default/files/Country_Georgia_Railways.pdf. [22]

UNFCCC (2019), *Communication of long-term strategies*, https://unfccc.int/process/the-paris-agreement/long-term-strategies. [64]

United States Agency for International Development (2017), *Enhancing Capacity for Low Emission Development Strategies (EC-LEDS) Clean Energy Program: Georgia's Low Emission Development Strategy (LEDS)*, USAID, Washington DC, https://www.decisionwaregroup.com/assets/wi-172_2017-09-14-georgia-s-low-emission-develdevelopment-strategy_eng.pdf. [53]

World Bank (2019), *Projects and Operations (database)*, http://projects.worldbank.org/?lang=en. [60]

World Bank (2019), *World Development Indicators (database)*, https://datacatalog.worldbank.org/dataset/world-development-indicators. [1]

World Bank (2018), *Georgia from Reformer to Performer*, World Bank, Washington DC, http://documents.worldbank.org/curated/en/496731525097717444/pdf/GEO-SCD-04-24-04272018.pdf. [19]

World Bank (n.d.), *Irrigation and Land Market Development Project*, http://projects.worldbank.org/P133828/?lang=en&tab=overview. [62]

World Economic Forum (2017), *The Global Competitiveness Report 2017-2018*, World Economic Forum, Geneva, http://www3.weforum.org/docs/GCR2017-2018/05FullReport/TheGlobalCompetitivenessReport2017%E2%80%932018.pdf. [20]

World Experience for Georgia (2017), *Enguri HPP and Energy Supply to Abkhazia-Energy and National Security Challenge*, https://eadaily.com/ru/news/2017/10/26/energopotreblenie-abhazii-rastet-ezhegodno-na-9-prognoziruyutsya-. [47]

World Trade Organisation (2015), *Trade Policy Review*, WTO, Geneva, https://www.wto.org/english/tratop_e/tpr_e/s328_e.pdf. [18]

Глава 4. Стратегическое планирование инфраструктуры для устойчивого развития в Казахстане

В настоящей главе описывается планирование устойчивой инфраструктуры в Казахстане и представляются текущие тенденции в области инвестиций в крупномасштабные инфраструктурные проекты. Сравниваются инфраструктурные планы в энергетическом, транспортном, промышленном и водохозяйственном секторах с международными обязательствами по Парижскому соглашению и Целями в области устойчивого развития (ЦУР). В данной главе также рассматриваются документы стратегического планирования по долгосрочному экономическому развитию, отраслевому развитию и охране окружающей среды, включая документы, связанные со смягчением последствий изменения климата и адаптацией к нему. В заключение определены несогласованности между поставленными целями и наблюдаемыми инвестиционными потоками, и тем самым предложены рекомендации для улучшения стратегического планирования устойчивой инфраструктуры.

Основные соображения

Казахстан представляет собой страну с доходами выше средних и богатейшую страну Центральной Азии, но его экономика остается весьма зависимой от колебаний цен на рынках нефти и биржевых товаров. Последние экономические реформы приблизили инвестиционный климат к международным стандартам по ряду международных параметров, благодаря чему Казахстан стал основным государством — получателем прямых иностранных инвестиций в Центральной Азии (71 процент), главным образом из Европейского союза и США, на Российскую Федерацию и Китайскую Народную Республику приходится всего 6 процентов и 5 процентов совокупных притоков ПИИ.

Однако серьезным узким местом экономического развития Казахстана является состояние инфраструктурных систем, особенно в транспортной отрасли. Приблизительно 75 процентов существующей транспортной инфраструктуры требуют замены или реконструкции, средние расходы на инфраструктуру должны составить в среднем 292 млрд долл. США (или 3,93 процента ВВП) до 2040 года для поддержки экономического роста и прироста численности населения.

Казахстан обладает высоким институциональным потенциалом в области стратегического планирования инфраструктуры по сравнению с соседними странами и разработал ряд документов по вопросам долгосрочного планирования, в котором определил свои задачи в области экономики и развития. Так, основная стратегия развития инфраструктуры Казахстана *«Нурлы жол»* направлена на использование динамики таких региональных инициатив, как ОПОП и ЦАРЭС, с тем чтобы превратить Казахстан в стратегический экономический центр, расположенный между Китаем и Европой. Однако существующие инвестиционные планы в энергетике и промышленности недостаточно согласуются с долгосрочным видением диверсификации экономики Казахстана и ухода от ископаемого топлива и добывающих отраслей. Например, в энергетике угольные электростанции по-прежнему составляют более 15 процентов планируемых электростанций, выраженных в мощности, что усиливает дальнейшее замыкание на углероде. В промышленности большинство планируемых и строящихся проектов по-прежнему относятся к горнодобывающей промышленности и нефтехимическому производству.

Обновленный Экологический кодекс Казахстана, согласно которому оценка воздействия на окружающую среду и стратегическая экологическая оценка будут обязательными, еще не принят. В настоящее время сведения, получаемые в рамках этих оценок и прочих механизмов анализа на уровне проектов, не приносят пользу решениям относительно инфраструктурных инвестиций в Казахстане. Кроме того, межведомственная координация в секторе государственного управления является неоптимальной, а экологические вопросы не интегрируются на систематической основе в процессы принятия решений в отношении инфраструктуры.

4.1. Состояние дел: экономика, инвестиции и изменение климата в Казахстане

Экономика и торговля

Таблица 4.1. Основные показатели экономики Казахстана

Население (2018 год)	18 276 499
Уровень урбанизации (2018 год)	57%
Годовой прирост населения (2018 год)	1,3%
Площадь территории	2 724 902 км^2
ВВП (в долл. США в текущих ценах 2018 года)	170 539 млн
ВВП на душу населения (в долл. США в текущих ценах 2018 года)	9 331
Рост реального ВВП (годовое изменение в 2019 году)	3,2%
Инфляция (средняя потребительская цена, годовое изменение в 2017 году)	7,4%
Экспорт товаров и услуг (% ВВП в 2017 году)	34,4%
Импорт товаров и услуг (% ВВП в 2017 году)	26,3%
ПИИ, чистые притоки (% ВВП в 2018 году)	0,1%
Чистое кредитование/заимствование сектора государственного управления (% ВВП в 2019 году)	1,4%
Безработица (% общей численности рабочей силы в 2018 году)	4,9%
Денежные переводы (% ВВП в 2018 году)	0,4%
Рейтинг прозрачности, подотчетности и коррупции в государственном секторе (1= весьма коррумпированный, 6 = минимально коррумпированный)	н.д.

Источник: World Bank (2019[1]), Показатели мирового развития (база данных), Всемирный банк, https://datacatalog.worldbank.org/dataset/world-development-indicators; IMF (2018[2]), Перспективы развития мировой экономики: октябрь 2018 года, Международный Валютный Фонд, https://www.imf.org/external/datamapper/GGXCNL_NGDP@WEO/OEMDC/ADVEC/WEOWORLD

Экономика и демографические показатели

Казахстан представляет собой страну с доходами выше средних и богатейшую страну Центральной Азии. Более того, Казахстан является единственным бывшим советским государством, кроме стран Балтии, ВВП на душу населения которого превосходит ВВП на душу населения Российской Федерации. ВВП страны резко упал сразу после распада Советского Союза, но к началу 2000-х годов восстановился благодаря длительному периоду активного роста. В последние годы темпы роста тесно следуют за колебаниями на рынке нефти, поскольку сырая нефть является важнейшей статьей экспорта Казахстана и составляет 45 процентов общей стоимости экспорта (Observatory of Economic Complexity, 2017[3]). Экономика Казахстана ориентирована на услуги, которые составляют 61,65 процента его ВВП, промышленность (с учетом горнодобывающей промышленности) — 33,52 процента, а сельское хозяйство —4,83 процента (OECD, 2018[4]).

Хотя численность населения страны после обретения ею независимости в 1990-х годах сокращалась, в 2011 году ее население превысило свой пик 1991 года, который составлял 16,5 млн человек, и с тех пор увеличилось до более чем 18 млн человек, и ввиду ее коэффициента рождаемости более 2,7 рождения на одну женщину ожидается, что оно будет далее расти (World Bank, 2019[1]). Урбанизация Казахстана, которая составляет 57 процентов населения, является самой высокой в Центральной Азии (Таблица 4.1).

Торговля

В 2014 году Казахстан подписал соглашение о создании Евразийского экономического союза вместе с Беларусью и Российской Федерацией, и этот блок быстро расширялся, в него вошли Армения и Кыргызская Республика. Сорок один процент импорта Казахстан поступает из стран Евразийского экономического союза, но он почти в полном объеме осуществляется из Российской Федерации, на которую приходится 38 процентов общего импорта (см. Рисунок 4.1(b)). Европейский союз и Китайская Народная Республика также являются значительными источниками импорта: они составляют, соответственно, 20 процентов и 17 процентов. В случае экспорта Казахстана его отношения с двумя региональными торговыми блоками являются обратными: 46 процентов экспорта осуществляется в Европейский союз и 12 процентов — в Евразийский экономический союз (опять-таки почти исключительно в Российскую Федерацию: 11 процентов общего экспорта) (см. Рисунок 4.1(a)). Китай выступает крупнейшей страной назначения экспорта Казахстана и составляет 13 процентов общего экспорта.

Рисунок 4.1. Торговля Казахстана

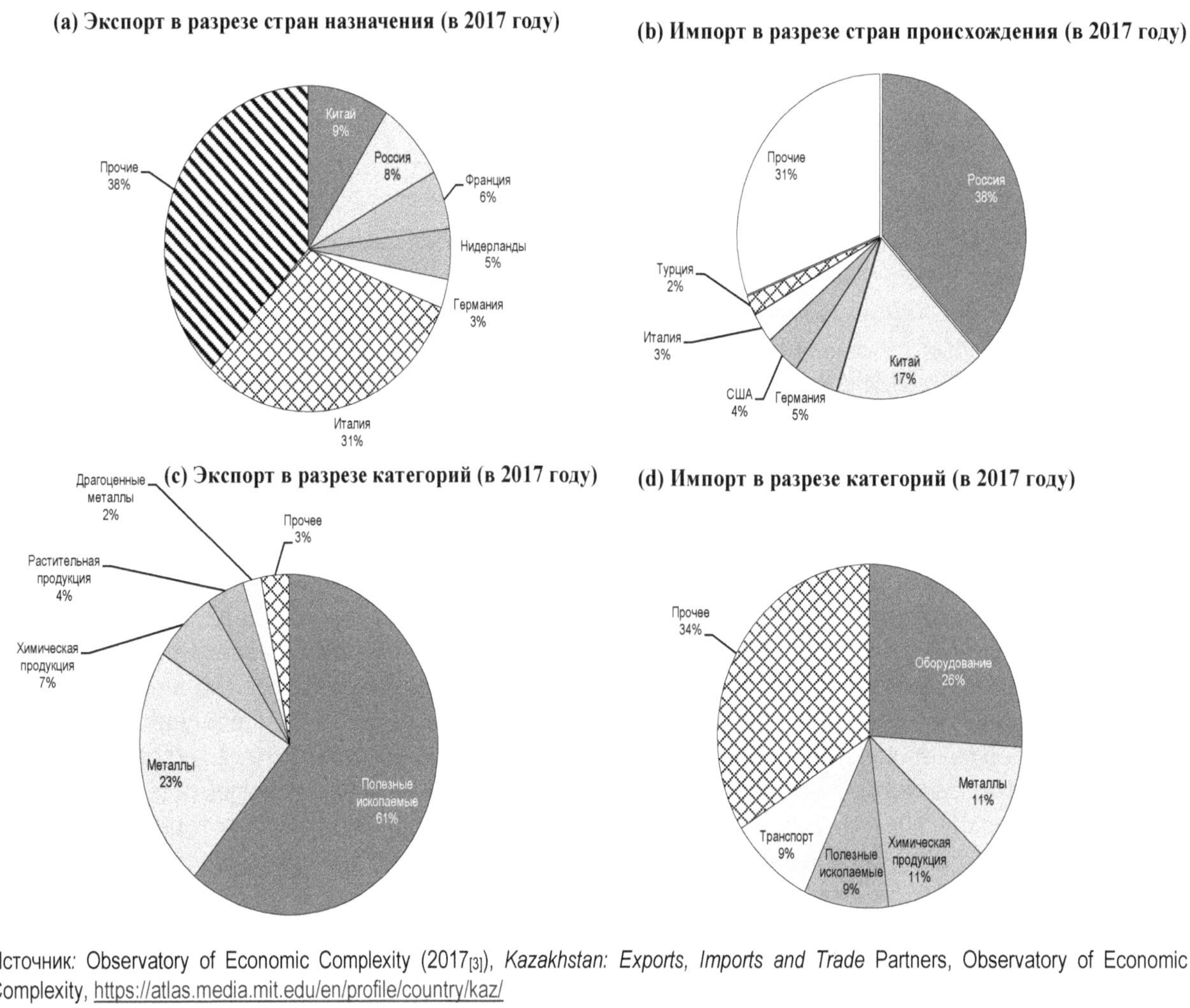

Источник: Observatory of Economic Complexity (2017[3]), *Kazakhstan: Exports, Imports and Trade* Partners, Observatory of Economic Complexity, https://atlas.media.mit.edu/en/profile/country/kaz/

Казахстан является чистым экспортером, в 2017 году его положительное сальдо торгового баланса составляло 13,6 млрд долл. США (Observatory of Economic Complexity, 2017[3]). Сырая нефть представляет собой крупнейшую, с большим отрывом, статью экспорта страны, составляющую 45 процентов общего экспорта в стоимостном выражении. Добывающие отрасли преобладают в экспорте Казахстана: полезные ископаемые (с учетом сырой нефти) и металлы составляют, соответственно, 61 процент и 23 процента экспорта, на драгоценные металлы приходится еще 1,9 процента (см. Рисунок 4.1(c)). В частности, экспорт сырой нефти (45 процентов) значительно превосходит долю продуктов нефтепереработки (2,7 процента) в экспорте. Импорт Казахстана не сконцентрирован в такой мере в какой-либо одной категории, его основными статьями импорта являются оборудование (26 процентов), металлы (11 процентов), химическая продукция (11 процентов), полезные ископаемые (9 процентов) и транспорт (8,8 процента). Торговля Казахстана в стоимостном выражении сокращалась с 2012 года по 2016 год в соответствии с колебаниями цен на биржевые товары, но несколько восстановилась в 2017 году.

Инвестиционный климат

Инвестиционный климат Казахстана сравнительно благоприятен для привлечения иностранных инвестиций. Казахстан получает основную часть прямых иностранных инвестиций (ПИИ) в Центральную Азию, составляющую более 71 процента общего объема в регионе (UNECE, 2019[5]). Казахстан — единственная страна этого региона, облигациям которых ведущими агентствами присвоены кредитные рейтинги инвестиционного класса. Крупнейшим инвестором Казахстана являются Нидерланды, осуществляющие 29 процентов ПИИ в Казахстан, за ними следуют США (18 процентов), Швейцария (14 процентов), Российская Федерация (6 процентов) и Китай (5 процентов) (см. Рисунок 4.2).

Рисунок 4.2. ПИИ в Казахстан в разрезе стран-источников в 2018 году

Валовые ПИИ в 2017 году в миллионах долларов США

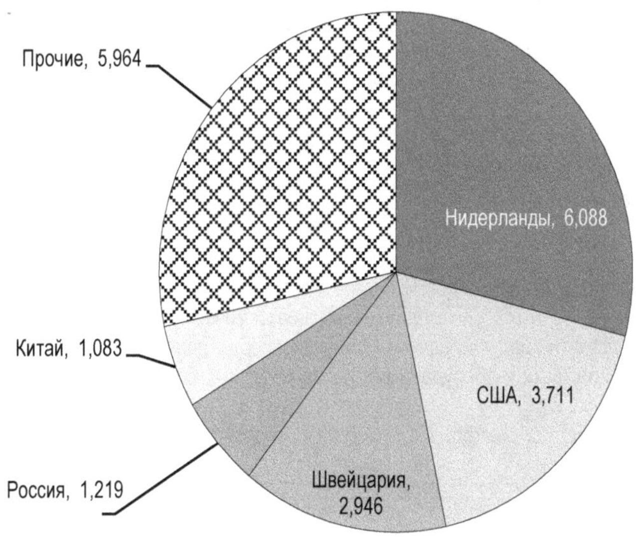

Источник: National Bank of Kazakhstan (2018[6]), *Валовый приток иностранных прямых инвестиций в Республику Казахстан от иностранных прямых инвесторов по странам*, National Bank of Kazakhstan, https://nationalbank.kz/?docid=680&switch=rus

Как в других странах этого региона, иностранных инвесторов интересуют в основном богатые запасы полезных ископаемых Казахстана: большая часть инвестиций осуществляется в угольную, нефтяную и газовую промышленность (49,5 процента) и металлургию (14,6 процента). При этом инфраструктурные отрасли, такие как транспорт (2,6 процента) и возобновляемые источники энергии (2,2 процента), получают меньшую долю прямых иностранных инвестиций (см. Рисунок 4.3).

Рисунок 4.3. ПИИ в новые предприятия в Казахстане в разрезе видов экономической деятельности в 2003-2017 годы

Кумулятивный капитал ПИИ в новые предприятия с января 2003 года по сентябрь 2017 года в миллионах долларов США

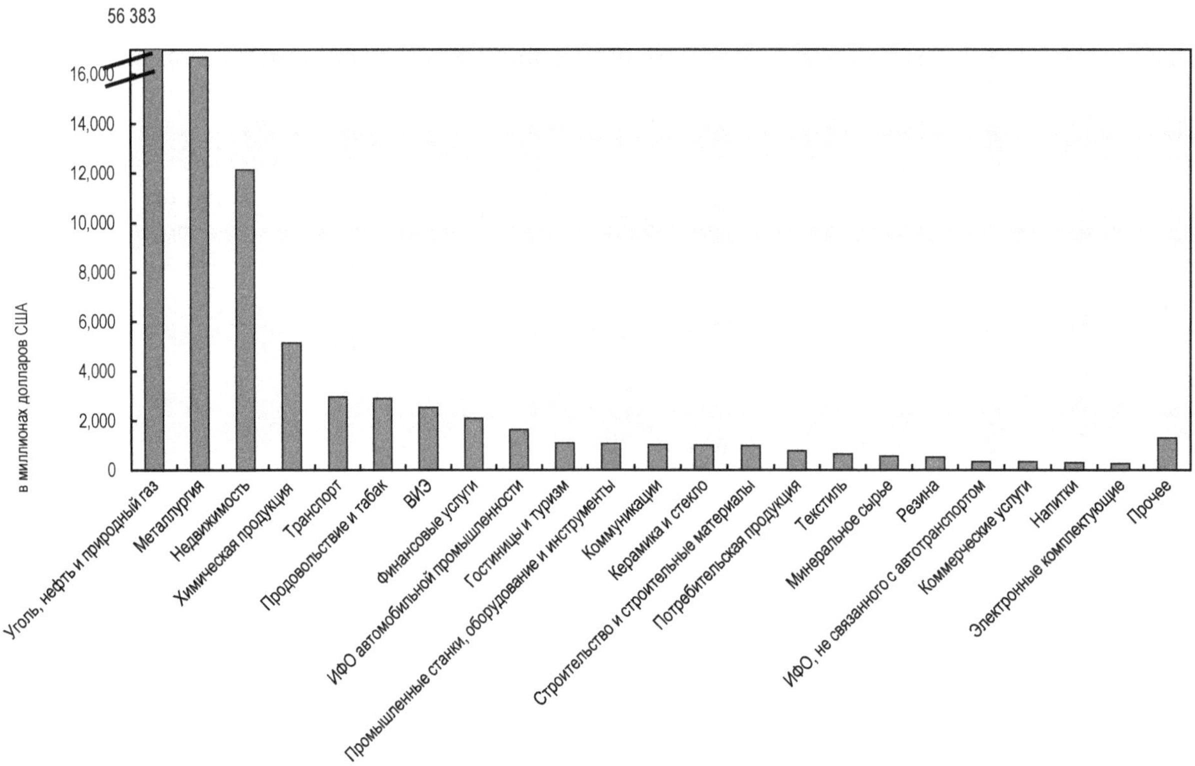

Примечание: ИФО = Изготовители фирменного оборудования. Прочее включает следующее: программное обеспечение и услуги в сфере ИТ; пластмассы; здравоохранение; отдых и развлечения; авиакосмическая промышленность; фармацевтическая промышленность; бумажная, полиграфическая и тароупаковочная промышленность; двигатели и турбины; медицинские изделия; потребительская электроника, коммерческие станки и оборудование; полупроводники; складирование и хранение; автомобильные комплектующие; древесная продукция.
Источник: OECD на основе fDi Markets (2019[7]), *fDi Markets: the in-depth crossborder investment monitor (база данных)*, fDi Markets, https://www.fdimarkets.com/

Правительство сделало улучшение инвестиционного климата и условий для бизнеса в Казахстане одним из государственных приоритетов, а последние реформы страны приблизили ее к международным стандартам по ряду параметров. Например, Казахстан снял ограничения на иностранный капитал в сфере воздушных перевозок и фиксированной связи, тем самым открыв путь для иностранного владения компаниями. Кроме того, в последние годы стало легче нанимать иностранных граждан, особенно в преддверии принятия Казахстана в 2015 году во Всемирную торговую организацию. Правительство также стремится улучшить защиту иностранных инвестиций и предоставить результативные механизмы разрешения споров. Упрощение им процедур лицензирования и создания бизнеса привели к улучшению рейтингов в ежегодном докладе Всемирного банка «Ведение бизнеса»: в 2016 году Казахстан был 35м из 190 стран по сравнению с 51м лишь годом ранее (IBRD, 2019[8]). Последние изменения в законодательстве, в частности, новый закон о государственно-частном партнерстве и улучшенное законодательство о концессиях, как ожидается, придадут импульс инвестициям в развитие инфраструктуры.

Однако Казахстану еще необходимо провести реформы управления, особенно в отношении механизмов обеспечения прозрачности и подотчетности. Меры политики по поддержке предпринимательства, малых и средних предприятий (МСП) и формирования профессиональных навыков также недостаточны, как показывает устойчиво умеренная доля сектора МСП в экономике (OECD, 2018[9]). Нормативная и правовая основы Казахстана все еще препятствуют усилиям по привлечению ПИИ, поскольку они не являются в полной мере благоприятными для конкуренции, и государственные монополии по-прежнему доминируют в определенных частях энергетики (транспортировка нефти, электропередача) и транспортной отрасли (порты, аэропорты, железные дороги). Нерешенная проблема коррупции и неустраненные недостатки в сфере корпоративного управления также продолжают беспокоить инвесторов. Усилия Казахстана по повышению корпоративной ответственности своего бизнеса, в частности, путем содействия информированности о Руководящих принципах ОЭСР для многонациональных предприятий, имеют важнейшее значение не только для улучшения инвестиционного климата, но и для содействия компаниям, которые применяют устойчивые методы ведения бизнеса. Казахстан достиг прогресса в повышении качества инвестиций в добывающие отрасли и выражает заинтересованность в улучшении процедур учета экологических соображений, но права человека и трудовые отношения остаются трудными темами (OECD, 2017[10]). Однако принятие обновленного Экологического кодекса Казахстана, который сделает обязательным применение важнейших инструментов определения экологических последствий — оценки воздействия на окружающую среду (ОВОС) и стратегической экологической оценки (СЭР) — еще ожидается.

В отличие от нескольких прочих стран Центральной Азии, уровни задолженности Казахстана перед внешними кредиторами не считаются рискованными, и он сохраняет кредитный рейтинг инвестиционного класса. Казахстан является одной из основных стран — участниц инициативы Китая «Один пояс, один путь» (ОПОП), но, в отличие от многих других стран–участниц, Казахстан финансирует большинство своих инфраструктурных проектов в рамках ОПОП из собственного бюджета (Emerging Markets Forum, 2019[11]). Казахстан использует китайское финансирование, связанное с ОПОП, как дополнительный элемент, который он закладывает в свое планирование и увязывает со своей стратегией инфраструктурного развития *«Нурлы жол»* (см. раздел 3 в отношении более подробной информации о стратегических документах Казахстана).

Изменение климата

Общие выбросы Казахстана составляют лишь 0,68 процента общих глобальных выбросов парниковых газов (World Bank, 2019[1]). Хотя после распада Советского Союза выбросы парниковых газов Казахстана резко упали (на 50,9 процента), с начала 2000-х годов они неизменно увеличиваются (см. Рисунок 4.4). В настоящее время Казахстан близок к тому, чтобы превысить свой максимум до независимости: в 2012 году выбросы парниковых газов были лишь на 1,6 процента ниже уровней 1991 года. За этот же период (1990-1995 годы) экономика Казахстана сократилась на одну треть, затем неуклонно восстанавливалась и к 2005 году превысила свой размер 1990 года, а к 2017 году удвоилась по сравнению с 1990 годом. В результате, интенсивность выбросов экономики Казахстана снизилась с 3,9 кгCO_2-экв на 1 долл. США в 1990 году до 2,2 кгCO_2-экв на 1 долл. США в 2012 году (World Bank, 2019[1]). За этот же период выбросы парниковых газов на душу населения страны уменьшились с 22,8 тCO_2-экв в 1990 году до 21,8 тCO_2-экв к 2012 году (World Bank, 2019[1]).

На энергетику приходится 78 процентов выбросов Казахстана, а сельское хозяйство и промышленные процессы составляют значительно меньшие доли в размере лишь, соответственно, 7 процентов и 9 процентов (Government of Kazakhstan, 2017[12]). Зависимость Казахстана от угля усугубляет быстрое увеличение его выбросов парниковых газов и проблемы загрязнения атмосферного воздуха. Сельское хозяйство и горнодобывающая промышленность Казахстана особенно уязвимы по отношению к последствиям изменения климата, поскольку все более частые зной и сильные засухи ставят под угрозу доступность водных ресурсов (UNECE, 2019[5]).

Рисунок 4.4. Выбросы ПГ и ВВП Казахстана в 1990-2017 годы

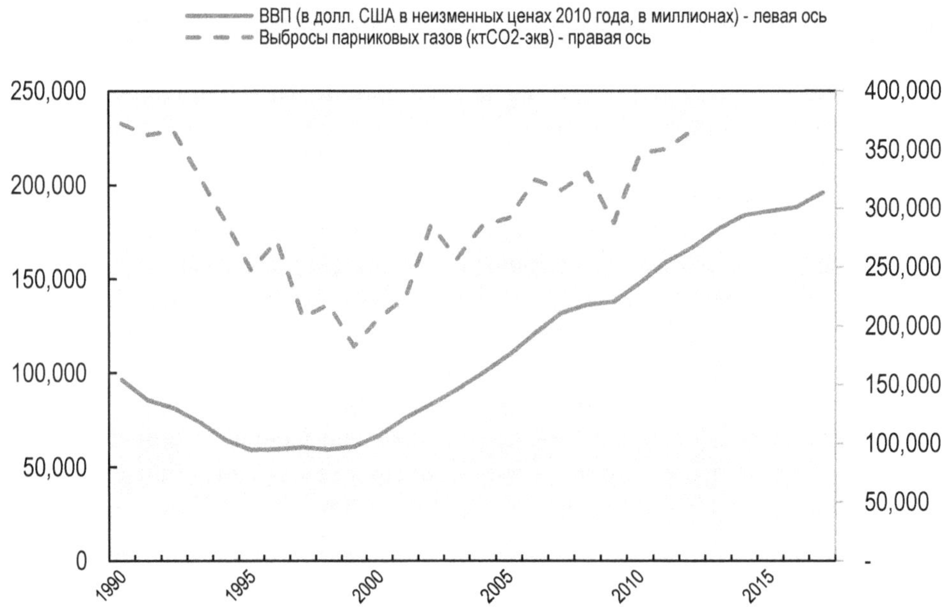

Источник: World Bank (2019[1]), *Показатели мирового развития (база данных)*, Всемирный банк, https://datacatalog.worldbank.org/dataset/world-development-indicators

4.2. Потребности в инфраструктуре и текущие планы Казахстана

По сравнению с другими странами региона существующая инфраструктура Казахстана является сравнительно качественной (см. Рисунок 4.5).

Рисунок 4.5. Качество инфраструктуры в Казахстане

По шкале от 0 (самое низкое) до 100 (самое высокое)

Источник: World Economic Forum (2017[13]), *The Global Competitiveness Report 2017-2018*, World Economic Forum, http://www3.weforum.org/docs/GCR2017-2018/05FullReport/TheGlobalCompetitivenessReport2017%E2%80%932018.pdf

Потребности Казахстана в инфраструктуре возрастают в соответствии с увеличением размера его экономики и приростом населения. Исходя из предположения о росте ВВП на 4,3 процента в год Казахстан должен расходовать на инфраструктуру в среднем 292 млрд долл. США (или 3,93 процента ВВП) до 2040 года (см. Рисунок 4.6). По сравнению с текущими уровнями расходов это приводит к дефициту инвестиций в размере 84 млрд долл. США (1,11 процента ВВП) во всех отраслях, но он более распространен в сфере трансграничной инфраструктуры, энергетики и автодорожного транспорта (Global Infrastructure Hub, n.d.[14]). Требуются не только новая инфраструктура, но и надлежащие текущий ремонт и содержание, а также контроль качества существующих активов. Приблизительно 75 процентов существующей инфраструктуры требует замены или реконструкции (ADB, n.d.[15]).

Рисунок 4.6. Необходимые инфраструктурные инвестиции в Казахстане в 2016-2040 годы

Источник: Global Infrastructure Hub (n.d.[14]), *Kazakhstan – Global Infrastructure Outlook*, Global Infrastructure Hub, https://outlook.gihub.org/countries/Kazakhstan

В инвестициях объемом 195,6 млрд долл. США, которые отслеживаются с 2000 года по 2019 год, энергетические проекты составляют чуть более половины планируемых и строящихся инфраструктурных проектов Казахстана — приблизительно 112,5 млрд долл. США (58 процентов), транспортные проекты — 20 процентов, обрабатывающая промышленность — 14 процентов и горнодобывающая промышленность — 7 процентов. Водные проекты с учетом как проектов водоснабжения, так и орошения и управления водными ресурсами ограничиваются лишь 471 млн долл. США (Рисунок 4.7).

Рисунок 4.7. Инфраструктурные проекты в Казахстане в разрезе секторов

Планируемые и строящиеся
В миллионах долларов США

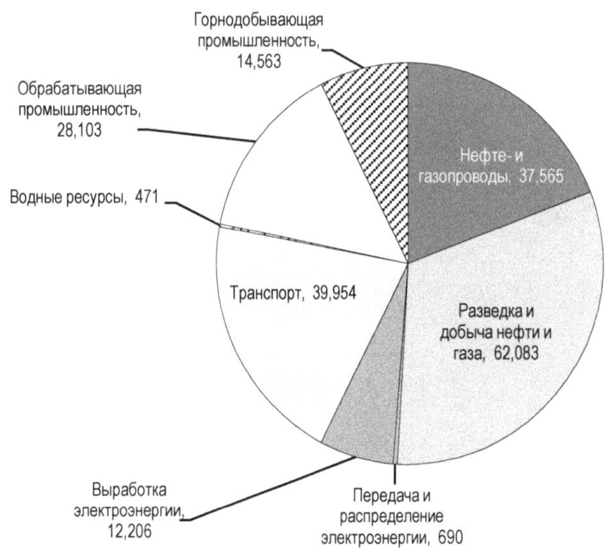

Примечания: Проекты выработки электроэнергии включают газовые электростанции, ветровые электростанции, солнечные электростанции, гидроэлектростанции и угольные электростанции. Проекты разведки и добычи нефти и газа включают проекты разработки нефтяных и газовых месторождений. Проекты в обрабатывающей промышленности включают нефтехимические заводы, цементные заводы, заводы по производству ферросицилия, алюминиевые заводы, заводы по производству полипропилена, металлургические комплексы, производство моторного топлива, заводы по производству кислот, сталелитейные заводы, биоэтаноловые заводы.

Источник: исследование ОЭСР на основе баз данных по состоянию на июнь 2019 года.

Транспорт

Годовые грузовые перевозки Казахстана превышают 200 млрд т·км, что составляет более 80 процентов региональных[1] грузов. Такая концентрация грузовых перевозок отчасти объясняется стратегическим географическим положением Казахстана, поскольку основная часть грузов, направляющихся из Европы и Азии в Центральную Азию, должна пересечь Казахстан. Однако для сохранения нынешних показателей сети с точки зрения отношений объема торговли к пропускной способности пропускная способность автодорог Казахстана к 2030 году должна достичь 151 процента сегодняшних уровней и к 2050 году — 350 процентов. В случае железных дорог Казахстан уже располагает пропускной способностью выше требуемой в 2030 году, но к 2050 году должен достичь 138 процентов текущих уровней (ITF, 2019[16]).

В транспортной отрасли планируемые инвестиции в инфраструктуру Казахстана представлены в основном автодорожными проектами, которые составляют 81 процент инвестиций (34,4 млрд долл. США). На железные дороги приходится еще 16 процентов, а проекты в отношении смешанных перевозок и авиаперевозок образуют остальные, соответственно, 2 процента и 1 процент (см. Рисунок 4.8). Как автодорожные, так и железнодорожные проекты входят в число крупнейших инвестиций в процессе подготовки (Таблица 4.2). Развитие и переоборудование новых предприятий фигурируют в числе крупнейших автодорожных проектов, а большинство крупных инвестиций в железные дороги представляют собой модернизацию существующих железнодорожных линий.

В числе этих проектов в стратегии инфраструктурного развития Казахстана *«Нурлы жол»* два проекта — автодорожный коридор Центр-Восток между Астаной и Усть-Каменогорском (Оскеменом) и коридор Центр-Запад между городами Шалкар и Кандыагаш — названы приоритетными. Коридор Центр-Запад, как ожидается, создаст рабочие места и будет стимулировать развитие малых и средних предприятий. Он предоставит основной выход на запад по Каспийскому морю и через Кавказ в Европу, а также в тихоокеанский порт Ляньюньган.

Рисунок 4.8. Проекты в сфере транспорта в Казахстане в разрезе подсекторов

Планируемые и строящиеся
В миллионах долларов США

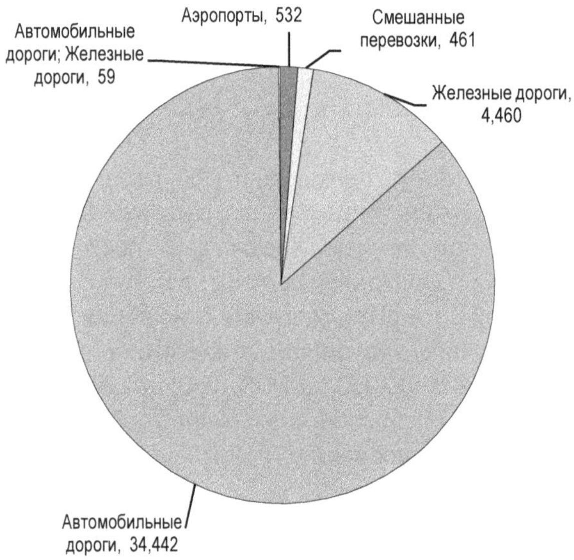

Примечания: Проекты в отношении смешанных перевозок включают создание транспортных узлов для смешанных перевозок и логистических центров в сухопутных терминалах
Источник: исследование ОЭСР на основе баз данных по состоянию на июнь 2019 года.

В автодорожной отрасли внимание по-прежнему сосредоточено на национальной автодорожной сети, включающей шесть международных коридоров общей протяженностью приблизительно 8 250 км, которые служат международными транзитными маршрутами между Китаем, Кыргызской Республикой, Узбекистаном, Туркменистаном и Российской Федерацией и далее Европой. Эти проекты также предусматриваются международными соглашениями, такими как Центральноазиатское региональное экономическое сотрудничество (ЦАРЭС) и транспортный коридор «Европа – Кавказ – Азия» (ТРАСЕКА), однако Казахстану еще предстоит полностью использовать свое стратегическое положение, с тем чтобы упростить упорядоченную торговлю с другими странами и участвовать в региональных и глобальных цепочках создания стоимости.

Казахстан стремится утвердиться в качестве регионального транспортного узла, и, учитывая, что четыре из шести коридоров ЦАРЭС проходят по его территории, у него имеются стратегические возможности играть такую роль. Важнейшими из этих коридоров являются коридор 1 из Китая в Российскую Федерацию и Европу через Кыргызскую Республику и Казахстан и коридор 2, который проходит с востока на запад между Китаем и Кавказом через Кыргызскую Республику, Узбекистан и Казахстан.

В железнодорожном секторе Казахстан нацелен на улучшение движения скорых поездов, осуществляющих пассажирские и грузовые перевозки между крупными городами, но необходимо больше частных инвестиций. Хотя появляется все больше определенных данных о частных перевозках и услугах, в частности, в форме государственно-частных партнерств (ГЧП), в настоящее время они весьма ограничены. Лишь недавно ГЧП «Большая Алматинская автомобильная кольцевая дорога» стало первым крупным проектом за пределами нефтегазовой отрасли, финансируемым за счет частного капитала (IFC, 2014[17]).

Этот вид проектов крайне важен для улучшения Казахстаном своей инфраструктуры, что, в свою очередь, сократит транспортные издержки, которые в противном случае весьма высоки. Издержки, связанные с тем, чтобы одна тонна товаров из Казахстана достигла 20 процентов глобального ВВП, составляют приблизительно 177 долл. США, тогда как в Германии такой же доступ можно обеспечить по значительно меньшей цене, составляющей около 30 долл. США (ITF, 2019[16]).

Таблица 4.2. Актуальные проекты в транспортной отрасли Казахстана

(a) Строящиеся					
Название	Подсектор	Описание	Стоимость проекта (млн долл. США)	Источник финансирования	Тип инвестиций
Автодороги Юг–Запад: международный транзитный коридор «Западная Европа–Западный Китай» (ЦАРЭС 1Б и 6Б)	Авто-дорога	Проект представляет собой крупный коридор, связывающий Казахстан с Китаем на юго-востоке и границей с Россией, имеющий общую протяженность 2 787 км. Он направлен на повышение эффективности перевозок в Казахстане, а также автодорожного хозяйства и безопасности дорожного движения.	4 250	МБРР	В существующее предприятие
Проект развития автомобильных дорог Восток-Запад (участок Алматы–Коргос): международный транзитный коридор Западная Европа–Западный Китай (ЦАРЭС–1б)	Авто-дорога	Проект связывает сухопутный терминал Коргос в Казахстане с его китайским партнером Хоргос суперсовременным 4-полосным шоссе.	2 136	МБРР	В новое предприятие
Астанинская узкоколейная железная дорога	Железные дороги	Проект свяжет основные места в Астане и завершится на железнодорожной станции Астана Нурлы Жол. Он включен в «Нурлы жол» и связан с инициативой Китая «Один пояс, один путь».	1 800	КБР; Правительство	В новое предприятие
Центр – Восток, Астана – Усть-Каменогорск	Авто-дорога	Проектом предусматривается реконструкция автодороги протяженностью 932 км между Центр – Восток, Астана – Усть-Каменогорск.	949	Правительство	В существующее предприятие
Алматы – Усть-Каменогорск	Авто-дорога	Проект включает реконструкцию автодороги Алматы – Усть-Каменогорск (851 км), которая считается автомобильной дорогой национального значения.	655	Проектное финансирование	В существующее предприятие
(b) Планируемые					
Название	Подсектор	Описание	Стоимость проекта (млн долл. США)	Источник финансирования	Тип инвестиций
Проект улучшения модернизации железных дорог	Железные дороги	Проект предусмотрен бизнес-планом деятельности АБР в Казахстане на 2019-2021 годы и запланирован на 2021 год.	1 000	АБР	В существующее предприятие
Автодорожный коридор Центр – Запад (Шалкар – Кандыагаш)	Авто-дорога	Проект представляет собой соединительную дорогу, которая свяжет центр с западом Казахстана, а также основной	1 000	Правительство, АБР	В новое предприятие

		выход на запад в Европу и на восток в Китай (имеет важнейшее значение для ОПОП и «Нурлы жол»)			
Проект строительства автодороги (Кызылорда – Жезказган)	Авто-дорога	Проект предусмотрен бизнес-планом деятельности АБР в Казахстане на 2019-2021 годы и запланирован на 2021 год.	1 000	АБР	н.д.
Электрификация железной дороги Алматы – Актогай	Железные дороги	Проект был объявлен в 2008 году, и, как ожидается, строительство начнется в 2020 году.	984	н.д.	В существующее предприятие
ГЧП «Большая Алматинская автомобильная кольцевая дорога», Казахстан	Авто-дорога	Проект представляет собой основное соединение с транснациональным шоссе Западный Китай – Западная Европа. Кроме того, это первый крупномасштабный, капиталоемкий инфраструктурный проект с частным финансированием за пределами нефтегазовой отрасли.	740	МФО	В новое предприятие

Примечание: См. в разделе X «Справку о методологии» в отношении определения понятия «актуальный» в данном отчете и прочих сведений о том, как отбирались вышеуказанные проекты и определялась их приоритетность. АБР = Азиатский банк развития; КБР = Китайский банк развития; МБРР = Международный банк реконструкции и развития.
Источник: исследование ОЭСР на основе данных ADB (2019[18]), IJGlobal (2019[19]), CSIS (2019[20]), Dealogic (2019[21]), World Bank (2019[22]) по состоянию на июнь 2019 года.

Энергетика

В энергетике все население имеет доступ к электроэнергии, а системы передачи и распределения электроэнергии сравнительно лучше, чем в других странах этого региона, благодаря чему потери вырабатываемой электроэнергии составляют лишь 4,9 процента по сравнению с 17,1 процента в Таджикистане и 19,7 процента в Кыргызской Республике (World Economic Forum, 2017[13]). Имея свои крупные запасы углеводородов и сильные нефтяную и газовую отрасли, Казахстан не сталкивается с такими же проблемами энергетической безопасности и самообеспеченности энергии, как его соседние страны. Он является чистым экспортером угля (в 2017 году 11,77 мтнэ), нефти (в 2016 году 64,6 мт) и природного газа (в 2017 году 6,43 мтнэ). Его экспорт и импорт электроэнергии приблизительно сбалансирован: в 2015 году Казахстан экспортировал столько же, сколько импортировал, а в 2016 году его чистый экспорт был равен 0,11 мтнэ (IEA, 2018[23]). Угольные электростанции (использующие в основном низкокачественный уголь с высоким содержанием золы) вырабатывают две трети электроэнергии Казахстана, остальная одна треть вырабатывается на основе природного газа (21 процент), гидроресурсов (11 процентов) и нефти (2 процента) (см. Рисунок 4.9). Из возобновляемых ресурсов в совокупности вырабатывается менее 1 процента электроэнергии, в частности, 275 ГВт·ч ветровой энергии и 89 ГВт·ч солнечной фотовольтаической энергии.

Рисунок 4.9. Выработка электроэнергии в разрезе видов топлива (ГВт·ч в 2016 году)

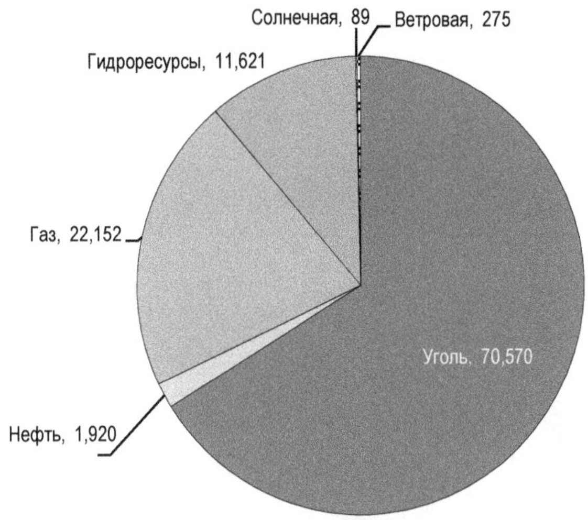

Источник: International Energy Agency (2018[23]), *IEA World Energy Balances 2018*, International Energy Agency, https://webstore.iea.org/world-energy-balances-2018

В части строящихся и планируемых проектов инвестиций в выработку электроэнергии, как показано на Рисунок 4.10, 38 процентов инвестиций, выраженных в мощности, (или 1 589 МВт) приходится на ветровые электростанции, за ними следуют солнечная фотовольтаика — 26 процентов (или 1 088 МВт) и угольные электростанции — 15 процентов (636 МВт). Газовые электростанции и гидроэлектростанции составляют, соответственно, 11 процентов и 9 процентов планируемых проектов инвестиций в выработку электроэнергии. Большинство актуальных проектов в энергетике Казахстана связаны с отраслью разведки и добычи нефти и газа и распределительными сетями (Таблица 4.3).

Одним из крупнейших строящихся в настоящее время проектов страны является магистральный газопровод Центральная Азия – Китай (казахстанская секция), который, как ожидается, будет крупнейшей газотранспортной системой в Центральной Азии. Он будет иметь важное значение для энергетической безопасности Казахстана. В нефтяной отрасли расширение Тенгизского нефтяного месторождения увеличит нынешний уровень добычи на 43 процента (NS Energy, n.d.[24]). Подавляющее доминирование нефтегазовой отрасли в планируемых инфраструктурных проектах в энергетике согласуется с тем, что Казахстан традиционно опирается на свои запасы углеводородов. Однако данные о том, что развитие по-прежнему основывается на нефти, идет вразрез с целями диверсификации экономики страны, поставленными в стратегических документах Казахстана, в частности, целями диверсификации экономики и энергетического сектора, обозначенными в ключевых стратегических документах как *Казахстан 2050* и *Концепции по переходу к «зеленой» экономике.*

Рисунок 4.10. Планируемые проекты выработки электроэнергии в Казахстане в разрезе видов топлива

В мегаваттах (МВт)

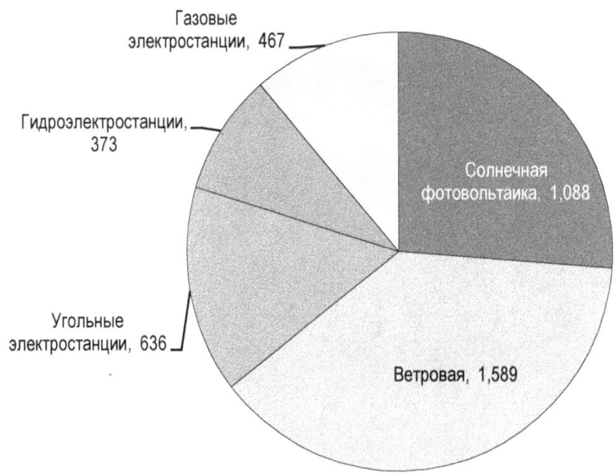

Источник: исследование ОЭСР на основе баз данных по состоянию на июнь 2019 года.

Таблица 4.3. Актуальные проекты в энергетике Казахстана

(a) Строящиеся					
Название	Подсектор	Описание	Стоимость проекта (млн долл. США)	Источники финансиро-вания	Тип инвестиций
Проект нефтяного месторождения Курмангазы	Разведка и добыча нефти и газа	Проект шельфового нефтепромысла в казахстанском секторе Каспийского моря между Россией и Казахстаном. Ввиду оцениваемых запасов от 1,1 до 1,6 млрд м^3 данный проект считается третьим крупнейшим нефтепромыслом в Казахстане. Строительство проекта возобновилось в конце 2018 года.	23 000	ООО «Роснефть-Казахстан» (Россия) и КазМунайГаз (Казахстан)	В новое предприятие
Проект повышения продуктивности Тенгизского нефтяного месторождения (проект будущего расширения – проект управления устьевым давлением)	Разведка и добыча нефти и газа	Проект расположен на северо-западе Казахстана, его площадь составляет 2 500 км^2. Будучи одним из самых глубоких нефтепромыслов в мире, проект увеличит добычу сырой нефти на 260 000 баррелей в сутки, в результате чего общая добыча составит приблизительно 1 млн барр./сут.	16 125	Проектное финансиро-вание	В сущест-вующее предприятие
Центральноазиатский газопровод (казахстанская секция)	Нефте- и	Проект представляет собой крупнейшую газотранспортную систему в Центрально Азии, которая проходит из	7 500	КННК; Туркменгаз; Узбекнефтегаз; КазМунайГаз	В новое предприятие

	газопровод	Туркменистана в Китай через Узбекистан и Казахстан. В настоящее время существуют три линии протяженностью 1 830 км из Туркменистана в Китай через Узбекистан и Казахстан. Ожидается, что четвертая линия (Д) протяженностью приблизительно 1 000 км будет завершена в 2020 году.			
Нефтепровод «Северный маршрут» в Новороссийск	Нефте- и газопровод	Проектом стоимостью 2,6 млрд долл. США предусматривается строительство нефтепровода от Тенгизского нефтяного месторождения в Казахстане через Каспийское море в Новороссийск.	2 600	н.д.	В новое предприятие
Расширительная электростанция Экибастузская ГРЭС-2	Угольная электро-станция	Проектом предусматривается строительство третьего энергоблока мощностью 636 МВт на электростанции Экибастузская ГРЭС-2 — угольной электростанции, мощность которой уже составляет 1 000 МВт. Всего проект вырабатывает 12 процентов электроэнергии Казахстана, приблизительно 75 процентов производимой энергии экспортируется в Россию. Новый энергоблок, как ожидается, будет завешен к 2024 году.	1 200	ЕАБР, Внешэконом-банк и КБР	В новое предприятие
(b) Планируемые					
Название	Подсектор	Описание	Стоимость проекта (млн долл. США)	Источник финанси-рования	Тип инвестиций
Разработка Кашаганского нефтяного месторождения	Разведка и добыча нефти и газа	Кашаганское нефтяное месторождение находится в 80 км к юго-востоку от Атырау на казахстанской территории Каспийского моря. По оценкам, в месторождении залегает до 38 млрд баррелей нефти, другие оценки указывают на то, что запасы составляют 50 млрд баррелей, то есть это второе по величине нефтяное месторождение в мире. Уже успешно проведено пробное бурение, добыча оценивается в 20 000 баррелей в сутки нефти плотностью 42-45 градусов по шкале API.	15 000	Agip Azerbaijan BV, British Gas PLC, ExxonMobil Canada Ltd, Royal Dutch/Shell Group, TotalFinaElf, Indonesia Petroleum Ltd, ConocoPhillips (UK) Ltd, АО НК КазМунайГаз	В новое предприятие
Балхашская угольная электростанция	Угольные электро-станции	Балхашская угольная электростанция будет состоять из двух энергоблоков мощностью 660 МВт, на которых будет ежегодно производиться 9 209 млрд кВт·ч электроэнергии, что составит, по оценкам, 9 процентов выработки электроэнергии в Казахстане. Электростанция будет расположена на юго-западном	4 500	KEPCO, Samsung C&T Corp, Samruk Holdings JSC	В новое предприятие

		берегу озера Балхаш и будет снабжаться углем из Экибастузского угольного бассейна.			
Нефтегазопровод Бейнеу – Бозой – Шымкент	Нефте- и газопровод	Проектом предусматривается строительство нефтегазопровода, связывающего все существующие нефтегазопроводы Казахстана, в результате чего будет создана единая нефтегазотранспортная система протяженностью 1 477 км. Этот нефтегазопровод устранит зависимость Казахстана от импорта газа.	2 500	КазТрансГаз, Trans-Asia Gas Pipeline Company Ltd.	В существующее предприятие
Нефтепровод Ескене-Курык	Нефте- и газопровод	Пропускная способность нефтепровода Ескене-Курык составит 600 000 баррелей в сутки. Нефтепровод будет начинаться в месторождении Ескене в Атырауской области и завершаться на нефтяном терминале в порту Курык на побережье Каспийского моря. Проект был объявлен в 2008 году и, как ожидается, завершится в 2023 году.	1 500	КазТрансОйл	В новое предприятие

Примечание: См. в разделе X «Справку о методологии» в отношении определения понятия «актуальный» в данном отчете и прочих сведений о том, как отбирались вышеуказанные проекты и определялась их приоритетность. КБР = Китайский банк развития; КННК = Китайская национальная нефтегазовая корпорация; ЕАБР = Евразийский банк развития.
Источник: Oil and Gas Journal (2005[25]), SourceWatch (2017[26]); ADB (2019[18]), IJGlobal (2019[19]), CSIS (2019[20]), Dealogic (2019[21]), World Bank (2019[22]) по состоянию на июнь 2019 года.

Промышленный сектор и горнодобывающая промышленность

В сфере инфраструктуры промышленного сектора в процессе подготовки приблизительно две трети составляют проекты обрабатывающей промышленности (64 процента, см. Рисунок 4.11) и одну треть — горнодобывающая промышленность (36 процентов, см. Рисунок 4.12). Это не согласуется с заявленным Казахстаном приоритетом диверсификации экономики (см. раздел 3 в отношении более подробной информации о стратегических документах Казахстана).

Большинство проектов обрабатывающей промышленности относятся к нефтехимическому производству и горнодобывающей промышленности (Таблица 4.4) и нацелены на Китай и Российскую Федерацию в качестве экспортных рынков. Например, значительным строящимся проектом является Тымлайский горно-химико-металлургический комплекс, горноперерабатывающий завод стоимостью 5 млрд долл. США на рудном месторождении Тымлай и химико-металлургический комбинат в специальной экономической зоне (СЭЗ) «Павлодар». Комбинат имеет стратегическое значение для снабжения сырьем отраслей, в которых используются сталь и диоксид титана. Еще одним крупным проектом, который планируется, является завод по производству базовых масел в Туркестанской области, который ежегодно будет выпускать 183 000 тонн базовых масел на экспорт.

Ввиду ограниченного количества предприятий обрабатывающей промышленности с более высокой добавленной стоимостью в планируемых проектах Казахстана, существующие инвестиционные планы, как представляется, не согласуются с устремлениями правительства страны относительно долгосрочного развития для создания конкурентоспособной экономики, нацеленной на продвижение вверх по звеньям производственно-сбытовой цепочки и выходу от зависимости от экспортируемого сырья. Согласно данным АБР, лишь приблизительно 7,8 процента экспорта

Казахстана основывается на иностранных производственных ресурсах. По сравнению с соседней страной — экспортером углеводородов, Российской Федерацией, Казахстан демонстрирует низкий уровень интеграции в международные производственные сети, и имеются значительные возможности более тесной интеграции экономики Казахстана в глобальные цепочки создания стоимости (ГЦС) (ADB, 2018[27]).

Рисунок 4.11. Промышленные проекты в Казахстане в разрезе подсекторов

Планируемые и строящиеся В миллионах долларов США

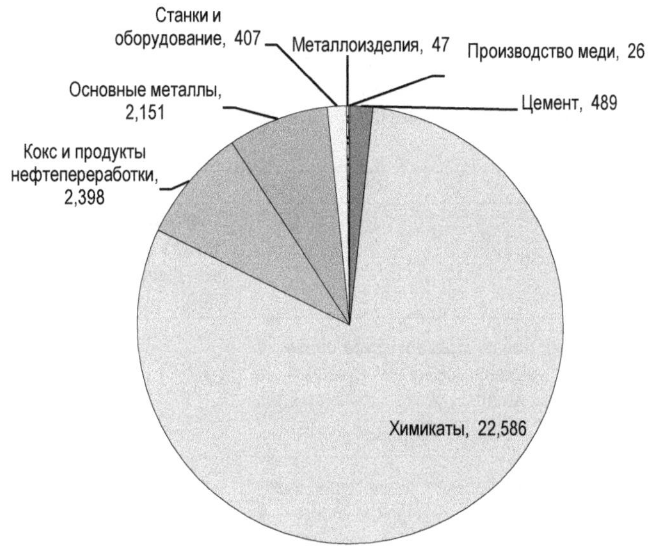

Примечание: Проекты в сфере химикатов включают заводы по производству фосфатных удобрений, нефтехимические заводы, газохимические комплексы, заводы по производству серной кислоты, производство сухого цианистого натрия. Проекты в сфере производства кокса и продуктов нефтепереработки включают строительство заводов по производству базовых масел, добычу и переработку коксующегося угля и строительство завода по производству сжиженного природного газа. Проекты в отношении основных металлов включают строительство гидрометаллургических заводов, ферросплавных заводов, железорудные проекты, заводы по производству первичного алюминия. Металлоизделия включают заводы по производству сварных труб и производству металлических порошков.

Источник: исследование ОЭСР на основе баз данных по состоянию на июнь 2019 года.

Таблица 4.4. Актуальные проекты промышленного сектора и горнодобывающей промышленности Казахстана

(а) Строящиеся

Название	Подсектор	Описание	Стоимость проекта (млн долл. США)	Источник финансирования	Тип инвестиций
Комплекс нефтехимических производств Казахстана	Химикаты	Первым этапом проекта является строительство завода по производству полипропилена. На втором этапе будет построен завод по производству полиэтилена.	5 000	БРК; Эксимбанк Китая	В новое предприятие
Строительство Актогайского	Медь	Это завод по переработке сульфидной руды в рамках строительства	2 200	Эксимбанк Китая	н.д.

горноперерабатывающего комплекса в Восточно-Казахстанской области		Актогайского горноперерабатывающего комплекса в Восточно-Казахстанской области.			
Развитие Атырауского нефтехимического комплекса	Химикаты	Часть инициативы Правительства по развитию нефтехимической промышленности страны.	2 000	Эксимбанк Китая, КазМунайГаз, Sat & Company	В новое предприятие
Железорудный проект ENRC	Железо	Финансируется Китайским банком развития в рамках кредита в размере 2 млрд долл. США фонду Самрук-Казына.	1 600	КБР	н.д.
Строительство завода по производству полипропилена в Атырау.	Химикаты	Финансируется Эксимбанком Китая и Банком развития Казахстана для строительства газохимического завода близ Атырау.	1 380	БРК; Эксимбанк Китая	В новое предприятие
(b) Планируемые					
Название	Подсектор	Описание	Стоимость проекта (млн долл. США)	Источник финансирования	Тип инвестиций
Строительство Тымлайского горно-химико-металлургического комплекса	Многосекторный	Проект имеет стратегическое значение для снабжения сырьем отраслей, в которых используются сталь и диоксид титана.	2 590	н.д.	В новое предприятие
Строительство газохимического комплекса на месторождении Карачаганак	Химикаты	Этот химический комплекс будет перерабатывать сепарированные и стабилизированные газы, содержащие кислотный газ.	1 700	н.д.	В новое предприятие
Строительство завода по производству базовых масел в Туркестанской области	Продукты нефтепереработки	Проект, как ожидается, поможет Казахстану экспортировать базовые масла на внешние рынки, например, Китай, благодаря тому, что будет достигнут объем экспорта приблизительно 183 000 тонн в год.	729	н.д.	В новое предприятие
Производство стали на месторождении Велиховское в Актюбинской области	Основной металл	Проект, как ожидается, увеличит поставки продукции в Россию и Китай.	550	н.д.	В новое предприятие
Добыча и переработка коксующегося угля Самарского месторождения	Коксующийся уголь	Проект, как ожидается, удовлетворит растущий спрос промышленного сектора на качественное сырье для производства кокса.	438	н.д.	В новое предприятие

Примечание: См. в разделе X «Справку о методологии» в отношении определения понятия «актуальный» в данном отчете и прочих сведений о том, как отбирались вышеуказанные проекты и определялась их приоритетность. КБР = Китайский банк развития; БРК = Банк развития Казахстана.

Источник: исследование ОЭСР на основе ADB (2019[18]), IJGlobal (2019[19]), CSIS (2019[20]), Dealogic (2019[21]), World Bank (2019[22]) и Kazakh Invest National Company (2019[28]) по состоянию на июнь 2019 года.

Рисунок 4.12. Горнодобывающие проекты в Казахстане в разрезе полезных ископаемых

В миллионах долларов США

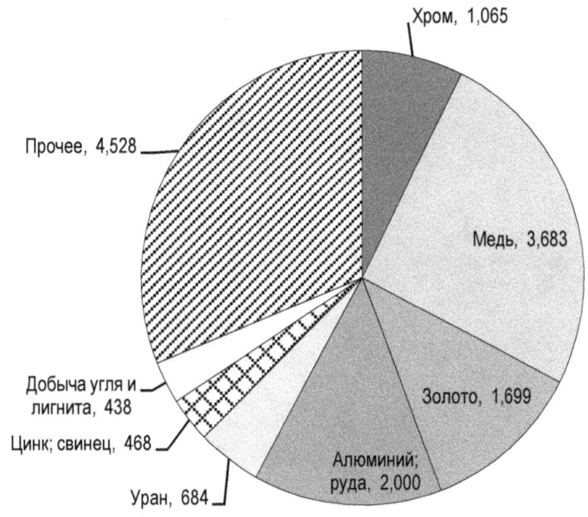

Источник: исследование ОЭСР на основе баз данных по состоянию на июнь 2019 года.

Вода

Население Казахстана наименее подвержено воздействию небезопасной питьевой воды в регионе на уровне 8,8 процента по сравнению с 13,3 процента в Кыргызской Республике и 12,4 процента в Таджикистане. Водоснабжение в Казахстане несколько надежнее, чем в Таджикистане (его рейтинг составляет 61 из 100 по сравнению с 60,4) и значительно надежнее, чем в Кыргызской Республике и Монголии (рейтинг которых составляет, соответственно, 52,5 и 52,4). Однако оно менее надежно, чем в Азербайджане и Грузии, рейтинг систем водоснабжения которых составляет, соответственно, 65,7 и 67,5 (World Economic Forum, 2017[13]).

Казахстан стремится далее улучшать свои системы водоснабжения и поэтому осуществляет и планирует различные водные проекты, стоимость которых оценивается в 471,1 млн долл. США. Из большого числа проектов 56,3 процента будут сосредоточены конкретно на развитии водоснабжения и водоотведения в Казахстане. Остальные 43,7 процента проектов направлены на содействие развитию орошения и управления водными ресурсами в стране (см. Рисунок 4.13).

Эти проекты отражены в стратегиях развития Казахстана, например, *Казахстан-2050* и *Концепция по переходу к «зеленой» экономике* направлены на решение проблем, связанных с водоснабжением и ирригационной водой, для повышения водной безопасности Казахстана. Более конкретные стратегии, такие как *Государственная программа развития агропромышленного комплекса на 2017-2021 годы*, призваны увеличить оборотное водоснабжение и рециркуляцию воды в промышленном секторе, а также снизить водопользование в целом к 2021 году (Таблица 4.5).

Рисунок 4.13. Водные проекты в Казахстане в разрезе подсекторов

Планируемые и строящиеся В миллионах долларов США

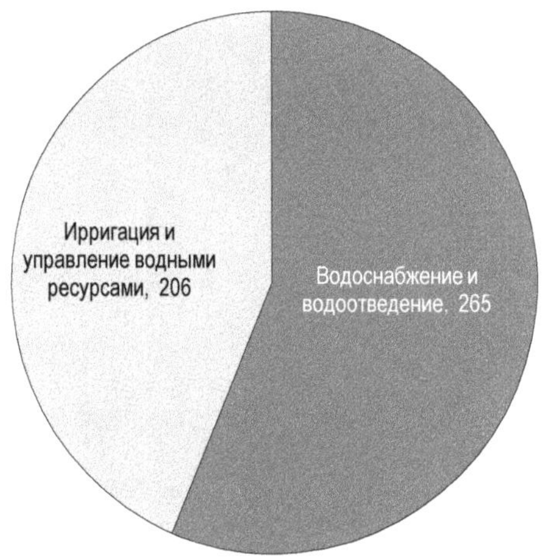

Источник: исследование ОЭСР на основе баз данных по состоянию на июнь 2019 года

4.3. Сильные и слабые стороны существующей институциональной структуры для планирования устойчивой инфраструктуры

Стратегическое планирование и взаимосвязи между долгосрочными задачами, планами в отношении инфраструктуры и экологическими соображениями

Правительство Казахстана приняло стратегии долгосрочного развития, такие как *Казахстан-2050* (Таблица 4.5 и Таблица 4.6) и *Концепцию по переходу к «зеленой» экономике* (в которой содержатся задачи до 2020, 2030 и 2050 годов). В этих стратегиях определяются количественные цели с упором на экономический рост, диверсификацию экономики и уход от традиционной зависимости Казахстана от добывающих отраслей. Устремления Казахстана, однако, не трансформировались в действия таких же масштабов, как его задачи. Например, очевидно то, что поставленная в Концепции задача увеличить до 3 процентов к 2020 году долю ветровой и солнечной энергии в выработке электроэнергии не будет достигнута, поскольку в настоящее время эти источники по-прежнему составляют значительно менее 1 процента выработки электроэнергии. Аналогичным образом задача Концепции сократить к 2020 году выбросы CO_2 в энергетике до уровней 2012 года выглядит маловероятной, поскольку уровни 2016 года были на 10 процентов выше, чем в 2012 году, и имеет место тенденция их повышения.

Имеет место значительный разрыв между задачами и усилиями по их решению, и увеличение объема ресурсов, выделяемых на механизмы проверки, обеспечивающие, чтобы решения в отношении инфраструктурных инвестиций на уровне проектов способствовали достижению долгосрочных целей в области развития и климата, позволит Казахстану реализовать свои заявленные устремления. Механизмы проверки на уровне проектов также должны дополняться планированием на уровне систем для планирования инфраструктуры, с тем чтобы решения об инфраструктурных инвестициях согласовывались с планами устойчивого развития страны.

Действующим законодательством Казахстана четко предусматривается трехуровневая система документов стратегического планирования. Стратегии долгосрочного развития страны, как *Казахстан-2050*, занимают высший уровень, ее цели спускаются в форме среднесрочных стратегий нижестоящего уровня (*Стратегический план развития до 2025 года*), пятилетних программ, стратегий по секторам и субнациональных планов развития. Ясность и простота системы облегчают информирование о приоритетах правительства граждан и инвесторов.

В основной стратегии инфраструктурного развития Казахстана *«Нурлы жол»*, его *Государственной программе индустриально-инновационного развития на 2015–2019 годы* и *Концепции по переходу к «зеленой» экономике на 2013-2020 годы* указаны бюджеты на их осуществление. В *Нурлы жол* приводится перечень проектов и мер политики наряду с оценкой требуемых средств, Государственной программой определен годовой бюджет программы, а в Концепции оценивается стоимость предусмотренных ею мер.

Несмотря на высокоразвитую систему стратегического планирования Казахстана его законодательством пока не требуется обязательное проведение стратегической экологической оценки (СЭР) возможного воздействия стратегий. Правительству следует разработать законодательство в соответствии с Протоколом ЕЭК ООН по стратегической экологической оценке к Конвенции Эспо. В 2018 году Казахстан при помощи ЕЭК ООН начал работу над законодательством о СЭО в своем новом Экологическом кодексе, который еще не принят.

Этот переход к усилению экологических соображений в деятельности правительства Казахстана может начаться с оценки осуществления *Концепции по переходу к «зеленой» экономике*, поскольку ее первая фаза целевых показателей завершается в 2020 году, что служит отличной возможностью переоценить и пересмотреть Концепцию. В настоящее время правительство готовит пересмотренный проект, в который, как предполагается, войдут обязательства Казахстана по Парижскому соглашению, относительно Целей в области устойчивого развития (ЦУР) и Декларации «зеленого» роста ОЭСР. Правительство могло бы рассмотреть вопрос об использовании возможности интегрировать все свои экологические и климатические стратегические документы в пересмотренную Концепцию, которая станет единой комплексной стратегией. Министерство экологии, геологии и природных ресурсов, сформированное в 2019 году, уже приступило к разработке национальной стратегии низкоуглеродного развития.

Институциональная структура и процессы принятия решений

Институциональный потенциал государственных органов Казахстана выше, чем в соседних странах, но необходимы более совершенные механизмы координации для создания комплексной системы планирования инфраструктуры, которая позволит проверять инфраструктурные проекты и определять их приоритетность исходя из долгосрочных задач в области развития и климата. Утверждение нового Экологического кодекса, согласно которому ОВОС и СЭО станут обязательными, могло бы стать первым шагом на пути к такой системе.

До недавнего времени в институциональной структуре правительства Казахстана отсутствовали надежные беспристрастные государственные органы в сфере окружающей среды и водных ресурсов. Министерствами, которые отвечали за охрану окружающей среды и водную политику Казахстана, были, соответственно, Министерство энергетики и Министерство сельского хозяйства, которые сталкивались с конкурирующими между собой сильными заинтересованными кругами влиятельных отраслей энергетики и сельского хозяйства.

В июне 2019 года в Казахстане имело место несколько институциональных преобразований, одним из которых стало создание нового Министерства экологии, геологии и природных ресурсов, которому переданы отделы окружающей среды и водных ресурсов, ранее входившие в состав Министерства энергетики и Министерства сельского хозяйства. В ведении нового министерства также частично находится горнодобывающая отрасль — портфель которой делит с Министерством индустрии и инфраструктурного развития, по-прежнему отвечающее за вопросы лицензирования (The Astana Times, 2019[29]). Это новое независимое учреждение может послужить возможностью в большей мере интегрировать экологические аспекты в решения относительно горнодобывающей промышленности и энергетики (Zakon.kz, 2019[30]).

Перечень значимых стратегических документов

Таблица 4.5. Основные действующие стратегические документы

	Статус	Временной горизонт	Охватываемые секторы	Основные цели
Первый определяемый на национальном уровне вклад (ОНВ)	Представлен в 2016 году	2016-2030 годы	Экономика в целом	• Необусловленный целевой показатель: сокращение на 15 процентов выбросов парниковых газов к 31 декабря 2030 года по сравнению с 1990 годом. • Обусловленный целевой показатель: сокращение на 25 процентов выбросов парниковых газов к 31 декабря 2030 года по сравнению с 1990 годом. • Основные отрасли, в которых будут сокращены выбросы: энергетика (переход на возобновляемые источники энергии), транспорт (цель достижения устойчивой транспортной системы) • Основной инструмент адаптации: Концепция по переходу к «зеленой» экономике и прочие национальные стратегии, перечисленные ниже
«Казахстан-2050»	Утвержден в 2012 году	2012-2050 годы	Управление, планирование, экономика, энергетика, водное хозяйство	• Создание благоприятного инвестиционного климата для повышения потенциала экономики • Определен целевой показатель к 2050 году войти в число 30 наиболее развитых стран мира • Целевой показатель увеличения своей доли альтернативных и возобновляемых источников энергии в общем энергопотреблении на 50 процентов к 2050 году • Решение проблем водоснабжения к 2020 году и ирригационной воды к 2040 году
Стратегический план развития до 2025 года	Утвержден в 2018 году	2018-2025 годы	Управление, планирование, экономика, энергетика, водное хозяйство, промышленность	• Достижение обязательств по Парижскому соглашению • Учет «зеленых» финансирования и инвестиций, а также содействие инвестициям в «зеленые» технологии • Декарбонизация экономики • Повышение эффективности использования и охраны водных ресурсов • Развитие возобновляемых источников энергии и традиционных источников энергии • Развитие малоотходной экономики и управления отходами • Сохранение биоразнообразия
Концепция по переходу к «зеленой» экономике	Утвержден в 2013 году	2013-2020 годы	Управление, экономика, водное хозяйство	• Повышение эффективности использования ресурсов и управления ресурсами • Модернизация существующей инфраструктуры и строительство новой инфраструктуры • Повышение благосостояния населения и качества окружающей среды • Повышение водной безопасности

«Нурлы жол» на период 2015-2019 годов	Утвержден в 2015 году	2015-2019 годы	Транспорт, промышленность, энергетика, образование, жилищное хозяйство, туризм	• Развитие инфраструктуры в различных секторах • Содействие созданию транспортных коридоров (например, коридора Китай – Казахстан – Западная Азия) • Стимулирование торговли
Государственная программа индустриально-инновационного развития на 2015–2019 годы	Утвержден в 2014 году	2015-2019 годы	Промышленность	• Ужесточение экологических требований в металлургической промышленности
Концепция развития топливно-энергетического комплекса до 2030 года	Утвержден в 2014 году	2014-2030 годы	Энергетика, промышленность	• Повышение энергетической безопасности • Модернизация существующей инфраструктуры и строительство новых энергогенерирующих мощностей • Развитие внутренних рынков и конкуренции • Внедрение современных технологий для повышения энергоэффективности • Целевой показатель снижения в 2020 году энергоемкости ВВП на 25 процентов по сравнению с уровнем 2008 года
Государственная программа развития агропромышленного комплекса на период 2017-2021 годов	Утвержден в 2017 году	2017-2021 годы	Водное хозяйство, промышленность	• Целевой показатель увеличения оборотного водоснабжения в промышленности с 0,69 $км^3$ в 2015 году до 0,77 $км^3$ в 2021 году • Целевой показатель увеличения рециркуляции воды в промышленности с 7,3 $км^3$ в 2015 году до 7,62 $км^3$ в 2021 году • Целевой показатель уменьшения водопользования на 1 га орошаемых земель на 20 процентов по сравнению с уровнем 2015 года
«Цифровой Казахстан»	Утвержден в 2017 году	Сроки не определены	Водное хозяйство	• Содействие созданию единой государственной информационной системы мониторинга экологических и природных ресурсов • Внедрение автоматизированного мониторинга рыбного хозяйства, биоразнообразия и водных ресурсов

Таблица 4.6. Прочие значимые документы

	Статус	Временной горизонт	Охватываемые секторы
Программа по привлечению инвестиций «Национальная инвестиционная стратегия»	Утвержден в 2017 году	Сроки не определены	Многосекторный
Единая программа поддержки и развития бизнеса «Дорожная карта бизнеса 2020»	Утвержден в 2015 году	2015-2020 годы	Многосекторный
Государственная программа управления водными ресурсами	Утвержден в 2014 году, утратил силу в 2017 году	2014-2020 годы	Водное хозяйство
«Жасыл даму»	Утвержден в 2010 году, утратил силу в 2014 году	2010-2014 годы	Многосекторный
«Энергосбережение – 2020»	Утвержден в 2013 году, утратил силу в 2016 году	2013-2020 годы	Энергетика
Программа модернизации системы управления твердыми отходами на 2014-2050 годы	Утвержден в 2014 году,	2014-2050 годы	Промышленность

	утратил силу в 2016 году		
«Производительность 2020»	Утвержден в 2011 году, утратил силу в 2016 году	2011-2020 годы	Промышленность

Примечания

[1] В данном документе Центральная Азия определяется как Казахстан, Кыргызская Республика, Монголия, Таджикистан и Узбекистан, но без учета Туркменистана.

Литература

ADB (2019), *Projects and Tenders (database)*, https://www.adb.org/projects?terms=. [18]

ADB (2018), *Kazakhstan: Accelerating Economic Diversification*, ADB, Manila, https://www.adb.org/sites/default/files/publication/445446/kazakhstan-economic-diversification.pdf. [27]

ADB (n.d.), *Kazakhstan: Kazakhstan Urban Infrastructure Modernization Program and Finance Facility*, https://www.adb.org/projects/51365-001/main#project-pds. [15]

CSIS (2019), *Reconnecting Asia (database)*, https://reconnectingasia.csis.org/database/#. [20]

Dealogic (2019), *Multiple Markets: One Platform (database)*, https://www.dealogic.com/. [21]

Emerging Markets Forum (2019), *The Impact of the Belt and Road Initiative in Central Asia and the South Caucasus: "Inside-out" Perspectives of Experts from the Region*, http://www.research.pmcg-i.com/images/banners/The%20Belt%20and%20Road%20Initiative%20in%20the%20South%20Caucasus%20Region.pdf. [11]

fDi Markets (2019), *fDi Markets: the in-depth crossborder investment monitor (database)*, https://www.fdimarkets.com/. [7]

Global Infrastructure Hub (n.d.), *Kazakhstan - Global Infrastructure Outlook*, https://outlook.gihub.org/countries/Kazakhstan. [14]

Government of Kazakhstan (2017), *Национальный доклад о состоянии окружающей среды и об использовании природных ресурсов Республики Казахстан за 2017 год [National report on the state of the environment and the use of natural resources of the Republic of Kazakhstan in 2017]*, http://ecogosfond.kz/orhusskaja-konvencija/dostup-k-jekologicheskoj-informacii/jekologijaly-zha-daj/r-orsha-an-ortany-zhaj-k-ji-turaly-ltty-bajandamalar/. [12]

IBRD (2019), *Doing Business 2019*, IBRD, Washington DC, http://www.worldbank.org. [8]

IEA (2018), *IEA World Energy Balances 2018*, https://webstore.iea.org/world-energy-balances-2018. [23]

IFC (2014), *Almaty Ring Road PPP (BAKAD)*, IFC, London, http://kzppp.kz/wp-content/uploads/2015/11/BAKAD_Roadshow_London_IFC_Presentation.pdf. [17]

IJGlobal (2019), *Project Finance (database)*, https://ijglobal.com/data/index. [19]

IMF (2018), *World Economic Outlook: October 2018*, https://www.imf.org/external/datamapper/GGXCNL_NGDP@WEO/OEMDC/ADVEC/WEOWORLD. [2]

ITF (2019), *Enhancing Connectivity and Freight in Central Asia*, International Transport Forum, Paris, http://www.itf-oecd.org. [16]

Kazakh Invest National Company (2019), *Invest in Kazakhstan*, https://invest.gov.kz/. [28]

National Bank of Kazakhstan (2018), *Валовый приток иностранных прямых инвестиций в Республику Казахстан от иностранных прямых инвесторов по странам" [Gross inflow of foreign direct investment to the Republic of Kazakhstan from foreign direct investors by country]*, https://nationalbank.kz/?docid=887&switch=russian. [6]

NS Energy (n.d.), *Tengiz Oil Field Expansion*, https://www.nsenergybusiness.com/projects/tengiz-oil-field-expansion-kazakhstan/. [24]

Observatory of Economic Complexity (2017), *Kazakhstan: Exports, Imports and Trade Partners*, https://atlas.media.mit.edu/en/profile/country/kaz/. [3]

OECD (2018), *Reforming Kazakhstan: Progress, Challenges and Opportunities*, OECD, Paris, https://www.oecd.org/eurasia/countries/OECD-Eurasia-Reforming-Kazakhstan-EN.pdf. [4]

OECD (2018), *SME and Entrepreneurship Policy in Kazakhstan 2018*, OECD Studies on SMEs and Entrepreneurship, OECD Publishing, Paris, https://dx.doi.org/10.1787/9789264301450-en. [9]

OECD (2017), *OECD Investment Policy Reviews: Kazakhstan 2017*, OECD Investment Policy Reviews, OECD Publishing, Paris, https://dx.doi.org/10.1787/9789264269606-en. [10]

Oil and Gas Journal (2005), *Russia, Kazakhstan sign Kurmangazy field PSA*, https://www.ogj.com/exploration-development/article/17244163/russia-kazakhstan-sign-kurmangazy-field-psa. [25]

SourceWatch (2017), *Ekibastuz-2 Power Station*, https://www.sourcewatch.org/index.php/Ekibastuz-2_power_station. [26]

The Astana Times (2019), *Kazakh President creates new trade and ecology ministries, appoints new ministers*, https://astanatimes.com/2019/06/kazakh-president-creates-new-trade-and-ecology-ministries-appoints-new-ministers/. [29]

UNECE (2019), *Kazakhstan Environmental Performance Reviews: Third Review*, UNECE, Geneva, http://www.unece.org/env/epr/. [5]

World Bank (2019), *Projects and Operations (database)*, http://projects.worldbank.org/?lang=en. [22]

World Bank (2019), *World Development Indicators (database)*, https://datacatalog.worldbank.org/dataset/world-development-indicators. [1]

World Economic Forum (2017), *The Global Competitiveness Report 2017-2018*, World Economic Forum, Geneva, http://www3.weforum.org/docs/GCR2017-2018/05FullReport/TheGlobalCompetitivenessReport2017%E2%80%932018.pdf. [13]

Zakon.kz (2019), *Что думают эксперты о создании Министерства экологии Казахстана [What do experts think about the creation of the Ministry of Ecology of Kazakhstan]*, https://www.zakon.kz/4974525-chto-dumayut-eksperty-o-sozdanii.html. [30]

Глава 5. Стратегическое планирование инфраструктуры для устойчивого развития в Кыргызской Республике

В настоящей главе описывается планирование устойчивой инфраструктуры в Кыргызской Республике и представляются текущие тенденции в области инвестиций в крупномасштабные инфраструктурные проекты. Сравниваются инфраструктурные планы в энергетическом, транспортном, промышленном и водохозяйственном секторах с международными обязательствами по Парижскому соглашению и Целями в области устойчивого развития (ЦУР). В данной главе также рассматриваются документы стратегического планирования по долгосрочному экономическому развитию, отраслевому развитию и охране окружающей среды, включая документы, связанные со смягчением последствий изменения климата и адаптацией к нему. В заключение определены несогласованности между поставленными целями и наблюдаемыми инвестиционными потоками, и тем самым предложены рекомендации для улучшения стратегического планирования устойчивой инфраструктуры.

Основные соображения

Кыргызская Республика является страной с доходами ниже средних, второй после Таджикистана беднейшей страной Центральной Азии и наименее урбанизированной страной в этом регионе. Денежные переводы составляют 33,2 процента ВВП страны, и экономика чрезвычайно уязвима по отношению к колебанию цен на биржевые товары, поскольку золото и добывающие отрасли составляют 63,5 процента совокупного экспорта и абсорбируют 80 процентов ПИИ. Экономика также особенно уязвима по отношению к изменению климата: с повышением температуры ледники Кыргызской Республики, как ожидается, будут таять неустойчивым образом, что будет иметь серьёзные последствия для сельского хозяйства и энергетики Кыргызской Республики. В сельском хозяйстве занят 31,7 процента рабочей силы страны, и оно зависит от вод сезонного ледникового стока, а гидроэлектростанции вырабатывают 87 процентов электроэнергии Кыргызской Республики.

Кыргызская Республика также чрезвычайно зависима от Китайской Народной Республики: Китай поставляет более 45 процентов импорта страны (в основном текстиль и продукты нефтепереработки), а на Экспортно-импортный банк Китая приходится 40 процентов совокупного внешнего долга страны. Почти половина ПИИ поступает из Китая, почти 80 процентов ПИИ направляются в золотодобывающую отрасль и прочие металлургические отрасли. Кыргызская Республика подвергается умеренному риску критической ситуации со своим долгом, но чрезвычайно уязвима по отношению к шокам, связанным с валютным курсом.

При том что Кыргызская Республика позиционирует себя как потенциальный центр транзита товаров и пассажиров между китайским и западными рынками, необходимы серьезные инфраструктурные улучшения. Низкое качество кыргызстанской инфраструктуры и горный рельеф страны препятствуют торговым потокам и доступу к международным рынкам. Железнодорожная сеть Кыргызской Республики недостаточно развита, вследствие чего автодорожный транспорт составляет 95 процентов пассажирских и грузовых перевозок. Региональные инициативы представляют собой отличную возможность открыть страну: Кыргызская Республика находится в центре двух коридоров ЦАРЭС и трансграничной инициативы в отношении энергосистем CASA-1000, направленной на объединение энергосистем Таджикистана, Кыргызской Республики, Афганистана и Пакистана, что позволит Кыргызской Республике экспортировать свой сезонный избыток энергии, вырабатываемой в гидроэнергетике.

Правительство Кыргызской Республики активно разрабатывает, утверждает и публикует стратегические документы, охватывающие различные сроки (до 2022 года, до 2040 года) и вопросы (устойчивое развитие, развитие экспорта, «зеленая» экономика), но отсутствие четко определенной иерархии документов, бюджета для достижения целей и ответственности за их осуществление затрудняет определение основных целей правительства в области развития. Так, хотя в стратегических документах Кыргызской Республики выражается воля к диверсификации энергетического баланса страны и развитию возобновляемых источников энергии, в проектах, планируемых в настоящее время, которые являются в основном проектами в гидроэнергетике, такие проекты не фигурируют. Согласованию планов в отношении инфраструктуры с задачами долгосрочного развития в Кыргызской Республике препятствуют низкий потенциал осуществления планов, в частности, в природоохранной сфере, слабая межведомственная координация и нечеткое законодательство о стратегическом планировании.

5.1. Состояние дел: экономика, инвестиции и изменение климата в Кыргызской Республике

Экономика и окружающая среда

Таблица 5.1. Основные показатели экономики Кыргызской Республики

Население (2017 год)	6 201 500
Уровень урбанизации (2017 год)	36%
Годовой прирост населения (2017 год)	2,0%
Площадь территории	199 950 км^2
ВВП (в долл. США в текущих ценах 2017 года)	7 565 миллионов
ВВП на душу населения (в долл. США в текущих ценах 2017 года)	1 220
Рост реального ВВП (годовое изменение в 2019 году)	3,8%
Инфляция (средняя потребительская цена, годовое изменение в 2017 году)	3,2%
Экспорт товаров и услуг (% ВВП в 2017 году)	35,4%
Импорт товаров и услуг (% ВВП в 2017 году)	66,8%
ПИИ, чистые притоки (% ВВП в 2017 году)	-1,4%
Чистое кредитование/заимствование сектора государственного управления (% ВВП в 2019 году)	-3,3%
Безработица (% общей численности рабочей силы в 2018 году)	7,2%
Денежные переводы (% ВВП в 2018 году)	33,2%
Рейтинг прозрачности, подотчетности и коррупции в государственном секторе (1= весьма коррумпированный, 6 = минимально коррумпированный, в 2017 году)	3

Источник: World Bank (2019[1]), *Показатели мирового развития (база данных)*, Всемирный банк, https://datacatalog.worldbank.org/dataset/world-development-indicators; МВФ (2018[2]), *Перспективы развития мировой экономики: октябрь 2018 года*, Международный Валютный Фонд https://www.imf.org/external/datamapper/GGXCNL_NGDP@WEO/OEMDC/ADVEC/WEOWORLD

Экономика и демографические показатели

Кыргызская Республика является страной с доходами ниже средних и второй после Таджикистана беднейшей страной Центральной Азии. Численность населения Кыргызской Республики в 2017 году достигла 6,2 млн человек, и с 2013 года прирост населения составляет приблизительно 2% ежегодно (Таблица 5.1). Это второй после Таджикистана наиболее высокий прирост в Центральной Азии. Население является молодым: население моложе 15 лет составляет более 30 процентов, в Казахстане и Узбекистане — приблизительно 27 процентов, Российской Федерации — 17 процентов. При уровне урбанизации 36 процентов население Кыргызской Республики является вторым наименее урбанизированным в регионе после Таджикистана, но прирост ее городского населения сравнительно высок и составляет 2,5 процента (World Bank, 2019[1]).

В преддверии и после распада Советского Союза в 1991 году доходы на душу населения страны снизились почти вдвое, а ВВП на душу населения независимой Кыргызской Республики превысил уровень советской эпохи лишь в 2007 году — значительно позже, чем в Российской Федерации и других бывших советских государствах (World Bank, 2019[1]). После обретения независимости экономический рост является неравномерным, характеризуется снижениями время от времени, вызванными политическими потрясениями (то есть революциями 2005 и 2010 годов), и отдельными годами или кратковременными периодами высоких темпов. Наибольшие доли ВВП составляют секторы оптовой и розничной торговли (категория, которая также включает авторемонтную отрасль) — 17,8 процента; сельское и лесное хозяйство и рыболовство — 12,5 процента, обрабатывающая промышленность — 15 процентов и строительство — 8,6 процента (National Statistics Committee of the Kyrgyz Republic, n.d.[3]).

Торговля

В 2014 году Кыргызская Республика вступила в Евразийский экономический союз, руководство которым осуществляет Россия, в который входят Армения, Беларусь, Казахстан, Кыргызская Республика и Российская Федерация. В рамках своей интеграции в союз Кыргызская Республика заключила соглашение с Российской Федерацией об учреждении Российско-Кыргызского фонда развития, который в 2017 году утвердил предоставление кредита в размере 261,5 млн долл. США (National Council for Sustainable Development of the Kyrgyz Republic, n.d.[4]). На государства — члены Евразийского экономического союза Казахстан и Российскую Федерацию приходится 20 процентов и 14 процентов экспорта Кыргызской Республики, но государства, не являющиеся членами союза, также весьма важны, особенно Швейцария (18 процентов), Великобритания (17 процентов) и Турция (8,4 процента) (см. Рисунок 5.1(a)). В том, что касается импорта, потоки из членов союза (Российской Федерации (23 процента), Казахстана (8,9 процента) и Беларуси (2,1 процента)) незначительны по сравнению с импортом из Китая (45 процентов) (см. Рисунок 5.1(b)).

Кыргызская Республика имеет крупную задолженность перед Китаем. Приблизительно 40 процентов общего внешнего долга страны составляет задолженность перед Эксимбанком Китая, и займы, предоставленные Китаем для крупномасштабных инфраструктурных проектов в рамках инициативы «Один пояс, один путь», как ожидается, ухудшат ситуацию с долгом Кыргызской Республики (Hurley, Morris and Portelance, 2018[5]). В Стратегии управления государственным долгом на 2016-2018 годы, утвержденной в 2016 году, правительство преследует цель диверсификации своих кредиторов и ограничения своей задолженности перед любым отдельным кредитором 50 процентами общего внешнего государственного долга (Ministry of Justice of the Kyrgyz Republic, 2016[6]).

Кыргызская Республика является чистым импортером с отрицательным сальдо торгового баланса в размере 4,07 млрд долл. США в 2017 году. Крупнейшей статьей экспорта страны безусловно является золото, только оно составляет 37 процентов общего экспорта. На добывающие отрасли с учетом золотодобычи приходится львиная доля в размере 63,5 процента экспорта, прочими основными экспортными отраслями страны являются сельское хозяйство и пищевая промышленность (11,7%), обрабатывающая промышленность (11,6%), текстильная и легкая промышленность (11,6%) (см. Рисунок 5.1(c)). Основные статьи импорта Кыргызской Республики составляют резиновая обувь (12%) и продукты нефтепереработки (9,9%). Тридцать шесть процентов импорта относятся к категории текстиля и обуви, меньшие доли образуют продукция добывающих отраслей (в частности, продукты нефтепереработки — 20,4%), товары обрабатывающей промышленности (15,7%), продукция сельского хозяйства и пищевой промышленности (12,8%), химикаты и пластмассы (10,7%) (см. Рисунок 5.1(d)). С 2013 по 2017 годы активность торговли значительно снизилась: импорт сократился с 6,0 млрд долл. США до 4,5 млрд долл. США, экспорт уменьшился с 2,0 млрд долл. США до 1,8 млрд долл. США (Ministry of Justice of the Kyrgyz Republic, 2018[7]).

Экономика Кыргызской Республики уязвима по отношению к внешним и внутренним потрясениям. Согласно Программе национального развития «Единство. Доверие. Созидание», в 2017 году золоторудное месторождение Кумтор составляло 9,7 процента ВВП страны и ошеломительные 43,8 процента общего промышленного производства, из-за чего экономика страны подвержена влиянию колебаний цен на биржевые товары. Кыргызская Республика также весьма зависит от денежных переводов, отправляемых работниками, которые переехали на работу в основном в более богатые государства — члены Евразийского экономического союза Российскую Федерацию и соседний Казахстан. В 2018 году денежные переводы физических лиц составляли 33,2 процента ВВП страны, что делало ее наиболее зависимой от денежных переводов в бывшем Советском Союзе и второй наиболее зависимой от денежных переводов страной в мире после Тонги (World Bank, 2019[1]).

Рисунок 5.1. Торговля Кыргызской Республики

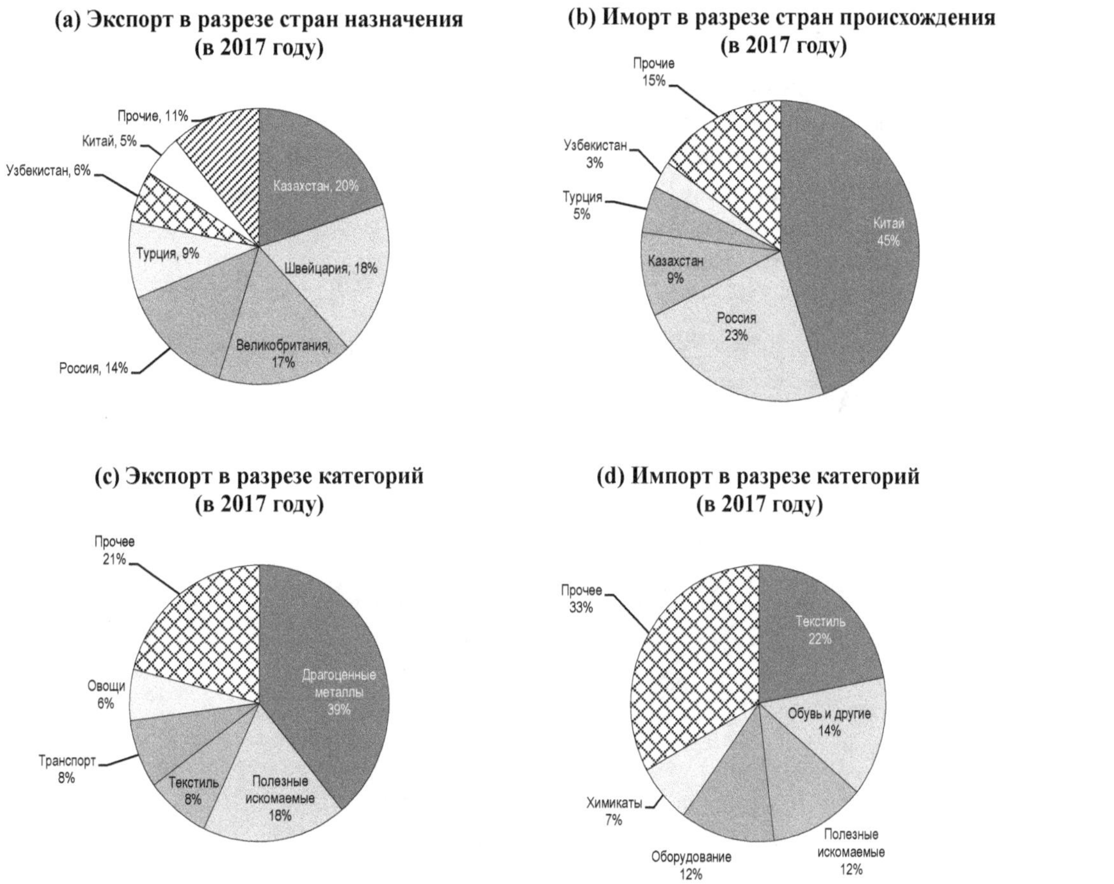

Источник: Observatory of Economic Complexity (2017[8]), *Kyrgyzstan: Exports, Imports and Trade Partners*, Observatory of Economic Complexity, https://atlas.media.mit.edu/en/profile/country/kgz/

Инвестиционный климат

Экономика Кыргызской Республики является сравнительно открытой, несколько более закрытой, чем в среднем в государствах — членах ОЭСР, и по индексу ограничения ПИИ находится между Швейцарией и Норвегией (OECD, 2019[9]). Она характеризуется выдерживающей конкуренцию ставкой налога на корпорации в размере 10 процентов, низкой стоимостью рабочей силы и сравнительно дешевой электроэнергией благодаря избытку гидроэнергетических ресурсов. Как член Евразийского экономического союза Кыргызская Республика имеет преференциальный доступ к торговле на рынках Казахстана и Российской Федерации, и она граничит с Китаем. Крупные потоки ПИИ начали поступать в Кыргызскую Республику в 2000-х годах, в основном в золотодобывающую отрасль страны, и с тех пор ПИИ сконцентрированы в горнодобывающих отраслях (UNCTAD, 2016[10]).

В целом, официальные нормативные условия являются сравнительно надежными благодаря законодательным реформам, основанным на оптимальной международной практике, в таких областях, как налоговое администрирование, разрешения, технические регламенты и проверки. Однако ограниченный потенциал органов государственного управления препятствует их результативному осуществлению, а низкое качество материальной инфраструктуры страны снижает конкурентоспособность (IBRD, 2018[11]). Кыргызская Республика занимала 70е место в докладе «Легкость ведения бизнеса» Всемирного банка, отставая от таких лидеров региона, как Грузия (6е), Азербайджан (25е) и Казахстан (28е), но опережая соседний Таджикистан (126е). Страна демонстрирует сравнительно хорошие оценки в отношении регистрации имущества (8е) и разрешений на строительство (29е), но ее показатели относительно электроснабжения (164е) и процедур уплаты налогов (150е) значительно хуже (IBRD, 2019[12]).

Почти половина (49 процентов) ПИИ в Кыргызскую Республику поступает из Китая, следующими крупнейшими инвесторами являются Российская Федерация (16 процентов), Казахстан (8 процентов), Германия (5 процентов) и Великобритания (5 процентов) (см. Рисунок 5.2). Китай также выступает крупнейшим кредитором Кыргызской Республики, на него приходится 44,8% крупного внешнего государственного долга Кыргызской Республики в размере 3 838,75 млн долл. США (Ministry of Finance of the Kyrgyz Republic, 2019[13]).

Рисунок 5.2. ПИИ в Кыргызскую Республику в разрезе стран-источников в 2017 году

В тысячах долларов США

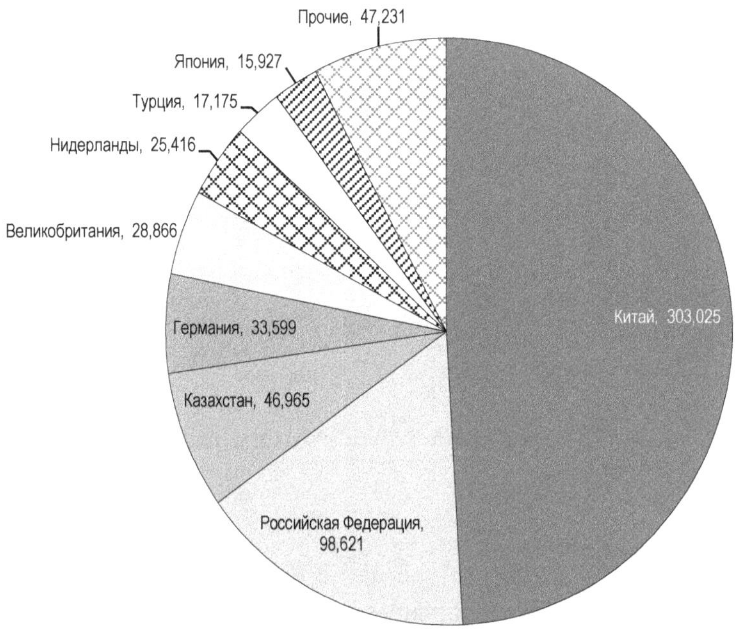

Источник: National Statistics Committee of the Kyrgyz Republic (2017[14]), *Иностранные инвестиции в 2017 г. [Foreign investments in 2017]*, Национальный статистический комитет Кыргызской Республики, http://www.stat.kg/ru/statistics/investicii/

Иностранных инвесторов в Кыргызской Республике интересуют в основном богатые запасы полезных ископаемых страны. Металлургия получала 79,5 процента всех ПИИ в Кыргызской Республике — более чем в десять раз больше следующей крупнейшей отрасли-получателя строительства и строительных материалов (7,1 процента) (см. Рисунок 5.3). Отрасли, связанные с инфраструктурой, такие как транспорт (3,3 процента) и альтернативные/возобновляемые источники энергии (1,3 процента), получали меньшие суммы ПИИ, а отрасли ископаемого топлива — лишь 0,4 процента ПИИ.

Рисунок 5.3. ПИИ в новые предприятия в Кыргызской Республике в разрезе видов экономической деятельности в 2003-2017 годы

Кумулятивный капитал ПИИ в новые предприятия с января 2003 года по сентябрь 2017 года в миллионах долларов США

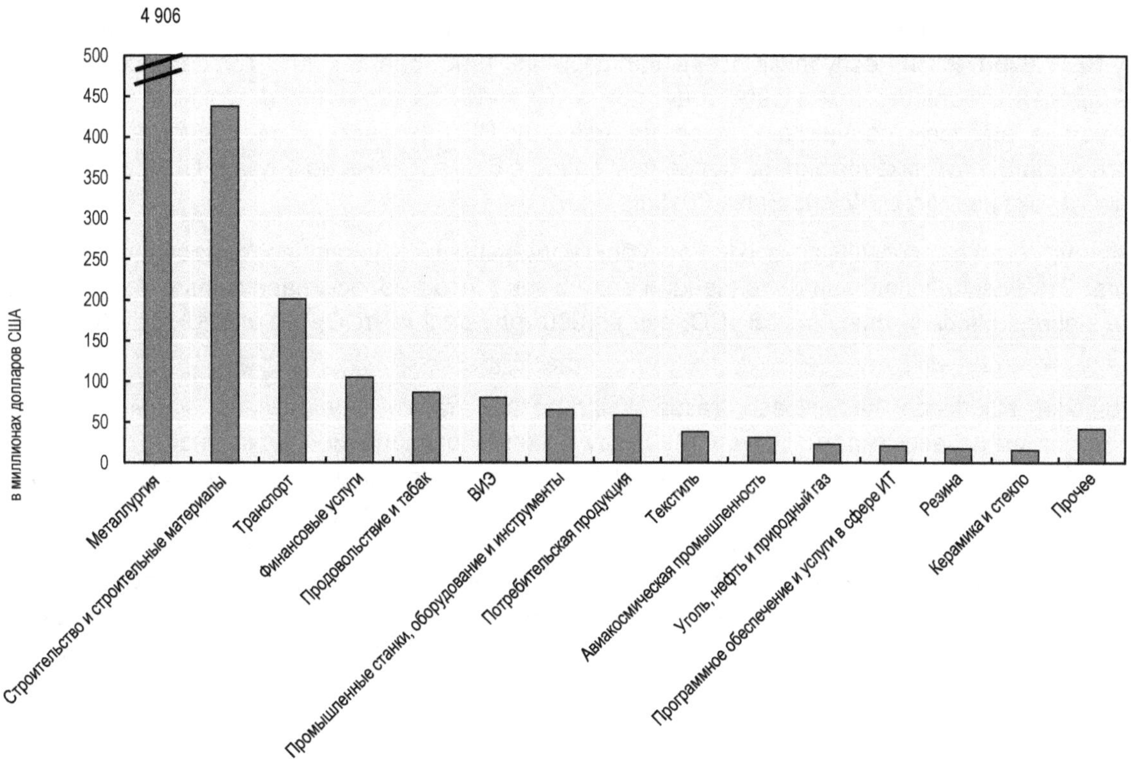

Примечание: Прочее включает изготовителей фирменного оборудования автомобильной промышленности; коммуникации; коммерческие услуги; фармацевтику; коммерческое оборудование и станки

Источник: ОЭСР на основе (fDi Markets, 2019[15]), *fDi Markets: the in-depth crossborder investment monitor (база данных)*, fDi Markets, https://www.fdimarkets.com/

Ситуация с долгом Кыргызской Республики вызывает обеспокоенность. В 2017 году государственный долг и долг, гарантированный государством, составлял почти 65 процентов ВВП, в том числе внешний долг в размере почти 90 процентов. Крупнейшим кредитором страны является Экспортно-импортный банк Китая, на который приходится приблизительно 40 процентов внешнего долга Кыргызстана (Hurley, Morris and Portelance, 2018[5]). Международный Валютный Фонд (МВФ) расценивает риск кризиса задолженности в Кыргызской Республике как умеренный, но подчеркивает проблемы устойчивости бюджета страны и уязвимость Кыргызской Республики по отношению к шокам валютного курса (IMF, 2017[16]).

Изменение климата

Экономика Кыргызской Республики сравнительно мала с низкой интенсивностью выбросов: в 2012 году на нее приходилось лишь 0,026 процента общих мировых выбросов (World Bank, 2019[1]). Выбросы парниковых газов Кыргызской Республики стремительно сокращались после распада Советского Союза и по-прежнему находятся на уровнях на 58,6 процента ниже, чем до независимости (см. Рисунок 5.4). Притом что выбросы во многих странах бывшего Советского

Союза меняются по схожей траектории, резкое снижение и ограниченное восстановление уровней выбросов в Кыргызской Республике являются особыми в этом регионе. Например, в 2012 году выбросы Казахстана составляли лишь на 1,6 процента меньше, чем его выбросы в составе Советского Союза, а выбросы Российской Федерации и Таджикистана были на 22 процента и 29,1 процента ниже (World Bank, 2019[1]).

Кыргызская экономика также резко сокращалась в начале 1990-х годов, с 1990 года по 1995 год ее размер уменьшился на 49,3 процента, но потом началось ее постепенное восстановление. К 2009 году ВВП Кыргызской Республики превышал свой пик 1990 года, и к 2017 году экономика была на 37,9 процента больше, чем в 1990 году, при этом выбросы оставались низкими. В результате, требуемые выбросы парниковых газов на единицу ВВП (то есть интенсивность выбросов) в Кыргызской Республике снизились более чем вдвое с 6,8 кгCO_2-экв на 1 долл. США в 1990 году до 2,7 кгCO_2-экв на 1 долл. (World Bank, 2019[1]).

В период, когда выбросы Кыргызской Республики уменьшались, численность населения неуклонно росла. Эти разнонаправленные тенденции вели к тому, что выбросы парниковых газов страны на душу населения снижались с 7,58 тCO_2-экв в 1990 году до 2,46 тCO_2-экв к 2012 году (World Bank, 2019[1]).

Источники выбросов парниковых газов Кыргызстана также значительно изменились после обретения им независимости. Если в 1990 году с энергопотреблением (в частности, транспортом) было связано 73,3 процента выбросов, то к 2010 году его доля уменьшилась до 53,5 процента. При этом доля сельского хозяйства в выбросах увеличилась с 19,8 процента до 33,5 процента. Третья по величине доля выбросов страны имеет своим источником отходы (в 1990 году 4,2 процента, в 2010 году 7,9 процента), за которыми следуют промышленные процессы (в 1990 году 2,5 процента, в 2010 году 3,2 процента) и землепользование, изменение землепользования и лесное хозяйство (в 1990 году 0,1 процента, в 2010 году 1,9 процента) (UNEP, GEF and Government of Kyrgyz Republic, 2016[17]).

Рисунок 5.4. Выбросы ПГ и ВВП Кыргызской Республики в 1990-2017 годы

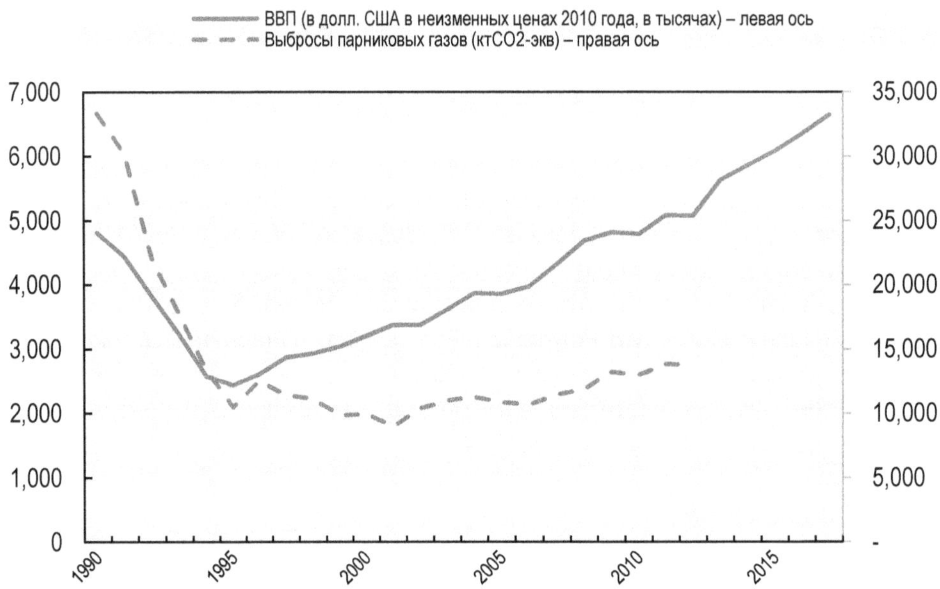

Источник: World Bank (2019[1]), *Показатели мирового развития (база данных)*, Всемирный банк https://data.worldbank.org/indicator/EN.ATM.GHGT.ZG

Кыргызская Республика занимала 52е место в ежегодном Индексе климатического риска, который составляет организация GermanWatch, которым измеряется уровень риска стран, связанного с погодными явлениями, обусловленными изменением климата. Согласно этому индексу, Кыргызская Республика является наиболее рискованной страной этого региона (Eckstein, Hutfils and Winges, 2018[18]). Число стихийных бедствий уже значительно возросло. С 2006 года по 2011 год имело место больше стихийных бедствий, чем в 1990 году, и во все эти годы, за исключением двух лет, их частота была более чем вдвое выше (State Agency of Environmental Protection and Forestry under the Government of the Kyrgyz Republic, 2013[19]). С повышением температуры ледники Кыргызской Республики, как ожидаются, будут таять неустойчивым образом. Сток достигнет максимума в 2020 году, после чего будет снижаться, что будет иметь серьезные последствия для сельского хозяйства Кыргызской Республики. В этой отрасли занят 31,7 процента рабочей силы, и она зависит от вод сезонного ледникового стока и выработки гидроэлектроэнергии (OECD, 2018[20]).

5.2. Потребности в инфраструктуре и текущие планы Кыргызской Республики

Потребности в инфраструктуре Кыргызской Республики продолжают расти исходя из потребностей экономического и демографического роста. Необходимо повысить качество ее важнейшей инфраструктуры для упрощения трансграничной торговли и снижения транспортных издержек — основного препятствия для кыргызских экспортеров. Государственные инвестиции в инфраструктуру увеличились с 4,8 процента ВВП в 2011 году до 7,6 процента в 2015 году (World Bank, 2016[21]). Однако требуются значительно более крупные инвестиции, особенно в транспортную отрасль и энергетику.

В своих национальных стратегических документах Кыргызская Республика позиционирует себя как потенциальный центр транзита товаров и посетителей китайского и западных рынков, но для этого необходимо значительно улучшить инфраструктуру. По сравнению с инфраструктурой других стран этого региона качество инфраструктуры Кыргызстана является низким, особенно в транспортной отрасли (см. Рисунок 5.5), что препятствует торговым потокам и его доступу к международным рынкам.

Рисунок 5.5. Качество инфраструктуры в Кыргызской Республике

По шкале от 0 (самое низкое) до 100 (самое высокое)

Источник: World Economic Forum (2017[22]), *The Global Competitiveness Report 2017-2018*, World Economic Forum, http://www3.weforum.org/docs/GCR2017-2018/05FullReport/TheGlobalCompetitivenessReport2017%E2%80%932018.pdf

В масштабных планах в отношении инфраструктуры Кыргызской Республики преобладают энергетика и транспортная отрасль (см. Рисунок 5.6). В инвестициях в размере 14 млрд долл. США, которые отслеживались с 2000 года по 2018 год, проекты в энергетике составляют 54 процента, а на инвестиции в транспорт приходится еще 39 процентов. Более половины общих инвестиций в энергетику сосредоточены в выработке электроэнергии (85 процентов, в основном в гидроэнергетике), нефте- и газопроводы составляют 13 процентов, и остальные 2 процента приходятся на передачу и распределение электроэнергии. Для сравнения: инвестиции в промышленность и водное хозяйство значительно меньше и составляют, соответственно, 3 процента и 1 процент.

Рисунок 5.6. Инфраструктурные проекты в Кыргызской Республике в разрезе секторов

Планируемые и строящиеся
В миллионах долларов США

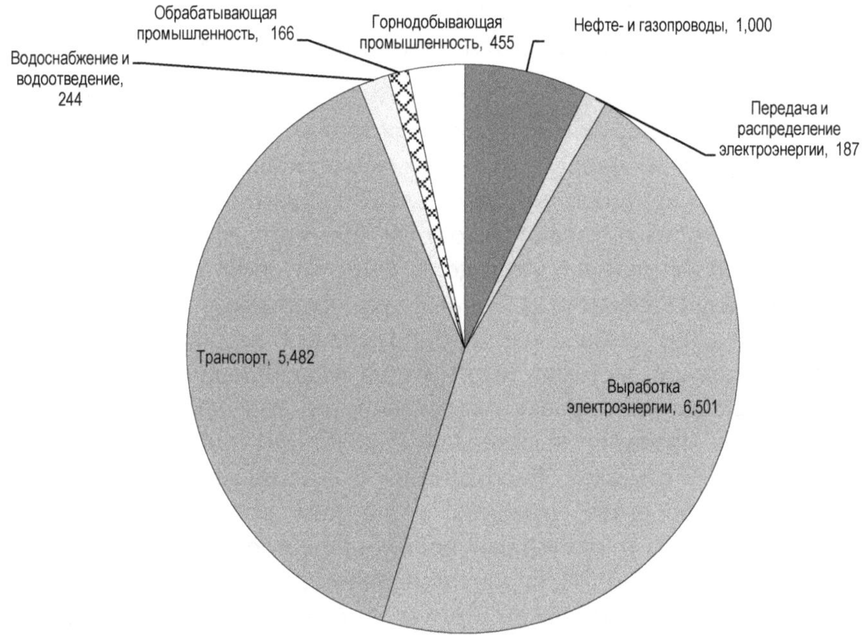

Примечание: Проекты выработки электроэнергии включают электростанции, работающие на природном газе, ветровые электростанции, солнечные электростанции, гидроэлектростанции и электростанции, работающие на угле. Проекты в обрабатывающей промышленности включают цементные заводы. Проекты в горнодобывающей промышленности включают золотые и медные рудники.
Источник: исследование ОЭСР на основе баз данных по состоянию на апрель 2019 года

Транспорт

Горный рельеф и низкая плотность населения Кыргызской Республики являются вероятными факторами ее недостаточно развитых железнодорожной и, в меньшей мере, автодорожной сетей. Население страны весьма рассредоточено, его плотность составляет приблизительно 32 чел/км^2 (более чем вдвое ниже плотности населения Таджикистана и Узбекистана) (World Bank, 2019[1]) на территории, которая характеризуется большими высотами: 94 процента территории Кыргызстана находится на высоте более 1 000 м над уровнем моря, и 40 процентов — более 3 000 м над уровнем моря (FAO, 2012[23]).

Железнодорожные перевозки чрезвычайно ограничены: они представлены двумя не связанными между собой железнодорожными линиями (одной, связывающей столицу Бишкек с Казахстаном и Узбекистаном, и еще одной, связывающей второй по величине город страны Ош с Узбекистаном) и лишь 13 станциями во всей национальной железнодорожной сети (Kyrgyz Temir Zholu, n.d.[24]). Существуют планы объединения железнодорожной сети, а также реконструкции и расширения изнашивающихся автомагистралей. На автодорожную инфраструктуру приходится основная доля грузовых перевозок Кыргызской Республики (в 2015 году 60 процентов, и, как ожидается, она будет расти), доля железной дороги незначительна. Когда объемы торговли увеличиваются, потенциал транспортной инфраструктуры должен быстро повышаться: для сохранения текущих показателей сетей автодорожный потенциал Кыргызстана должен возрасти до 251 процента текущего потенциала к 2030 году и 984 процентов к 2050 году (ITF, 2019[25]). Однако инвестиции в транспорт и складирование отстают от инвестиций в других отраслях.

Отчасти из-за качества существующей транспортной инфраструктуры транспортные издержки в Кыргызской Республике весьма высоки. Издержки, связанные с тем, чтобы одна тонна товаров из Кыргызской Республики достигла 20 процентов глобального ВВП, составляют приблизительно 175 долл. США, тогда как в Германии такой же доступ можно обеспечить по цене около 30 долл. США (ITF, 2019[25]).

В транспортной отрасли железнодорожные проекты составляют наибольшую долю планируемых инфраструктурных инвестиций и инфраструктурных инвестиций на этапе строительства (56 процентов), за ними следуют автодорожные проекты (37 процентов) (см. Рисунок 5.7). Наиболее крупномасштабные проекты, однако, касаются почти исключительно автодорог, за исключением железнодорожного проекта в размере 2,5 млрд долл. США, который свяжет Узбекистан с Китаем через Кыргызскую Республику (Таблица 5.2). Точный путь предлагаемой железнодорожной линии еще предстоит определить, но нынешними предложениями не предусматривается связь с существующей железнодорожной системой Кыргызстана и сообщение с населенными пунктами страны. Невзирая на это, данный проект представляется в *Стратегии-2040* как один из стратегических приоритетов развития Кыргызской Республики (см. раздел 3.3 об основных стратегических документах Кыргызской Республики). В настоящее время на автодорожный транспорт приходится 95 процентов грузовых и пассажирских перевозок (ADB, 2016[26]). Автодорожные проекты, которые в настоящее время планируются или строятся, составляют участки региональных коридоров ЦАРЭС, спроектированных для того, чтобы повысить связность стран Центральной Азии. Хотя в документах стратегического планирования Кыргызской Республики ЦАРЭС не упоминается, в Программе развития на 2018-2022 годы перечислены основные участки коридоров ЦАРЭС в числе ее первоочередных проектов в сфере транспорта. В *Стратегии-2040* проект строительства кольцевой трассы вокруг Иссык-Куля и модернизация аэропорта Ош, равно как и улучшение автодорожного сообщения между Бишкеком на севере страны и Ош на юге (Таблица 5.2) указаны в качестве приоритетных задач обеспечения связности на национальном уровне.

Рисунок 5.7. Проекты в сфере транспорта в Кыргызской Республике в разрезе подсекторов

Планируемые и строящиеся
В миллионах долларов США

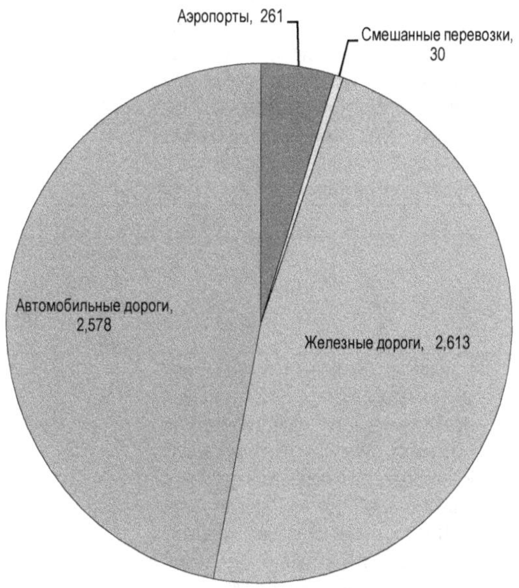

Примечания: Проекты в отношении смешанных перевозок включают логистические центры
Источник: исследование ОЭСР на основе баз данных по состоянию на апрель 2019 года

Таблица 5.2. Актуальные проекты в транспортной отрасли Кыргызской Республики

(a) Строящиеся					
Название	Подсектор	Описание	Стоимость проекта (млн долл. США)	Источники финансирования	Тип инвестиций
Альтернативная дорога север-юг (Жалал-Абад и Балыкчы)	Автомобильная дорога	Этот проект считается самым крупномасштабным проектом в стране, который связывает города Жалал-Абад и Балыкчы. Он состоит из автомобильной дороги протяженностью 433 км, двух эстакадных мостов и тоннеля и будет строиться в три фазы. Этот проект, как ожидается, окажет серьезное влияние на связность, поскольку он упростит доступ к рынкам соседних стран, а именно: китайского экспорта в Узбекистан, Таджикистан, Казахстан и других соседних стран.	850	н.д.	В новое предприятие
Проект соединительной дороги коридоров 1 и 3 Центральноазиатского регионального экономического сотрудничества	Автомобильная дорога	По проекту «Соединительная дорога коридоров 1 и 3 ЦАРЭС» будет восстановлено, по оценкам, 253 км участков дорог между Баткенской, Джалал-Абадской и Ошской областями на юге и Чуйской, Иссык-Кульской, Нарынской и Таласской областями	263	АБР, ЕАБР, ИБР, Саудовский фонд развития, правительство Кыргызской Республики	В существующее предприятие

		на севере. Эти два коридора, как ожидается, улучшат связность на общенациональном и областном уровнях, в частности, благодаря дополнительному упрощению доступа к международным рынкам.			
Проект улучшения коридора 3 (дороги Бишкек-Ош) ЦАРЭС, фаза 4	Автомобильная дорога	В рамках проекта будет реконструировано и восстановлено, по оценкам, 120 км автомобильной дороги между Бишкеком и Ош. Проект, как ожидается, повысит связность на общенациональном и областном уровнях.	192	АБР, ЕАБР, правительство Кыргызской Республики	В существующее предприятие
(b) Планируемые					
Название	Подсектор	Описание	Стоимость проекта (млн долл. США)	Источники финансирования	Тип инвестиций
Строительство железной дороги «Китай-Кыргызская Республика-Узбекистан»	Железная дорога	Планируемый проект представлен железнодорожной линией протяженностью приблизительно 500 км от Китая через Кыргызскую Республику до Ферганской долины в Узбекистане. Этот проект, как считается, значительно сократит транспортные издержки и сроки поставок китайской продукции на европейский рынок и рынки стран Персидского залива.	2 500	н.д.	В новое предприятие
Расширение Международного аэропорта Ош	Аэропорт	Проектом предусматривается строительства нового пассажирского терминала с повышенной пропускной способностью 500 пассажиров в час. В рамках проекта также будет построен новый грузовой терминал с пропускной способностью 2 000 т грузов.	119	Проектное финансирование	В существующее предприятие
Проект соединительной дороги коридоров 1 и 3 Центральноазиатского регионального экономического сотрудничества (фаза 2): дополнительное финансирование	Автомобильная дорога	По проекту будет восстановлена важнейшая соединительная дорога, которая является частью альтернативного коридора север-юг. Такой проект входит в число приоритетов Национальной стратегии устойчивого развития. Ожидаемыми итогами этого проекта являются повышенная связность, а также расширение взаимосвязей между неблагополучными регионами и экономическими центрами.	90,75	МФО	В существующее предприятие

Примечание: См. в разделе X «Справку о методологии» в отношении определения понятия «актуальный» в данном отчете и прочих сведений о том, как отбирались вышеуказанные проекты и определялась их приоритетность. АБР = Азиатский банк развития, ЕАБР = Евразийский банк развития, ИБР = Исламский банк развития.

Источник: исследование ОЭСР на основе данных ADB (2019[27]), IJGlobal (2019[28]), CSIS (2019[29]), Dealogic (2019[30]) и World Bank (2019[31]) по состоянию на апрель 2019 года.

Энергетика

В энергетике Кыргызская Республика достигла всеобщего доступа к электроснабжению, но качество распределения электроэнергии и распределительных сетей является сравнительно низким, что ведет к потерям 19,7 процента электроэнергии (World Economic Forum, 2017[22]). Кыргызская Республика зависит от экспорта для удовлетворения своих потребностей в энергии: она является чистым импортером угля (в 2017 году 11,77 мтнэ), нефти (в 2016 году 1,55 мт) и природного газа (в 2017 году 0,22 мтнэ). Однако она использует свой огромный потенциал гидроэнергетики, что позволило ей превратиться из чистого импортера в чистого экспортера электроэнергии (в 2016 году 0,11 мтнэ) (IEA, 2018[32]). На гидроэнергетику приходится 87 процентов выработки электроэнергии в Кыргызстане, а уголь (12 процентов) и природный газ (1 процент) составляют остальную часть (см. Рисунок 5.8).

Рисунок 5.8. Выработка электроэнергии в разрезе видов топлива (ГВт·ч в 2016 году)

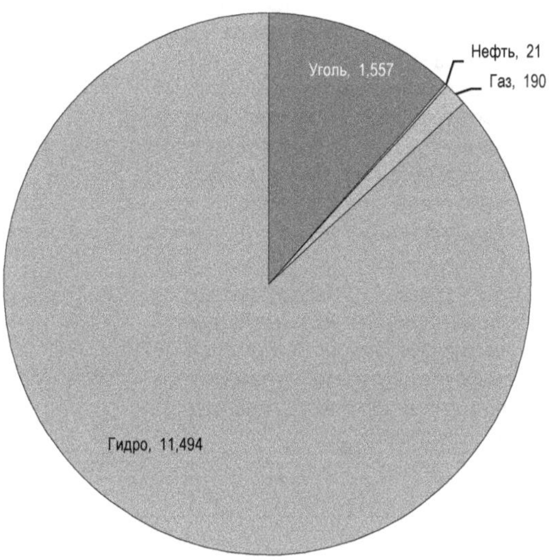

Источник: International Energy Agency (2018[32]), *IEA World Energy Balances 2018*, International Energy Agency, https://webstore.iea.org/world-energy-balances-2018

Крупной долей гидроэнергетики в структуре электроэнергетики Кыргызской Республики отчасти объясняются низкие уровни выбросов парниковых газов страны (в 2012 году 13 795 ктCO_2-экв, что составляет 2,46 тCO_2-экв на душу населения, или 0,00026 процента общих глобальных выбросов).

Выработка электроэнергии на основе газа и газопроводы составляют, соответственно, 15 процентов проектов в процессе подготовки в энергетике (Таблица 5.3). Несмотря на заявленную цель Программы развития на 2018-2022 годы внедрить к 2027 году как минимум 100 МВт электроэнергии из возобновляемых источников, не связанных с гидроэнергетикой, такие проекты не фигурируют в инфраструктуре, которая находится в процессе создания в Кыргызской Республике. Не усматриваются в проектах, которые в настоящее время разрабатываются, и крупномасштабные усилия по строительству сетей распределения природного газа в крупных и малых городах и селах страны, хотя «газификация» входит в число приоритетов как *Стратегии-2040*, так и Программы развития на 2018-2022 годы.

Таблица 5.3. Актуальные проекты в энергетике Кыргызской Республики

(a) Строящиеся					
Название	Подсектор	Описание	Стоимость проекта (млн долл. США)	Источники финансирования	Тип инвестиций
Программа передачи электроэнергии и торговли электроэнергией Центральная Азия-Южная Азия (ЦАЮА-1000)	Передача и распределение электроэнергии	Программа передачи электроэнергии и торговли электроэнергией Центральная Азия-Южная Азия (ЦАЮА-1000) представляет собой региональную программу, которая направлена на обеспечение устойчивой торговли электроэнергией между Таджикистаном, Кыргызской Республикой, Афганистаном и Пакистаном. Ею предусматривается создание высоковольтной межсистемной линии электропередачи переменного тока (ВВПерТ) между Кыргызской Республикой и Таджикистаном.	997	МФО	В новое предприятие
Проект реконструкции Токтогульской ГЭС фаза 2	Гидроэлектростанция	Токтогульская ГЭС является крупнейшей электростанцией страны, которая в настоящее время реконструируется. Проект, как ожидается, улучшит финансовое положение энергетики, руководство и управление ею.	210	АБР, АЕБР	В существующее предприятие
(b) Планируемые					
Название	Подсектор	Описание	Стоимость проекта (млн долл. США)	Источники финансирования	Тип инвестиций
Камбаратинская ГЭС-1 (1900 МВт)	Гидро	Проект первоначально начинался в 1986 году, но был приостановлен, когда распался Советский Союз. Ожидается, что он поможет стране стать экспортером энергии. Проект в большой мере финансируется за счет российского пакета помощи в размере 2 млрд долл. США, объявленного в 2009 году.	3000	Россия	В существующее предприятие
Газопровод Кыргызская Республика–Китай (сегмент D (4й) газопровода Центральная Азия–Китай)	Нефтегазовый	Проектом предусматривается строительство газопровода протяженностью 215 км, который является частью линии D газопроводной сети Центральная Азия-Китай. Его оцениваемая годовая пропускная способность составляет 30 млрд м^3. Хотя это крупный трансграничный инфраструктурный проект, пока неясно, будет ли страна получать газ или поставлять его в газопровод или она будет играть лишь транзитную роль.	1000	КННК, правительство Кыргызской Республики	В новое предприятие
Модернизация Уч-Курганской ГЭС	Гидро	В рамках этого проекта будет модернизирована гидроэлектростанция,	145	АБР, ЕАБР	В существующее предприятие

		расположенная в каскаде на реке Нарын. Ожидаемые итоги включают увеличение использования экологически чистой гидроэлектроэнергии, а также экспорт в соседние Узбекистан и Казахстан.			

Примечание: См. в разделе X «Справку о методологии» в отношении определения понятия «актуальный» в данном отчете и прочих сведений о том, как отбирались вышеуказанные проекты и определялась их приоритетность. АБР = Азиатский банк развития, КННК = Китайская национальная нефтегазовая корпорация, ЕАБР = Евразийский банк развития.
Источник: исследование ОЭСР на основе данных ADB (2019[27]), IJGlobal (2019[28]), CSIS (2019[29]), Dealogic (2019[30]) и World Bank (2019[31]) по состоянию на апрель 2019 года.

Промышленный сектор и горнодобывающая промышленность

В промышленном секторе и горнодобывающей промышленности основные планируемые инвестиции осуществляются в добычу золота (64 процентов) и цементную промышленность (31 процент), за которыми следует добыча меди (5 процентов). Фактически золото остается основным полезным ископаемым, добываемым в Кыргызской Республике, в стоимостном выражении. Как в *Стратегии-2040*, так и в Программе развития Кыргызской Республики главным приоритетом названа диверсификация промышленного сектора и в числе целевых отраслей указаны текстильная и молочная промышленность. В действующей базе данных о проектах проекты в этих отраслях отсутствуют, но это может отчасти объясняться пороговой стоимостью 10 млн долл. США и сравнительно малым масштабом проектов в данных отраслях. В настоящее время Агентство по продвижению и защите инвестиций Кыргызской Республики содействует инвестициям в малые проекты в промышленности, например, проекты строительства камнеобрабатывающего завода, производства химикатов, косметики и бытовых моющих средств (Investment Promotion and Protection Agency of the Kyrgyz Republic, n.d.[33]).

Одной из областей, инвестиции в которую увеличиваются и в которой наблюдается тенденция роста, является горнодобывающая промышленность, которая в настоящее время составляет более 10 процентов ВВП и 50 процентов объема промышленного производства. Согласно данным Всемирного банка, горнодобывающая промышленность остается как значительным фактором роста, так и потенциальным экологическим риском страны (IDA, 2018[34]). Всемирный банк также призывал к необходимости содействия более эффективным «зеленым» процессам в промышленном секторе.

Вода

В Кыргызской Республике улучшение водоснабжения сельской местности остается одним из приоритетов обеих главных стратегий развития. Это также подтверждается водными проектами, которые в настоящее время строятся или планируются, в случае которых приблизительно 82 процента общей суммы в размере 245 млн долл. США направлены на проекты улучшения водоснабжения и водоотведения (Рисунок 5.9). Также имеются проекты в сфере ирригации, нацеленные на повышение производительности фермерского сельского хозяйства, которые составляют остальные 18 процентов инвестиций. Кыргызская Республика сталкивается с настоятельной необходимостью инвестиций в водное хозяйство (World Bank, 2016[35]). Все водные проекты страны финансируются многосторонними банками развития, а именно: АБР, ЕИБ, ЕАБР, ЕБРР и Всемирным банком.

Рисунок 5.9. Водные проекты в Кыргызской Республике в разрезе подсекторов

Планируемые и строящиеся В миллионах долларов США

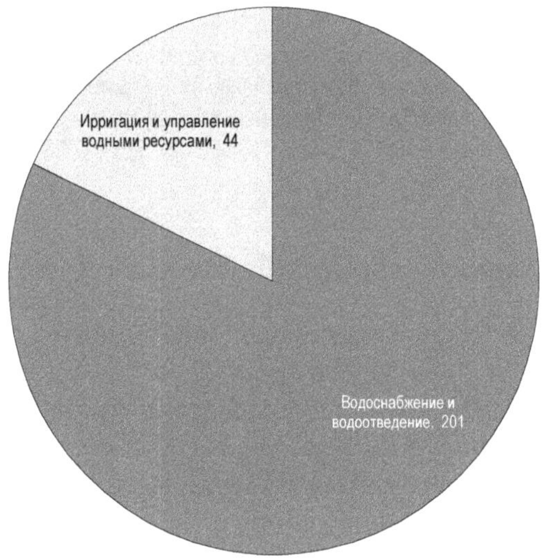

Источник: исследование ОЭСР на основе баз данных по состоянию на апрель 2019 года

5.3. Сильные и слабые стороны существующей институциональной структуры для планирования устойчивой инфраструктуры

Стратегическое планирование и взаимосвязи между долгосрочными задачами, планами в отношении инфраструктуры и экологическими соображениями

Правительство Кыргызской Республики активно разрабатывает, принимает и публикует стратегические документы, охватывающие различные сроки (до 2022 года, до 2040 года) и вопросы (устойчивое развитие, развитие экспорта, «зеленая» экономика) (Таблица 5.4 и Таблица 5.5). Теоретически это обилие документов должно обеспечивать четкое видение дальнейшего развития страны и служить сигналом инвесторам относительно приоритетов правительства. Однако большое число документов, разнообразие их структуры и содержания, а также отсутствие четко определенной иерархии документов и ответственности за их осуществление затрудняют определение основных целей правительства в области развития.

В *Национальной стратегии развития на период до 2040 года (Стратегии-2040)*, утвержденной в 2018 году, признаются эти проблемы и предлагаются основные реформы, которые могут улучшить готовящиеся стратегические документы. Например, *Стратегией-2040* рекомендуется заменить закон 2015 года «О государственной системе стратегического планирования», утративший силу, новым законом о стратегическом планировании и повысить качество документов стратегического планирования. Новым законом, в случае его принятия, будут внедрены типовые формат документов стратегического планирования и порядок их разработки правительством и увязки бюджета с их целями, что не всегда делалось в прошлом. Стандартный формат и четко определенные бюджеты и ответственность упростят интерпретацию приоритетов правительства и мониторинг осуществления стратегий.

Хотя решение правительства сократить число стратегических документов и принять меньшее число более качественных стратегий вызывает удовлетворение, отмена ряда документов, связанных с предыдущей администрацией, представляет собой тенденцию пересмотра стратегических планов после выборов. Такой риск существует в случае долгосрочных стратегических документов, таких как *Стратегия-2040*. Доверие к долгосрочным стратегиям Кыргызской Республики будет зависеть от того, независимы ли они от избирательного цикла, и от их способности служить сигналом стабильного и последовательного курса политики дальнейшего развития для разработчиков политики, граждан и инвесторов.

Стратегией-2040 предлагаются реформы, которые могут повысить доверие к стратегическим документам. Ею рекомендуется «демонополизировать» разработку стратегий путем расширения участия общественности, что поможет повысить заинтересованность общественности в этом процессе, уменьшить восприятие той или иной стратегии как продукта только действующей администрации и способствовать ее дальнейшему осуществлению после очередных выборов.

В *Стратегии-2040* также признается, что вследствие числа ранее утвержденных документов их осуществление носит неравномерный характер, а идеи в области политики непоследовательны. В ней говорится, что все стратегии, утвержденные до *Стратегии-2040*, будут проанализированы и, в случае, если они не согласуются со *Стратегией-2040*, пересмотрены или отменены. Все дальнейшие стратегии должны разрабатываться в соответствии с долгосрочными целями *Стратегии-2040*. Приняв стратегию высшего уровня, которой должны соответствовать будущие стратегии, правительство сделало шаг в правильном направлении к четкой формулировке своей повестки дня в области развития.

В случае *Стратегии-2040* и *Программы развития Кыргызской Республики на 2018-2022 годы «Единство. Доверие. Созидание»* отсутствуют бюджеты для достижения их целей и не указаны государственные органы, ответственные за конкретные задачи, что может препятствовать их осуществлению. Вместе с тем *Концепцией «зеленой» экономики* не предусмотрены сроки, и в отношении ее целей не указаны даты их достижения. Поскольку *Стратегией-2040* рекомендуются реформы, которые уточнят порядок определения бюджета и ответственности в дальнейших документах, можно рассмотреть возможность изменения в этом отношении *Концепции «зеленой» экономики*.

В существующих стратегиях Кыргызской Республики не учитываются в достаточной мере экологические соображения. Кыргызская Республика была последней страной в Центральной Азии, ратифицировавшей Парижское соглашение в конце 2019 года, и пока не утвердила долгосрочную стратегию развития с низкими уровнями выбросов. Цели сокращения выбросов и обеспечения стойкости к изменению климата в долгосрочной перспективе не интегрированы должным образом в основные стратегии развития Кыргызской Республики, такие как *Стратегия-2040* и Программа развития на 2018-2022 годы. Этими документами, однако, определяются целевые показатели развития инфраструктуры, которые оказывают значительное влияние на повестки дня в области устойчивого развития и климата. Например, *Стратегия-2040* направлена на сокращение потерь при передаче электроэнергии, переход с отопления с использованием твердого топлива на отопление на природном газе и улучшение транспортного сообщения благодаря ремонту и строительству автомобильных дорог. В *Концепции «зеленой» экономики*, утвержденной в 2018 году, содержится несколько целей, поставленных *Стратегией-2040*, но, поскольку она представляет собой амбициозный общий документ, которым не определяются сроки и предусматривается мало количественных целей, заявленные в ней направления политики не переложены на язык конкретных действий и не интегрированы в другие стратегические документы Кыргызской Республики.

Институциональная структура и процессы принятия решений

Координационные органы существуют, в частности, в отношении изменения климата, но данные о том, что они способны интегрировать цели в области устойчивого развития и климата в государственную политику, практически отсутствуют. С 2012 года существует Национальный совет по устойчивому развитию для надзора за осуществлением *Национальной стратегии устойчивого развития на 2013-2017 годы* и координации ее реализации. У Национального совета, который создан при администрации президента и которому прямо поручено осуществлять межведомственную координацию и проводить консультации с неправительственными субъектами, имеются широкие возможности выполнять свою роль привлечения заинтересованных сторон. Он включал в число участников своих предыдущих заседаний представителей различных сторон (в том числе оппозиционных партий), министерств, НПО (включая экологические НПО) и научных учреждений.

Стратегия-2040 направлена на то, чтобы далее усилить роль Совета в стратегическом планировании, поручив ему обеспечить согласованность стратегических документов и планов по секторам более низкого уровня с задачами *Стратегии-2040.* В настоящее время Совет заседает только на специальной основе (но не реже двух раз в год), однако ввиду его предлагаемых новых обязанностей, возможно, ему следует заседать чаще, а секретариату Совета при администрации президента для эффективного функционирования может потребоваться дополнительный потенциал.

Координационный орган правительства в области изменения климата — Координационная комиссия по проблемам изменения климата — ответственна за руководство и межведомственную координацию деятельности министерств для выполнения обязательств Кыргызской Республики по РКИК ООН.. Несмотря на прогресс, достигнутый Координационной комиссией, все еще отсутствуют достаточно четкие механизмы обеспечения координации между государственными органами (Bekkulova et al., 2018[36]). Такая координация могла бы улучшить интеграцию климатических соображений в существующие стратегические документы и государственную политику.

В целом, отсутствие достаточной координации государственных органов повышает неопределенность в отношении ответственности за выполнение задач, как отмечается в Программе развития на 2018-2022 годы.

Подход, принятый в Кыргызской Республике к крупномасштабным инвестициям, повышает неустойчивые уровни задолженности. Кыргызская Республика названа одной из развивающихся стран с наиболее высоким риском затруднений, связанных с долгом, из-за большого числа внешних займов. В 2016 году валовой долг ее правительства составлял 62,1 процента ВВП, и, по прогнозам, он будет увеличиваться (Hurley, Morris and Portelance, 2018[5]).

Перечень значимых стратегических документов

Таблица 5.4. Основные действующие стратегические документы в отношении инфраструктуры

	Статус	Временной горизонт	Охватываемые секторы	Основные цели
Национальная стратегия развития на период до 2040 года	Утверждена в 2018 году	2018-2040 годы	Управление, планирование, транспорт, энергетика, водное хозяйство, промышленность	• Внедрение типовых формата и процедуры подготовки стратегических документов; расширение участия общественности в разработке стратегий • Сокращение потерь электроэнергии на 11 процентов к 2023 году; переход к отоплению на основе газа в сельской местности • Ремонт и строительство дорог север-юг; улучшение аэропортов • Обеспечение водоснабжения и водоотведения в сельской местности • Строительство заводов, в частности, завода по производству электромобилей в Бишкеке
Программа развития Кыргызской Республики на период 2018-2022 годов «Единство. Доверие. Созидание»	Утверждена в 2018 году	2018-2022 годы	Транспорт, энергетика, легкая промышленность, водное хозяйство, горнодобывающая промышленность	• 60% дорог с жестким покрытием и 5 000 км новых дорог к 2022 году • Надежное снабжение питьевой водой 80% населения к 2022 году
Концепция «зеленой» экономики «Кыргызстан – страна «зеленой» экономики»	Утверждена в 2018 году	Сроки не определены	Транспорт, энергетика, промышленность, водное хозяйство	• Повышение качества топлива, расширение использования общественного транспорта • Сокращение субсидирования электроэнергии и отопления, переход на отопление на газе, развитие гидроэлектроэнергии и прочих возобновляемых источников энергии • Повышение ресурсо- и энергоэффективности отраслей (горнодобывающей промышленности, отрасли переработки ископаемого топлива) • Привлечение большего объема ПИИ в устойчивую инфраструктуру для достижения ЦУР

Концепция региональной политики на период 2018-2022 годов	Утверждена в 2017 году	2018-2022 годы	Транспорт, энергетика, промышленность, водное хозяйство	• Содействие экономическому развитию и интеграции регионов в стране благодаря улучшению инфраструктурных услуг
Основные направления развития железнодорожного транспорта	Утвержден в 2014 году	2014-2020 годы	Транспорт	• Укрепление железнодорожного сообщения между северной и южной частями страны, повышение транзитного потенциала, интеграция железнодорожной сети в железнодорожные линии соседних стран • Модернизация существующей инфраструктуры
Основные направления развития дорожной отрасли	Утвержден в 2016 году	2016-2025 годы	Транспорт	• Реконструкция содержание транспортных коридоров • Развитие государственно-частных партнерств (например, в отношении автодороги Алматы — Иссык-Куль)
Программа развития гражданской авиации	Утверждена в 2016 году	2016-2020 годы	Транспорт	• Усовершенствование основных аэропортов (например, аэропорта Манас в Бишкеке) и строительство новых аэропортов (например, нового аэропорта Ош)
Стратегия развития топливно-энергетического комплекса до 2025 года	Утверждена в 2008 году	2008-2025 годы	Энергетика	• Увеличение экспорта гидроэлектроэнергии до 4,2-6,4 ТВт·ч к 2025 году, создание механизмов сотрудничества с соседними странами Центральной Азии • Сокращение выбросов вдвое по сравнению с уровнями 1990 года или до 12 000 ктCO_2-экв. к 2025 году • Строительство нескольких гидроэлектростанций и дополнительного газопровода из Казахстана
Программа по развитию экспорта на 2019-2022 годы	Утверждена в 2018 году	2019-2022 годы	Промышленность	• Увеличение доли МСП в ВВП до 43-45% и удвоение стоимости экспорта, произведенного МСП, до 27 млн долл. США к 2022 году • Развитие на приоритетной основе текстильной и молочной промышленности, а также отрасли переработки фруктов и овощей
Стратегия развития систем питьевого водоснабжения и водоотведения населенных пунктов Кыргызской Республики до 2026 года	Утверждена в 2016 году	2016-2026 годы	Водное хозяйство	• Обеспечение централизованного питьевого водоснабжения по крайней мере 90 процентов городов и 700 тысяч жителей сельских районов к 2026 году • Предоставление услуг водоотведения не менее чем 70 процентов сел к 2026 году
Государственная программа развития ирригации	Утверждена в 2017 году	2017-2026 годы	Водное хозяйство	• Строительство и реконструкция 21 канала и 5 водохранилищ

Таблица 5.5. Прочие значимые документы

	Статус	Временной горизонт	Охватываемые секторы
Приоритетные направления адаптации к изменению климата в Кыргызской Республике до 2017 года	Утвержден в 2013 году	2013-2017 годы	Многосекторный
Концепция экологической безопасности	Утверждена в 2007 году	2007-2020 годы	Многосекторная
Среднесрочная стратегия развития электроэнергетики на 2012-2017 годы	Утверждена в 2012 году, отменена в 2018 году	2012-2017 годы	Энергетика
Стратегия развития дорожной отрасли до 2025 года	Разработана в 2015 году, не утверждена	2015-2025 годы	Транспорт
Программа по переходу Кыргызской Республики к устойчивому развитию	Утверждена в 2013 году	2013-2017 годы	Многосекторная
Программа «Сорок шагов к новой эпохе»	Утверждена в 2017 году, отменена в 2018 году	2018-2023 годы	Многосекторная
Национальная стратегия устойчивого развития на период 2013-2017 годов	Утверждена в 2013 году	2013-2017 годы	Многосекторная
Национальная энергетическая программа Кыргызской Республики на 2008-2010 годы	Утверждена в 2008 году	2008-2010 годы	Энергетика
Программа по надлежащему управлению химическими веществами в Кыргызской Республике на 2015-2017 годы	Утверждена в 2015 году	2015-2017 годы	Многосекторная
Приоритеты по сохранению водно-болотных угодий до 2023 года	Утвержден в 2013 году	2013-2023 годы	Многосекторный
Концепция развития малой гидроэнергетики Кыргызской Республики до 2017 года	Утверждена в 2015 году	2015-2017 годы	Энергетика

Литература

ADB (2019), *Projects and Tenders (database)*, https://www.adb.org/projects?terms=. [27]

ADB (2016), *Kyrgyz Republic Sign Agreement for North-South Alternate Road Corridor Rehabilitation*, https://www.adb.org/news/adb-kyrgyz-republic-sign-agreement-north-south-alternate-road-corridor-rehabilitation. [26]

Bekkulova, D. et al. (2018), *Preparation of National Communications on the UN Framework Convention on Climate Change of the Kyrgyz Republic [Подготовка Национальных сообщений Кыргызской Республики по Рамочной Конвенции ООН об изменении климата: Оценочный доклад].* [36]

CSIS (2019), *Reconnecting Asia (database)*, https://reconnectingasia.csis.org/database/#. [29]

Dealogic (2019), *Multiple Markets: One Platform (database)*, https://www.dealogic.com/. [30]

Eckstein, D., M. Hutfils and M. Winges (2018), *Global Climate Risk Index 2019: Who Suffers Most from Extreme Weather Events? Weather-related Loss Events in 2017 and 1998 to 2017*, GermanWatch, https://www.germanwatch.org/sites/germanwatch.org/files/Global%20Climate%20Risk%20Index%202019_2.pdf. [18]

FAO (2012), *Kyrgyzstan*, http://www.fao.org/nr/water/aquastat/countries_regions/KGZ/KGZ-CP_eng.pdf. [23]

fDi Markets (2019), *fDi Markets: the in-depth crossborder investment monitor (database)*, https://www.fdimarkets.com/. [15]

Hurley, J., S. Morris and G. Portelance (2018), *Examining the Debt Implications of the Belt and Road Initiative from a Policy Perspective*, https://www.cgdev.org/sites/default/files/examining-debt-implications-belt-and-road-initiative-policy-perspective.pdf. [5]

IBRD (2019), *Doing Business 2019*, IBRD, Washington DC, http://www.worldbank.org. [12]

IBRD (2018), *From Vulnerability to Prosperity: A Systematic Country Diagnostic*, IBRD, Washington DC, http://www.worldbank.org. [11]

IDA (2018), *Country Partnership Framework for the Kyrgyz Republic for the period FY19-FY22*, http://documents.worldbank.org/curated/en/358791542423680772/pdf/kyrgyz-cpf-fy19-22-oct102018-10122018-636780024730768882.pdf. [34]

IEA (2018), *IEA World Energy Balances 2018*, https://webstore.iea.org/world-energy-balances-2018. [32]

IJGlobal (2019), *Project Finance (database)*, https://ijglobal.com/data/index. [28]

IMF (2018), *World Economic Outlook: October 2018*, https://www.imf.org/external/datamapper/GGXCNL_NGDP@WEO/OEMDC/ADVEC/WEOWORLD. [2]

IMF (2017), *Kyrgyz Republic: Fouth and fifth reviews under the three-year arrangement under the extended credit facility, and request for modification of performance criteria - debt sustainability analysis update*, IMF, Washington DC, https://www.imf.org/external/pubs/ft/dsa/pdf/2018/dsacr1853.pdf (accessed on 3 July 2019). [16]

Investment Promotion and Protection Agency of the Kyrgyz Republic (n.d.), *Industry*, http://www.invest.gov.kg/en/information-for-investors/investment-projects/investment-projects/industry/. [33]

ITF (2019), *Enhancing Connectivity and Freight in Central Asia*, http://www.itf-oecd.org. [25]

Kyrgyz Temir Zholu (n.d.), *Все станции [All stations]*, http://kjd.kg/ru/station/. [24]

Ministry of Finance of the Kyrgyz Republic (2019), *Структура государственного долга Кыргызской Республики на 31.01.2019 года [Structure of the Kyrgyz Republic's Public Debt on 31 January 2019]*, http://minfin.kg/userfiles/ufiles/2018/otchet_o_gosdolge_za_yanvar_2019_goda.pdf. [13]

Ministry of Justice of the Kyrgyz Republic (2018), *Программа Правительства Кыргызской Республики по развитию экспорта Кыргызской Республики на 2019-2022 годы*, http://cbd.minjust.gov.kg/act/view/ru-ru/12808. [7]

Ministry of Justice of the Kyrgyz Republic (2016), *СТРАТЕГИЯ: управления государственным долгом Кыргызской Республики на 2016-2018 годы*, http://cbd.minjust.gov.kg/act/view/ru-ru/99467/10?mode=tekst. [6]

National Council for Sustainable Development of the Kyrgyz Republic (n.d.), *National Sustainable Development Strategy for the Kyrgyz Republic*, National Council for Sustainable Development of the Kyrgyz Republic, https://www.un-page.org/files/public/kyrgyz_national_sustainable_development_strategy.pdf. [4]

National Statistics Committee of the Kyrgyz Republic (2017), *Инвестиции: Официальная статистика Кыргызстана*, http://www.stat.kg/ru/statistics/investicii/. [14]

National Statistics Committee of the Kyrgyz Republic (n.d.), *ВВП по видам экономической деятельности в текущих ценах [GDP by economic activity in current prices]*, http://www.stat.kg/ru/opendata/category/1/. [3]

Observatory of Economic Complexity (2017), *Kyrgyzstan: Exports, Imports, and Trade Partners*, https://atlas.media.mit.edu/en/profile/country/kgz/. [8]

OECD (2019), *FDI restrictiveness*, https://doi.org/10.1787/9a523b18-en. [9]

OECD (2018), *Social Protection System Review of Kyrgyzstan*, OECD Development Pathways, OECD Publishing, Paris, https://dx.doi.org/10.1787/9789264302273-en. [20]

State Agency of Environmental Protection and Forestry under the Government of the Kyrgyz Republic (2013), *Климатический профиль Кыргызской Республики [Climate Profile of the Kyrgyz Republic]*, http://www.ecology.gov.kg/public/images/file_library/2017042415202815.pdf. [19]

UNCTAD (2016), *Investment Policy Review: Kyrgyzstan*, https://unctad.org/en/PublicationsLibrary/diaepcb2015d3_en.pdf. [10]

UNEP, GEF and Government of Kyrgyz Republic (2016), *Third National Communication of the Kyrgyz Republic under the UN Framework Convention on Climate Change*, UNEP, GEF, Government of Kyrgyz Republic, https://unfccc.int/files/national_reports/non-annex_i_natcom/application/pdf/nc3_kyrgyzstan_english_24jan2017.pdf. [17]

World Bank (2019), *Projects and Operations (database)*, http://projects.worldbank.org/?lang=en. [31]

World Bank (2019), *World Development Indicators (database)*, https://datacatalog.worldbank.org/dataset/world-development-indicators. [1]

World Bank (2016), *Kyrgyz Republic Systematic Country Diagnostic Concept Note: From Vulnerability to Prosperity*, World Bank, Washington, DC, https://consultations.worldbank.org/Data/hub/files/consultation-template/kyrgyz-republic-systematic-country-diagnostic/en/materials/kyrgyz_republic_scd_roc_concept_note.pdf. [21]

World Bank (2016), *Sustainable Rural Water Supply and Sanitation Project*, http://projects.worldbank.org/P154778/?lang=en&tab=newsmedia. [35]

World Economic Forum (2017), *The Global Competitiveness Report 2017-2018*, World Economic Forum, Geneva, http://www3.weforum.org/docs/GCR2017-2018/05FullReport/TheGlobalCompetitivenessReport2017%E2%80%932018.pdf. [22]

Глава 6. Стратегическое планирование инфраструктуры для устойчивого развития в Монголии

В настоящей главе описывается планирование устойчивой инфраструктуры в Монголии и представляются текущие тенденции в области инвестиций в крупномасштабные инфраструктурные проекты. Сравниваются инфраструктурные планы в энергетическом, транспортном, промышленном и водохозяйственном секторах с международными обязательствами по Парижскому соглашению и Целями в области устойчивого развития (ЦУР). В данной главе также рассматриваются документы стратегического планирования по долгосрочному экономическому развитию, отраслевому развитию и охране окружающей среды, включая документы, связанные со смягчением последствий изменения климата и адаптацией к нему. В заключение определены несогласованности между поставленными целями и наблюдаемыми инвестиционными потоками, и тем самым предложены рекомендации для улучшения стратегического планирования устойчивой инфраструктуры.

Основные соображения

Монголия является страной с доходами ниже средних, которая расположена между Российской Федерацией и Китайской Народной Республикой, а также страной с самой низкой плотностью населения в мире, более 50 процентов которого проживает в столице Улан-Баторе. Экономика Монголии весьма зависит от горнодобывающей отрасли, которая составляет почти 24 процента ВВП, но в которой занято всего 2 процента рабочей силы, при этом в сельском хозяйстве занята треть рабочей силы, но оно составляет только 13 процентов ВВП. Китай является основным торговым партнером Монголии, который с большим отрывом опережает других партнеров (76 процентов экспорта и 32 процента импорта), за Китаем следует Российская Федерация.

Монголия проводит реформы своей нормативной основы инвестиций, с тем чтобы привлечь прямые иностранные инвестиции, повысить прозрачность и создать более равные условия для отечественных и международных инвесторов. Однако страна все равно считается рискованной страной назначения инвестиций и занимает 74е место в индексе легкости ведения бизнеса Всемирного банка. Одной из главных проблем Монголии является ее уровень государственного долга, который увеличился с 62,1 процента ВВП в 2015 году до 87,6 процента ВВП в 2016 году. Китай планирует предоставить Монголии кредит в размере приблизительно 30 млрд долл. США для проектов в рамках инициативы «Один пояс, один путь», но такой кредит может усугубить риск суверенного дефолта Монголии, который уже считается крайне высоким. Металлы, уголь и природный газ абсорбируют более 80 процентов текущих ПИИ.

Транспортная, водохозяйственная и энергетическая инфраструктура Монголии страдает от серьезных недостатков из-за недостатка инвестиций в ее текущий ремонт и содержание. Монголия является стратегическим центром грузовых перевозок между Российской Федерацией и Китаем: 90 процентов грузовых перевозок между этими двумя странами осуществляется посредством национального железнодорожного сообщения Монголии. Эти три страны подписали программу развития экономического коридора Китай – Монголия – Россия, в том числе четырех железнодорожных и трех автодорожных коридоров, пересекающих Монголию. Монголия также осуществляла масштабные инвестиции в свою национальную автодорожную сеть, протяженность которой утроилась за последние два десятилетия. Большинство проектов в транспортной отрасли, планируемых в настоящее время в Монголии, направлены на перевозку угля и прочего минерального сырья из различных шахт в Китай и его морские порты.

Энергетическая инфраструктура Монголии также недостаточна: инвестиции отстают от высоких темпов экономического роста страны, потери в энергосистеме составляют 11,4 процента, более 10 процентов населения не обеспечены снабжением электроэнергией. Менее 25 процентов населения имеют доступ к теплоснабжению от теплоцентрали, население использует для отопления угольные котлы и кухонные плиты, что ведет к весьма высокому уровню загрязнения атмосферного воздуха в столице в зимние месяцы. Несмотря на увеличение к 2018 году доли возобновляемых источников с 1 процента до 7 процентов электроэнергетического баланса, основным источником электроэнергии остается уголь (93 процента). Более того, на угольные электростанции по-прежнему приходится 95 процентов инвестиций, планируемых в настоящее время, что ведет к дальнейшему замыканию на углероде. Эта сосредоточенность на угле не согласуется со стратегией страны *«Видение устойчивого развития 2030»,* направленной на увеличение использования возобновляемых источников энергии для выработки электроэнергии на 30 процентов и начало использования электроэнергии атомных электростанций к 2030 году.

Меры политики в области охраны окружающей среды и борьбы с изменением климата играют центральную роль в видении долгосрочного развития Монголии и отражены в нескольких документах по вопросам долгосрочного стратегического планирования, имеющих последовательную структуру и определенные задачи. Однако провозглашенный страной экологически безопасный курс не находит отражения в существующих инвестиционных планах. Это отчасти объясняется слабым потенциалом в области климата и мониторинга государственных органов и высокой текучестью кадров министерств.

6.1. Состояние дел: экономика, инвестиции и изменение климата в Монголии

Экономика и торговля

Таблица 6.1. Основные показатели экономики Монголии

Население (2018 год)	3 170 208
Уровень урбанизации (2018 год)	68%
Годовой прирост населения (2018 год)	1,8%
Площадь территории	1 564 120 км^2
ВВП (в долл. США в текущих ценах 2018 года)	13 010 миллионов
ВВП на душу населения (в долл. США в текущих ценах 2018 года)	4 104
Рост реального ВВП (годовое изменение в 2019 году)	6,3%
Инфляция (средняя потребительская цена, годовое изменение в 2018 году)	6,8%
Экспорт товаров и услуг (% ВВП в 2018 году)	60,3%
Импорт товаров и услуг (% ВВП в 2018 году)	63,5%
ПИИ, чистые притоки (% ВВП в 2018 году)	16,7%
Чистое кредитование/заимствование сектора государственного управления (% ВВП в 2019 году)	-5,5%
Безработица (% общей численности рабочей силы в 2018 году)	6,3%
Денежные переводы (% ВВП в 2018 году)	4,4%
Рейтинг прозрачности, подотчетности и коррупции в государственном секторе (1= весьма коррумпированный, 6 = минимально коррумпированный, в 2017 году)	3,5

Источник: World Bank (2019[1]), *Показатели мирового развития (база данных)*, Всемирный банк, https://datacatalog.worldbank.org/dataset/world-development-indicators; IMF (2018[2]), *Перспективы развития мировой экономики: октябрь 2018 года*, Международный Валютный Фонд https://www.imf.org/external/datamapper/GGXCNL_NGDP@WEO/OEMDC/ADVEC/WEOWORLD

Экономика и демографические показатели

Монголия является страной с доходами ниже средних, которая расположена между Российской Федерацией и Китайской Народной Республикой. Ее население численностью более 3 млн человек рассредоточено на огромной территории, превышающей 1,5 млн км^2, что делает Монголию страной с самой низкой плотностью населения в мире (2 чел./км^2). Последние несколько десятилетий население Монголии неизменно растет. В период 1960-1987 годов его прирост был несколько выше (в среднем 2,8 процента в год), после чего в 1994 году он снизился до 0,8 процента и в следующие два десятилетия восстановился (с 2010 года он составляет в среднем 2,1 процента в год). Население Монголии является в основном городским: 68 процентов монголов живут в городских центрах, почти половина населения проживает в столице Улан-Баторе (Таблица 6.1).

Монголия, в отличие от других стран, которые рассматриваются в данном исследовании, официально никогда не входила в Советский Союз, хотя у нее были тесные экономические связи с ним. Поэтому после распада Советского Союза экономика Монголии сократилась, но не так резко, как экономика республик, входивших в состав Союза. С 1989 года по 1994 год ВВП Монголии сократился на 22,5 процента (уменьшившись с 4,0 млрд долл. США до 3,1 млрд долл. США), но потом восстановился и к 2001 году превысил свои уровни 1989 года. С тех пор экономика быстро росла и к 2019 году была более чем втрое крупнее, чем в 1989 году (12,4 млрд долл. США).

В 2018 году услуги составляли 40,3 процента ВВП Монголии, а горнодобывающая промышленность — еще 23,7 процента. Сельское хозяйство, особенно животноводство, также является важнейшей составляющей монгольской экономики: в 2018 году сельское хозяйство составляло 10,9 процента ВВП (Mongolian Statistical Information Service, 2019[3]), 35 процентов работающего населения страны получают свои доходы в результате животноводства (FAO, n.d.[4]).

Торговля

Монголия с 1997 года является членом Всемирной торговой организации. Правительство Монголии активно заключает соглашения о свободной торговле с важными торговыми партнерами. Обсуждаются соглашения о свободной торговле с Китаем (Asia Regional Integration Center, 2010[5]) и Кореей (Asia Regional Integration Center, 2008[6]), соглашение об экономическом партнерстве с Японией вступило в силу в 2016 году (Ministry of Foreign Affairs of Japan, 2016[7]).

Основная часть экспорта Монголии относится к двум категориям: полезные ископаемые (в частности, угольные брикеты и медная руда, которые составляют, соответственно, 33 процента и 24 процента экспорта Монголии) и металлы (особенно золото, на которое приходится 18 процентов экспорта) (см. Рисунок 6.1(c)). Монголия также производит треть глобального предложения кашемира благодаря своему крупному поголовью кашемировых коз. Рост отрасли производства кашемира и одновременное воздействие, оказываемое на почвы выбиванием пастбищ, усиливают деградацию земель и ускоряют опустынивание в определенных районах страны (Shmitz, 2016[8]). Монголия импортирует широкий диапазон продукции (см. Рисунок 6.1(d)). В отличие от многих своих соседних стран Центральной Азии, богатых углеводородами, для удовлетворения своих потребностей в энергии Монголия опирается на импорт продуктов нефтепереработки (18 процентов импорта) и электроэнергии (3 процента импорта). Легковые и развозные грузовые автомобили также являются важными статьями импорта, составляющими, соответственно, 5,9 процента и 3,9 процента импорта.

Важнейшим торговым партнером Монголии выступает Китай. Это крупнейший рынок экспорта Монголии, на который поступает более трех четвертей монгольского экспорта, и страна происхождения трети импорта Монголии (см. Рисунок 6.1(a) и (b)). Еще одна географически соседняя страна Монголии, Российская Федерация, поставляет 28 процентов ее импорта, но является лишь незначительным экспортным рынком (1 процент). К другим важным торговым партнерам относятся Швейцария (крупная страна-импортер золота) и Европейский союз (11 процентов экспорта, 12 процентов импорта). Торговля Монголии с большинством стран, рассматриваемых в данном исследовании, носит ограниченный характер, но Казахстан выступает сравнительно значимым источником импорта в Монголию (1,6 процента).

Рисунок 6.1. Торговля Монголии

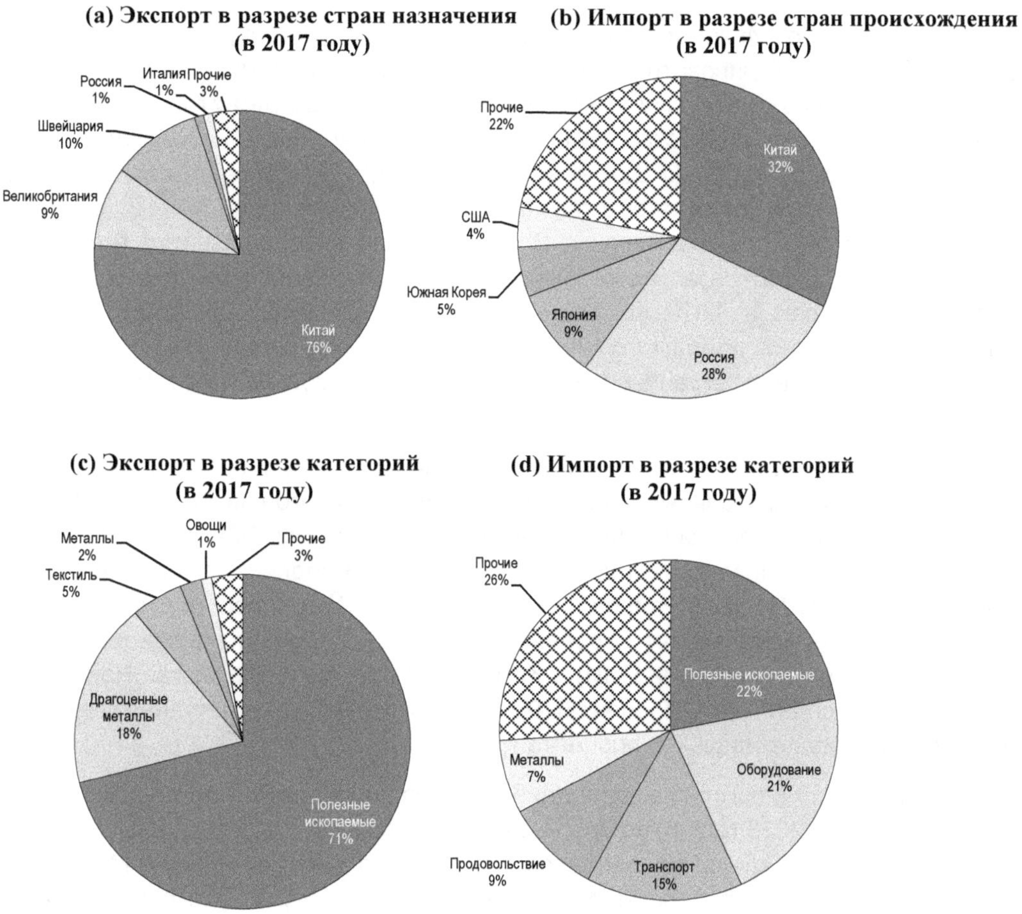

Источник: Observatory of Economic Complexity (2017[9]), *Mongolia: Exports, Imports and Trade Partners*, Observatory of Economic Complexity, https://oec.world/en/profile/country/mng/

Инвестиционный климат

Благодаря своему местоположению близ крупных рынков, таких как Китай и Российская Федерация, и своим огромным запасам полезных ископаемых Монголия обладает потенциалом далее развиваться в качестве страны назначения прямых иностранных инвестиций (ПИИ). Правительство, столкнувшись с жесткими бюджетными ограничениями и пакетом реформ, предписанных МВФ (2017[10]) в рамках Механизма расширенного кредитования МВФ (ЕФФ), прибегло к ПИИ, с тем чтобы компенсировать недостаток инвестиционного капитала для важных инфраструктурных проектов. Поэтому правительство проводит реформы своей нормативной основы инвестиций, чтобы повысить прозрачность и создать более равные условия для отечественных и международных инвесторов (US Embassy in Mongolia, 2018[11]). В 2019 году Монголия занимала 74е место в индексе легкости ведения бизнеса Всемирного банка: непосредственно между Кыргызской Республикой (70е) и Узбекистаном (76е), но значительно более низкое, чем региональные лидеры Грузия (6е), Азербайджан (25е) и Казахстан (28е). Рейтинги Монголии по таким показателям, как легкость получения кредита (22е) и разрешений на строительство (23е), а также защита миноритарных инвесторов (33е), были сравнительно хорошими, но в то же время она приближалась к низшим рейтингам по снабжению электроэнергией (148е) и урегулированию неплатежеспособности (152е) (IBRD, 2019[12]). Невзирая на улучшения в рейтингах ведения бизнеса страны, инвесторы по-прежнему считают Монголию страной, инвестиции в которую сопряжены с высокими рисками из-за частого пересмотра нормативных актов и ограниченного доступа к нормативной информации (World Bank, 2018[13]).

До 2016 года Агентство «Инвестиции в Монголию» помогало урегулировать инвестиционные споры с правительством, регистрировать компании и продвигать Монголию как привлекательную страну назначения иностранных инвестиций. Агентство национального развития — организация, которая в 2016 году заменила Агентство «Инвестиции в Монголию» и выступающая в качестве координатора по осуществлению ЦУР — еще находится в процессе развития своего потенциала для выполнения своей роли агентства по содействию инвестициям и их защите так же результативно, как его предшественник. В продолжение своего развития в феврале 2019 года Агентство национального развития открыло центр обслуживания по принципу «единого окна» (Montsame News Agency, 2019[14]). Также создан дополнительный орган, Совет по защите инвестиций, для оказания помощи по инвестиционным спорам с правительством Монголии, но его деятельности препятствуют ограничения, связанные с нехваткой ресурсов (US Embassy in Mongolia, 2018[11]).

Канада, горнодобывающие компании которой весьма активны в Монголии, является крупнейшим источником прямых иностранных инвестиций (ПИИ) в Монголию: в 2011-2018 годы на нее приходилось 46 процентов совокупных притоков (см. Рисунок 6.2). Для того, чтобы укрепить инвестиционные связи, правительства Канады и Монголии подписали соглашение о поддержке и защите инвестиций, которое вступило в силу в 2017 году (Government of Canada, 2016[15]). В число других крупных инвесторов входят Европейский союз (17,3 процента, в основном Люксембург, на который приходится 12 процентов ПИИ) и Китай (14,7 процента, Китайская Народная Республика — 9,4 процента и Гонконг — 5,3 процента). Российская Федерация выступает сравнительно малым инвестором и составляет лишь 0,5 процента ПИИ.

Государственный долг Монголии в последние годы увеличился с 62,1 процента ВВП в 2015 году до 87,6 процента ВВП в 2016 году и, по прогнозам, будет возрастать. Риск невыполнения Монголией обязательств по своим кредитам считается чрезвычайно высоким (Hurley, Morris and Portelance, 2018[16]). Китай планирует предоставить Монголии кредиты в размере приблизительно 30 млрд долл. США для проектов по инициативе «Один пояс, один путь» (ОПОП), что усугубит риск суверенного дефолта Монголии (ITF, 2019[17]). Правительство признает проблему растущего долга Монголии и в документе *«Видение устойчивого развития Монголии 2030»* (в отношении дополнительной информации о стратегических документах Монголии см. раздел 3) оно устанавливает целевые показатели сокращения внешнего долга до 58,6 процента ВВП к 2020 году, менее чем 50 процентов к 2025 году и уровня ниже 40 процентов к 2030 году (State Great Hural of Mongolia, 2016[18]). Ввиду текущих тенденций, связанных с внешним долгом Монголии, ее целевой показатель к 2020 году, кажется, вряд ли будет выполнен.

Рисунок 6.2. ПИИ в Монголию в разрезе стран-источников в 2011-2018 годы

В миллионах долларов США

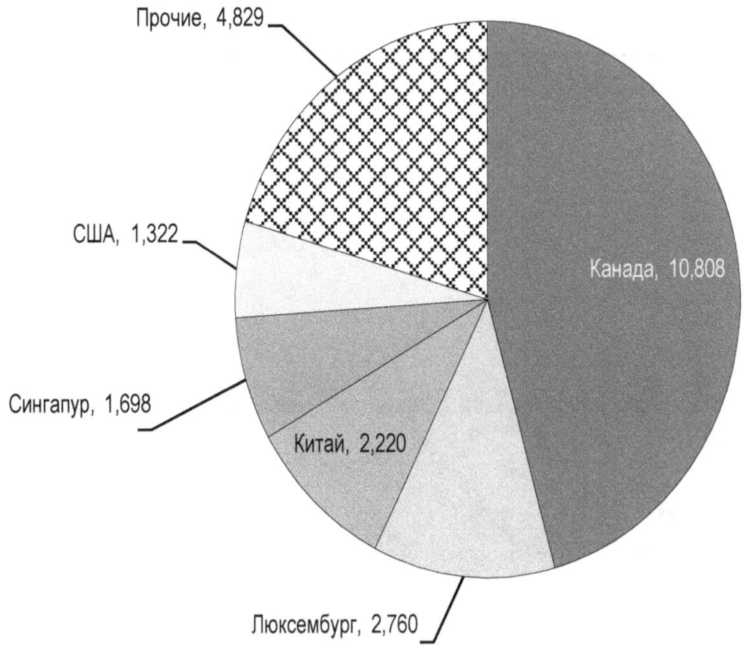

Источник: Mongolian Statistical Information Service (2019[19]), *Foreign Direct Investment Inflows, by country*, Mongolian Statistical Information Service, http://www.1212.mn/tables.aspx?TBL_ID=DT_NSO_1500_004V1

Последнее десятилетие показатели инвестиций Монголии являются весьма различными вследствие изменения цен на биржевые товары. С 2009 года по 2013 год Монголия получала значительно более крупные ПИИ как процентную долю ВВП, чем другие страны с доходами ниже средних, а в 2012 году потоки ПИИ в Монголию составляли 14 процентов ВВП. В последнее время, однако, потоки ПИИ уменьшились до уровней ниже среднего в странах с доходами ниже средних в 2014 и 2015 годах (World Bank, 2018[13]).

Основной причиной такой волатильности является концентрация ПИИ в горнодобывающей промышленности страны и обусловленная этим взаимосвязь между ценами на биржевые товары и привлекательностью для ПИИ. В 2017 году в горнодобывающую промышленность был привлечен 71 процент ПИИ в Монголию, а отрасль туризма и отдыха получила лишь 2 процента. Диверсификация потоков ПИИ поможет достигнуть задачи диверсификации экономики, заявленной Монголией, различные отрасли Монголии обладают потенциалом привлечения значительных ПИИ, например, туризм, агропромышленный комплекс и электронная торговля (World Bank, 2018[13]).

С 2003 года по 2017 год Монголия привлекла объявленные проекты трансграничных ПИИ в новые предприятия в размере около 14,3 млрд долл. США — больше, чем Туркменистан, но меньше 16,9 млрд долл. США Грузии и 26,8 млрд долл. США Узбекистана. ПИИ весьма сконцентрированы в двух отраслях, а именно: металлургии, которая привлекает 7,7 млрд долл. США, или 54 процента совокупных ПИИ в новые предприятия, и отрасли угля и природного газа (4 млрд долл. США, или 28 процентов). Весьма малая доля, 4 процента, приходится на альтернативные или возобновляемые источники энергии. Инфраструктурные инвестиции весьма ограничены. Например, транспорт получает приблизительно 61 млн долл. США совокупных ПИИ в новые предприятия (Рисунок 6.3).

Рисунок 6.3. ПИИ в новые предприятия в Монголии в разрезе видов экономической деятельности в 2003-2017 годы

Кумулятивный капитал ПИИ в новые предприятия с января 2003 года по сентябрь 2017 года в миллионах долларов США

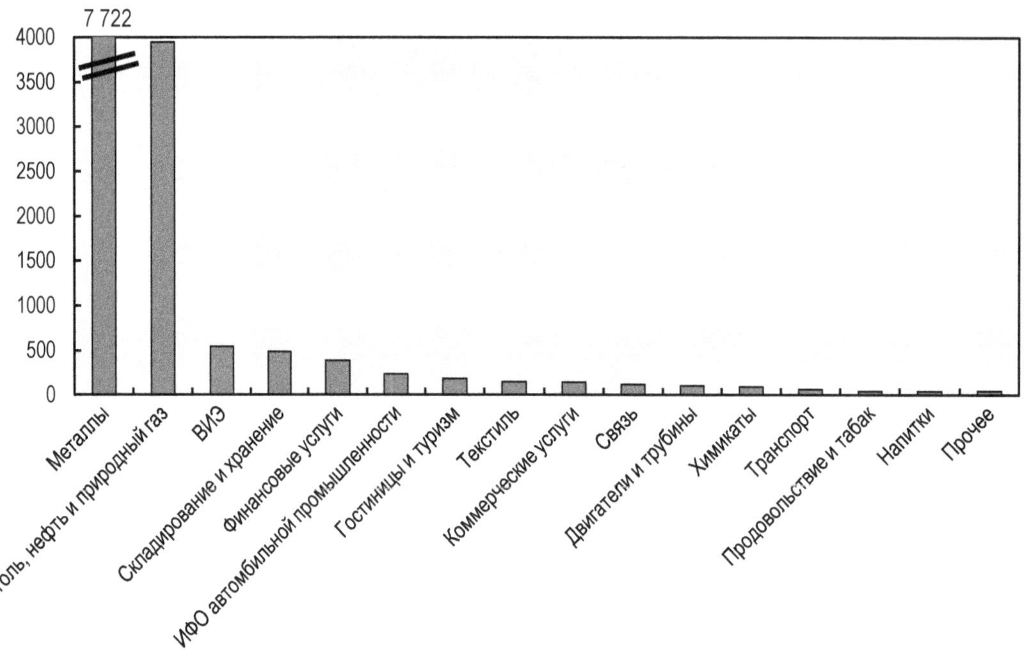

Примечание: ИФО = Изготовители фирменного оборудования. Прочее включает следующее: автомобильные комплектующие; потребительская продукция; программное обеспечение и услуги в сфере ИТ; медицинские изделия; электронные комплектующие; недвижимость; промышленные станки, оборудование и инструменты

Источник: ОЭСР на основе fDi Markets (2019[20]), *fDi Markets: the in-depth crossborder investment monitor (база данных)*, fDi Markets, https://www.fdimarkets.com/

Изменение климата

Отчасти из-за небольшого размера своей экономики и малой численности населения выбросы парниковых газов (ПГ) Монголии в 2014 году составляли около 0,06 процента совокупных выбросов ПГ, однако выбросы на душу населения составили 11,8 тСО2-экв, что несколько ниже среднего в размере 12,9 тСО2-экв государств — членов ОЭСР (Mongolian Statistical Information Service, 2018[21]; World Bank, 2019[1]). В отличие от других стран, рассматриваемых в данном исследовании, официально входивших в Советский Союз, выбросы ПГ Монголии не снижались резко в 1990-х годах. Однако ввиду значения для Монголии Российской Федерации как торгового партнера ВВП страны сократился на 20 процентов в 1990-1993 годы, и ее ВВП превысил свои уровни 1990 года только в 2001 году (см. Рисунок 6.4). С тех пор, как в середине 2000-х годов экономика начала расти более быстрыми темпами, выбросы ПГ в стране также возросли. В результате этой расстыковки имеет место резкое снижение интенсивности выбросов в экономике Монголии: в 1994 году выбросы Монголии составляли 6,4 кг CO_2-экв на 1 долл. США ВВП, а к 2014 году эта цифра снизилась до 3 кг CO_2-экв (Mongolian Statistical Information Service, 2018[21]; World Bank, 2019[1]). Благодаря этому интенсивность выбросов экономики Монголии ниже, чем некоторых стран Центральной Азии (а именно Казахстана и Туркменистана), но выбросы ПГ монгольской экономики, связанные с производством 1 долл. США ВВП, по-прежнему в 7,5 раза выше среднего государств — членов

ОЭСР. В 2014 году выбросы на душу населения Монголии составляли 11,8 тCO_2-экв, что несколько ниже среднего в размере 12,9 тCO_2-экв государств — членов ОЭСР (World Bank, 2019[1]).

Рисунок 6.4. Выбросы ПГ и ВВП Монголии в 1990-2017 годы

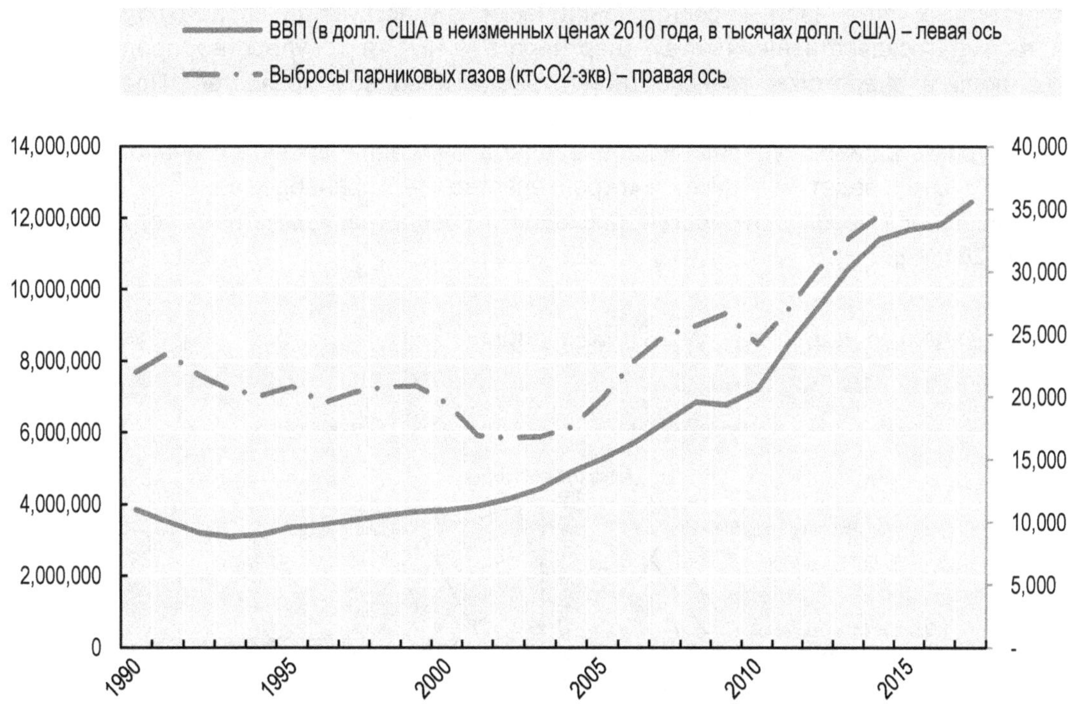

Источник: World Bank (2018[22]) (данные о ВВП), *World Development Indicators (database)*, https://data.worldbank.org/;); Mongolian Statistical Information Service (2018[23]) (данные о ПГ), "Greenhouse Gas removals and emissions, by sector, by main indicators, by year", http://www.1212.mn/tables.aspx?TBL_ID=DT_NSO_2400_015V3.

Наибольшая доля выбросов ПГ Монголии приходится на сельское хозяйство. В 2014 году сельское хозяйство составляло 48,4 процента совокупных выбросов по сравнению с 27,5 процента энергетических отраслей. Другими крупными источниками были отрасли обрабатывающей промышленности и строительство (6,7 процента), транспорт (5,8 процента) и неулавливаемые выбросы, образуемые топливом (3,4 процента) (Ministry of Environment and Tourism of Mongolia, 2018[24]).

В сентябре 2016 года Монголия ратифицировала ОНУВ в Парижское соглашение в соответствии с политикой зеленого развития 2014 года и связанным с ней планом действий на 2016 год. Общее обязательство Монголии заключается в сокращении выбросов ПГ на 14% к 2030 году по сравнению с обычным ходом событий (BAU). Правительство Монголии в настоящее время занимается обновлением и разработкой более амбициозных целей для мобилизации дополнительных зеленых финансов из фондов в области изменения климата.

Изменение климата уже оказывает воздействие на водные и лесные ресурсы Монголии, равно как и на ее почвы и биоразнообразие. Озера Монголии постепенно высыхают и исчезают, а многие из местных видов страны лишаются своей среды обитания вследствие опустынивания и деградации земель. Согласно одному из исследований 2015 года, опустынивание и деградация земель уже сказываются на 76,8 процента территории Монголии, а повышение температур и интенсификация сельского хозяйства, как ожидается, усугубят ситуацию (Ministry of Environment and Tourism of Mongolia, 2018[24]).

6.2. Потребности в инфраструктуре и текущие планы Монголии

Инфраструктура Монголии, особенно его транспортная и водохозяйственная инфраструктура, страдает от серьезных недостатков (см. Рисунок 6.5), но правительство осуществляет различные крупномасштабные проекты развития инфраструктуры, с тем чтобы улучшить предоставление инфраструктурных услуг. Частный сектор практически не участвует в инфраструктурных проектах, даже в форме государственно-частных партнерств (ГЧП), и государство продолжает играть огромную роль в энергетике, транспортной отрасли и водном хозяйстве. Правительство не выделяет достаточных средств для текущего ремонта и содержания существующих инфраструктурных активов, уделяя первоочередное внимание проектам инвестиций в новые предприятия. Это ведет к циклу «строительство – пренебрежение – перестройка», характеризующемуся неэффективностью расходов и предоставляемых инфраструктурных услуг (World Bank, 2018[25]).

Рисунок 6.5. Качество инфраструктуры в Монголии

Источник: World Economic Forum (2017[26]), *The Global Competitiveness Report 2017-2018*, World Economic Forum, http://www3.weforum.org/docs/GCR2017-2018/05FullReport/TheGlobalCompetitivenessReport2017%E2%80%932018.pdf.

Из инвестиционных проектов объемом 62,9 млрд долл. США, отслеживаемых в последние годы, на энергетические проекты приходится более 38 процентов (23,8 млрд долл. США) совокупных инвестиций, которые представлены выработкой электроэнергии (более 22,4 млрд долл. США, или 94 процента совокупных энергетических проектов) и передачей и распределением электроэнергии (1,4 млрд долл. США, или 6 процентов). За ними следуют проекты в горнодобывающей промышленности, составляющие 32 процента (20,4 млрд долл. США) инвестиционных проектов (Рисунок 6.6). Эти проекты в горнодобывающей промышленности объясняются привлекательностью Монголии как второй страны в мире по величине запасов меди с более чем 8 000 отдельных месторождений, в которых залегает свыше 400 различных полезных ископаемых

(SES Professionals, n.d.[27]). На планируемые и строящиеся проекты в транспортной отрасли Монголии также приходится более 20 процентов, или 12,7 млрд долл. США, а проекты в обрабатывающей промышленности — более 5,9 млрд долл. США (или 9 процентов). Наконец, планируемые и строящиеся инвестиционные проекты водоснабжения и водоотведения составляют лишь 150 млн долл. США.

Рисунок 6.6. Инвестиционные проекты в Монголии в разрезе секторов

Планируемые и строящиеся
В миллионах долларов США

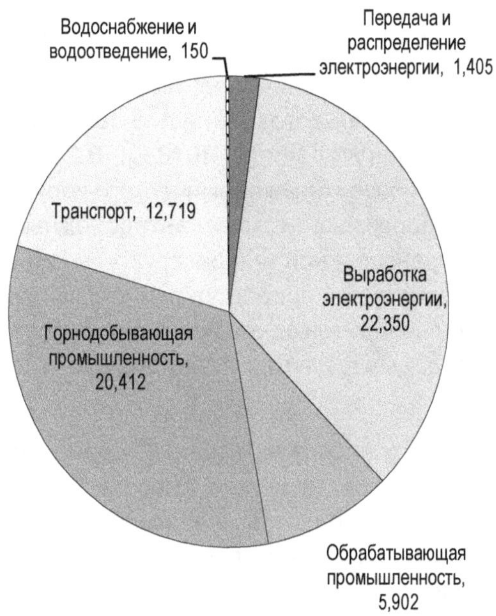

Примечание: Передача и распределение электроэнергии включают проекты теплоснабжения от теплоцентрали, централизованные сети передачи и распределения электроэнергии, двухцепные линии электропередачи; к проектам выработки электроэнергии относятся проекты солнечной фотовольтаики и ветровой энергии, угольные, гидро- и газовые электростанции. Проекты в обрабатывающей промышленности включают цемент, химикаты, кокс и продукты нефтепереработки, основные металлы и прочее транспортное оборудование. К горнодобывающей промышленности относится добыча металлических руд, угля и лигнита; транспортные проекты включают проекты смешанных перевозок, железные дороги и автомобильные дороги. Проекты водоснабжения и водоотведения представлены программами инвестиций в расширение канализационных систем, водоснабжение, водоотведение и санитарию.
Источник: ОЭСР на основе баз данных по состоянию на июнь 2019 года.

Транспорт

Низкое качество транспортной инфраструктуры Монголии увеличивает высокие издержки, связанные с торговлей, и препятствует интеграции страны в глобальные цепочки создания стоимости (ГЦСС). Если издержки, связанные с тем, чтобы одна тонна товаров из Германии достигла 20 процентов глобального ВВП, составляют в среднем 30 долл. США, то такой же доступ одной тонны монгольских товаров к рынку стоит около 175 долл. США. Даже по сравнению со странами, не имеющими выхода к морю, Центральной Азии, которые низко оцениваются по этому показателю связности, доступ Монголии к глобальному ВВП является особенно ограниченным (ITF, 2019[17]).

Недостаток инвестиций, особенно в текущий ремонт и содержание, является серьезным фактором слабой транспортной инфраструктуры и, следовательно, высоких издержек. Если другие страны со средними доходами расходуют на текущий ремонт и содержание автомобильных дорог в среднем

0,75 процента ВВП, то расходы Монголии составляют лишь 0,15 процента ВВП (ITF, 2019[17]). Этот дефицит расходов является еще более крупным, чем представляется. Например, из-за низкой плотности населения страны и трудных климатических условий издержки, связанные с текущим ремонтом и содержанием автомобильных дорог, в Монголии значительно выше, чем в более густонаселенных странах, климат которых мягче (World Bank, 2018[25]).

Для поддержания даже своих текущих уровней показателей сети Монголия должна увеличить свой нынешний потенциал автомобильных дорог на 84 процента к 2030 году и на 284 процента к 2050 году, а ее потенциал железных дорог должен возрасти за тот же период на 65 процентов и 306 процентов. Ввиду географического положения Монголии по ее железнодорожной сети, эксплуатируемой Улан-Баторскими железными дорогами, перевозится 90 процентов грузов между Китаем и Российской Федерацией, что делает транспортную инфраструктуру Монголии стратегически важной не только внутри страны, но и на международном уровне (ITF, 2019[17]).

В последние годы активизировалось сотрудничество Китая, Монголии и Российской Федерации. В 2015 году правительства этих трех стран договорились о создании совместной железнодорожной транспортно-логистической компании (World Bank, 2018[25]). В 2016 году они подписали программу, которой предусматриваются планы развития экономического коридора Китай – Монголия – Россия, в том числе четырех железнодорожных и трех автодорожных коридоров через Монголию. Программа касается не только транспортной инфраструктуры, но и сотрудничества в энергетике, промышленности, сельском хозяйстве и природоохранной сфере (Ministry of Foreign Affairs of Mongolia, 2017[28]). Монголия также является одной из основных составляющих четвертого коридора ЦАРЭС, который частично накладывается на планируемые транспортные коридоры Китай – Монголия – Россия.

Признавая недостатки в сфере транспорта страны, правительство осуществляло крупные инвестиции в масштабные инициативы, такие как «Дорога тысячелетия», в результате чего за прошедшие два десятилетия протяженность национальной автодорожной сети Монголии увеличилась втрое. Однако значительные разрывы в обеспечении инфраструктурой сохраняются. По состоянию на 2016 год национальная железнодорожная сеть охватывала лишь семь из 21 административного района (*аймака*) страны, и только 16 из них связаны со столицей автомобильными дорогами с покрытием (World Bank, 2018[25]).

Проекты транспортной инфраструктуры Монголии составляют приблизительно 12,7 млрд долл. США и представлены в основном железнодорожными проектами (57 процентов, или около 7,3 млрд долл. США) (см. Рисунок 6.7). Инвестиции в автомобильные дороги занимают второе место объемом около 5,3 млрд долл. США (или 42 процента), за которыми следуют весьма малые инвестиции в проекты смешанных перевозок, например, логистических центров (1 процент, или 122 млн долл. США). Инвестиционные проекты в железнодорожной отрасли сосредоточены в основном на отечественных сегментах региональных инфраструктурных проектов и железнодорожной инфраструктуре для перевозки горнорудной продукции из Монголии до границы с Китаем.

Рисунок 6.7. Проекты в сфере транспорта в Монголии в разрезе подсекторов

Планируемые и строящиеся
В миллионах долларов США

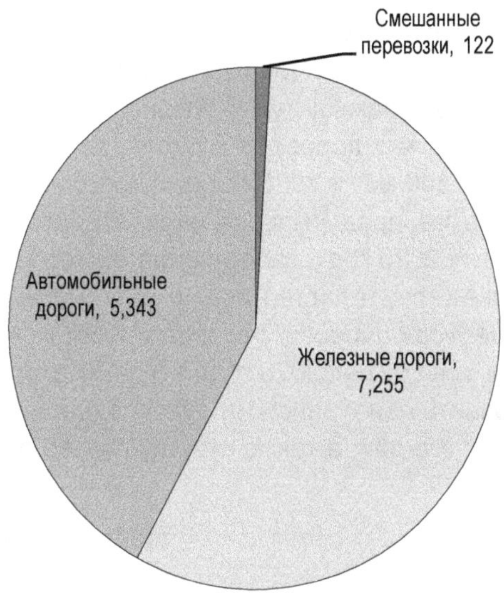

Примечания: Проекты смешанных перевозок включают строительство логистических центров
Источник: исследование ОЭСР на основе баз данных по состоянию на июнь 2019 года.

С точки зрения размера инвестиций в автодорожной отрасли преобладают строящиеся проекты, а железные дороги доминируют в планируемых проектах (Таблица 6.2). Из числа наиболее значительных проектов транспортной отрасли, строящихся в настоящее время, автомагистраль Алтанбулаг – Улан-Батор – Замын-Ууд протяженностью 1 000 км и железная дорога Эрдэнэт – Овоот длиной 547 км считаются крайне важными для обеспечения связи с экономическими и социальными возможностями, а также сокращения высоких транспортных издержек Монголии. Стоимость автомагистрали Алтанбулаг – Улан-Батор – Замын-Ууд составляет приблизительно 3,5 млрд долл. США, и она считается одним из мегапроектов Монголии, строящихся в рамках механизма государственно-частного партнерства (ГЧП), который создаст более 50 000 рабочих мест (GoGo Mongolia, 2015[29]). Строительство проекта осуществляется в соответствии с европейскими стандартами, и это будет один из основных маршрутов, связывающих Азию с Европой. Еще одним важным проектом, строящимся в настоящее время, является Западный региональный автодорожный коридор, который состоит из 290 км автомобильных дорог, соединяющих отдаленную западную часть Монголии с транспортным коридором, который связывает Монголию с Российской Федерацией на севере и Китаем на юге. Этот проект давно предусмотрен стратегией национального развития Монголии, он финансируется АБР, который является крупнейшим партнером по развитию Монголии.

Почти все наиболее значительные планируемые проекты в транспортной отрасли Монголии поддерживаются монгольским Агентством национального развития и направлены в основном на перевозку угля и других полезных ископаемых с различных шахт в морские порты в Китае. Эти железнодорожные проекты весьма важны для создания новых транзитных маршрутов монгольских горнодобывающих компаний, производительность которых низка и которые не могут конкурировать на мировых рынках. Например, как ожидается, по железной дороге Ухаа Худаг (Южно-Гобийский аймак) – Гашуун Сухайт (Умнеговь) будет перевозиться более 30 млн тонн грузов в год из Ухаа Худаг до монголо-китайской границы в КПП Гашуун Сухайт.

Такие планируемые железнодорожные проекты, хотя они направлены на сокращение транспортных издержек, не упоминаются в долгосрочной стратегии *«Видение устойчивого развития 2030»* и вместо этого предпринимаются, кажется, с коммерческой целью улучшения перевозок горнорудной продукции. Стратегия *«Видение устойчивого развития 2030»* сосредоточена на логистических центрах, а также автомобильных и железных дорогах. Она направлена на создание транспортных и логистических центров в городах Замын-Удэ, Хушигин Хунди и Алтанбулаг к 2020 году, увеличение протяженности асфальтовых дорог для международных и внутренних поездок на 1 600 км (к 2020 году), дополнительные 800 км (к 2025 году) и дополнительные 470 км (к 2030 году). В железнодорожной отрасли ею также предусматривается строительство и ввод в эксплуатацию линии Ухаа Худаг – Гашун Сухайт к 2020 году, завершение строительства линии из Эрдэнет-Овоот в Богд Хан (к 2025 году), а также строительство новых региональных железнодорожных линий к 2030 году. Стратегия *«Видение устойчивого развития 2030»* имеет своей целью сократить транспортные издержки в целом, внедрить к 2025 году в Улан-Баторе новую современную систему общественного транспорта и развить авиатранспорт путем завершения строительства к 2025 году международного аэропорта Хушиг Хундий, а также строительство аэропортов в малых городах.

Таблица 6.2. Актуальные проекты в транспортной отрасли Монголии

(а) Строящиеся					
Название	Подсектор	Описание	Стоимость проекта (млн долл. США)	Источник финансирования	Тип инвестиций
Автомагистраль Алтанбулаг (Сэлэнгэ) – Улан-Батор – Замын-Ууд (Дорноговь) (ГЧП)	Автомобильные дороги	Строительство автомагистрали протяженностью 1 000 км, которая будет проходить через 24 сомона шести областей и два района Улан-Батора. Ее строительство осуществляется в соответствии с европейскими стандартами, и это будет основной маршрут, связывающий Азию с Европой.	3 500	Chinggis Land Development Group	В новое предприятие
Железная дорога Эрдэнэт – Овоот (547 км)	Железные дороги	Строительство железнодорожной линии Эрдэнэт – Овоот протяженностью 547 км в Монголии. Эта железнодорожная линия будет соединять электростанцию, работающую на коксующемся угле, в Овоот компании Aspire Mining с Трансмонгольской железной дорогой в Эрдэнет. Эта железнодорожная дорога также улучшит грузовые перевозки между Россией, Монголией и Китаем.	1 250	Китайские железные дороги	В новое предприятие
Программа инвестиций в развитие городского транспорта: первый транш	Автомобильные дороги	Первый транш инвестиционной программы направлен на: (i) развитие инфраструктуры и системы скоростного автобусного транспорта (САТ); (ii) применение мер по организации дорожного движения для повышения эффективности и	273	АБР; Монголия	В существующее предприятие

		безопасности транспортных потоков; (iii) разработку и внедрение мер политики по управлению спросом на парковку, дорожное движение и перевозки; (iv) развитие эффективной и устойчивой системы общественного транспорта; и (v) улучшение организации общественного транспорта и качества услуг. Инвестиционная программа будет осуществляться в течение 10 лет, начиная с 2012 года.			
Программа инвестиций в коридор Западной региональной автомобильной дороги: второй транш	Автомобильные дороги	Связывает Монголию с Российской Федерацией на севере и Китайской Народной Республикой на юге. Результаты второго транша будут включать 189,7 км дороги с покрытием, построенной между городами Ховд и Уланбайшинт, а также три моста (0,49 км) и 14,9 км реконструированных городских автодорог в городах Ховд и Улгий.	125	АБР	В существующее предприятие
(b) Планируемые					
Название	Подсектор	Описание	Стоимость проекта (млн долл. США)	Источник финансирования	Тип инвестиций
Строительство железной дороги Ухаа Худаг (Южно- Гобийский аймак) – Гашуун Сухайт (Умнеговь)	Железные дороги	Строительство 225 км железной дороги из Ухаа Худаг до монголо-китайской границы в Гашуун Сухайт. Эта железнодорожная линия будет важна для большегрузных транспортных средств, которыми, по прогнозам, будет экспортироваться 30 млн тонн грузов в год.	970	BNP Paribas, ЕБРР	В новое предприятие
Основная инфраструктура железной дороги Таван-Толгой – Гашуун Сухайт	Железные дороги	Строительство 240 км железной дороги, которая будет проходить по территории Цогтцэций, Манлай, Баян-Овоо и Ханбогд. По этой железной дороге будут перевозиться уголь и медь из угольного месторождения Таван-Толгой и медного рудника Оюу Толгой в порты Гашуун Сухайт и Сэхэ. Ожидаемые грузоперевозки в год — 30 метрических тонн.	1 070	Shenhua Group, Sumitomo Corporation	В новое предприятие
Программа инвестиций в объездную железную дорогу Богд-Хан	Железные дороги	Строительство транспортной сети в Улан-Баторе. Протяженность железнодорожной линии составит 170 км, и, по оценкам, грузовые перевозки по ней составят 15-30 млн тонн грузов в год.	500	АБР, Правительство Монголии	В существующее предприятие
Предложенная специальная автомобильная дорога между Таван-Толгой и	Автомобильные дороги	Этот проект направлен на сокращение транспортных издержек горнодобывающей промышленности и увеличение экспорта аймака Умнеговь. Завершено	256	н.д.	В новое предприятие

Гашуун Сухайт протяженностью 250 км		предварительное технико-экономическое обоснование, которое проводилось в 2014 году, строительство автодороги планируется завершить к 2021 году.			
Основная инфраструктура железной дороги Нарийн Сухайт – Шивээ Хурэн	Железные дороги	По этой железной дороге будут осуществляться перевозки угля из угольного месторождения Нарийн Сухайт через КПП Шивээ Хурэн в Китайскую Народную Республику. Проект находится на территории сомона Гурвантес аймака Умнеговь.	145	н.д.	В новое предприятие

Примечания: АБР = Азиатский банк развития; ЕБРР = Европейский банк реконструкции и развития
Источник: исследование ОЭСР на основе данных ADB (2019[30]), IJGlobal (2019[31]), CSIS (2019[32]), Dealogic (2019[33]), World Bank по состоянию на июнь 2019 года.

Энергетика

Энергетическая инфраструктура Монголии является недостаточной, и инвестиции отстают от высоких темпов экономического роста страны. Так, совокупная установленная мощность выработки электроэнергии страны едва покрывает пиковую нагрузку, без необходимого увеличения мощности рост нагрузки может стать слишком большим для мощности выработки электроэнергии внутри страны в сочетании с импортом электроэнергии из Российской Федерации (World Bank, 2018[25]). Ситуация усугубляется низким качеством энергосистемы Монголии, что ведет к потерям в размере 11,4 процента в сетях передачи и распределения электроэнергии (World Economic Forum, 2017[26]).

В отличие от других стран, рассматриваемых в данном исследовании, все из которых были республиками Советского Союза, Монголия не достигла всеобщего доступа к электроснабжению; почти одна десятая населения не имеет доступа к электроэнергии (World Economic Forum, 2017[26]). Централизованным теплоснабжением или теплоснабжением от теплоцентрали обеспечены менее четверти населения, вместо этого в чрезвычайно холодные зимние месяцы в Монголии население использует для отопления угольные котлы и кухонные плиты. Отчасти из-за неэффективных способов отопления столица страдает от весьма низкого качества атмосферного воздуха (World Bank, 2018[25]).

Монголия вырабатывает большую часть (93 процента) своей электроэнергии на угольных теплоэлектростанциях (см. Рисунок 6.8), большинство из которых были построены в период с 1960 года по 1980 год и работают на устаревших технологиях. Многие вскоре необходимо будет вывести из эксплуатации. Рост общих выбросов ПГ в Монголии сопровождается увеличением выбросов в энергетическом секторе:: с 1990 года по 2016 год они увеличились приблизительно на 50 процентов. В отношении возобновляемых источников энергии, в том числе плотин гидроэлектростанций, ветровой и солнечной энергетики, в последние годы достигнуты умеренные успехи благодаря щедрым тарифам на подключение, которые повысились с лишь 1 процента в 2013 году до приблизительно 4 процентов в 2016 году и почти 7 процентов к 2018 году (World Bank, 2018[25]).

Рисунок 6.8. Выработка электроэнергии в разрезе видов топлива (ГВт·ч в 2016 году)

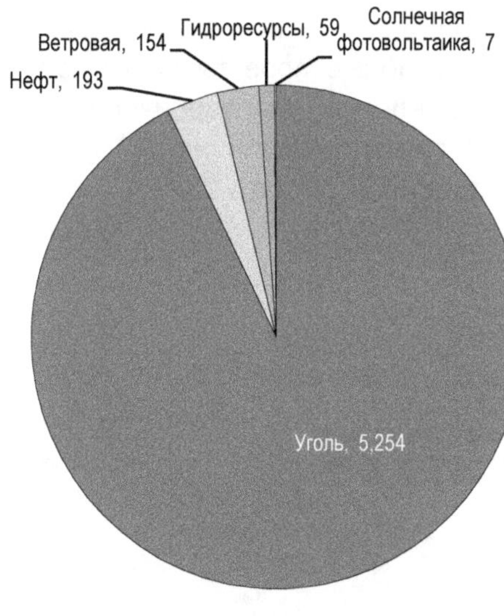

Источник: International Energy Agency (2018[34]), *IEA World Energy Balances 2018*, International Energy Agency https://webstore.iea.org/world-energy-balances-2018

Монголия является чистым экспортером энергии, в основном благодаря своим богатым месторождениям угля, но она чистый импортер электроэнергии. Она опирается на уголь не только как на источник выработки электроэнергии внутри страны, но и для его экспорта. В 2015 году и 2016 году Монголия экспортировала, соответственно, 9,8 мтнэ и 16,1 мтнэ угля (IEA, 2018[34]), а в 2017 году угольные брикеты составляли 33 процента монгольского экспорта в стоимостном выражении (Observatory of Economic Complexity, 2017[9]). В Монголии существует небольшая нефтяная промышленность, которая обычно покрывает внутренний спрос. В 2015 году Монголия была чистым импортером (0,05 мтнэ), но в 2016 году она являлась чистым экспортером (0,10 мтнэ). Для удовлетворения спроса в периоды повышенного спроса Монголия опирается на импорт электроэнергии из Российской Федерации, в 2015 году и 2016 году она импортировала по 0,12 мтнэ электроэнергии (IEA, 2018[34]).

В том, что касается инвестиционных проектов в сфере выработки электроэнергии, 95 процентов инвестиций, выраженных в мощности, (или 9 854 МВт) приходится на угольные электростанции, а гидроэлектростанции составляют лишь 3 процента совокупных инвестиций (см. Рисунок 6.9). Важное место в крупнейших инфраструктурных проектах Монголии занимают угольные электростанции, но также строится несколько капиталоемких проектов возобновляемых источников энергии (Таблица 6.3). К числу строящихся проектов относятся угольная электростанция Багануур и угольная электростанция Бооролжуут мощностью, соответственно, 700 МВт и 600 МВт стоимостью 1 млрд долл. США каждая. Монголия также планирует несколько других крупных угольных электростанций стоимостью от 5,8 млрд долл. США в случае проекта Шивээ-овоо мощностью 5 280 МВт до 1 млрд долл. США в случае электростанции мощностью 5 280 МВт в устье шахтного ствола Тэвшийн Говь. В то же время проекты возобновляемых источников энергии страны значительно меньше и вносят значительно меньший вклад в мощность выработки: ветровая электростанция Цэций оценивается в 501 млн долл. США, ее мощность составляет лишь 50 МВт, а ветровая электростанция Сайншанд стоит 120 млн долл. США и имеет мощность 55 МВт. Проекты ветроэнергетики имеют целью сократить углеродоемкость экономики и энергетических систем Монголии, осуществить диверсификацию и уйти от использования угля. В целях поддержки более активной интеграции возобновляемых источников энергии Монголия недавно приняла новый закон о возобновляемых источниках энергии, который пересматривает закупочные тарифы и устанавливает схему аукционов. Однако в целом текущие инвестиции имеют близкое сходство с моделями развития прошлых периодов и не вносят существенного вклада в задачи диверсификации. Многие крупномасштабные проекты не согласуются со стратегией *«Видение устойчивого развития 2030»,* направленной на увеличение использования возобновляемых источников энергии для выработки электроэнергии на 30 процентов и начало использования электроэнергии атомных электростанций к 2030 году.

Рисунок 6.9. Проекты выработки электроэнергии в Монголии в разрезе видов топлива

В мегаваттах

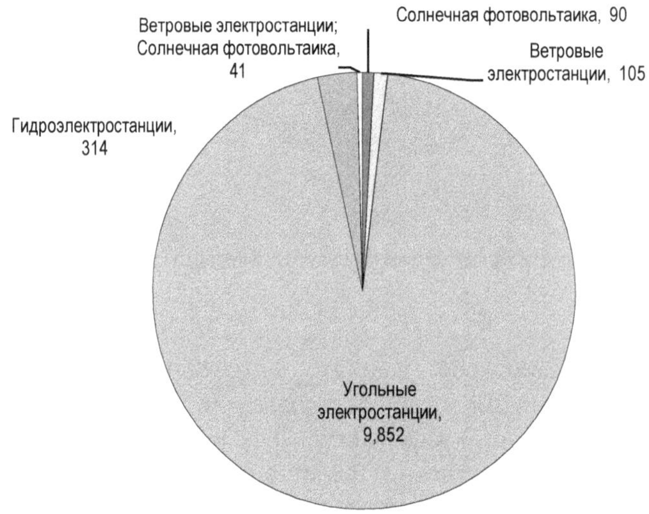

Источник: исследование ОЭСР на основе баз данных по состоянию на июнь 2019 года.

Таблица 6.3. Актуальные проекты в энергетике Монголии

(а) Строящиеся						
Название	Подсектор	Описание	Стоимость проекта (млн долл. США)	Мощность (МВт)	Источник финансирования	Тип инвестиций
Угольная электростанция Багануур	Угольная электро-станция	Строительство угольной электростанции в городе Багануур к востоку от столицы Улан-Батора. Электростанция будет состоять из двух угольных энергоблоков мощностью 350 МВт каждый. Электростанция, как ожидается, начет работу в 2021 году.	1 000	700	Baganuur Power LLC (100 процентов)	В новое предприятие
Угольная электростанция Бооролжуут	Угольная электро-станция	Строительство угольной электростанции в 120 км от Улан-Батора в аймаке	1 000	600		В новое предприятие

		Дундговь. Источником угля будет близлежащая шахта Бооролжуут, которая поставляет бурый уголь. Проект нацелен на строительство электростанции в две фазы (2 x 300 МВтэ), один энергоблок будет построен к 2019 году, второй энергоблок будет завершен к 2022 году.			Bodi International Group, China State Construction Engineering Group	
Вторая фаза ветровой электростанции Цэций	Ветровая электро-станция	Строительство ветровой электростанции мощностью 50 МВтэ. После завершения строительства проект станет вторым по величине в Монголии после ветровой электростанции Салхит мощностью 50 МВтэ.	501	50	Newcom Group (51 процент), SoftBank (49 процентов)	В новое предприятие
Фотовольтаи-ческая солнечные электростанции 1, 2, 3 KEPCO KDN-Mongolia	Солнечная фото-вольтаика	н.д.	282	н.д.	н.д.	В новое предприятие
Ветровая электростанция Сайншанд	Ветровая электро-станция	Строительство 25 турбин Vestas V110 мощностью 2,2 МВт в 450 км к юго-востоку от Улан-Батора близ города Сайншанд. Эта ветровая электростанция, как ожидается, будет производить 190 ГВт·ч электроэнергии в год, она строится в соответствии с подходом «переход к «зеленой» экономике» ЕБРР.	120	55	ЕБРР, ЕИБ	В новое предприятие
(b) Планируемые						
Название	Подсектор	Описание	Стоимость проекта (млн долл. США)	Мощность (МВт)	Источник финансирования	Тип инвестиций
Проект Шивээ-овоо	Угольная электро-станция	Строительство угольной электростанции в Гоби-Сумберском аймаке в 260 км к юго-востоку от Улан-Батора. Электроэнергию, которая будет вырабатываться предлагаемой электростанцией,	4 000	5 280	Erdenes Shivee Energy, LLC (Монголия)	В новое предприятие

		планируется экспортировать в Китай.				
Электростанция Таван-Толгой (Рио Тинто)	Угольная электро-станция	Строительство угольной электростанции мощностью 300 МВт для снабжения электроэнергией медного рудника Оюу Толгой в Монголии. Ее планируется ввести в эксплуатацию к 2023 году.	1 500	300	Oyu Tolgoi LLC	В новое предприятие
Улан-Баторская ТЭЦ-5	Угольная электро-станция	Угольная теплоэлектроцентраль ТЭЦ-5 расположена в Улан-Баторе, Монголия. Мощность ТЭЦ составляет 415 МВт электроэнергии и 587 МВт пара. Электроэнергию, производимую электростанцией, будет покупать правительство Монголии по договору о покупке электроэнергии, а вырабатываемый пар будет использоваться для теплоснабжения Улан-Батора. Ожидалось, что эксплуатация начнется в 2017 году.	1 200	415	Sojitz Corporation (30 процентов); POSCO (30 процентов); Newcom Group (10 процентов), GDF Suez (ОАЭ) (30 процентов)	В новое предприятие
Электростанция Чандгана мощностью 600 МВтэ	Угольная электро-станция	Строительство угольной электростанции в 300 км к востоку от Улан-Батора в сомоне Мурэн. Электростанция будет находиться близ угольного месторождения Чандгана Тал с оцениваемыми запасами угля 124 млн тонн. Электростанцию планируется построить в две фазы, которые составляют 300 МВтэ (2 x 150 МВтэ).	1 000	600	Prophecy Coal Corporation (100 процентов)	В новое предприятие
Электростанция в устье шахтного ствола Тэвшийн Говь	Угольная электро-станция	Строительство угольной электростанции в устье шахтного ствола Тэвшийн Говь в аймаке Дундговь. В 2013 году проводилось технико-экономическое обоснование, которое было утверждено Министерством энергетики Монголии.	1 000	600	Правительство Монголии (100 процентов)	В новое предприятие

Примечание: ЕБРР = Европейский банк реконструкции и развития; ЕИБ = Европейский инвестиционный банк

Источник: CSIS (2019[32]), EBRD (n.d.[35]), IEEFA (2019[36]), IJGlobal (2019[31]), Invest in Mongolia (n.d.[37]), SourceWatch (2019[38]), Thomson One (2019[39]) по состоянию на июнь 2019 года.

Промышленный сектор и горнодобывающая промышленность

Последние несколько лет горнодобывающая промышленность составляет около 24 процента ВВП Монголии (Mongolian Statistical Information Service, 2019[3]), 60 процентов объема ее промышленного производства и 80 процентов совокупного экспорта, хотя в ней занято лишь приблизительно 2 процента общей рабочей силы страны. В то же время в сельском хозяйстве с учетом крупного пастбищного животноводства Монголии занято около трети рабочей силы, но оно составляет только примерно 13 процентов ВВП. Сырое кашемировое волокно является одной из важнейших статей экспорта Монголии без учета минерального сырья, но роль Монголии в готовом текстиле и текстильной продукции с более высокой добавленной стоимостью ограничена. Усиление горнодобывающей промышленности и сравнительное сокращение сельского хозяйства и прочих секторов ведут к хронической недиверсифицированности экономики, в экспорте которой в значительной мере преобладает горнорудная продукция, экспортируемая на один рынок, в Китай (World Bank, 2018[25]).

Признавая уязвимость экономики по отношению к шокам цен на биржевые товары и прочим рискам, связанным с доминированием одной отрасли промышленности, правительство сделало диверсификацию приоритетом своей стратегии *«Видение устойчивого развития Монголии 2030»*. Эта стратегия имеет своей целью увеличить долю товаров обрабатывающей и перерабатывающей промышленности в экспорте Монголии до 15 процентов к 2020 году и до 25 процентов к 2025 году. В текстильной промышленности правительство поставило задачу увеличения доли продукции перерабатывающей промышленности в экспорте кожаных, шерстяных и кашемировых товаров до 15 процентов совокупного экспорта текстиля к 2020 году и 80 процентов к 2030 году. Наряду с этим, она направлена на развитие отечественных отрасли аффинажа золота и медеплавильной промышленности вместо экспорта сырой руды и золота низкой пробы, а также увеличение отечественного потенциала производства химических удобрений (State Great Hural of Mongolia, 2016[18]).

Большинство инвестиций в промышленном секторе и горнодобывающей промышленности Монголии сосредоточены в проектах горнодобывающей промышленности (Таблица 6.4). Эти проекты представляют собой крупные долгосрочные инвестиции, которые, как ожидается, помогут Монголии стать одним из мировых лидеров горнодобывающей промышленности. Например, оцениваемый объем инвестиций в проект золотомедного рудника Оюу Толгой составляет 7 млрд долл. США, и, как ожидается, он будет функционировать приблизительно 100 лет и станет третьим крупнейшим производителем меди в мире, достигнув максимума производства металлов к 2025 году. К числу прочих проектов относится месторождение Таван Толгой, в котором содержится, по оценкам, 7,5 млрд тонн высокосортного коксующегося угля, но в последние годы его разработка замедлилась из-за проблем с финансированием и обеспокоенностью относительно той роли, которую, как ожидается, должны играть в этом проекте иностранные компании. В текущих крупномасштабных инвестициях отсутствуют проекты, способствующие достижению задач диверсификации Монголии, что далее укореняет зависимость страны от добычи угля и лигнита (см. Рисунок 6.10).

Таблица 6.4. Актуальные проекты промышленного сектора и горнодобывающей промышленности Монголии

Название	Подсектор	Описание	Стоимость проекта (млн долл. США)	Статус	Источник финанси-рования	Тип инвести-ций
Проект угольной шахты Таван Толгой	Горнодо-бывающая промыш-ленность	Крупнейшая неразработанная шахта по добыче коксующегося угля в мире с оцениваемыми запасами 7,4 млрд тонн. Она находится на юге Монголии в 240 км к северу от китайской границы.	7 000	Плани-руется	Shenhua Group Corp Ltd, Peabody Energy Corp	н.д.
Золотомед-ный рудник Оюу Толгой	Горнодо-бывающая промыш-ленность	Расположенный в 80 км к северу от монголо-китайской границы, он обладает потенциалом функционировать приблизительно 100 лет на основе пяти известных месторождений полезных ископаемых. В месторождении Оюу Толгой содержится всего 2,7 млрд тонн железной руды, в том числе более 1 000 тонн золота и 25,4 млн тонн меди. На руднике будет ежегодно добываться 430 000 тонн меди и 425 000 унций золота. Ожидается, что он станет третьим крупнейшим производителем меди в мире и достигнет максимума производства металлов к 2025 году.	5 800	Строится	Turquoise Hill Resources (60 процентов), Правительство Монголии (34 процента)	В существующее предприятие
Шахта по добыче коксующе-гося угля Таван Толгой	Горнодо-бывающая промыш-ленность	Расположена в 240 км от границы с Китаем на юге Монголии. В месторождении Таван Толгой содержится, по оценкам, 7,5 млрд тонн высокосортного коксующегося угля, но в последние годы его разработка замедлилась из-за проблем с финансированием и обеспокоенностью относительно той роли, которую, как ожидается, должны играть в этом проекте иностранные компании.	4 000	Строится	Правительство Монголии (100 процентов)	В новое предприятие
Проект медного рудника Цагаан Суварга	Горнодо-бывающая промыш-ленность	Четвертая крупнейшая шахта в Монголии, расположенная в аймаке Дорноговь в 300 км от границы с Китаем. Шахта принадлежит компании Mak Company. Проектом предусматривается монтаж медно-молибденового концентратора мощностью 14,6 млн тонн в год, а также прочей связанной с ним инфраструктуры, такой как линия электропередач протяженностью 280 км.	869	Плани-руется	Mongolyn Alt (MAK) Group	н.д.

Источник: ОЭСР на основе EBRD (n.d.[35]), IJGlobal (2019[31]), Thomson One (2019[39]) по состоянию на июнь 2019 года.

Рисунок 6.10. Проекты горнодобывающей промышленности в Монголии

В разрезе подсекторов

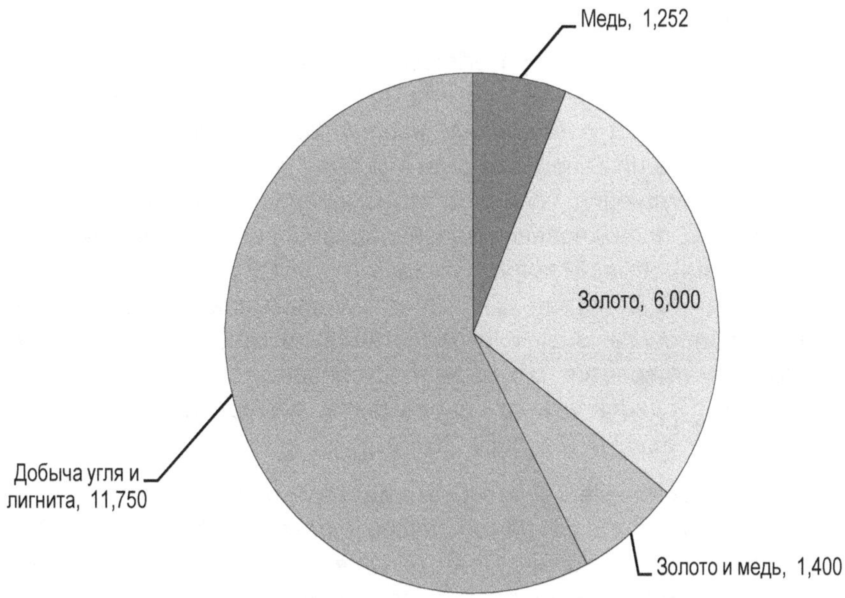

Источник: ОЭСР на основе баз данных по состоянию на июнь 2019 года

Вода

Инфраструктура водоснабжения и водоотведения Монголии является весьма низкокачественной. Почти 20 процентов населения страны подвержены воздействию небезопасной питьевой воды, а по надежности водоснабжения страна занимала 100ᵉ место из 140 стран в докладе о глобальной конкурентоспособности Всемирного экономического форума — значительно более низкое, чем другие страны ее категории по доходам (World Economic Forum, 2017[26]). В документе *«Видение устойчивого развития Монголии 2030»* правительство ставит цель расширить обеспечение чистой питьевой водой до 80 процентов к 2020 году, 85 процентов к 2025 году и 90 процентов до 2030 году. Оно также стремится увеличить долю населения, пользующегося улучшенным водоотведением и санитарией, до 40 процентов к 2020 году, 50 процентов к 2025 году и 60 процентов к 2030 году (State Great Hural of Mongolia, 2016[18]).

Средние уровни забора пресной воды на душу населения в Монголии весьма низки, но из-за нехватки воды водозабор регулярно превышает возобновляемое водоснабжение на величину до 50 процентов ежегодно. В районе столицы Улан-Батора и на юге пустыни Гоби дефицит еще больше. Основные отрасли Монголии, горнодобывающая промышленность и пастбищное животноводство, оказывают значительное отрицательное воздействие на водообеспеченность и качество воды (World Bank, 2018[25]). Из инвестиций объемом 62,9 млрд долл. США, отслеживаемых в Монголии в последние годы, водное хозяйство составляет малую долю инвестиций, которые осуществляются в основном в водоснабжение и водоотведение в совокупном размере 150 млн долл. США.

6.3. Сильные и слабые стороны существующей институциональной структуры для планирования устойчивой инфраструктуры

Стратегическое планирование и взаимосвязи между долгосрочными задачами, планами в отношении инфраструктуры и экологическими соображениями

В Монголии разработано множество стратегических документов, в которых экологические вопросы играют центральную роль, в частности, в 2016 году была утверждена долгосрочная стратегия *«Видение устойчивого развития Монголии 2030»* (Таблица 6.5 и Таблица 6.6). Помимо того, что в стратегии определяются четкие количественные задачи общего экономического развития, смягчения последствий изменения климата и преобразований в разрезе секторов (например, проникновения возобновляемых источников энергии, улучшений в транспортном сообщении), в ней прямо указаны государственные должностные лица, ответственные за конкретные действия. Ею также предписываются проведение в рамках двухгодичного цикла мониторинга, оценки и представления отчетности о ходе выполнения задач Видения и предусматривается создание постоянного комитета в составе Великого государственного хурала (однопалатного парламента Монголии) для надзора за ее осуществлением (State Great Hural of Mongolia, 2016[18]).

Монголия сделала природоохранные и климатические меры политики центральными в своем видении долгосрочного развития. *«Видение устойчивого развития Монголии 2030»* дополняет политику «зеленого» развития Монголии, *План действий. Политика «зеленого» развития Монголии (на 2014-2030 годы)*, которую она утвердила в 2014 году. Обе стратегии сосредоточены на диверсификации экономики, участии монгольских компаний в производстве продукции с более высокой добавленной стоимостью в глобальных цепочках в важнейших отраслях с высокой занятостью (например, текстильной промышленности, сельском хозяйстве) и защите окружающей среды благодаря улучшению нормативных актов и повышению ресурсо- и энергоэффективности. В *Политике «зеленого» развития* излагается поэтапный план действий для решения долгосрочных задач смягчения последствий изменений климата и указаны государственные органы, ответственные за ее осуществления, а также возможные источники финансирования, но бюджетные оценки не приводятся (Ministry of Environment, 2014[40]).

Правительство Монголии разработало стратегии долгосрочного развития некоторых конкретных секторов, но в отношении других секторов такие профильные планы отсутствуют. В 2015 году Монголия утвердила свою Государственную политику в энергетике (на 2015-2030 годы) в продолжение своей предыдущей Национальной политики в области возобновляемых источников энергии (на 2005-2020 годы). Этой политикой определяются задачи проникновения возобновляемых источников энергии в структуру энергетики страны и меры по повышению энергоэффективности. В 2010 году Монголия также приняла свою Национальную программу животноводства Монголии с поэтапными целями, охватывающими период 2010-2015 годов и 2016-2021 годов. Ее внимание сосредоточено на восстановлении деградированных пастбищ, а также повышении производительности животноводства и стойкости к изменению климата.

Однако в отношении транспортной отрасли, которая указана в качестве приоритета для повышения интеграции монгольской экономики в международную торговлю, план аналогичного охвата отсутствует. В сотрудничестве с Азиатским банком развития в 2011 году Монголия утвердила стратегию *Развитие автодорожной отрасли до 2016 года*, но последующая стратегия в соответствии с видением развития страны до 2030 года пока не принята. Цели в отношении транспорта, касающиеся автодорожной, железнодорожной инфраструктуры и инфраструктуры авиаперевозок, присутствуют в *«Видении устойчивого развития Монголии*

2030», но в транспортной отрасли не существует подробного отраслевого плана действий относительно дальнейшего развития.

Кроме того, Монголия пока не выработала долгосрочного видения на период до середины века. Монголии следует разработать видение своего долгосрочного переходного процесса путем, например, принятия стратегии долгосрочного развития с низкими уровнями выбросов, как рекомендуется статьей 4 пунктом 19 Парижского соглашения. Ввиду того, что Монголия продолжает строить угольные электростанции, долгосрочное видение сокращения выбросов и перехода к более устойчивым источникам энергии могло бы лучше информировать правительство о рисках, связанных с его решениями об утверждении таких проектов угольных электростанций.

В целом, система стратегических документов Монголии является последовательной и имеет четкую иерархическую структуру. Монгольским законодательством ясно определяется трехуровневая иерархия документов по вопросам планирования, представленная концепциями развития на 15-20-летний период, документами по вопросам планирования на 8-10 лет (государственной политикой, политикой регионального развития) и 3-5-летними планами (планами действий правительства, региональными планами действий, национальными программами). Монголия также публикует годовые документы по вопросам политики, которыми определяются бюджеты и краткосрочные интервенции (UNECE, 2018[41]). Эта система, однако, не допускает процесса более долгосрочного планирования на период до середины века, который рекомендуется РКИК ООН для определения и увеличения масштаба устремлений стран относительно решения проблем, связанных с изменением климата.

Институциональная структура и процессы принятия решений

Органы государственного управления Монголии не обладают достаточным потенциалом для того, чтобы результативно заниматься долгосрочным планированием и, что принципиально важно, проводить мониторинг его осуществления. Организации гражданского общества также критикуют существующие механизмы подотчетности, которые способствуют усилению влиятельных кругов (World Bank, 2018[25]). Институциональная нестабильность и высокая текучесть кадров также снижают способность правительства достигать целей в области политики. После парламентских выборов пришедшие к власти правительства регулярно заменяют основную часть мер политики и замещают большинство кадров органов государственного управления, и усилия по повышению потенциала страны в области долгосрочного планирования ограничиваются одним 4-летним сроком полномочий. После выборов 2012 года, например, было создано Министерство экономического развития специально для содействия долгосрочному планированию, но по итогам выборов 2016 года это министерство было упразднено (Bertelsmann Stiftung, 2018[42]). Проблема высокой текучести кадров стоит особенно остро в Министерстве окружающей среды и туризма, которое испытывает трудности с выполнением международных обязательств из-за ограничений, связанных с недостаточным потенциалом, и слабой институциональной преемственностью (UNECE, 2018[41]).

Хотя государственные органы страдают от нестабильности и серьезных ограничений, обусловленных нехваткой потенциала, Монголия разработала согласованные основы экологического законодательства и документов по вопросам стратегического планирования. Однако проведение этой политики и контроль за ее соблюдением остается серьезной проблемой. Так, правительство стремится улучшить политику и законодательство в горнодобывающей промышленности путем введения таких экологических требований, как обязательная оценка воздействия на окружающую среду (ОВОС). В этих ОВОС, однако, имеются недостатки, поскольку они проводятся на позднем этапе процесса выдачи разрешений и информация о соглашениях между горнодобывающими предприятиями и местными органами управления в отношении природоохранных мер обнародуется редко (UNECE, 2018[41]). ОВОС в горнодобывающей промышленности Монголии зачастую не отражает воздействия соответствующих инфраструктурных проектов на благополучие населения и прочую экономическую деятельность. Подъездные дороги в горнодобывающей промышленности, например, угрожают пастбищам, необходимым в пастбищном животноводстве, усиливают деградацию земель и загрязнение атмосферного воздуха (World Bank, 2018[25]). Кроме того, с 2012 года законодательством Монголии об ОВОС предусматривается проведение обязательных стратегических экологических оценок (СЭО), но по состоянию на 2017 год не проведено ни одной СЭО в соответствии с законодательством (UNECE, 2018[41]).

Перечень значимых стратегических документов

Таблица 6.5. Основные действующие стратегические документы

	Статус	Временной горизонт	Охватываемые секторы	Основные цели
Первый определяемый на национальном уровне вклад (ОНВ)	Представлен в 2016 году	2016-2030 годы	Экономика в целом	• Целевой показатель: сокращение на 14 процентов совокупных выбросов парниковых газов страны (без учета ЗИЗЛХ) к 2030 году • Основные отрасли, в которых будут сокращены выбросы: энергетика (увеличение генерирующей мощности возобновляемых источников электроэнергии с 7,62 процента в 2014 году до 20 процентов к 2030 году, сокращение потерь при передаче электроэнергии с 13,7 процента в 2014 году до 7,8 процента к 2030 году), транспортная отрасль (улучшение общенациональной сети дорог с покрытием, увеличение доли гибридных дорожных транспортных средств с приблизительно 6,5 процента в 2014 году до 13 процентов к 2030 году), промышленный сектор (сокращение выбросов в цементной промышленности благодаря модернизации технологий и применяемых механизмов) • Приоритеты в области адаптации: сохранение водообеспеченности, снижение темпов деградации лесов (см. перечень стратегических документов)
Видение устойчивого развития Монголии 2030	Утвержден в 2016 году	2016-2030 годы	Управление, транспорт, энергетика, водное хозяйство, промышленность	• Создание благоприятных условий для бизнеса и инвестиций • Обеспечение 90 процентов населения безопасной питьевой водой и 60 процентов — улучшенным водоотведением к 2030 году • Сокращение выбросов парниковых газов на 14 процентов благодаря внедрению дополнительных возобновляемых источников энергии

				• Увеличение доли рециклинга отходов до 40 процентов совокупных образуемых отходов • Увеличение особо охраняемых территорий до 30 процентов территории страны, увеличение лесного покрова до 9 процентов общей территории • Обеспечение социального равенства благодаря всеобъемлющему экономическому росту
План действий. Политика «зеленого» развития Монголии	Утвержден в 2014 году	2014-2030 годы	Управление, транспорт, энергетика, водное хозяйство, промышленность	• Содействие ресурсоэффективному, низкоуглеродному производству и потреблению • Выступление в поддержку инвестиций в экологически чистые, безопасные для окружающей среды технологии • Повышение производительности и обеспечение при этом экологически безопасного производства с минимальными отходами • Внедрение 38 показателей «зеленого» развития для измерения прогресса и обеспечение их активного применения • Поддержание баланса экосистем и смягчение последствий деградации окружающей среды
Государственная политика в энергетике	Утвержден в 2015 году	2015-2030 годы	Энергетика	• Сокращение выбросов парниковых газов в энергетике на 20 процентов к 2020 году • Увеличение доли возобновляемых источников энергии на 30 процентов к 2030 году • Обеспечение надежного и стабильного энергоснабжения в общенациональных масштабах • Развитие взаимовыгодных отношений с соседними странами для обеспечения региональной энергетической безопасности • Обеспечение перехода энергетики к частному сектору • Внедрение новых эффективных экологичных технологий в энергетике
Программа действий правительства на период 2016-2020 годов	Утвержден в 2016 году	2016-2020 годы	Управление, транспорт, энергетика, водное хозяйство, промышленность, горнодобывающая промышленность	• Содействие «зеленому» развитию в соответствии с Политикой «зеленого» развития • Внедрение технологий рециклинга отходов и воды (например, для повторного использования в процессах промышленного производства) • Содействие благоприятному инвестиционному климату в геологоразведывательной отрасли и горнодобывающей промышленности • Обеспечение разработки образовательных стандартов в городах и сельских районах

Национальная программа сокращения загрязнения атмосферного воздуха и окружающей среды	Утвержден в 2017 году	2017-2025 годы	Управление, транспорт, энергетика, водное хозяйство, промышленность	• Внедрение передовых экологичных технологий во всех отраслях экономики для сокращения загрязнения • Расширение правовых природоохранных мер и создание более подотчетной системы органов государственного управления • Обеспечение запрета использования сырого угля • Расширение участия местных общин в сокращении загрязнения окружающей среды • Улучшение градостроительства и разработки политики для сокращения загрязнения атмосферного воздуха, особенно в Улан-Баторе
Национальная программа действий в области изменения климата	Утвержден в 2011 году	2011-2021 годы	Управление, транспорт, энергетика, водное хозяйство, промышленность	• Поощрение исследований в отношении изменения климата для информирования директивных органов • Расширение участия общественности в смягчении негативных последствий изменения климата • Внедрение новаторских технологий во всех отраслях экономики
Национальная программа по защите озонового слоя на период 1999-2030 годов	Утвержден в 1999 году	1999-2030 годы	Управление, транспорт, энергетика, водное хозяйство, промышленность	• Внедрение системы лицензирования и квот импорта и экспорта ГХФУ
Национальная программа действий по борьбе с опустыниванием на период 2010-2020 годов	Утвержден в 2010 году	2010-2020 годы	Водное хозяйство	• Укрепление институционального потенциала и разработка основ политики в области борьбы с опустыниванием • Восстановление деградированных и уязвимых районов, пострадавших от опустынивания
Национальная программа «Зеленый пояс»	Утвержден в 2005 году	2005-2035 годы	Водное хозяйство	• Создание «зеленого пояса» между Гобийским и степным районами Монголии благодаря процессу лесонасаждения • Сокращение текущих потерь лесных ресурсов • Смягчение последствий опустынивания и связанных с ним песчаных бурь
Национальная программа по биоразнообразию на период 2015-2025 годов	Утвержден в 2015 году	2015-2025 годы	Управление, энергетика, водное хозяйство, промышленность	• Сохранение биоразнообразия в стране • Устойчивое и рациональное природопользование
Национальная программа по водным ресурсам	Утвержден в 2010 году	2010-2021 годы	Водное хозяйство, промышленность	• Обеспечение охраны, сохранения и естественного пополнения водных ресурсов • Снабжение населения питьевой водой, соответствующей необходимым гигиеническим нормам

				• Улучшение водоснабжения в сельском хозяйстве и промышленном секторе
Программа улучшения управления отходами на 2014-2022 годы	Утвержден в 2014 году	2014-2022 годы	Управление, промышленность, водное хозяйство	• Увеличение числа свалок отходов, соответствующих саниатрным нормам, с 3 в 2013 году до 40 к 2022 году • Увеличение доли рециклинга с 4,4 процента общих отходов в 2013 году до 12 процентов к 2022 году • Восстановление природных территорий, деградированных вследствие загрязнения отходами
Национальный план осуществления Конвенции о стойких органических загрязнителях	Утвержден в 2006 году	2006-2030 годы	Энергетика, водное хозяйство, промышленность	• Сокращение выбросов стойких органических загрязнителей (СОЗ) в окружающую среду и атмосферу • Поэтапное прекращение использования полихлордифенила
Национальная программа «Золото-2»	Утвержден в 2017 году	2017-2020 годы	Горнодобывающая промышленность, промышленный сектор	• Активизация разведки и добычи золота • Обеспечение долгосрочного развития золотодобывающей отрасли • Разработка законодательства золотодобывающей отрасли
Национальная стратегия обеспечения безопасности дорожного движения на период 2012-2020 годов	Утвержден в 2012 году	2012-2020 годы	Транспорт	• Сокращение числа фатальных исходов и травм на автомобильных дорогах на 50 процентов к 2020 году • Внедрение результативного планирования дорожного движения и автодорожной сети
Национальная программа развития туризма	Утвержден в 2015 году	2016-2025 годы	Управление, транспорт, энергетика, водное хозяйство, промышленность	• Развитие туризма в качестве ведущего сектора экономики в соответствии с международными стандартами • Содействие экологическому туризму и обеспечение охраны окружающей среды в туристической отрасли • Строительство эффективной сети автомобильных дорог, обеспечивающей высокую мобильность

Таблица 6.6. Прочие значимые документы

	Статус	Временной горизонт	Охватываемые секторы
Развитие автодорожного хозяйства до 2016 года	Утвержден в 2011 году	2011-2016 годы	Транспорт
Программа «Транзит Монголия»	Утвержден в 2008 году	2008-2015 годы	Транспорт
Национальная программа лесного хозяйства	Утвержден в 2001 году	2001-2015 годы	Многосекторный
Национальная программа по уходу за лесами	Утвержден в 2014 году	2014-2018 годы	Многосекторный
Национальная программа в отношении особо охраняемых природных территорий	Утвержден в 1998 году	1998-2015 годы	Многосекторный
Стратегия управления отходами и план действий на период 2009-2013 годов	Утвержден в 2009 году	2009-2013 годы	Многосекторный
Национальная программа продовольственной безопасности	Утвержден в	2009-	Многосекторный

	2009 году	2016 годы	
План действий Национальной программы Хатан Туул на 2012-2016 годы	Утвержден в 2012 году	2012-2016 годы	Водное хозяйство
Государственная политика в области нефти и нефтепродуктов на период до 2017 года	Утвержден в 2011 году	2011-2017 годы	Горнодобывающая промышленность, промышленный сектор

Литература

ADB (2019), *Projects and Tenders (database)*, https://www.adb.org/projects?terms=. [30]

Asia Regional Integration Center (2010), *Mongolia-People's Republic of China Free Trade Agreement*, https://aric.adb.org/fta/peoples-republic-of-china-mongolia-free-trade-agreement. [5]

Asia Regional Integration Center (2008), *Mongolia-Republic of Korea Free Trade Agreement*, https://aric.adb.org/fta/korea-mongolia-free-trade-agreement. [6]

Bertelsmann Stiftung (2018), *BTI 2018 Country Report: Mongolia*, https://www.bti-project.org/en/reports/country-reports/detail/itc/MNG/. [42]

CSIS (2019), *Reconnecting Asia (database)*, https://reconnectingasia.csis.org/database/#. [32]

Dealogic (2019), *Multiple Markets: One Platform (database)*, https://www.dealogic.com/. [33]

EBRD (n.d.), *Project Summary Documents*, https://www.ebrd.com/work-with-us/project-finance/project-summary-documents.html. [35]

FAO (n.d.), *Mongolia at a glance*, http://www.fao.org/mongolia/fao-in-mongolia/mongolia-at-a-glance/en/. [4]

fDi Markets (2019), *fDi Markets: the in-depth crossborder investment monitor (database)*, https://www.fdimarkets.com/. [20]

GoGo Mongolia (2015), *"Altanbulag-Ulaanbaatar- Zamiin-Uud highway" project opens*, http://mongolia.gogo.mn/r/146386. [29]

Government of Canada (2016), *Agreement Between Canada and Mongolia for the Promotion and Protection of Investments*, https://www.international.gc.ca/trade-commerce/trade-agreements-accords-commerciaux/agr-acc/mongolia-mongolie/fipa-apie/text-texte/canada_mongolia-mongolie.aspx?lang=eng&_ga=2.187188200.156151132.1559047340-1979163500.1559047340. [15]

Hurley, J., S. Morris and G. Portelance (2018), *Examining the Debt Implications of the Belt and Road Initiative from a Policy Perspective*, Center for Global Development, Washington DC, https://www.cgdev.org/sites/default/files/examining-debt-implications-belt-and-road-initiative-policy-perspective.pdf. [16]

IBRD (2019), *Doing Business 2019*, IBRD, Washington DC, https://www.doingbusiness.org/en/rankings. [12]

IEA (2018), *IEA World Energy Balances 2018*, https://webstore.iea.org/world-energy-balances-2018. [34]

IEEFA (2019), *China at a Crossroads: Continued Support for Coal Power Erodes Country's Clean Energy Leadership*, IEEFA, http://ieefa.org/wp-content/uploads/2019/01/China-at-a-Crossroads_January-2019.pdf. [36]

IJGlobal (2019), *Project Finance (database)*, https://ijglobal.com/data/index. [31]

IMF (2018), *World Economic Outlook: October 2018*, https://www.imf.org/external/datamapper/GGXCNL_NGDP@WEO/OEMDC/ADVEC/WEOWORLD. [2]

IMF (2017), *IMF Executive Board Approves Financial Arrangement for Mongolia*, https://www.imf.org/en/News/Articles/2017/05/24/17193-imf-executive-board-approves-financial-arrangement-for-mongolia. [10]

Invest in Mongolia (n.d.), *Projects*, http://en.investmongolia.gov.mn/menu_group?id=4. [37]

ITF (2019), *Enhancing Connectivity and Freight in Central Asia*, International Transport Forum, Paris, http://www.itf-oecd.org. [17]

Ministry of Environment and Tourism of Mongolia (2018), *Mongolia Third National Communication: Under the United Nations Framework Convention on Climate Change*, https://cdn.greensoft.mn/uploads/users/805/files/2018%20Mongolia%20TNC%20EN.pdf. [24]

Ministry of Environment, G. (2014), *Action Plan, Green Development Policy of Mongolia*, https://www.greengrowthknowledge.org/sites/default/files/downloads/policy-database/MONGOLIA)%20Action%20Plan,%20Green%20Development%20Policy%20of%20Mongolia.pdf. [40]

Ministry of Foreign Affairs of Japan (2016), *Japan-Mongolia Economic Partnership Agreement (EPA)*, https://www.mofa.go.jp/policy/economy/fta/mongolia.html. [7]

Ministry of Foreign Affairs of Mongolia (2017), *Mongolia-Russia-China "Economic Corridor": Building a Network of Science and Technology Parks*, http://www.mfa.gov.mn. [28]

Mongolian Statistical Information Service (2019), *Foreign Direct Investment Inflows, by country*, http://www.1212.mn/tables.aspx?TBL_ID=DT_NSO_1500_004V1. [19]

Mongolian Statistical Information Service (2019), *Gross Domestic Product, by divisions*, http://1212.mn/tables.aspx?TBL_ID=DT_NSO_0500_001V1. [3]

Mongolian Statistical Information Service (2018), *Greenhouse Gas removals and emissions, by sector, by main indicators, by year*, http://www.1212.mn/tables.aspx?TBL_ID=DT_NSO_2400_015V3. [23]

Mongolian Statistical Information Service (2018), *Greenhouse Gas Removals and Emissions, by sector, by main indicators, by year*, http://www.1212.mn/tables.aspx?TBL_ID=DT_NSO_2400_015V3. [21]

Montsame News Agency (2019), *One-stop service center for foreign investors operates*, https://montsame.mn/en/read/183747. [14]

Observatory of Economic Complexity (2017), *Mongolia: Exports, Imports and Trade Partners*, https://oec.world/en/profile/country/mng/. [9]

SES Professionals (n.d.), *Overview of Mongolia's Mining Industry*, http://sesprofessionals.com/overview-of-mongolias-mining-industry/. [27]

Shmitz, R. (2016), *How Your Cashmere Sweater Is Decimating Mongolia's Grasslands*, NPR, https://www.npr.org/sections/parallels/2016/12/09/504118819/how-your-cashmere-sweater-is-decimating-mongolias-grasslands. [8]

SourceWatch (2019), *Tevshiin Gobi Power Station*, https://www.sourcewatch.org/index.php/Tevshiin_Gobi_power_station. [38]

State Great Hural of Mongolia (2016), *Mongolia Sustainable Development Vision 2030*, https://www.un-page.org/files/public/20160205_mongolia_sdv_2030.pdf. [18]

Thomson One (2019), *Thomson One (database)*, https://www.thomsonone.com/DirectoryServices/2006-04-01/Web.Public/Login.aspx?brandname=www.thomsonone.com&version=3.7.9.18833&protocol=0. [39]

UNECE (2018), *Mongolia Environmental Performance Reviews*, UNECE, Geneva, http://www.unece.org. [41]

US Embassy in Mongolia (2018), *Mongolia Investment Climate Statement 2018*, https://mn.usembassy.gov/2018-investment-climate-statement-mongolia/. [11]

World Bank (2019), *World Development Indicators (database)*, https://datacatalog.worldbank.org/dataset/world-development-indicators. [1]

World Bank (2018), *Investment Reform Map for Mongolia : A Foundation for a new Investment Policy and Promotion Strategy*, World Bank, Washington DC, http://documents.worldbank.org/curated/en/158851537431181525/Investment-Reform-Map-for-Mongolia-A-Foundation-for-a-new-Investment-Policy-and-Promotion-Strategy. [13]

World Bank (2018), *Mongolia: Systematic Country Diagnostic*, World Bank, Washington DC, http://documents.worldbank.org/curated/en/576101543874150141/pdf/mongolia-scd-final-version-november-2018-11282018-636792121231072289.pdf. [25]

World Bank (2018), *World Development Indicators (database)*, World Bank Open Data, https://data.worldbank.org/ (accessed on 26 October 2018). [22]

World Economic Forum (2017), *The Global Competitiveness Report 2017-2018*, World Economic Forum, Geneva, http://www3.weforum.org/docs/GCR2017-2018/05FullReport/TheGlobalCompetitivenessReport2017%E2%80%932018.pdf. [26]

Глава 7. Стратегическое планирование инфраструктуры для устойчивого развития в Таджикистане

В настоящей главе описывается планирование устойчивой инфраструктуры в Таджикистане и представляются текущие тенденции в области инвестиций в крупномасштабные инфраструктурные проекты. Сравниваются инфраструктурные планы в энергетическом, транспортном, промышленном и водохозяйственном секторах с международными обязательствами по Парижскому соглашению и Целями в области устойчивого развития (ЦУР). В данной главе также рассматриваются документы стратегического планирования по долгосрочному экономическому развитию, отраслевому развитию и охране окружающей среды, включая документы, связанные со смягчением последствий изменения климата и адаптацией к нему. В заключение определены несогласованности между поставленными целями и наблюдаемыми инвестиционными потоками, и тем самым предложены рекомендации для улучшения стратегического планирования устойчивой инфраструктуры.

Основные соображения

Таджикистан является единственной страной бывшего Советского Союза, которую Всемирный банк относит к странам с низким уровнем дохода. Население Таджикистана является в основном сельским; он характеризуется наиболее низким уровнем урбанизации, 27 процентов, в Центральной Азии. В следующие 15 лет перед правительством стоит задача обеспечения соответствующей инфраструктурой и возможностями занятости тех более чем 45 процентов населения, которые в 2015 году были моложе 20 лет. Сельское хозяйство остается важным компонентом экономики, составляющим 21 процент ВВП, но изменение климата создает серьезные угрозы для этого сектора. С 1950 года страна утратила 20 процентов своего ледникового покрова, и до конца века определенные части страны (юг, западный Памир и горы центрального Таджикистана) могут столкнуться с потеплением до 5°C.

При том что нормативная основа инвестиций в Таджикистане сравнительно хорошо развита, слабое выполнение этих нормативно-правовых актов привело к тому, что нормативные условия для работы инвесторов непредсказуемы и непрозрачны (слабое соблюдение принципа верховенства закона, неэффективная судебная система, коррупция). Страна занимает 126е место в индексе «Легкость ведения бизнеса» Всемирного банка и отечественный частный сектор играет лишь ограниченную роль в экономике страны. Стратегия привлечения Таджикистаном потоков ПИИ, в основном в металлодобывающую промышленность, отрасль производства минерального масла, газовую промышленность и возобновляемые источники энергии, ведет к высокому риску стресса, связанного с долгом. В 2017 году долг страны был равен 50 процентам ВВП по сравнению с 30 процентами в 2015 году, и 80 процентов этого долга составляет задолженность перед одним кредитором — Экспортно-импортным банком Китая. Неуплата задолженностей по кредитам вела к урегулированиям долга, которые включали лицензии на добычу полезных ископаемых и даже передачу суверенитета над спорной территорией.

Инфраструктура Таджикистана является неэффективной, что увеличивает весьма высокие издержки, связанные с ведением торговли, и ограничивает доступ страны к близлежащим рынкам, таким как Китайская Народная Республика и Афганистан, а также к Российской Федерации, являющейся одним из основных направлений экспорта. Изнашивающаяся инфраструктура советской эпохи, такая как оросительные каналы, автомобильные дороги, плотины, мосты и речные дамбы, усиливает подверженность населения рискам, связанным с экстремальными погодными явлениями и землетрясениями. Восемьдесят три процента автодорог составляют грунтовые дороги, которые требуют модернизации, с тем чтобы предвосхитить увеличение грузовых и пассажирских перевозок, связанных с коридорами ЦАРЭС и ОПОП. Планируемые железнодорожные проекты направлены на повышение связности страны с соседними рынками благодаря строительству магистральных железнодорожных линий (например, железной дороги Россия – Казахстан – Кыргызская Республика – Таджикистан и железной дороги Китай – Кыргызская Республика – Таджикистан – Афганистан – Иран). Общее качество энергетической инфраструктуры Таджикистана является низким. Хотя страна достигла всеобщего доступа к электроснабжению, существующие системы функционируют неэффективно, и повышение энергетической безопасности благодаря развитию возобновляемых источников энергии (гидроэнергетики, которая составляет 94 процента планируемых проектов в энергетике, и угольных электростанций, доля которых равна 6 процентам) является одним из главных приоритетов правительства в отношении дальнейшего развития. Крупномасштабная Рогунская гидроэлектростанция является флагманским энергетическим проектом страны, однако она вызвала споры по поводу ее социально-экологического воздействия, как в национальном масштабе, так и в странах низовья.

При том что у Таджикистана имеются стратегии развития до 2030 года, такие как Национальная стратегия развития на период до 2030 года и Концепция перехода к устойчивому развитию, в настоящее время в стране отсутствует стратегия на период до середины века, с которой можно сопоставлять более краткосрочные документы. Страна не учитывает должным образом экологические проблемы в разрабатываемой политике, а ее государственный орган, ответственный за охрану окружающей среды, Комитет охраны окружающей среды, лишен влияния. Не имея системы промежуточной и заключительной оценки инвестиционных проектов, а также механизмов анализа инвестиционных проектов в соотнесении с задачами национального развития и охраны окружающей среды, Таджикистан недостаточно избирательно подходит к иностранным инвестициям.

7.1. Состояние дел: экономика, инвестиции и изменение климата в Таджикистане

Экономика и торговля

Таблица 7.1. Основные показатели экономики Таджикистана

Население (2018 год)	9 100 837
Уровень урбанизации (2018 год)	27%
Годовой прирост населения (2018 год)	2,5%
Площадь территории	141 380 км^2
ВВП (в долл. США в текущих ценах 2018 года)	7 523 миллиона
ВВП на душу населения (в долл. США в текущих ценах 2018 года)	827
Рост реального ВВП (годовое изменение в 2019 году)	5%
Инфляция (средняя потребительская цена, годовое изменение в 2016 году)	6,0%
Экспорт товаров и услуг (% ВВП в 2017 году)	15,7%
Импорт товаров и услуг (% ВВП в 2017 году)	40,9%
ПИИ, чистые притоки (% ВВП в 2018 году)	2,9%
Чистое кредитование/заимствование сектора государственного управления (% ВВП в 2019 году)	-4,7%
Безработица (% общей численности рабочей силы в 2018 году)	10,9%
Денежные переводы (% ВВП в 2018 году)	29,0%
Рейтинг прозрачности, подотчетности и коррупции в государственном секторе (1= весьма коррумпированный, 6 = минимально коррумпированный, в 2017 году)	2,5

Источник: World Bank (2019[1]), *Показатели мирового развития (база данных)*, Всемирный банк, https://datacatalog.worldbank.org/dataset/world-development-indicators; IMF (2018[2]), *Перспективы развития мировой экономики: октябрь 2018 года*, Международный Валютный Фонд, https://www.imf.org/external/datamapper/GGXCNL_NGDP@WEO/OEMDC/ADVEC/WEOWORLD

Экономика и демографические показатели

Таджикистан является единственной страной бывшего Советского Союза[1], которую Всемирный банк относит к странам с низким уровнем дохода. Население Таджикистана является в основном сельским; он характеризуется наиболее низким уровнем урбанизации, 27 процентов, из всех стран Центральной Азии (Таблица 7.1). Правительство Таджикистана называет следующие пятнадцать лет «демографической возможностью», когда перед правительством стоит задача предоставить достаточные инфраструктуру и возможности занятости тем более чем 45 процентам населения, которые в 2015 году были моложе 20 лет, и многие из которых к 2030 году станут частью рабочей силы (Ministry of Economic Development and Trade of the Republic of Tajikistan, 2016[3]).

ВВП Таджикистана резко сокращался в 1990-х годах после распада Советского Союза: он снизился с 6,8 млрд долл. США в 1990 году до 2,1 млрд долл. США в 1996 году, после чего восстанавливался. Он превысил свои уровни до независимости только в 2013 году. Сектор услуг составляет наибольшую долю экономики Таджикистана — 41 процент, но промышленность (27 процентов) и сельское хозяйство (21 процент) по-прежнему имеют важное значение. Доля сельского хозяйства в ВВП является наибольшей в этом регионе (World Bank, 2019[1]).

Экономика Таджикистана в значительной степени зависит от денежных переводов из-за рубежа, в первую очередь из России. Эти денежные переводы, составлявшие 29% ВВП страны в 2018 г., колеблются в соответствии с деловыми циклами стран, в которых работают трудовые мигранты. Экономика Таджикистана также характеризуется ограниченным участием частного сектора, при этом на долю компаний частного сектора приходится лишь около 3-4% ВВП и около 11% занятости (IDA, 2019[4]).

Торговля

Таджикистан стал членом Всемирной торговой организации в 2013 году. Он не входит в Евразийский экономический союз.

Таджикистан экспортирует в основном продукцию добывающих отраслей и, в меньшей мере, хлопчатобумажные текстильные изделия (см. Рисунок 7.1(c)). Полезные ископаемые (в основном цинковая руда и свинцовая руда) составляют 35 процентов экспорта Таджикистана в стоимостном выражении, а на металлы и драгоценные металлы приходится, соответственно, 23 процента и 17 процентов. Алюминий-сырец является важнейшей статьей экспорта Таджикистана (18 процентов общей стоимости экспорта), золото — с небольшим отставанием второй (17 процентов). Основную часть экспорта Таджикистана, которая относится к «текстилю» (13 процентов), составляют хлопок-сырец и продукция из минимально переработанного хлопка, двумя важнейшими из них являются хлопок-сырец (6,7 процента) и нерозничная натуральная хлопковая пряжа (4,3 процента). Импорт Таджикистана более разнообразен, но сконцентрирован в потребительских товарах, а именно: текстиле и станках (см. Рисунок 7.1(d)). Таджикистан, в котором отсутствует национальная нефтегазовая отрасль, как в некоторых из его соседних стран, полагается на импорт углеводородов для удовлетворения спроса на них. Продукты нефтепереработки составляют 6,2 процента общего импорта в стоимостном выражении.

Одним из основных торговых партнеров Таджикистана является Казахстан: это страна назначения 32 процентов его экспорта и страна происхождения 15 процентов его импорта (см. Рисунок 7.1(a) and (b)). Китайский и российский импорт составляют две трети общего импорта Таджикистана (соответственно, 43% и 23%), но экспорт в эти страны является значительно более умеренным (соответственно, 5 процентов и 2 процента). Аналогичным образом Турция и Швейцария представляют собой важные страны назначения экспорта (21 процент и 17 процентов), но занимают менее значимое место в импорте Таджикистана (5 процентов и 0,16 процента).

Рисунок 7.1. Торговля Таджикистана

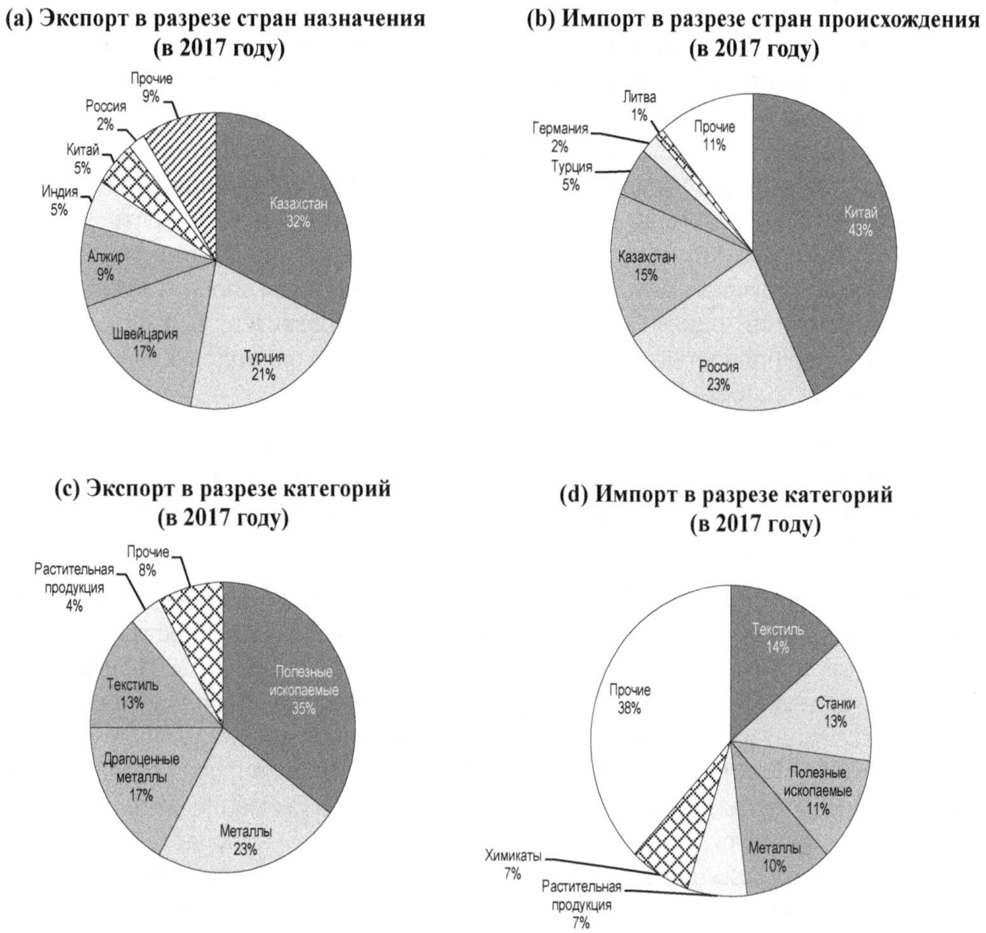

Источник*:* Observatory of Economic Complexity (2017[5]), *Tajikistan: Exports, Imports and Trade Partners*, Observatory of economic Complexity, https://atlas.media.mit.edu/en/profile/country/tjk/

Инвестиционный климат

При том что нормативная основа инвестиций в Таджикистане сравнительно хорошо развита, слабое выполнение этих нормативно-правовых актов привело к тому, что нормативные условия для работы инвесторов непредсказуемы и непрозрачны. В настоящее время действует открытый инвестиционный режим, в котором приветствуются все формы инвестиций. Приняты меры по упрощению регистрации бизнеса, улучшению законов о лицензировании и налогообложении, а также конкуренции (UNCTAD, 2016[6]). Однако многие из этих реформ не проводятся на местах из-за несоблюдения принципа верховенства закона и слабой судебной системы, а также коррупции и неправильного толкования этих законов. Например, бизнес обязан осуществлять нерегулярные авансовые налоговые платежи и часто облагается штрафами по итогам налоговых проверок в ретроактивном порядке (World Bank, 2018[7]). Неформальный сектор велик, число регистрируемых новых предприятий весьма мало и отечественный частный сектор играет лишь ограниченную роль в экономике страны. Согласно докладу Всемирного банка «Легкость ведения бизнеса» 2019 года, в настоящее время Таджикистан занимает 126ᵉ место, уступая своим соседним странам, таким как Кыргызская Республика (70ᵉ) и Казахстан (28ᵉ).

На институциональном уровне правительство создало структуры для решения проблем, связанных с инвестиционной политикой, и содействия инвестициям, но для того, чтобы эти институты были более результативными, требуется дополнительный потенциал. Органом, ответственным за инвестиционную политику, является Государственный комитет по инвестициям и управлению государственным имуществом, а ТаджИнвест представляет собой ведомство по содействию инвестициям, которое отвечает за актуальные вопросы содействия инвестициям. Министерство экономического развития и торговли, в ведении которого находится развитие свободных экономических зон, также разрабатывает меры политики для привлечения инвестиций в эти зоны. На уровне президента с 2007 года действует механизм диалога государственного и частного секторов в форме Консультативного совета по улучшению инвестиционного климата для содействия реформам, улучшающим климат для инвестиций и предпринимательства. Потенциал многих из этих институтов, однако, требует дальнейшего развития, в частности, предприятия ТаджИнвест, которое не полностью оснащено для выполнения своей деятельности по содействию инвестициям (UNCTAD, 2016[6]).

Китайская Народная Республика и Российская Федерация являются двумя крупнейшими источниками ПИИ в Таджикистан и составляют, соответственно, 22 процента и 21 процент (см. Рисунок 7.2). Другими важными источниками ПИИ служат Казахстан (8 процентов), Великобритания (7 процентов), США (6 процентов) и Филиппины (5 процентов).

Подход, принятый Таджикистаном к крупномасштабным инвестициям, ведет к значительному риску стресса, связанного с долгом. В 2015 году валовой государственный долг составлял одну треть ВВП Таджикистана, затем в 2016 году он увеличился до 44,8 процента и в 2017 году превышал 50 процентов ВВП. Более 80 процентов этого долга составляет задолженность перед одним кредитором — Экспортно-импортным банком Китая, связанная с инициативой «Один пояс, один путь» (ОПОП) (Hurley, Morris and Portelance, 2018[8]). В условиях существующих механизмов правительство брало кредиты для крупномасштабных проектов (а именно угольной электростанции в Душанбе, которую финансировал Китай), которые потом не могло погасить. Такая неуплата задолженностей по кредитам вела к урегулированиям долга, которые включали лицензии на добычу полезных ископаемых (Emerging Markets Forum, 2019[9]) и даже передачу спорной территории под юрисдикцию Китая (Hurley, Morris and Portelance, 2018[8]). Уровни долга Таджикистана считаются неустойчивыми, и МВФ и Всемирный банк оценивают Таджикистан как страну с «высоким риском» критической ситуации, связанной с задолженностью» (Hurley, Morris and Portelance, 2018[8]).

Рисунок 7.2. ПИИ в Таджикистан в разрезе стран-источников в 2007-2015 годы

В миллионах долларов США

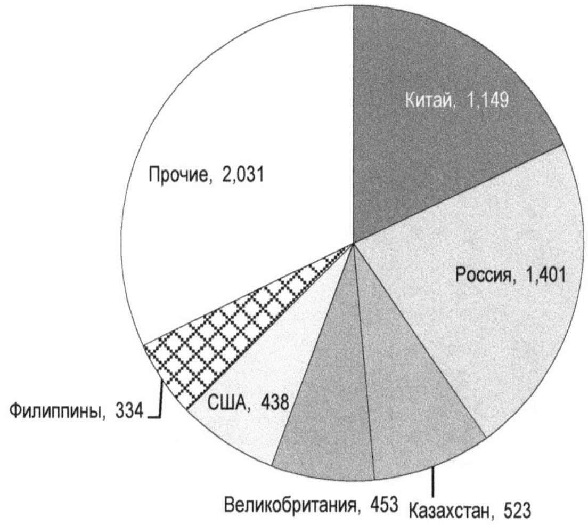

Источник: Chamber of Commerce and Industry of the Republic of Tajikistan (n.d.[10]), *Аналитические данные о притоке иностранных инвестиций в экономику Республики Таджикистан в период 2007-2015 г.*, Торгово-промышленная палата Республики Таджикистан.

С 2003 года по 2017 год Таджикистан имел возможность привлечь ограниченные проекты трансграничных ПИИ в новые предприятия в общем размере приблизительно 7 млрд долл. США, что является вторым самым низким объемом в Центральной Азии после 6,3 млрд долл. США Кыргызской Республики и значительно ниже других аналогичных стран этого региона. Иностранные инвесторы в Таджикистане инвестируют в основном в металлургические проекты (28 процентов), альтернативные и возобновляемые источники энергии (24 процента), а также уголь, нефть и природный газ (18 процентов) (Рисунок 7.3). Инфраструктурные инвестиции весьма умеренны. Так, инвестиции в строительные материалы достигали 600 млн долл. США (или 9 процентов), а транспортная отрасль получала наименьшие инвестиции в размере лишь 70 млн долл. США (или 1 процента) общих объявленных проектов ПИИ в новые предприятия в Таджикистане. Отмечая важную роль иностранных инвесторов в достижении устойчивого роста, *Национальная стратегия развития на 2016-2030 годы* (см. раздел 3 об основных стратегических документах Таджикистана) направлена на привлечение к 2030 году ПИИ в размере до 55 млрд долл. США. Эти инвестиции призваны увеличить отношение валового накопления основного капитала частным сектором к ВВП, которое с 2000 года составляет в среднем лишь 4,4 процента, что значительно ниже среднего уровня инвестиций 21 процент в странах СНГ (World Bank, 2018[7]).

Рисунок 7.3. ПИИ в новые предприятия в Таджикистане в разрезе видов экономической деятельности в 2003-2017 годы

Кумулятивный капитал ПИИ в новые предприятия с января 2003 года по сентябрь 2017 года в миллионах долларов США

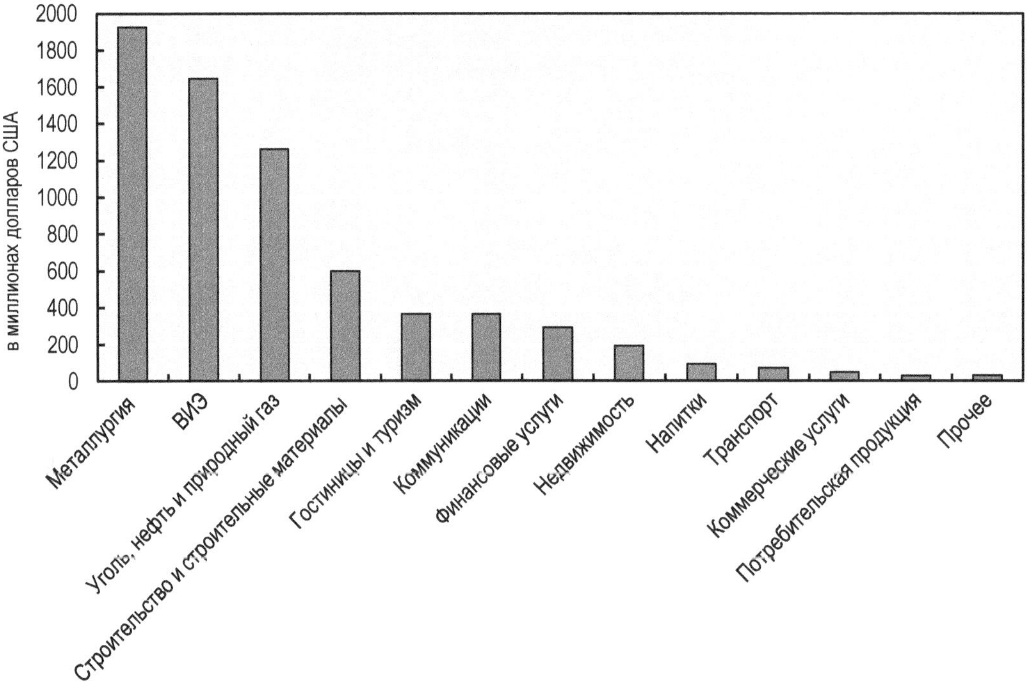

Примечание: Прочее включает изготовителей фирменного оборудования автомобильной промышленности; программное обеспечение и услуги в сфере ИТ; текстиль; автомобильные комплектующие; минеральное сырье; продовольствие и табак.
Источник: ОЭСР на основе fDi Markets (2019[11]), *fDi Markets: the in-depth crossborder investment monitor (база данных)*, fDi Markets, https://www.fdimarkets.com/

Изменение климата

Таджикистан особенно уязвим по отношению к последствиям изменения климата. С 1950 года до настоящего времени Таджикистан утратил приблизительно 20 процентов своего ледникового покрова, и нынешние темпы таяния приведут к средним потерям около 2 км^3 ледников в год. К концу века определенные части страны (юг, западный Памир и горы центрального Таджикистана) могут столкнуться с потеплением до 5°C, что приведет к повышению частоты периодов аномального зноя и засух. Изменившиеся особенности осадков в сочетании с повышением температур представляют серьезную угрозу для крупного сельского хозяйства Таджикистана, а также будущей энергетической и продовольственной безопасности, равно как и для его водной, транспортной и здравоохранительной систем. (Government of the Republic of Tajikistan, 2014[12]).

Доля Таджикистана в глобальных выбросах парниковых газов ничтожно мала и равна 0,0003% (World Bank, 2019[1]), а его выбросы ПГ на душу населения являются самыми низкими в регионе и составляют 1,9 тCO_2-экв на душу населения после сокращения с 1990 года (4,1 тCO_2-экв на душу населения). Интенсивность выбросов парниковых газов (ПГ) (выбросы на единицу ВВП) Таджикистана также снизилась с 3,2 кг CO_2-экв на 1 долл. США ВВП в 1990 году до 2,4 кгCO_2-экв к 2012 году. Тем не менее это все равно значительно выше среднего в государствах — членах ОЭСР в размере 0,4 кг CO_2-экв.

Выбросы парниковых газов Таджикистана резко упали сразу после обретения им независимости и достигли лишь примерно трех четвертей своего максимума периода до независимости. За тот же период в 1990-х годах экономика сократилась до менее чем одной трети своего первоначального размера, после чего в 1997 году начала неизменно восстанавливаться и в 2013 году превысила свой пик советской эпохи (см. Рисунок 7.4).

Рисунок 7.4. Выбросы ПГ и ВВП Таджикистана в 1990-2017 годы

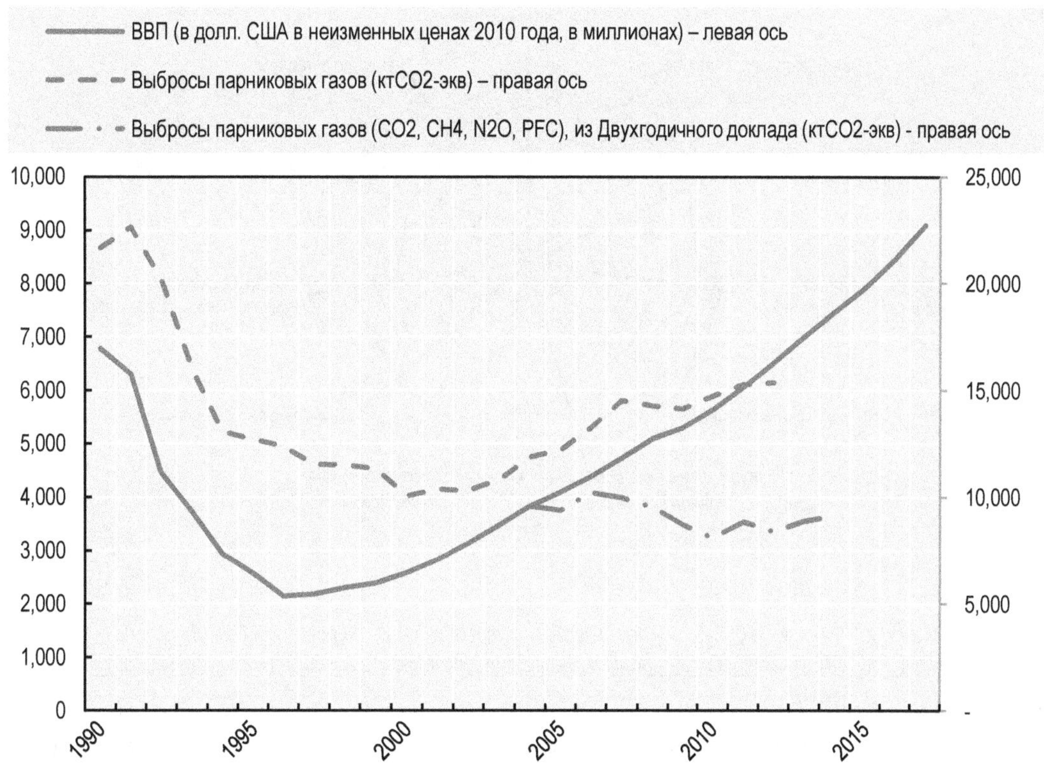

Источник: World Bank (2019[1]), *Показатели мирового развития (база данных)*, World Bank, https://datacatalog.worldbank.org/dataset/world-development-indicators Agency for Hydrometeorology under the Committee on Environmental Protection under the Government of the Republic of Tajikistan (2018[11]), The First Biennial Report of the Republic of Tajikistan on Inventory of Greenhouse Gases under the UN Framework Convention on Climate Change, Government of the Republic of Tajikistan, Dushanbe, https://unfccc.int/sites/default/files/resource/2doBURAnexoArgentina.pdf

В 1990 году выбросы в разрезе секторов Таджикистана были в большей мере схожи с выбросами в разрезе секторов его соседних стран: 67 процентов выбросов приходилось на энергетику, а сельское хозяйство (20 процентов), промышленность (10 процентов) и отходы (3 процента) составляли остальную часть (Government of the Republic of Tajikistan, 2014[12]). К 2014 году доля сельского хозяйства увеличилась до 50 процентов, а доля энергетики уменьшилась до 28 процентов (Government of the Republic of Tajikistan, 2014[12]).

7.2. Потребности в инфраструктуре и текущие планы Таджикистана

Инфраструктура Таджикистана не соответствует стандартам, несмотря на постепенные улучшения (см. Рисунок 7.5). Ненадлежащая инфраструктура, особенно энергетики и транспортной отрасли, увеличивает высокие издержки, связанные с торговлей, что ограничивает доступ страны к близлежащим рынкам, например, Китая и Афганистана. Изнашивающаяся инфраструктура советской эпохи, такая как оросительные каналы, автомобильные дороги, плотины, мосты и речные дамбы, усиливает подверженность населения рискам, связанным с экстремальными погодными явлениями и землетрясениями (World Bank, 2018[7]).

Рисунок 7.5. Качество инфраструктуры в Таджикистане

Источник: World Economic Forum (2017[13]), *The Global Competitiveness Report 2017-2018*, World Economic Forum, http://www3.weforum.org/docs/GCR2017-2018/05FullReport/TheGlobalCompetitivenessReport2017%E2%80%932018.pdf.

Из отслеживаемых строящихся и планируемых инвестиций в размере 33,3 млрд долл. США энергетические проекты составляют более 58 процентов (21,6 млрд долл. США) проектов, а транспорт и горнодобывающая промышленность — соответственно, 18 процентов и 13 процентов. Наконец, на обрабатывающую промышленность и водоснабжение и водоотведение приходится лишь, соответственно, 3 процента (945 млн долл. США) и 1 процент (358 млн долл. США) планируемых и строящихся инвестиционных проектов. Инвестиции в энергетику представлены проектами выработки электроэнергии (более 49 процентов, или 16,3 млрд долл. США) и передачи и распределения электроэнергии (7 процентов, или 2,3 млрд долл. США) (Рисунок 7.6). Такой сильный упор на гидроэлектростанции согласуется с целью правительства развивать свой потенциал в сфере продажи избыточной электроэнергии соседним странам, в частности, Афганистану и Пакистану. Одним из наиболее значительных источников финансирования крупных инфраструктурных проектов, таких как транспортные и энергетические мощности, а также электростанции и линии электропередачи, служит китайская инициатива ОПОП, которую правительство считает инструментом финансирования своих проектов национального развития, предусмотренных Национальной стратегией развития на период до 2030 года.

Рисунок 7.6. Инфраструктурные проекты в Таджикистане в разрезе секторов

Планируемые и строящиеся
В миллионах долларов США

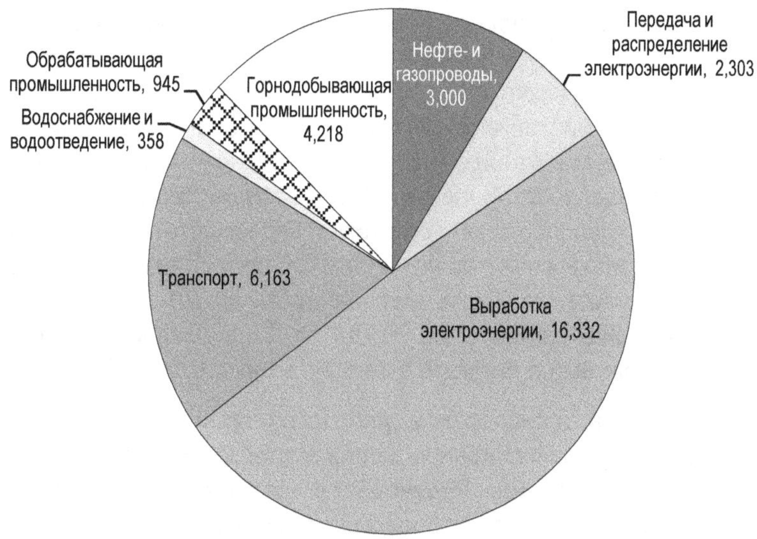

Источник: ОЭСР на основе баз данных по состоянию на июнь 2019 года

Транспорт

Таджикистан занимает 147е место из 167 стран в индексе эффективности логистики Всемирного банка с оценкой 2,29 (из 5), которая является самой низкой в регионе. Особенно слабы его инфраструктура (2,17) и таможня (2,02) (World Bank, 2018[14]).

Основная часть грузовых и пассажирских перевозок Таджикистана осуществляется по автомобильным дорогам. В 2016 году 96 процентов грузооборота и 99 процентов пассажирооборота сухопутными видами транспорта в Таджикистане приходилось на автомагистрали. Автотранспорт составлял 74,5 процента общего пассажирооборота, а авиаперевозки образовывали основную часть остального пассажирооборота (24,7 процента) (Agency for Statistics under the President of the Republic of Tajikistan, 2017[15]). Железнодорожная сеть Таджикистана, которая первоначально задумывалась как часть более масштабной советской системы, состоит из двух не связанных между собой линий (одна проходит из Ташкента в Ферганскую долину через Таджикистан на севере, вторая связывает Душанбе с югом Узбекистана). Этой особенностью отчасти объясняется малая доля железных дорог в грузовых и пассажирских перевозках (ITF, 2019[16]).

Не имея доступа к морю, Таджикистан опирается в своей торговле в основном на автодорожные перевозки. Для сохранения показателей автодорожной сети его потенциал автодорожной инфраструктуры должен увеличиться к 2030 году на 191 процент и к 2050 году на 516 процентов. Несколько международных автодорог, образующих части коридоров ЦАРЭС, проходящих через Таджикистан, указаны как требующие особого внимания в части повышения потенциала, например, автодороги между Самаркандом в Узбекистане и столицей Таджикистана Душанбе и между Ташкентом и Худжандом, городом на севере Таджикистана. В Таджикистане 83 процента автодорог составляют грунтовые дороги, потому что ввиду нынешнего движения по ним строительство дорожного покрытия на них не оправдано, но прогнозируемые увеличения пассажирских и грузовых перевозок могут превысить экономическое пороговое значение, в случае чего строительство дорожного покрытия будет обоснованным (ITF, 2019[16]).

Отсутствие связности, как на национальном, так и на международном уровнях, является серьезным барьером для интеграции Таджикистана в региональные и глобальные цепочки создания стоимости. В настоящее время все международные железнодорожные линии Таджикистана проходят через Узбекистан, а в прошлом напряженность между Таджикистаном и Узбекистаном вела к закрытиям границы. Для того, чтобы обойти Узбекистан и диверсифицировать свои железнодорожные линии, Таджикистан объявил, что он построит международные железнодорожные линии в Афганистан в рамках железной дороги Туркменистан – Афганистан – Таджикистан (ТАТ), но улучшение отношений с Узбекистаном, кажется, ослабило склонность Таджикистана к осуществлению этого проекта (Putz, 2018[17]). В сопоставлении с Германией, мировым лидером в сфере транспорта и логистики, Таджикистан связан лишь на уровне 53 процентов, на несколько процентных пунктов ниже, чем его соседние страны. Издержки, связанные с тем, чтобы одна тонна товаров из Таджикистана достигла 20 процентов глобального ВВП, составляют приблизительно 245 долл. США, тогда как в Германии такой же доступ можно обеспечить с меньшими издержками в размере около 30 долл. США (ITF, 2019[16]).

Планируемые и текущие проекты транспортной инфраструктуры Таджикистана составляют около 5,9 млрд долл. США и представлены в основном железнодорожными проектами (80 процентов, или приблизительно 4,7 млрд долл. США) (см. Рисунок 7.7). Хотя уровень инвестиций в автодорожную отрасль значительно ниже, они занимают второе место, составляя примерно 1 млрд долл. США (или 17 процентов), за ними следуют умеренные инвестиции в аэропорты (194 млн долл. США, или 3 процента). Таджикистан также инвестирует в логистические центры для повышения эффективности транзитного транспорта в стране и регионе, но пока выделены весьма ограниченные суммы. Строящиеся проекты представляют собой в основном инвестиции в существующие предприятия, которые направлены на модернизацию участков дорог, связывающих разные экономические центры в Таджикистане, а также соединяющих страну с соседними государствами (Таблица 7.2), как, например, Проект улучшения автодороги Душанбе-граница Узбекистана, который свяжет Душанбе с таджикско-узбекской границей.

Строящиеся проекты касаются в основном автодорог, а внимание планируемых проектов сосредоточено на железных дорогах. Как показано в таблице 7.2 ниже, это главным образом крупномасштабные, зачастую трансграничные инвестиции, направленные на повышение связности страны с соседними рынками. Они включают строительство железной дороги Россия – Казахстан – Кыргызская Республика – Таджикистан и железной дороги Китай – Кыргызская Республика – Таджикистан – Афганистан – Иран. Такие инвестиции в улучшение регионального транспорта считаются главными источниками экономического роста на широкой основе, поскольку они увеличат движение товаров, людей и услуг в регионе и позволят Таджикистану лучше включиться в региональные и глобальные цепочки создания стоимости (TRACECA, n.d.[18]).

Рисунок 7.7. Проекты в сфере транспорта в Таджикистане в разрезе подсекторов

Планируемые и строящиеся
В миллионах долларов США

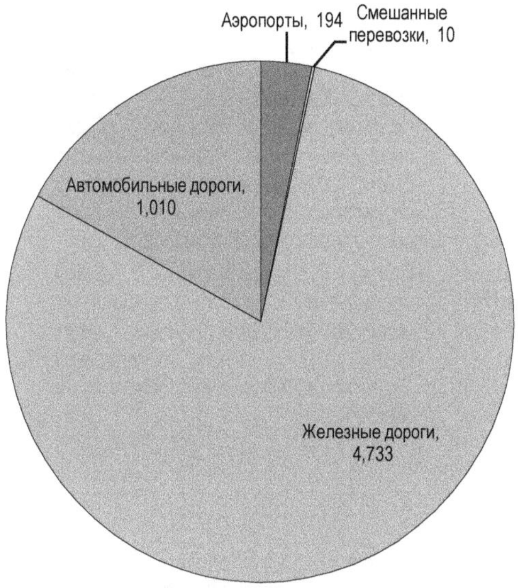

Источник: исследование ОЭСР на основе баз данных по состоянию на июнь 2019 года.

Таблица 7.2. Актуальные проекты в транспортной отрасли Таджикистана

(a) Строящиеся					
Название	Подсектор	Описание	Стоимость проекта (млн долл. США)	Источник финансирования	Тип инвестиций
Проект автодороги Куляб-Калаихумб (участки A и F)	Автодорога	Проект модернизирует два участка дороги, связывающей юго-западную Хатлонскую область с восточной Горно-Бадахшанской автономной областью. Такой проект также увеличит торговлю с соседними странами.	116	ФРАД; ИБР; КФАЭР; СФР; Правительство Таджикистана; Фонд ОПЕК	В существующее предприятие
Проект улучшения автодороги Душанбе – граница Узбекистана	Автодорога	Проект реконструирует дорогу протяженностью 5 км, связывающую Душанбе с границей с Узбекистаном. Она считается последней отсутствующей автодорогой Азиатской автомагистральной сети и коридора 3 ЦАРЭС, которая является старой и находится в плохом состоянии.	106	ЕБРР; АБИИ	В существующее предприятие

(b) Планируемые					
Название	Подсектор	Описание	Стоимость проекта (млн долл. США)	Источник финансирования	Тип инвестиций

Участок Карамик–Вахдат железной дороги Россия – Казахстан – Кыргызская Республика – Таджикистан	Железные дороги	Общая протяженность проекта составит 1 181 км, в том числе 296 км на территории Таджикистана из Карамика в Вахдат. Эта железнодорожная линия, как ожидается, свяжет Таджикистан с другими странами и увеличит движение товаров, услуг и людей в регионе. В 2015 году уже проведено предварительное технико-экономическое обоснование, общий ожидаемый срок строительства – 10 лет. Оцениваемая стоимость строительства таджикского участка составляет 2,5 млрд долл. США.	2 500	Исполнитель проекта: ГУП *Рохи охани Точикистон* (Таджикские железные дороги)	В новое предприятие
Строительство железной дороги Карамык – Вахдат – Курган-Тюбе – Калхазабад – Нижний Пяндж Участок железной дороги Китай – Кыргызская Республика – Таджикистан – Афганистан – Иран	Железные дороги	Проект представляет собой планируемое строительство одной из новых железных дорог, которая свяжет Китай с Ираном, пересекая Таджикистан, Кыргызскую Республику и Афганистан.	2 000	Банк Китая, Кыргызская Республика, Таджикистан, Афганистан, Иран, Всемирный банк, АБР; США (не указан)	В новое предприятие
Строительство железной дороги Душанбе – Ош – Кашгар Участок железной дороги Китай – Кыргызстан – Таджикистан – Афганистан – Иран	Железные дороги	Проект представляет собой планируемое строительство одной из новых железных дорог, которая свяжет Китай с Ираном, пересекая Таджикистан, Кыргызскую Республику и Афганистан.	1 900	МТК Таджикистана	В новое предприятие
Реконструкция и реабилитация автодороги Калайхум – Хорог – Мургаб – Тохтамыш	Автодорога	Проектом предусматривается реконструкция и реабилитация участка протяженностью 80 км Калайхум-Вандж. Это значительно сократит время в пути и снизит издержки, связанные с грузовыми перевозками, на 20 процентов. В 2014 году уже проведено предварительное технико-экономическое обоснование компанией China Roads and Bridges Construction Corporation.	239	МТК Таджикистана	В существующее предприятие
Строительство аэропорта Дангара	Аэропорт	Проект предусматривается Национальной стратегией развития на период до 2030 года и Государственной целевой программой развития транспортного комплекса до 2025 года для содействия инфраструктуре и укрепления материально-технической модернизации.	138	ОАО Аэропорт Дангара	В новое предприятие

Примечание: См. в разделе X «Справку о методологии» в отношении определения понятия «актуальный» в данном отчете и прочих сведений о том, как отбирались вышеуказанные проекты и определялась их приоритетность. ФРАД = Фонд развития Абу-Даби; АБР = Азиатский банк развития; АБИИ = Азиатский банк инфраструктурных инвестиций; ЕБРР = Европейский банк реконструкции и развития; ИБР = Исламский банк развития; КФАЭР = Кувейтский фонд арабского экономического развития; МТК = Министерство транспорта и коммуникаций (Таджикистана); Фонд ОПЕК = Фонд международного развития ОПЕК; ОАО = открытое акционерное общество; СФР = Саудовский фонд развития

Источник: исследование ОЭСР на основе имеющихся данных CAREC (2019[19]), CSIS (2019[20]), TAJinvest (n.d.[21]) и OFID (2019[22]) по состоянию на июнь 2019 года.

Энергетика

Общее качество энергетической инфраструктуры Таджикистана является низким. Хотя страна достигла всеобщего доступа к электроснабжению, существующие системы функционируют неэффективно. Качество систем передачи и распределения ведет к потерям в размере 17,1 процента (World Economic Forum, 2017[13]), и компании испытывают в среднем от 6 прекращений подачи электроэнергии в месяц (World Bank, 2019[1]).

Таджикистан является чистым импортером нефти и природного газа: в 2016 году он импортировал 0,97 мт нефти и в 2010 году (последний год, данные о котором имеются) — 0,14 мтнэ природного газа. Хотя в прошлые периоды он также был импортером электроэнергии, он начал экспортировать электроэнергию (в 2015 году и 2016 году по 0,11 мтнэ). Ввиду своих недостатков связности и зависимости от импорта нефти и газа Таджикистан сталкивается с серьезными проблемами энергетической безопасности. Президент назвал «энергетическую независимость» одним из главных приоритетов правительства для будущего развития Таджикистана (President of the Republic of Tajikistan, 2018[23]). В частности, Таджикистан стремится повысить свой потенциал в сфере выработки электроэнергии для энергоснабжения промышленного развития (особенно энергоемкого производства алюминия) и увеличения экспорта. Он также намерен диверсифицировать свои источники электроэнергии и уходить от плотин гидроэлектростанций, которые в настоящее время вырабатывают 97 процентов электроэнергии страны (см. Рисунок 7.8). В *Национальной стратегии развития на период до 2030 года* Таджикистана в качестве возможностей для увеличения потенциала указываются как возобновляемые источники энергии (ветровая, солнечная энергия), так и угольные электростанции.

Ориентация Таджикистана на уголь обусловлена проблемами энергетической безопасности и значительными неиспользуемыми внутренними запасами. Зависимость страны от выработки электроэнергии плотинами гидроэлектростанций ведет к сезонным дефицитам электроэнергии зимой, вследствие чего, по оценкам, 1 млн человек остаются без надежного электроснабжения (UNECE, 2017[24]). Ввиду наличия внутренних месторождений угля Таджикистан обратился к углю. В 2015 году Таджикистан добыл 1,05 млн тонн угля, и *Национальной стратегией развития* определяются амбициозные целевые показатели в отношении будущего: 4,05-5,3 мт к 2020 году, 6,9-10,3 мт к 2025 году и 10,4-15,1 мт к 2030 году. Из угля в настоящее время вырабатывается 3 процента электроэнергии, и, поскольку действующие угольные электростанции, такие как Душанбе-2, считаются комбинированными теплоэлектростанциями, они являются значительным источником централизованного теплоснабжения. За последние десять лет все угольные генерирующие блоки Таджикистана введены в эксплуатацию, и объявлены новые проекты (End Coal, n.d.[25]).

Рисунок 7.8. Выработка электроэнергии в разрезе видов топлива (ГВт·ч в 2016 году)

Источник: IEA (2018[26]), *IEA World Energy Balances 2018*, International Energy Agency, https://webstore.iea.org/world-energy-balances-2018

Текущие и планируемые инвестиции в энергетику Таджикистана согласуются со стратегиями правительства относительно повышения потенциала возобновляемых источников выработки электроэнергии. Так, на рисунке 7.9 ниже показано, что 94 процента проектов выработки электроэнергии (или 9,2 ГВт) относится к гидроэнергетике, а угольные электростанции составляют лишь 6 процентов общих проектов выработки электроэнергии. Таджикистан обладает восьмым самым высоким гидроэнергетическим потенциалом в мире в объеме приблизительно 220 технически извлекаемых тераватт-часов, однако многие станции требуют реконструкции, поскольку были построены в советскую эпоху. В настоящее время гидроэнергетический потенциал эксплуатируется лишь на 4-5 процентов. Поэтому такие проекты помогут устранить зимний кризис и уменьшить дисбаланс избыточного энергоснабжения в летние месяцы и дефицита энергии зимой. Они также послужат вкладом в *Национальную стратегию развития на период до 2030 года* в части увеличения выработки электроэнергии с 17,1 млрд кВт·ч в 2015 году до 26,2 млрд кВт·ч в 2020 году и в конечном итоге до 40,7 – 45 млрд кВт·ч в 2030 году. Помимо гидроэнергетики другие строящиеся или планируемые проекты в сфере возобновляемых источников энергии отсутствуют, хотя прочие возобновляемые источники энергии существуют и составляют 3 процента структуры энергетики Таджикистана.

Рисунок 7.9. Проекты выработки электроэнергии в Таджикистане в разрезе видов топлива

В МВт

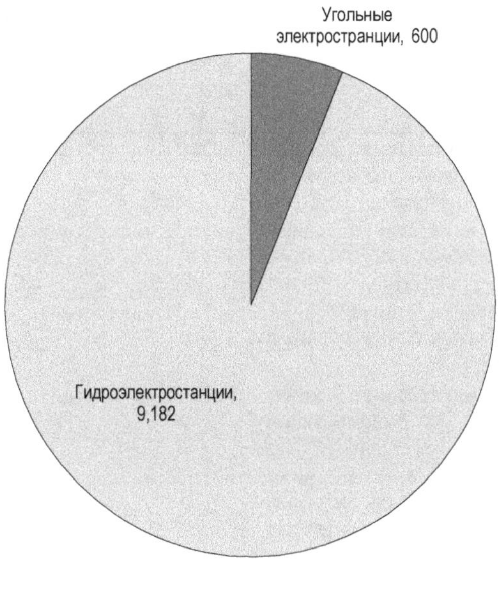

Источник: исследование ОЭСР на основе баз данных по состоянию на июнь 2019 года.

Дальнейший анализ актуальных строящихся и планируемых проектов в энергетике (Таблица 7.3) также показывает, что большинство важных проектов относится к гидроэнергетике, но имеются также различные крупномасштабные региональные проекты, в которых Таджикистан выступает государством-участником. Одним из наиболее значительных проектов, строящихся в настоящее время, является Рогунская гидроэлектростанция, которая представляет собой главный компонент *Национальной стратегии развития Таджикистана на период до 2030 года*. Строительство станции мощностью 3 600 МВт будет стоить почти 4 млрд долл. США и, как ожидается, завершится к 2032 году, когда она будет введена в эксплуатацию. Этот проект будет способствовать достижению целей стратегии снижения бедности и экономического роста благодаря увеличению экспорта гидроэлектроэнергии и сокращению дефицитов энергии в стране. Вместе с тем такое строительство также влечет за собой социальные и экономические риски, которые должны контролироваться правительством во избежание нестабильности (World Bank, 2018[7]).

На региональном уровне Таджикистан участвует в проектах нефте- и газопроводов, а также электропередачи. Например, линия D газопровода Центральная Азия – Китай представляет собой один из крупнейших мегапроектов в сфере природного газа в стране стоимостью приблизительно 3 млрд долл. США с крупным финансированием со стороны Китая. Еще одним значительным проектом является Проект электропередачи и торговли электроэнергией Центральная Азия – Южная Азия (CASA – 1000), финансируемый Всемирным банком, который поможет Таджикистану и Кыргызской Республике экспортировать летний избыток электроэнергии в соседние Казахстан, Узбекистан, Афганистан и Пакистан. Когда этот проект будет реализован, он, как ожидается, интегрирует электросети Центральной и Южной Азии. Таджикистан намерен извлечь значительную пользу от этого проекта благодаря увеличению экспорта электроэнергии, что будет дополнительно стимулировать развитие страны.

Таблица 7.3. Актуальные проекты в энергетике Таджикистана

(a) Строящиеся						
Название	Подсектор	Описание	Стоимость проекта (млн долл. США)	Мощность (МВт)	Источник финансиро-вания	Тип инвестиций
Проект плотины Рогунской гидроэлектро-станции	Гидро	Проект, как ожидается, увеличит экспорт гидроэлектроэнергии и ограничит дефициты энергии, способствуя тем самым экономическому росту и снижению бедности в стране. Проект планируется ввести в эксплуатацию в полном объеме в 2032 году.	3 900	3 600	Salini Impregilo SpA и ОАО Рогунская ГЭС	В новое предприятие
Линия D газопровода Центральная Азия – Китай (таджикский участок)	Нефтегазо-провод	Три существующие линии газопровода протяженностью 1 830 км проходят из Туркменистана в Китай через Узбекистан и Казахстан. Четвертая линия, линия D, строительство которой началось в 2014 году и, как ожидается, будет завершено в 2020 году, будет иметь протяженность 1 000 км и будет соединять Туркменистан с Китаем через Узбекистан, Таджикистан и Кыргызскую Республику.	3 000	н.д.	Китай (не указан)	В новое предприятие
CASA-1000	Передача и распреде-ление электро-энергии	CASA-100 представляет собой региональный проект строительства линии электропередачи между Таджикистаном, Афганистаном, Пакистаном и Кыргызской Республикой. Таджикским участком CASA-1000 является линия электропередачи протяженностью 170 км с севера на юг, которая охватывает около 60 сел.	1 170	1 000	Правительства Кыргызской Республики, Таджикистана (Министерство энергетики и промышлен-ности), Афганистана, Пакистана	В новое предприятие
Фаза I проекта реконструкции Нурекской гидроэлектро-станции	Гидро-энергетика	Первая фаза проекта реконструкции Нурекской гидроэлектростанции имеет своими целями реконструировать и восстановить генерирующую мощность трех энергоблоков Нурекской гидроэлектростанции, повысить их эффективность и безопасность Нурекской плотины.	350	3 000	Всемирный банк; АБИИ; ЕАБР; прочие источники	В существу-ющее предприятие
Трансрегиональ-ная торговля электроэнергией	Передача и распреде-ление электро-энергии	Проект направлен на упрощение трансграничной торговли летним избытком гидроэнергии Кыргызской Республики и Таджикистана. В рамках проекта будет построена и усилена инфраструктура высоковольтной электропередачи.	301	н.д.	ЕБРР; Всемирный банк; ЕИБ	В существу-ющее предприятие
(b) Планируемые						
Название	Подсектор	Описание	Стоимость проекта	Мощность (МВт)	Источник финансиро-вания	Тип инвестиций

			(млн долл. США)			
Фон-Ягноб	Угольная электро-станция	Проект поддерживается Комитетом по инвестициям Таджикистана как один из приоритетных проектов для обеспечения надежного снабжения электроэнергией в зимний период.	600	600	н.д.	В новое предприятие
Хоставская ГЭС	Гидро-энергетика	Проект, который планируется завершить в 2026 году, является важнейшей составляющей стратегии устранения зимнего дефицита энергии. Ожидается, что проект будет ежегодно обеспечивать занятость 26 000 человек.	2 309	1 200	н.д.	В новое предприятие
Шуробская ГЭС	Гидро-энергетика	Проект расположен в 100 км к востоку от столицы Душанбе и, как ожидается, будет вырабатывать 3,2 млрд кВт·ч в год.	1 500	850	н.д.	В новое предприятие
Штийонская ГЭС	Гидро-энергетика	Проект представляет собой приоритетный проект, который поможет устранить дефицит зимнего кризиса в Таджикистане. Проект отобран на основе определенных критериев, таких как обеспечение достаточности энергии, социально-экономические выгоды и сокращение разливов воды.	1 500	160	н.д.	В новое предприятие
Андеробская электростанция	Гидро-энергетика	Проект направлен на преодоление существующих дефицитов электроэнергии в Таджикистане и удовлетворение растущего спроса на электроэнергию в Таджикистане. Он будет способствовать достижению ЦУР 7, касающейся устранения дефицитов электроэнергии, и ЦУР 8 благодаря обеспечению занятости приблизительно 16 000 человек.	1 300	650	н.д.	В новое предприятие

Примечания: См. в разделе X «Справку о методологии» в отношении определения понятия «актуальный» в данном отчете и прочих сведений о том, как отбирались вышеуказанные проекты и определялась их приоритетность. АБИИ = Азиатский банк инфраструктурных инвестиций; ЕБРР = Европейский банк реконструкции и развития; ЕАБР = Евразийский банк развития; ЕИБ = Европейский инвестиционный банк; ОАО = открытое акционерное общество

Источник: исследование ОЭСР на основе данных ADB (2019[27]), CAREC (2019[19]), CSIS (2019[20]), Dealogic (2019[28]), EBRD (n.d.[29]), IJGlobal (2019[30]), TAJinvest (n.d.[21]), World Bank (2019[31]) по состоянию на июнь 2019 года.

Промышленный сектор и горнодобывающая промышленность

Национальная стратегия развития на период до 2030 года направлена на увеличение доли промышленности в ВВП Таджикистана с 12,3 процента в 2015 году до 12,5-13,5 процента к 2020 году, 16-16,5 процента к 2025 году и 20-21 процента к 2030 году. Она также нацелена на уменьшение роли добывающих отраслей в пользу производства с более высокой добавленной стоимостью. Тем не менее добывающие отрасли играют большую и все более важную роль в современном промышленном производстве Таджикистана, в то же время легкая (текстильная) промышленность сократилась, а уже малая доля оборудования уменьшилась (см. Рисунок 7.10).

Рисунок 7.10. Горнодобывающее и промышленное производство в Таджикистане в 2011-2015 годы

В тысячах таджикских сомони (в ценах 1998 года в тадж. сомони)

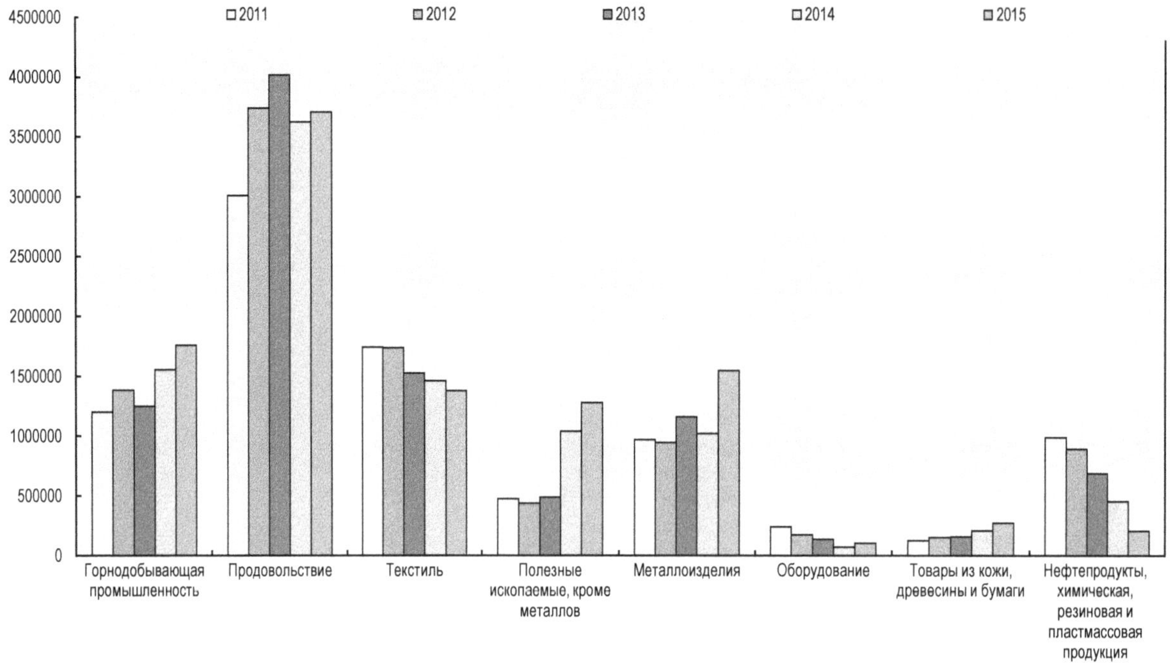

Источник: Agency for Statistics under the President of the republic of Tajikistan (2018[32]), Выпуск промышленной продукции в разбивке по отраслям в постоянных ценах, 1980-2017, Agency for Statistics under the President of the republic of Tajikistan, https://www.stat.tj/ru/tables-real-sector

Планируемые и строящиеся проекты в обрабатывающей промышленности Таджикистана сосредоточены в основном на металлургических заводах (53 процента общей суммы в размере 944 млн долл. США), за которыми следуют алюминиевые заводы (22 процента, или 204 млн долл. США), производство цемента (19 процентов, или 175 млн долл. США) и производство базальтового волокна (7 процентов, или 65,8 млн долл. США) (Рисунок 7.11). Эти проекты отражают ведущее положение Таджикистана в плавильной промышленности в Центральной Азии и согласуются с приоритетом правительства относительно развития тяжелой промышленности (World Bank, 2018[7]). Однако успехи в других отраслях являются весьма умеренными, что объясняется узкой экономической базой Таджикистана и ограниченными успехами на пути к диверсификации.

Более глубокий анализ планируемых и строящихся проектов также демонстрирует, что Таджикистан опирается на тяжелую промышленность и горнодобывающую отрасль (Таблица 7.4). Эти проекты в основном поддерживаются Комитетом по инвестициям Таджикистана в качестве приоритетных инвестиций. Одним из крупнейших проектов, строящихся в настоящее время, является металлургический комбинат в городе Истиклол, строительство которого началось в 2014 году и на котором планируется производить 50 000 тонн свинца и 50 000 тонн цинка в год. После ввода в эксплуатацию этот проект создаст более 2 500 рабочих мест, национальные работники будут составлять 90 процентов рабочей силы.

Рисунок 7.11. Проекты промышленного сектора и горнодобывающей промышленности в Таджикистане в разрезе подсекторов

Планируемые и строящиеся
В миллионах долларов США

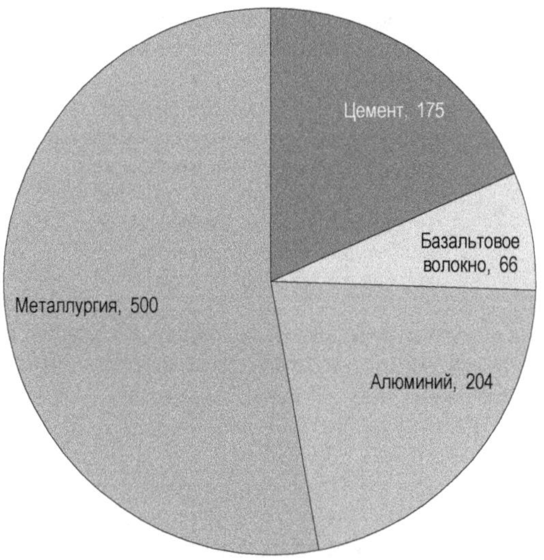

Источник: ОЭСР на основе ADB (2019[27]), IJGlobal (2019[30]) и TAJinvest (n.d.[21]) по состоянию на июнь 2019 года

Таблица 7.4. Актуальные проекты промышленного сектора и горнодобывающей промышленности Таджикистана

(a) Строящиеся					
Название	Подсектор	Описание	Стоимость проекта (млн долл. США)	Источник финансирования	Тип инвестиций
Металлургический комбинат города Истиклол	Металлоизделия	Производство началось в 2014 году, на нем будет производиться 50 000 тонн свинца и 50 000 тонн цинка в год. Ожидается, что после ввода проекта в эксплуатацию он создаст 2 500 новых рабочих мест для граждан Таджикистана.	500	АБР	В новое предприятие
(b) Планируемые					
Название	Подсектор	Описание	Стоимость проекта (млн долл. США)	Источник финансирования	Тип инвестиций
Добыча серебра в месторождении «Кони Мансури Калон»	Добыча серебра	Проект разработки месторождения серебра, в котором содержится 1 мт руды. Он направлен на повышение экспортного потенциала страны и создание новых рабочих мест.	4 000	ГП	В новое предприятие

Энергометаллургическая компания «Талко» (Талко)	Основные металлы	Проект направлен на увеличение производства алюминия до 200 000 тонн в год и снижение себестоимости алюминия.	204	«Таджикская аллюминиевая компания» (ТАЛКО)	В новое предприятие
Проект месторождения «Талко Голд Кончоч»	Добыча золота	Проектом предусматривается добыча, извлечение и переработка руды с последующим производством продукции из золота, серебра и сурьмы. Ожидаемый срок осуществления проекта составляет от двух до трех лет.	200	Проект, как ожидается, будет финансироваться частным капиталом	В новое предприятие
Строительство цементного завода	Цемент	Проектом предусматривается производство высококачественного цемента для сбыта на внутреннем рынке. Оцениваемый срок окупаемости проекта составляет от четырех до пяти лет, и ожидается, что он создаст 60-70 рабочих мест.	175	Проект, как ожидается, будет финансироваться частным капиталом	В новое предприятие

Примечания: См. в разделе X «Справку о методологии» в отношении определения понятия «актуальный» в данном отчете и прочих сведений о том, как отбирались вышеуказанные проекты и определялась их приоритетность. АБР = Азиатский банк развития
Источник: исследование ОЭСР на основе баз данных ADB (2019[27]) и TAJinvest (n.d.[21]) по состоянию на июнь 2019 года.

Вода

Таджикистан богат водными ресурсами, в которых берут свой исток крупнейшие реки Центральной Азии, обеспечивающие более 70 процентов всех ресурсов питьевой воды этого региона. В связи с использованием трансграничных рек странами региона их экономика зависит от воды. Это зачастую ведет к незначительным разногласиям между Таджикистаном, Узбекистаном и Кыргызской Республикой относительно доступа к водным ресурсам и выпаса в Ферганской долине. Несмотря на богатые водные ресурсы, Таджикистан использует только 20 процентов имеющегося водного потенциала (The State Committee on Investment and State Property Management of the Republic of Tajikistan, 2018[33]), и лишь трое из четырех человек имеют доступ к источнику чистой воды (World Bank, 2018[7]). Более того, ирригационная инфраструктура также в основном неэффективна. Так, приблизительно 50 процентов водораспределительной системы и около 65 процентов системы водоотведения считаются не функционирующими нормально (European Commission, 2014[34]).

Текущие и планируемые водные проекты составляют около 258 млн долл. США, они сосредоточены в основном на водоснабжении и орошении (81 процент, или 210 млн долл. США), а также орошении и управлении водными ресурсами (19 процентов, или 49 млн долл. США) (Рисунок 7.12). К значимым инвестициям относятся проекты повышения стойкости к изменению климата, такие как инфраструктура противопаводковой и противоселевой защиты для борьбы с изменением климата, а также ирригационная и дренажная инфраструктура. Например, Проект модернизации ирригационных систем и управления водостоком в бассейне реки Зарафшан, финансируемый Всемирным банком, направлен на усовершенствование управления водными ресурсами и орошения в северной части страны. Такой проект, как ожидается, поднимет урожайность культур и повысит продовольственную безопасность местных жителей.

Рисунок 7.12. Водные проекты в Таджикистане в разрезе подсекторов

Планируемые и строящиеся
В миллионах долларов США

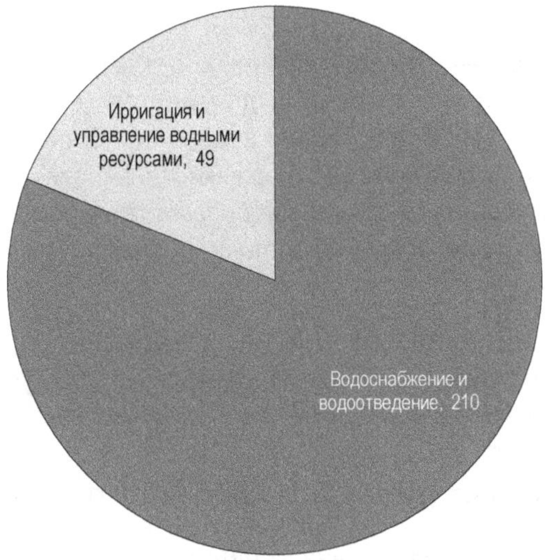

Источник: исследование ОЭСР на основе баз данных по состоянию на июнь 2019 года.

7.3. Сильные и слабые стороны существующей институциональной структуры для планирования устойчивой инфраструктуры

Стратегическое планирование и взаимосвязи между долгосрочными задачами, планами в отношении инфраструктуры и экологическими соображениями

В Таджикистане имеются две основные долгосрочные стратегии развития: *Национальная стратегия развития на период до 2030 года* и *Концепция перехода к устойчивому развитию* (на 2007-2030 годы) (Таблица 7.5 и Таблица 7.6). Таджикистану было бы полезно иметь всеобъемлющую стратегию, определяющую цели развития страны до 2050 года в связи с Парижским соглашением, которое Таджикистан ратифицировал в 2017 году. Стратегия на период до середины века, с которой будут сопоставляться цели более краткосрочных документов, поможет Таджикистану избежать дорогостоящего замыкания на траекториях неустойчивого развития, таких как последний разворот в сторону угольных электростанций, и диверсифицировать свой потенциал выработки электроэнергии. Более долгосрочное видение поможет правительству взвешивать издержки и выгоды, связанные с решениями в области политики и вариантами развития инфраструктуры.

Законом «О государственных прогнозах, концепциях, стратегиях и программах социально-экономического развития» (2003 года) определяется иерархия документов от долгосрочных «концепций» социально-экономического развития (на 15-летний период с корректировкой раз в пять лет) до стратегий (на 10-летний период со среднесрочной корректировкой) и программ (3-5 лет) (UNECE, 2017[24]).

На практике, однако, термины «концепция», «стратегия» и «программа» применяются, кажется, несколько более произвольно, а сроки их действия являются различными. *Концепция перехода к устойчивому развитию* (на 2007-2030 годы), например, охватывает 24-летний период, а утвержденная в 2016 году *Национальная стратегия развития на период до 2030 года* — 15 лет. Программы являются особенно разными: срок действия *Государственной экологической программы* (на 2009–2019 годы) вдвое короче *Государственной программы изучения и сохранения ледников* (на 2010–2030 годы).

Четко определенная иерархия — от долгосрочных документов (концепций и стратегий) по нисходящей до среднесрочных и краткосрочных документов (программ и планов) — позволяет документам низшего уровня увязывать свои задачи с более долгосрочными целями. В существующих стратегических документах Таджикистана эти связи, как представляется, отсутствуют, например, *Национальная стратегия развития на период до 2030 года* не ссылается на *Концепцию перехода к устойчивому развитию,* несмотря на различные задачи, которые накладываются друг на друга.

Несмотря на то, что данная стратегия еще не утверждена правительством, разработана Национальная стратегия адаптации к изменению климата до 2030 года, действующая в качестве основы для мер, связанных с изменением климата в Таджикистане.

Институциональная структура и процессы принятия решений

В Таджикистане отсутствует специализированное министерство окружающей среды. Большинство сфер политики, связанных с окружающей средой, находится в ведении Комитета охраны окружающей среды, который является не составной частью правительства, а подчиненным ему органом. В результате, Комитет не обладает авторитетом для того, чтобы иметь влияние в координационных органах и в ходе консультаций относительно мер политики и стратегий, которые оказывают воздействие на окружающую среду, о чем свидетельствует слабая интеграция экологических вопросов в документы по секторам (UNECE, 2017[24]).

В Национальной стратегии развития слабая межведомственная координация указана в качестве одного из барьеров для проведения политики. Предыдущие попытки решить проблемы, связанные с координацией, привели к созданию в 2007 году Совета национального развития при президенте для упрощения информационного взаимодействия и сотрудничества органов государственного управления (Ministry of Justice of the Republic of Tajikistan, 2007[35]). В целом, механизмы горизонтальной координации в Таджикистане являются сравнительно прочными, но соответствующие координационные органы регулярно не включают Комитет охраны окружающей среды в деятельность. Представители этого Комитета не входят в состав органов, которым поручено координировать политику в таких разнообразных областях, как здравоохранение и улучшение инвестиционного климата (UNECE, 2017[24]).

Программа среднесрочного развития (на 2016-2020 годы) возлагает задачу повышения координации министерских портфелей на администрацию президента, Министерство финансов и Министерство экономики для обеспечения более полной согласованности политики, на эту задачу выделено целевым назначением 2 млн долл. США. В ходе этого обзора механизмов координации правительству следует пересмотреть статус Комитета охраны окружающей среды и его голоса в координационных органах.

Кроме того, в Таджикистане отсутствует система промежуточной и заключительной оценки инвестиционных проектов (Emerging Markets Forum, 2019[9]). Более совершенные механизмы проверки инвестиционных проектов в соотнесении с задачами в области национального развития и окружающей среды помогут Таджикистану избирательнее привлекать иностранные инвестиции, если проекты полностью отвечают интересам страны. Ввиду большого числа крупномасштабных инфраструктурных проектов в Таджикистане и состояния государственных финансов его ситуация с долгом может ухудшиться, если ее не регулировать должным образом. Благодаря более четкой и последовательной формулировке долгосрочных задач правительства в области развития и климата в стратегии развития на период до середины века Таджикистан будет лучше подготовлен к тому, чтобы взвешивать издержки и выгоды, связанные с крупномасштабными проектами развития инфраструктуры.

Перечень значимых стратегических документов

Таблица 7.5. Основные действующие стратегические документы в отношении инфраструктуры

	Статус	Временной горизонт	Охватываемые секторы	Основные цели
Первый определяемый на национальном уровне вклад (ОНВ)	Представлен в 2017 году	2017-2030 годы	Экономика в целом	• Необусловленный целевой показатель: непревышение к 2030 году 80-90 процентов выбросов парниковых газов уровня 1990 года, 1,7-2,2 тонны CO_2-экв на душу населения • Обусловленный целевой показатель: целевой показатель 65-75 процентов выбросов парниковых газов уровня 1990 года к 2030 году, 1,2-1,7 тонны CO_2-экв на душу населения • Основные отрасли, в которых будут сокращены выбросы: водное хозяйство (в связи с улучшением орошения, управления водными ресурсами и охраны ледников), промышленность (внедрение новых технологий), транспорт (развитие транспортной инфраструктуры с низким уровнем выбросов), энергетика (переход на возобновляемые источники энергии) • Основной инструмент адаптации: перечень стратегических документов, указанных ниже
Национальная стратегия развития на период до 2030 года	Утвержден в 2016 году	2016-2030 годы	Управление, планирование, транспорт, энергетика, водное хозяйство, промышленность	• Промышленное развитие благодаря осуществлению инфраструктурных проектов и содействие рациональному использованию земельных, водных и энергетических ресурсов, а также цель повышения производственного потенциала • Развитие результативной системы государственного управления • Развитие человеческого капитала с упором на повышение уровней образования, науки, здравоохранения, социальной защиты, улучшение условий жизни и повышение социального равенства • Улучшение инвестиционного климата и содействие росту финансового сектора • Улучшение обеспечения системами водоснабжения и водоотведением • Увеличение выработки электроэнергии с целью достичь 26,2 млрд кВт·ч к 2020 году, 37,5-37,6 млрд кВт·ч к 2025 году и 40,7-45 млрд кВт·ч к 2030 году

				• Повышение связности, особенно с соседними странами и важнейшими рынками, благодаря развитию транспорта и телекоммуникаций
Государственная экологическая программа на период 2009-2019 годов	Утвержден в 2009 году	2009-2019 годы	Управление, энергетика, водное хозяйство, промышленность	• Содействие эффективному и рациональному природопользованию • Обеспечение безопасных для окружающей среды процессов в производстве • Внедрение и применение экологически чистых технологий • Повышение уровня ответственности государственных органов и общества • Создание институтов и организаций, которые поддерживают экологический образ мыслей относительно развития • Представление отчетов о состоянии окружающей среды в различных секторах для содействия экологически чистой практике
Программа улучшения обеспечения населения чистой питьевой водой на период 2008-2020 годов	Утвержден в 2006 году	2008-2020 годы	Водное хозяйство	• Реконструкция существующих систем водоснабжения и строительство новых систем централизованного водоснабжения с применением современных технологий • Строительство местных систем водоснабжения (например, водных скважин) • Внедрение современных методов обеззараживания воды • Содействие более эффективному использованию водных ресурсов
Программа реформы водного сектора на период 2016-2025 годов	Утвержден в 2015 году	2016-2025 годы	Водное хозяйство	• Создание условий для внедрения комплексного управления водными ресурсами • Институциональные реформы в водном хозяйстве для содействия прозрачности и создания подотчетных структур • Переход от административно-территориального управления водными ресурсами к управлению в гидрологических и гидрографических зонах
Программа среднесрочного развития Республики Таджикистан на 2016-2020 годы	Утвержден в 2016 году	2016-2020 годы	Управление, планирование, финансы	• Создание функционирующей системы стратегического планирования и повышение координации в правительстве • Улучшение условий для бизнеса и инвестиционного климата
Программа освоения возобновляемых источников энергии и строительства малых гидроэлектростанций на 2016-2020 годы	Утвержден в 2016 году	2016-2020 годы	Энергетика, водное хозяйство	• Увеличение снабжения электроэнергией, особенно отдаленных горных районов • Строительство малых гидроэлектростанций и создание условий, необходимых для технического обслуживания существующих малых гидроэлектростанций
Целевая государственная программа развития транспортного комплекса в	Утвержден в 2011 году	2011-2025 годы	Транспорт	• Разработка набора мер, содействующих последовательному развитию транспортной инфраструктуры на принципах экономической устойчивости

Республике Таджикистан до 2025 года				• Создание национальной транспортной сети в соответствии с установленными стандартами безопасности для удовлетворения внутренних потребностей • Содействие свободной конкуренции на внутреннем и международном рынках транспортного обслуживания
Концепция государственной политики привлечения и защиты инвестиций Республики Таджикистан	Утвержден в 2012 году	Сроки не определены	Управление, промышленность	• Увеличение инвестиций в инфраструктурные проекты • Модернизация производственных процессов путем обновления их материально-технической базы • Повышение результативности государственной политики регулирования в инвестиционной сфере
Концепция перехода к устойчивому развитию	Утвержден в 2007 году	2007-2022 годы	Управление, планирование, транспорт, энергетика, водное хозяйство, промышленность	• Создание результативной формы управления • Обеспечение энергетической безопасности, а также социальной защиты • Содействие производству на принципах экологической устойчивости
Концепция охраны окружающей среды Республики Таджикистан	Утвержден в 2008 году	Сроки не определены	Управление, энергетика, водное хозяйство, промышленность	• Содействие экологически чистой практике во всех секторах экономики • Создание системы мониторинга окружающей среды • Охрана земельных и водных ресурсов и содействие их рациональному использованию • Повышение уровня благосостояния населения

Таблица 7.6. Прочие значимые документы

	Статус	Временной горизонт	Охватываемые секторы
Программа мониторинга окружающей среды на 2013-2017 годы	Утвержден в 2012 году	2013-2017 годы	Многосекторный
Среднесрочный план реализации Концепции охраны окружающей среды на 2010-2012 годы	Утвержден в 2010 году	2010-2012 годы	Многосекторный
Стратегия повышения уровня благосостояния населения Таджикистана на 2013-2015 годы	Утвержден в 2012 году	2013-2015 годы	Многосекторный
Программа государственных внешних заимствований Республики Таджикистан на 2013-2015 годы	Утвержден в 2012 году	2013-2015 годы	Многосекторный
Государственная программа качества на 2013-2015 годы	Утвержден в 2012 году	2013-2015 годы	Энергетика
Программа по эффективному использованию гидроэнергетических ресурсов и энергоэффективности на 2012-2016 годы	Утвержден в 2011 году	2012-2016 годы	Энергетика
Целевая комплексная программа по использованию возобновляемых источников энергии в Таджикистане на 2007-2015 годы	Утвержден в 2007 году	2007-2015 годы	Энергетика
Программа по эффективному использованию водных и энергетических ресурсов на 2012-2016 годы	Утвержден в 2011 году	2012-2016 годы	Энергетика, водное хозяйство
Программа по переработке и производству готовой продукции из первичного алюминия на 2007-2015 годы	Утвержден в 2007 году	2007-2015 годы	Промышленность
Программа внедрения научно-технических достижений в промышленное производство на 2010-2015 годы	Утвержден в 2009 году	2010-2015 годы	Промышленность
Программа развития легкой промышленности на 2006-2015 годы	Утвержден в 2005 году	2006-2015 годы	Промышленность

Примечания

[1] Всемирный банк с 2014 года по 2016 год классифицировал Таджикистан как страну с доходами ниже средних, но в 2017 году он переклассифицировал его как страну с низкими доходами.

Литература

ADB (2019), *Projects and Tenders (database)*, https://www.adb.org/projects?terms=. [27]

Agency for Statistics under the President of the Republic of Tajikistan (2018), *Выпуск промышленной продукции в разбивке по отраслям в постоянных ценах, 1980-2017 [Output of industrial production broken down by sub-sector in constant prices, 1980-2017]*, https://www.stat.tj/ru/tables-real-sector. [32]

Agency for Statistics under the President of the Republic of Tajikistan (2017), *Таджикистан в цифрах [Tajikistan in figures]*, http://stat.ww.tj/e37b548394b7b88961c832850b383539_1508737633.pdf. [15]

CAREC (2019), *Projects List*, https://www.carecprogram.org/?page_id=1726. [19]

Chamber of Commerce and Industry of the Republic of Tajikistan (n.d.), *Аналитические данные о притоке иностранных инвестиций в экономику Республики Таджикистан в период 2007-2015 г. [Analytical data on foreign investment inflow into the economy of the Republic of Tajikistan for the period 2007-2015]*, http://tpp.tj/business-guide2017/rus/pdf/%D0%90%D0%BD%D0%B0%D0%BB%D0%B8%D1%82%D0%B8%D1%87%D0%B5%D1%81%D0%BA%D0%B8%D0%B5%20%D0%B4%D0%B0%D0%BD%D0%BD%D1%8B%D0%B5%20%D0%BE%20%D0%BF%D1%80%D0%B8%D1%82%D0%BE%D0%BA%D0%B5%20%D0%B8%D0%BD%D0%BE%D1%81%D1%82%D1%80%D0%. [10]

CSIS (2019), *Reconnecting Asia (database)*, https://reconnectingasia.csis.org/database/#. [20]

Dealogic (2019), *Multiple Markets: One Platform (database)*, https://www.dealogic.com/. [28]

EBRD (n.d.), *Project Summary Documents*, https://www.ebrd.com/work-with-us/project-finance/project-summary-documents.html. [29]

Emerging Markets Forum (2019), *The Impact of the Belt and Road Initiative in Central Asia and the South Caucasus: "'Inside-out" Perspectives of Experts from the Region*, Emerging Markets Forum, Gerzensee, http://www.research.pmcg-i.com/images/banners/The%20Belt%20and%20Road%20Initiative%20in%20the%20South%20Caucasus%20Region.pdf. [9]

End Coal (n.d.), *Global Coal Plant Tracker*, https://endcoal.org/tracker/. [25]

European Commission (2014), *Tajikistan Multi-Annual Indicative Programme 2014-2020 and Country Strategy Paper 2014-2020*, http://www.eeas.europa.eu/archives/delegations/tajikistan/documents/eu_tajikistan/tajikistan_country_mip_and_strategy_paper_2014-2020_en.pdf (accessed on 25 July 2019). [34]

fDi Markets (2019), *fDi Markets: the in-depth crossborder investment monitor (database)*, https://www.fdimarkets.com/. [11]

Government of the Republic of Tajikistan (2014), *Third National Communication of the Republic of Tajikistan under the United Nations Framework Convention on Climate Change*, http://www.meteo.tj. [12]

Hurley, J., S. Morris and G. Portelance (2018), *Examining the Debt Implications of the Belt and Road Initiative from a Policy Perspective*, Center for Global Development, Washington DC, https://www.cgdev.org/sites/default/files/examining-debt-implications-belt-and-road-initiative-policy-perspective.pdf. [8]

IDA (2019), *Project Appraisal Document on a Proposed Grant to the Republic of Tajikistan for a Rural Economy Development Project*, International Development Association, http://documents.worldbank.org/curated/en/549701561341661821/pdf/Tajikistan-Rural-Economy-Development-Project.pdf. [4]

IEA (2018), *IEA World Energy Balances 2018*, https://webstore.iea.org/world-energy-balances-2018. [26]

IJGlobal (2019), *Project Finance (database)*, https://ijglobal.com/data/index. [30]

IMF (2018), *World Economic Outlook: October 2018*, https://www.imf.org/external/datamapper/GGXCNL_NGDP@WEO/OEMDC/ADVEC/WEOWORLD. [2]

ITF (2019), *Enhancing Connectivity and Freight in Central Asia*, International Transport Forum, Paris, http://www.itf-oecd.org. [16]

Ministry of Economic Development and Trade of the Republic of Tajikistan (2016), *National Development Strategy of the Republic of Tajikistan for the period up to 2030*, http://medt.tj/en/strategy-and-programes/nds2030. [3]

Ministry of Justice of the Republic of Tajikistan (2007), *Положение о Совете национального развития при Президенте Республики Таджикистан [Regulations on the National Development Council under the President of the Republic of Tajikistan]*, http://www.adlia.tj/show_doc.fwx?Rgn=12021. [35]

Observatory of Economic Complexity (2017), *Tajikistan: Exports, Imports, and Trade Partners*, https://atlas.media.mit.edu/en/profile/country/tjk/. [5]

OFID (2019), *Projects and Operations (database)*, http://www.ofid.org/PROJECTS-OPERATIONS. [22]

President of the Republic of Tajikistan (2018), *Послание Президента Республики Таджикистан Маджлиси Оли Республики Таджикистан [Message of the President of the Republic of Tajikistan to Majlisi Oli of the Republic of Tajikistan]*, http://www.prezident.tj/ru/node/19089. [23]

Putz, C. (2018), *Did Tajikistan Just Ditch a Rail Project With Turkmenistan?*, The Diplomat, https://thediplomat.com/2018/09/did-tajikistan-just-ditch-a-rail-project-with-turkmenistan/. [17]

TAJinvest (n.d.), *State committee on investment and state property management of the Republic of Tajikistan*, http://www.tajinvest.tj/en/. [21]

The State Committee on Investment and State Property Management of the Republic of Tajikistan (2018), *Инвестиционные возможности Таджикистана [Investment opportunities in Tajikistan]*, https://investcom.tj/uploads/invest2018.pdf. [33]

TRACECA (n.d.), *Country Report on Infrastructure and Finance Tajikistan*, http://www.traceca-org.org/fileadmin/fm-dam/Investment_Forum/101208_TAJ%20country%20report.pdf. [18]

UNCTAD (2016), *Investment Policy Review: Tajikistan*, UNCTAD, Geneva, https://unctad.org/en/PublicationsLibrary/diaepcb2016d1_en.pdf. [6]

UNECE (2017), *Tajikistan Environmental Performance Reviews: Third Review*, UNECE, Geneva, http://www.unece.org/env/epr/. [24]

World Bank (2019), *Projects and Operations (database)*, http://projects.worldbank.org/?lang=en. [31]

World Bank (2019), *World Development Indicators (database)*, https://datacatalog.worldbank.org/dataset/world-development-indicators. [1]

World Bank (2018), *Logistics Performance Index*, https://lpi.worldbank.org/international/aggregated-ranking. [14]

World Bank (2018), *Tajikistan Systematic Country Diagnostic - Making the National Development Strategy 2030 a Success: Building the Foundation for Shared Prosperity*, World Bank, Washington DC, http://documents.worldbank.org/curated/en/430741528356150691/pdf/126209-SCD-P160440-PUBLIC-TJK-SCD-WEB-v300518.pdf. [7]

World Economic Forum (2017), *The Global Competitiveness Report 2017-2018*, World Economic Forum, Geneva, http://www3.weforum.org/docs/GCR2017-2018/05FullReport/TheGlobalCompetitivenessReport2017%E2%80%932018.pdf. [13]

Глава 8. Стратегическое планирование инфраструктуры для устойчивого развития в Туркменистане

В настоящей главе описывается планирование устойчивой инфраструктуры в Туркменистане и представляются текущие тенденции в области инвестиций в крупномасштабные инфраструктурные проекты. Сравниваются инфраструктурные планы в энергетическом, транспортном, промышленном и водохозяйственном секторах с международными обязательствами по Парижскому соглашению и Целями в области устойчивого развития (ЦУР). В данной главе также рассматриваются документы стратегического планирования по долгосрочному экономическому развитию, отраслевому развитию и охране окружающей среды, включая документы, связанные со смягчением последствий изменения климата и адаптацией к нему. В заключение определены несогласованности между поставленными целями и наблюдаемыми инвестиционными потоками, и тем самым предложены рекомендации для улучшения стратегического планирования устойчивой инфраструктуры.

Основные соображения

Туркменистан является страной с доходами выше средних и вторым наиболее высоким ВВП на душу населения в Центральной Азии. Девяносто один процент экспорта Туркменистана составляют полезные ископаемые (в основном газ), 83 процента его экспорта поступают в Китайскую Народную Республику. Условия для ведения бизнеса в Туркменистане являются одними из самых трудных в регионе из-за повсеместного контроля со стороны государства, ограничений на валютные курсы, крайне ограничительных нормативных актов, слабое верховенство права и постоянно растущий уровень коррупции. Эти проблемы дополнительно усугубляются ограниченными правами собственности, отсутствием частной земли и слабой судебной системой. Невзирая на это, Туркменистан извлекает пользу от крупных потоков ПИИ, в основном китайских инвестиций в нефтегазовый сектор. При том что доля Туркменистана в глобальных выбросах ПГ невелика, его экономика является одной из самых энергоемких вследствие утечек природного газа в отрасли разведки нефти и газа и весьма высоких энергетических субсидий, в результате которых энергоносители в стране являются бесплатными.

Несмотря на некоторые крупномасштабные транспортные проекты, построенные за последние несколько лет (Международный морской порт Туркменбаши в Каспийском море и железнодорожная линия, связывающая Казахстан с Ираном), инфраструктура Туркменистана остается слабой, а логистические издержки — весьма высокими. Проекты в энергетике составляют 66 процентов текущих инфраструктурных инвестиций и представлены в основном трубопроводами и трансграничными проектами передачи электроэнергии. Признаки того, что страна начинает диверсифицировать свой электроэнергетический баланс, который полностью опирается на природный газ, отсутствуют, а инвестиции в системы передачи и распределения электроэнергии недостаточны для того, чтобы ограничить утечки. Также требуются дополнительные инвестиции в транспортной отрасли, с тем чтобы Туркменистан мог извлечь экономическую пользу от своего положения близ таких крупных рынков, как Иран, Южная Азия и, через Каспийское море, Российская Федерация.

Туркменистан утвердил несколько стратегических документов, например, Национальную программу социально-экономического развития на 2011-2030 годы и Национальную стратегию по изменению климата. Однако его стратегические документы могут быть не столь действенными, как могли бы быть, поскольку в них не указано, какой государственный орган является основным ответственным органом за выполнение задач, и не определены количественные — или по крайней мере поддающиеся проверке — задачи, в соотнесении с которыми можно измерить их осуществление. С 2000 года в законодательстве страны содержатся положения об оценке воздействия на окружающую среду (ОВОС), но на практике ОВОС систематически проводятся без участия общественности и общественных консультаций. В начале 2019 года Туркменистан утвердил новую институциональную структуру для улучшения проведения реформ в сфере транспорта, связи и промышленности. Это повысит качество комплексного планирования транспортной инфраструктуры страны, хотя слияние Государственного комитета охраны природы (ранее независимого министерства) с Министерством сельского и водного хозяйства может ослабить способность правительства интегрировать окружающую среду в процесс принятия решений.

8.1. Состояние дел: экономика, инвестиции и изменение климата в Туркменистане

Экономика и торговля

Таблица 8.1. Основные показатели экономики Туркменистана

Население (2018 год)	5 850 908
Уровень урбанизации (2018 год)	52%
Годовой прирост населения (2018 год)	1,6%
Площадь территории	488 100 км^2
ВВП (в долл. США в текущих ценах 2018 года)	40 761 млн
ВВП на душу населения (в долл. США в текущих ценах 2018 года)	6 967
Рост реального ВВП (годовое изменение в 2019 году)	6,3%
Инфляция (средняя потребительская цена, годовое изменение в 2017 году)	н.д.
Экспорт товаров и услуг (% ВВП в 2018 году)	22,7%
Импорт товаров и услуг (% ВВП в 2018 году)	12,5%
ПИИ, чистые притоки (% ВВП в 2017 году)	6,1%
Чистое кредитование/заимствование сектора государственного управления (% ВВП в 2019 году)	0%
Безработица (% общей численности рабочей силы в 2018 году)	3,8%
Денежные переводы (% ВВП в 2018 году)	0,004%
Рейтинг прозрачности, подотчетности и коррупции в государственном секторе (1= весьма коррумпированный, 6 = минимально коррумпированный, в 2017 году)	н.д.

Источник: World Bank (2019[1]), *Показатели мирового развития (база данных)*, Всемирный банк, https://datacatalog.worldbank.org/dataset/world-development-indicators; IMF (2018[2]), *Перспективы развития мировой экономики: октябрь 2018 года*, Международный Валютный Фонд, https://www.imf.org/external/datamapper/GGXCNL_NGDP@WEO/OEMDC/ADVEC/WEOWORLD

Экономика и демографические показатели

Туркменистан является страной с доходами выше средних и вторым наиболее высоким ВВП на душу населения в Центральной Азии. Более половины населения Туркменистана живет в городской местности, четверть населения проживает в столице Ашгабате (Таблица 8.1). ВВП Туркменистана сократился с 3,2 млрд долл. США в 1991 году до 2,4 млрд долл. США в 1996 году. Начиная с 1999 года экономика Туркменистана быстро росла, и к 2018 году она более чем в 12 раз превышала размер экономики в 1991 году. В тот же период население страны неуклонно увеличивалось с 3,8 млн человек в 1991 году до 5,85 млн человек в 2018 году (World Bank, 2019[1]).

Промышленность с учетом строительства составляет наибольшую часть экономики Туркменистана — 57 процентов, самую высокую долю в регионе. Сектор услуг составляет еще 28,1 процента, а на сельское хозяйство приходится 9,3 процента (World Bank, 2019[1]).

Торговля

Туркменистан не является членом Всемирной торговой организации, и, в отличие от стран этого региона, которые не являются ее членами — Азербайджана и Узбекистана, он не страна-наблюдатель этой организации. Туркменистан также не входит в Евразийский экономический союз.

Только нефтяной газ составляет 83 процента экспорта Туркменистана, его следующая крупнейшая статья экспорта (продукты нефтепереработки, 5,6 процента) также относится к категории полезных ископаемых, которая преобладает в структуре экспорта Туркменистана (см. Рисунок 8.1(c)). На текстиль приходится еще 6 процентов, двумя основными экспортными продуктами этой категории выступают нерозничная натуральная хлопковая пряжа (2,2 процента) и хлопок-сырец (2,1 процента). Все прочие категории экспорта в совокупности составляют лишь 3 процента общего экспорта страны. Туркменистан импортирует в основном промышленные товары, такие как оборудование (36 процентов), транспортные средства (12 процентов), металлические изделия (12 процентов, например, железные конструкции, железные трубы) и химическую продукцию (10 процентов, например, расфасованные медикаменты, пестициды) (см. Рисунок 8.1(d)).

Наибольшая часть экспорта Туркменистана направляется в Китайскую Народную Республику (83%), его вторая крупнейшая страна назначения экспорта, Турция, получает лишь 6% экспорта (см. Рисунок 8.1(a)). Более половины экспорта природного газа Туркменистана поступает по трем существующим газопроводам магистрального газопровода Туркменистан-Китай в Синьцзян в Китае, планируемый дополнительный газопровод увеличит пропускную способность до 74-80 млрд м^3 (Vakulchuk and Overland, 2018[3]). С другой стороны, лишь небольшая часть экспорта Туркменистана попадает в соседние с ним страны Центральной Азии и Кавказа (Грузию — 2 процента, Азербайджан и Казахстан — приблизительно по 1 проценту). Импорт Туркменистана поступает в основном из Турции (30 процентов), Европейского союза (Германии — 12 процентов, Италии — 4 процента, Франции и Нидерландов — по 2 процента), Китая (11 процентов) и Российской Федерации (10 процентов) (см. Рисунок 8.1(b)). Правительство планирует к 2025 году увеличить внешнеторговые потоки до 84 млрд долл. США экспорта и 51 млрд долл. США импорта (Big Asia, 2019[4]).

Рисунок 8.1. Торговля Туркменистана

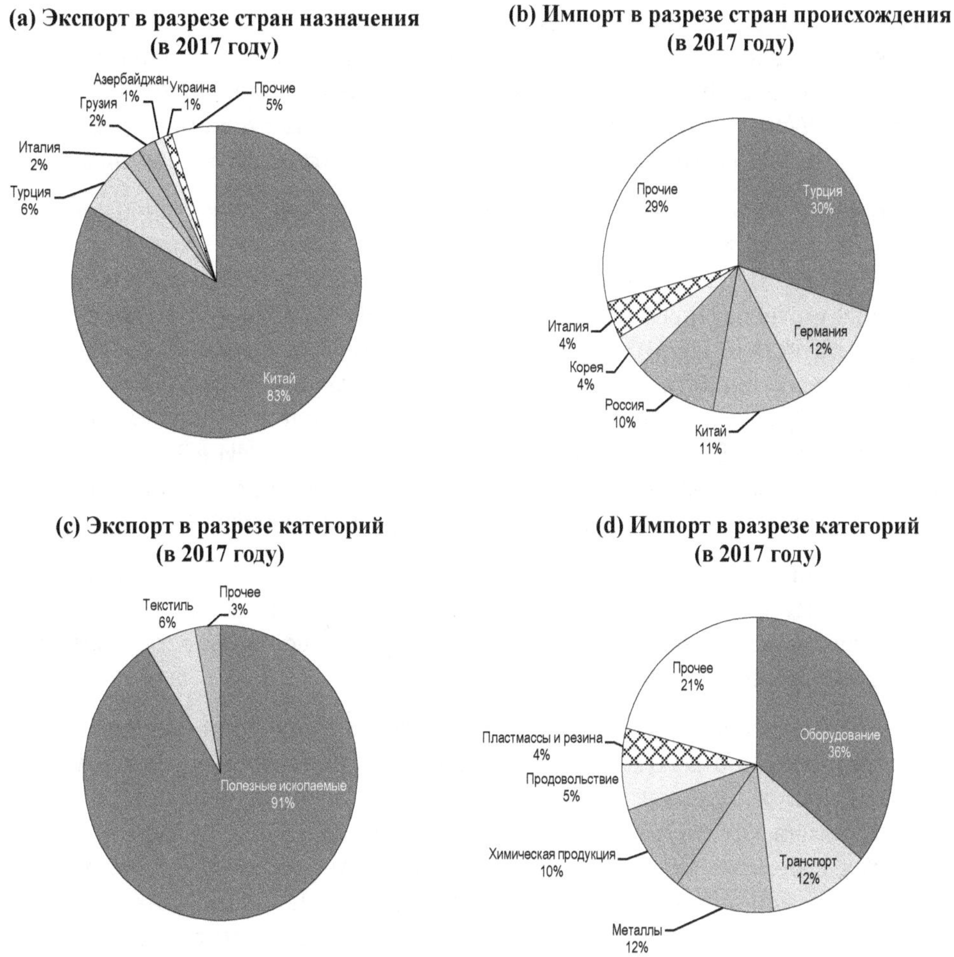

Источник: Observatory of Economic Complexity (2017[5]), *Turkmenistan: Exports, Imports and Trade Partners*, Observatory of Economic Complexity, https://atlas.media.mit.edu/en/profile/country/tkm/

Инвестиционный климат

Условия для ведения бизнеса в Туркменистане являются одними из наиболее трудных в регионе из-за сложной нормативной основы и неблагоприятных методов ведения бизнеса. Эта страна не включается в исследование Всемирного банка «Ведение бизнеса» в связи с отсутствием данных, но, как показывает составляемый фондом «Наследие» номинальный показатель открытости для иностранных инвестиций[1], ограничения на ПИИ и прочие трансграничные инвестиции в Туркменистане относятся к числу самых жестких в Центральной Азии. В 2019 году страна занимала 164е место в мире по экономической свободе и получила оценку 10 из 100 по показателю свободы инвестиций индекса экономической свободы аналогично Узбекистану (занимал 140е место в мире). Ограничения в целом обусловлены различными факторами, в частности, жестким государственным контролем, ограничениями на валютные курсы, крайне ограничительными нормативными актами, слабое верховенство права и постоянно растущий уровень коррупции (Economist Intelligence Unit, 2019[6]). Эти проблемы дополнительно усугубляются ограниченными правами собственности, отсутствием частной земли и слабой судебной системой, которая подчиняется президенту.

Инвестиции в Туркменистане регулируются законом «Об иностранных инвестициях» (с изменениями и дополнениями, внесенными в 2008 году), законом «Об инвестициях» (с изменениями и дополнениями, внесенными в 1993 году) и законом «Об акционерных обществах» (1999 года). Хотя эти законы приняты для преобразования экономики, практически ничего не достигнуто. Необходимы дальнейшие реформы для улучшения инвестиционного климата, в частности, смягчения ограничений на выход предприятий на рынок, их уход с рынка и деятельность (EBRD, 2014[7]), а также реформирование административных мер, сокращение нетарифных барьеров и субсидий (World Bank, 2015[8]). В настоящее время не существует «единого окна» для упрощения регистрации компаний, и у правительства нет агентства по содействию инвестициям.

Туркменистан извлекает пользу от крупных притоков ПИИ, особенно как страна такого умеренного размера (US Department of State, 2018[9]). В 2012 году он занимал 9[е] место в мире в индексе привлечения ПИИ ЮНКТАД, в котором страны сопоставляются по ПИИ в абсолютном выражении, которые они получают, относительно размера экономики (EBRD, 2014[7]). Государственный комитет Туркменистана по статистике не публикует данных о прямых иностранных инвестициях, но, по оценкам международных аналитиков, крупнейшим иностранным инвестором страны является Китай (UNESCAP, 2016[10]) и основные инвестиции направляются в нефтегазовую отрасль (US Department of State, 2019[11]). В 2012 году крупнейшим источником ПИИ в Туркменистан был Китай (39 процентов), за которым следовали Россия (16 процентов), страны Персидского залива (12 процентов), Турция (9 процентов) и Канада (8 процентов) (см. Рисунок 8.2).

Общий валовой внешний долг Туркменистана как доля ВВП увеличился с 23,1 процента в 2016 году до 25,9 процента в 2018 году и, по прогнозам, к 2020 году достигнет 27,7 процента (IMF, 2019[12]). По сравнению с другими странами — экспортерами углеводородов в регионе уровни долга Туркменистана остаются весьма низкими.

Развитие рыночных условий и усиление роли частного сектора являются важнейшими составляющими второй фазы (2016-2020 годы) *Национальной программы социально-экономического развития Туркменистана на 2011-2030 годы* (в отношении дополнительной информации о стратегических документах Туркменистана см. раздел 3). К третьей фазе (2021-2030 годы) Туркменистан стремится войти в число высокоразвитых стран мира и достигнуть полной интеграции в мировую экономику (Ovlyakulieva, 2012[13]). В транспортной отрасли правительство намерено преобразовать многочисленные государственные предприятия в частные компании, при этом тарифы и меры в области политики будут определяться Министерством промышленности и коммуникации, сформированном в начале 2019 году путем слияния четырех министерств (State News Agency of Turkmenistan, 2019[14]).

Рисунок 8.2. ПИИ в Туркменистан в разрезе стран-источников в 2012 году

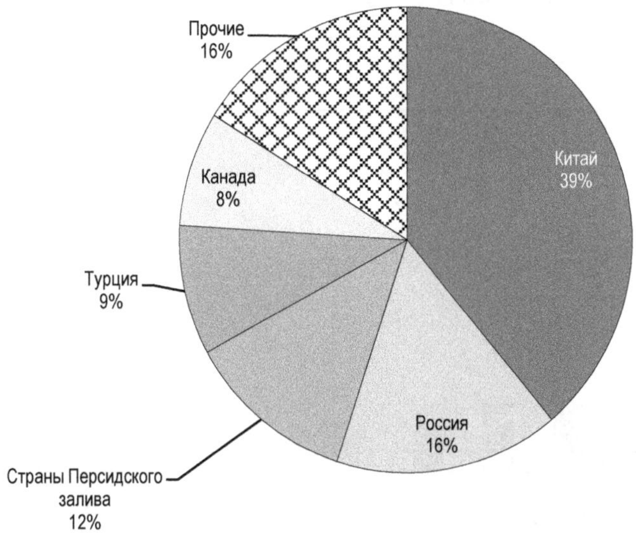

Источник: Asian Development Bank Institute (2014[15]), *Connecting Central Asia with Economic Centers*, Asian Development Bank Institute, https://www.adb.org/sites/default/files/publication/159307/adbi-connecting-central-asia-economic-centers-final-report.pdf

С 2003 года по 2017 год Туркменистан привлек более 12 млрд долл. США на проекты объявленных трансграничных ПИИ в новые предприятия — больше некоторых других аналогичных стран, например, Кыргызской Республики (6,2 млрд долл. США) и Таджикистана (6,9 млрд долл. США), но меньше Узбекистана (26,8 млрд долл. США). Почти половина (или 5,7 млрд долл. США) иностранных инвестиций в Туркменистане осуществляется в нефть и природный газ, за ними следуют транспорт (24 процента) и металлы (10 процентов) (Рисунок 8.3). В целом, прочие секторы получали в этот период значительно меньший объем ПИИ. Например, в химическую и текстильную промышленность инвестирована схожая сумма в размере приблизительно 600 млн долл. США (или 5 процентов), за ними следовали недвижимость (36,3 млн долл. США) и строительство и строительные материалы (282,2 млн долл. США). Лишь приблизительно 1 процент проектов ПИИ в новые предприятия составляли такие секторы, как минеральное сырье, финансовые услуги и керамика.

Рисунок 8.3. ПИИ в новые предприятия в Туркменистане в разрезе видов экономической деятельности в 2003-2017 годы

Кумулятивный капитал ПИИ в новые предприятия с января 2003 года по сентябрь 2017 года в миллионах долларов США

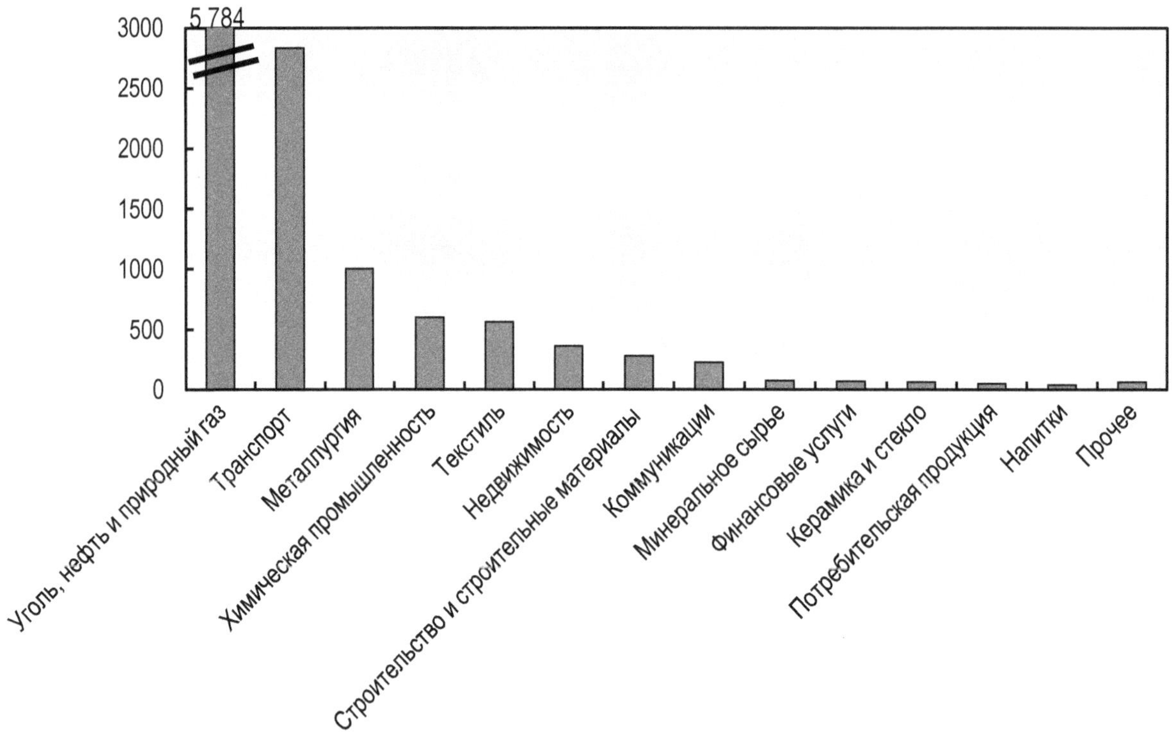

Примечание: Прочее включает следующее: промышленное оборудование; оборудование и инструменты; продовольствие и табак; изготовители фирменного оборудования автомобильной промышленности; программное обеспечение и услуги в сфере ИТ; изготовители фирменного оборудования, не связанного с автотранспортом; электронные комплектующие; коммерческие услуги.
Источник: ОЭСР на основе fDi Markets (2019[16]), *fDi Markets: the in-depth crossborder investment monitor (база данных)*, fDi Markets, https://www.fdimarkets.com/

Изменение климата

Общие выбросы парниковых газов Туркменистана составляют лишь 0,0017% глобальных выбросов, но его экономика является одной из наиболее энергоемких в бывшем Советском Союзе и мире. В 2012 году выбросы Туркменистана составляли 3,2 кгCO_2-экв на 1 долл. США ВВП (World Bank, 2019[1]), но с тех пор его энергоемкость постепенно снижается (IEA, 2015[17]). На энергетику приходится приблизительно 83 процента выбросов парниковых газов Туркменистана (Climate Watch, 2019[18]), в том числе 35 процентов выбросов в форме непреднамеренных утечек газов в отрасли добычи нефти и газа (OECD, 2016[19]). В *Национальной стратегии Туркменистана по изменению климата* снижение утечек природного газа указывается в качестве важнейшей составляющей вклада нефтегазовой отрасли в смягчение последствий изменения климата (см. раздел 3.3 об основных стратегических документах Туркменистана). После энергетики наибольший объем выбросов ПГ, 7 процентов, приходится на сельское хозяйство, выбросы промышленных процессов составляют лишь 2 процента, бункерное топливо и отходы образуют остальную часть (UNDP, 2012[20]).

Как во многих странах бывшего Советского Союза, выбросы Туркменистана резко снизились после обретения им независимости, но, в отличие от многих стран Центральной Азии, Туркменистан достиг своего уровня выбросов до независимости еще в 2003 году (см. Рисунок 8.4). С 1998 года по 2012 год выбросы ПГ Туркменистана удвоились (с 45 829 ктCO_2-экв до 92 178 ктCO_2-экв), но за тот же период ВВП страны более чем утроился и с тех пор увеличился более чем в пять раз по сравнению с его уровнями 1998 года. Выбросы ПГ на душу населения Туркменистана (17,5 тCO_2-экв) являются вторыми наиболее высокими в регионе после Казахстана и значительно выше среднего в государствах — членах ОЭСР (12,9 тCO_2-экв) (World Bank, 2019[1]).

Рисунок 8.4. Выбросы ПГ и ВВП Туркменистана в 1990-2017 годы

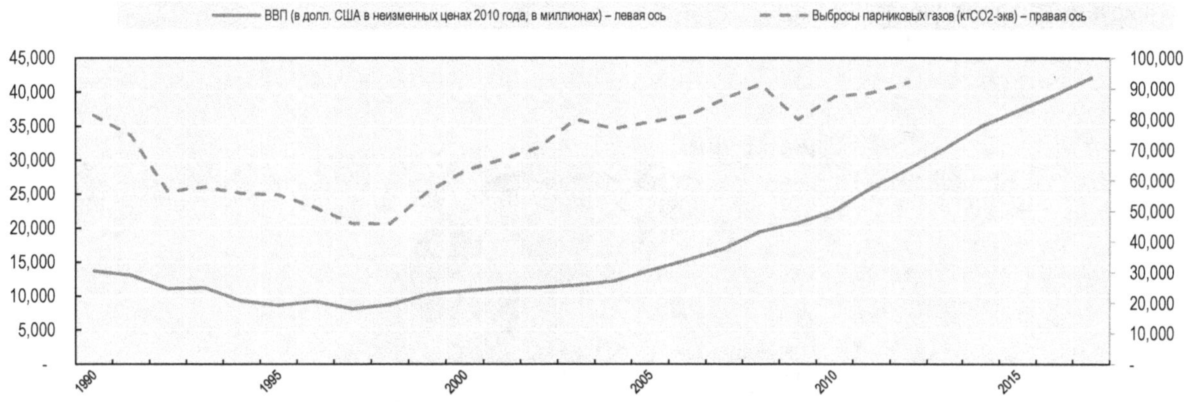

Источник: World Bank (2019[1]), *Показатели мирового развития (база данных)*, Всемирный банк, https://datacatalog.worldbank.org/dataset/world-development-indicators

Без результативных мер по адаптации к изменению климата Туркменистан может столкнуться с серьезными спадами в экономике вследствие воздействия изменения климата. Особому риску подвергается сельское хозяйство, потери в котором с 2016 года по 2030 год могут составить 20,5 млрд долл. США (OECD, 2016[19]). Изменение климата также может привести к ежегодным увеличениям числа наводнений и селей на 10 процентов, ежегодным повышениям уровня проливных дождей на 5 процентов и постепенному росту периодов аномальной жары (на 1,6 процента в год) (UNDP, 2012[20]).

8.2. Потребности в инфраструктуре и текущие планы Туркменистана

Туркменистану необходимо увеличить масштаб инвестиций в инфраструктуру, особенно в транспортной отрасли, с тем чтобы извлекать экономическую пользу от своего положения близ крупных рынков Ирана, Южной Азии и, через Каспийское море, Российской Федерации (ADB, 2017[21]). Хотя инфраструктурная сеть страны охватывает всю ее территорию, предоставляемые ею услуги низкокачественны и недостаточны (Bertelsmann Stiftung, 2018[22]). Оценка Туркменистана по индексу эффективности логистики Всемирного банка является низкой: общая оценка составляет 2,34 (из 5), он занимает 142 место в рейтинге (из 167 исследованных стран). Качество инфраструктуры Туркменистана, согласно показателю инфраструктуры этого индекса, является особенно низким и оценивается в 2,23 балла (из 5) на одном уровне с Кыргызской Республикой и лишь незначительно лучше, чем в Таджикистане (World Bank, 2018[23]).

В планах Туркменистана относительно крупномасштабной инфраструктуры преобладает, в частности, энергетика. В инвестициях в размере 32,3 млрд долл. США, отслеживаемых в последние годы, энергетические проекты составляют более 66 процентов (21,4 млрд долл. США), а на обрабатывающую промышленность и транспорт приходится, соответственно, 25 процентов и 9 процентов (см. Рисунок 8.5). Почти половина общих инвестиций в энергетику, планируемых и строящихся, осуществляется в крупномасштабные нефте- и газопроводы (более 11 млрд долл. США), за которыми следуют передача и распределение электроэнергии (6 млрд долл. США), проекты разведки и добычи нефти и газа (4,1 млрд долл. США) и электростанции, работающие на природном газе (332 млн долл. США). Согласно имеющимся данным, приблизительно 80 процентов этих проектов являются инвестициями в новые предприятия, 13 процентов — инвестиции в существующие предприятия, а данные об остальных 7 процентах проектов отсутствуют.

Рисунок 8.5. Инфраструктурные проекты в Туркменистане в разрезе секторов

Планируемые и строящиеся
В миллионах долларов США

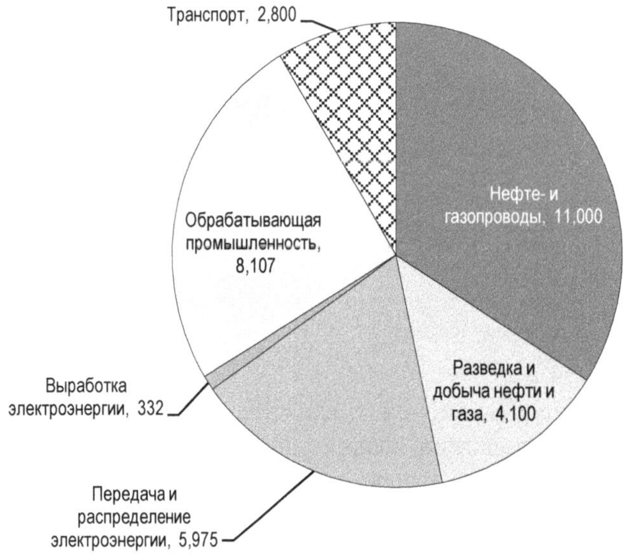

Примечание: Транспортные проекты включают автодороги и железную дорогу; нефте- и газопроводы включают крупномасштабные трансграничные магистральные газопроводы; разведка и добыча нефти и газа включает проекты в отношении газовых месторождений и проекты производства бензина из газа; проекты в сфере передачи и распределения электроэнергии включают трансграничные и национальные линии электропередачи; проекты в сфере выработки электроэнергии включают электростанции, работающие на природном газе; в число проектов в обрабатывающей промышленности входят нефтехимические заводы и заводы по производству удобрений.
Источник: ОЭСР на основе IJGlobal (2019[24]), ADB (2019[25]), Dealogic (2019[26]) и CSIS (2019[27]) по состоянию на апрель 2019 года.

Транспорт

Географические особенности Туркменистана осложняют развитие транспортной инфраструктуры. Плотность его населения является второй самой низкой в Центральной Азии после Казахстана и составляет 12,451 человека на один квадратный километр (World Bank, 2019[1]), а пустыни занимают приблизительно 80 процентов его территории (EBRD, 2014[7]). Поэтому строительство автодорог и железных дорог требует дополнительных издержек для стабилизации песчаных дюн, чтобы избежать наступления песков на инфраструктуру (UNECE, 2012[28]). То, что частный сектор не участвует в строительстве и эксплуатации транспортной инфраструктуры, является еще одним фактором ее низкой результативности. Несмотря на определенные улучшения, качество автодорог страны препятствует перевозке товаров и людей, а неэффективное управление государственным железнодорожным сообщением и его недостаточная прозрачность снижают качество предоставляемых услуг (EBRD, 2014[7]).

Последние изменения в транспортной отрасли Туркменистана заметно повысили связность с его соседними странами. В частности, Международный морской порт Туркменбаши в Каспийском море, строительство которого завершилось в 2018 году (Turkmenbashi International Seaport, n.d.[29]), и железнодорожная линия, связывающая Казахстан с Ираном через Туркменистан, строительство которой было завершено в 2014 году (Railway Gazette, 2014[30]), упрощают региональные торговые потоки. Согласно ответу Туркменистана в опросе, который недавно проводился ОЭСР, у правительства имеются планы повышения связности внутри страны путем строительства скоростных автомагистралей между Туркменбаши и Туркменабатом, а также между Туркменбаши и Гарабогазом.

В транспортной отрасли в Туркменистане в настоящее время нет большого числа планируемых и строящихся инвестиционных проектов. По имеющейся информации из различных наборов данных, три проекта на общую сумму приблизительно 2,8 млрд долл. США сосредоточены на трансграничных автодорогах и железной дороге (Таблица 8.2). В частности, транспортный коридор Афганистан–Туркменистан–Азербайджан–Грузия–Турция представляет собой проект в отношении нескольких видов транспорта, ориентированный на железные дороги и автодороги между пятью странами, включая Туркменистан, и входит в число крупнейших планируемых инвестиций в стране. Этот проект, как ожидается, повысит региональную интеграцию и увеличит торговлю с другими странами. Прочие трансграничные проекты включают пограничную железную дорогу Берекет–Этрек–Туркменистан–Иран и проект модернизации железных дорог коридоров ЦАРЭС 2, 3 и 6 (Туркменабат–Мары); оба проекта, как ожидается, будут стимулировать экономический рост в интересах малоимущих. В целом, проекты в отношении транспортной инфраструктуры имеют важное значение для Туркменистана и помогут упростить перевозку громоздких товаров, таких как нефть и нефтепродукты, минеральное сырье, сельскохозяйственная продукция и текстиль.

Хотя многосторонние банки развития не ведут активную работу в стране, тем не менее они финансируют важные трансграничные транспортные проекты. Например, Азиатский банк развития много лет оказывает поддержку Туркменистану в повышении связности и развитии эффективной интегрированной железнодорожной системы для повышения связности с соседним Казахстаном, странами Персидского залива, Российской Федерацией и Южной Азией (ADB, 2018[31]).

Министерство транспорта в настоящее время приступает к реализации программы модернизации железной дороги, которой предусматривается строительство новых железнодорожных линий и реконструкция существующих. Хотя количественные задачи не поставлены, в *Национальной стратегии Туркменистана по изменению климата* определены следующие приоритеты к 2030 году: развитие общественного и узкоколейного железнодорожного транспорта; обновление автомобильного парка с созданием стимулов к повышению эффективности использования топлива; переход на транспортные средства, работающие на природном газе; электрификация железнодорожного сообщения (UNDP, 2012[20]).

Таблица 8.2. Актуальные проекты в транспортной отрасли Туркменистана

Название	Подсектор	Описание	Стоимость проекта (млн долл. США)	Источник финансирования	Тип инвестиций
(a) Строящиеся					
Пограничная железная дорога Берекет–Этрек–Туркменистан–Иран (строительство)	Железная дорога	Проект финансируется Исламским банком развития и включает строительство железнодорожных линий, девяти станций, а также ремонтных локомотивных депо в Этреке и Берекете.	700	Исламский банк развития, прочие	В новое предприятие
(b) Планируемые					
Транспортный коридор Афганистан–Туркменистан–Азербайджан–Грузия–Турция	Железная дорога и автодороги	Проект свяжет несколько городов участвующих в нем стран. В случае Туркменистана он обеспечит связи афганской провинции Герат с Ашгабатом и каспийским портом Туркменбаши. Этот крупный трансграничный проект, как ожидается, активизирует экономическую интеграцию региона и увеличит объем торговли Туркменистана с другими странами.	2 000	Правительство Афганистана (20%), Правительство Туркменистана (20%), Правительство Азербайджана (20%), Правительство Грузии (20%), Правительство Турции (20%)	В новое предприятие
Проект модернизации железных дорог коридоров Центральноазиатского регионального экономического сотрудничества 2, 3 и 6 (Туркменабат–Мары)	Железная дорога	Проект в отношении линии протяженностью 1147 км из Туркменабата в Туркменбаши. В свою очередь, как ожидается, снизятся транспортные издержки и экологические издержки пассажирского и грузового транспорта между Туркменабатом и Мары.	100	Азиатский банк развития	В существующее предприятие

Примечание: См. в разделе 1.2 «Справку о методологии» в отношении определения понятия «актуальный» в данном отчете и прочих сведений о том, как отбирались вышеуказанные проекты и определялась их приоритетность.
Источник: исследование ОЭСР на основе данных ADB (2019[25]), IJGlobal (2019[24]), CSIS (2019[27]) по состоянию на апрель 2019 года.

Энергетика

Системы передачи и распределения электроэнергии Туркменистана являются неэффективными, что ведет к потерям 12,5 процента электроэнергии, которую они транспортируют. Тем не менее, как все другие страны бывшего Советского Союза, Туркменистан достиг всеобщего доступа к электроснабжению (World Bank, 2019[1]).

Туркменистан является чистым экспортером энергии, в частности, нефти (в 2015 году 6,06 мт, в 2016 году 4,08 мт), электроэнергии (по 0,28 мтнэ в 2015 году и 2016 году) и, что самое главное, природного газа (в 2015 году 43,62 мтнэ, в 2016 году 45,06 мтнэ) (IEA, 2018[32]). Туркменистан не сталкивается с такими же проблемами энергетической безопасности, как некоторые из его соседних стран, но из-за своей экономической зависимости от экспорта природного газа экономика этой страны подвержена влиянию колебаний на рынках газа.

Туркменистан вырабатывает всю свою электроэнергию (в 2016 году 22 534 ГВт·ч) на природном газе, что объясняется обилием запасов природного газа. В 1990-х годах Туркменистан вырабатывал часть своей электроэнергии при помощи плотин гидроэлектростанций, но ее доля быстро уменьшалась (с 700 ГВт·ч гидроэлектроэнергии в 1990 году до 4 ГВт·ч в 1995 году), после чего вообще сошла на нет.

Особенностью энергетики Туркменистана является повсеместный характер субсидий: граждане Туркменистана имеют доступ к установленному бесплатному объему электроэнергии, тепловой энергии и газа. Хотя правительство гарантировало сохранение этих субсидий до 2030 года, рост спроса на энергию и государственный долг привели к тому, что в правительстве нарастает стремление сократить субсидии раньше 2030 года (IEA, 2015[33]).

Несмотря на огромную роль, которую природный газ играет в экономике, структуре энергетики и экспорте Туркменистана, правительство не посылает убедительных сигналов о том, что диверсификация является приоритетной задачей. Хотя в *Национальной стратегии Туркменистана по изменению климата* диверсификация экономики указана как одно из дальнейших направлений политики (UNDP, 2012[20]), его *План развития нефтегазовой промышленности на период до 2030 года* направлен на увеличение к 2030 году добычи газа до 250 млрд м^3 и добычи нефти до 110 мт (IEA, 2015[33]).

Концепцией развития электроэнергетической отрасли Туркменистана на 2013-2020 годы предусматривается объединение энергосистемы Туркменистана высоковольтными линиями электропередачи и строительство высоковольтных соединений с Ираном (Мары-Сарахс-Мешхед, Балканабат-Гонбад). Правительство планирует увеличить экспорт электроэнергии в Иран (Turkmen Portal, 2017[34]).

В *Национальной стратегии по изменению климата* модернизация газо- и нефтепроводов указана в качестве приоритетной задачи, особенно для сокращения утечек. В отношении возобновляемых источников энергии ею предусматривается выработка энергии на малых и средних установках в отдаленных и малонаселенных районах «в краткосрочной перспективе», что в стратегии определяется как к 2020 году. В среднесрочной перспективе (что в стратегии определяется как к 2030 году) и долгосрочной перспективе (не определена) она направлена на внедрение более крупномасштабной выработки и увеличение доли возобновляемых источников энергии в выработке электроэнергии, но количественный целевой показатель в ней не определен. В настоящее время возобновляемые источники энергии в структуре энергетики Туркменистана отсутствуют.

Планируемые и строящиеся проекты энергетической инфраструктуры Туркменистана являются крупномасштабными, их стоимость составляет более 20 млрд долл. США (Таблица 8.3). Ввиду малого внутреннего рынка Туркменистана, его крупных запасов газа (доказанных запасов в размере 8 трлн м^3, которые занимают 4^е место в мире) и его избыточных генерирующих мощностей в электроэнергетике энергетические проекты Туркменистана представлены в основном проектами в отношении трубопроводов и трансграничными проектами передачи электроэнергии, которые улучшат доступ страны к экспортным рынкам.

Одним из флагманских проектов является газопровод Туркменистан–Афганистан–Пакистан–Индия (ТАПИ). Имея протяженность 1 814 км, он простирается от Туркменистана до Индии и предназначен для поставок туркменского газа (приблизительно 33 млрд м^3 в год) на крупный индийский рынок. Еще одним высокоэффективным проектом являются линии электропередачи протяженностью 500 км, соединяющие Туркменистан с энергосистемами Афганистана и Пакистана, связывающие 4 000 МВт электроэнергии с региональными экспортными рынками.

Таблица 8.3. Актуальные проекты в энергетике Туркменистана

Название	Подсектор	Описание	Стоимость проекта (млн долл. США)	Источник финансирования	Тип инвестиций
Газопровод Туркменистан–Афганистан–Пакистан–Индия (ТАПИ)	Нефте- и газопроводы	Газопровод, протяженность которого составит 1814 км, будет поставлять газ из месторождения Галкыныш в Туркменистане через Афганистан, Пакистан и Индию. Годовая пропускная способность газопровода составит 22 млрд м^3 газа.	7 000	Туркменгаз (85%), Afghan Gas Enterprise (5%), Inter State Gas Systems (5%), GAIL (5%)	В новое предприятие
Линия электропередачи Туркменистан-Афганистан-Пакистан (ТАП) (500 км)	Передача и распределение электроэнергии	По проекту будет создана энергосистема протяженностью 500 км, которая свяжет Туркменистан-Афганистан и Пакистан. Как ожидается, проект после его завершения обеспечит передачу приблизительно 4000 МВт электроэнергии из Туркменистана в Афганистан и Пакистан.	5 300	Правительство Туркменистана (33,33%), Правительство Пакистана (33,33%), Правительство Афганистана (33,33%)	В новое предприятие
Вторая фаза разработки газового месторождения Южный Иолотань	Разведка и добыча нефти и газа	Проект расположен в провинции Мары и считается вторым крупнейшим газовым месторождением в мире.	4 100	н.д.	В новое предприятие
Газопровод Восток-Запад	Нефте- и газопроводы	Проект в отношении газопровода протяженностью более 1 000 км с востока на запад Туркменистана. Проект, как ожидается, повысит экспортный потенциал страны.	2 000	Туркменгаз (100%)	В новое предприятие
Транскаспийский газопровод	Нефте- и газопроводы	Проектом предусматривается строительство газопровода протяженностью 300 км вдоль береговой линии Каспийского моря с пропускной способностью 10 млрд м^3 в год. В рамках проекта Туркменистан будет экспортировать газ в Россию через Казахстан.	2 000	Правительство Азербайджана (100%)	В новое предприятие

Примечание: См. в разделе 1.2 «Справку о методологии» в отношении определения понятия «актуальный» в данном отчете и прочих сведений о том, как отбирались вышеуказанные проекты и определялась их приоритетность.
Источник: исследование ОЭСР на основе данных IJGlobal (2019$_{[24]}$) и Dealogic (2019$_{[26]}$) по состоянию на апрель 2019 года.

Промышленный сектор и горнодобывающая промышленность

Национальная стратегия Туркменистана по изменению климата сосредоточена на мерах по повышению энергоэффективности промышленного сектора. Помимо поддержки нефтегазовой отрасли и связанных с ней отраслей (нефтеперерабатывающих заводов, химической и нефтехимической промышленности), Стратегией предусматривается дальнейшее развитие отраслей, не связанных с углеводородами, в Туркменистане, таких как машиностроение, металлообрабатывающая промышленность, производство строительных материалов, легкая промышленность и пищевая промышленность. Однако в Стратегии не указаны четкие качественные и количественные задачи.

В настоящее время в Туркменистане немного планируемых или строящихся проектов в промышленности, но они составляют значительный объем инвестиций. В таблице 8.4 ниже показано, что проекты, которым в настоящее время оказывается содействие, относятся к химической промышленности, коксохимической промышленности и нефтеперерабатывающей промышленности. Все эти проекты представляют собой инвестиции в новые предприятия и финансируются корейскими корпорациями, например, LG Corporation и Hyunday Engineering & Construction, или национальными компаниями, например, Туркменхимия и Туркменгаз.

Ответ страны на опрос, который проводился ОЭСР для данного исследования, подтверждает сведения таблицы 8.4 и подчеркивает значение следующих проектов: проекта в Киянлы (который обеспечит производство 5 млрд м^3 природного газа, а также полиэтилена, карбамида и аммиака) и завода по производству удобрений в Гарабогазе (на котором ежегодно будет производится 1 млн тонн карбамида и 650 тыс. тонн аммиака). К числу прочих крупномасштабных проектов относятся Туркменбашинский комплекс нефтеперерабатывающих заводов (на котором будет производиться 10 млн тонн нефти в год; производство моторного топлива и нефти, полипропилена, битума), несколько заводов по химической переработке газа (например, в Мары, Овадандепе) и химические заводы (Балканабадский йодный завод, Хазарский химический завод).

Таблица 8.4. Актуальные проекты в промышленном секторе Туркменистана

Название	Подсектор	Описание	Стоимость проекта (млн долл. США)	Источник финансирования	Тип инвестиций
Проект Туркмен Киянлы	Кокс и продукты нефте-переработки	Проектом предусматривается строительство завода по производству жидкого топлива из газа в Киянлы, его годовая мощность составит 600 000 тонн синтетического топлива.	3 500	LG Corporation, Hyundai Engineering & Construction	В новое предприятие
Сейдинский нефтехимический завод	Химикаты	По проекту будет построен нефтехимический завод в Сейди, на котором, как ожидается, будет производиться 290 000 тонн поливинилхлорида и 190 000 тонн едкого натра в год.	2 000	LG Corporation, Hyundai Engineering & Construction	В новое предприятие
Завод по производству удобрений в Гарабогазе	Химикаты	По проекту будет построен завод по производству удобрений в Гарабогазе, который будет производить 2 000 метрических тонн аммиака в сутки и 3 500 тонн мочевины на основе газа, добываемого Туркменгазом на существующих газовых месторождениях.	1 365	Туркменхимия	В новое предприятие
Проект Туркменистана по производству бензина из газа	Кокс и продукты нефте-переработки	По проекту будет построен завод по производству жидкого топлива из газа в Обадане, который будет перерабатывать 1 785 млрд м^3 природного газа в год. Ожидается, что на нем будет производиться 600 000 тонн бензина в год.	1 241	Туркменгаз	В новое предприятие

Примечание: См. в разделе 1.2 «Справку о методологии» в отношении определения понятия «актуальный» в данном отчете и прочих сведений о том, как отбирались вышеуказанные проекты и определялась их приоритетность.
Источник: исследование ОЭСР на основе данных IJGlobal (2019[24]) по состоянию на апрель 2019 года.

8.3. Сильные и слабые стороны существующей институциональной структуры для планирования устойчивой инфраструктуры

Стратегическое планирование и взаимосвязи между долгосрочными задачами, планами в отношении инфраструктуры и экологическими соображениями

Туркменистан принял несколько стратегических документов, одним из самых значительных из которых является утвержденная в 2010 году его *Национальная программа социально-экономического развития на 2011-2030 годы* (Таблица 8.5 и Таблица 8.6), которая позднее была дополнена более краткосрочным документом на 2019-2025 годы. Хотя в этих документах представлено видение дальнейшего развития Туркменистана, а именно диверсификации его экономики и ухода от зависимости от природного газа, в них не предлагается набор конкретных промежуточных шагов. В целом, стратегические документы Туркменистана не являются практичными, поскольку в них не указано, какой государственный орган является основным ответственным органом за выполнение задач, и не определены количественные, или по крайней мере поддающиеся проверке задачи, в соотнесении с которыми можно измерить их осуществление.

Национальная стратегия Туркменистана по изменению климата страдает от схожих недостатков. Хотя в ней излагается видение дальнейшего экономического развития Туркменистана, в котором возобновляемые источники энергии играют роль в структуре энергетики страны, а высокотехнологичные отрасли уменьшают экономическую зависимость от ископаемого топлива, план решения этих задач практически отсутствует. В настоящее время правительство обновляет стратегию (Dolgova, 2018[35]), и оно могло бы рассмотреть вопрос о постановке более конкретных и практичных задач и четком указании того, какие государственные органы ответственны за прогресс в их решении.

Помимо многочисленных стратегических документов, с 2000 года в законодательстве страны содержатся положения об оценках воздействия на окружающую среду (ОВОС), но на практике ОВОС систематически проводятся без участия общественности и общественных консультаций. Без применения процедур участия общественности существует риск того, что вопросы, возникающие у заинтересованных сторон, не будут учтены при разработке инфраструктурных проектов, вследствие чего органы планирования работают в отрыве от ценных отзывов и замечаний общественности. Правительство еще не приняло законодательство о стратегических экологических оценках (СЭО) и не проводит таких оценок (UNECE, 2012[28]).

У общественности отсутствует доступ к основной информации о государственной политике, экологических нормах и состоянии окружающей среды. Кроме того, интернет-услуги в стране предоставляются медленно и дорого. Доступ к Интернету и, в частности, к социальным сетям является слабым, а интернет-грамотность - слаборазвитой. Правительство не публикует в онлайновом режиме тексты нормативных актов и постановлений правительства, Государственный комитет по статистике не обнародует своих данных. Хотя правительство публикует законодательство на своем веб-сайте, оно не снабжает его функцией поиска или системой классификации, чтобы помочь общественности находить соответствующие законы (State News Agency of Turkmenistan, n.d.[36]).

Хотя Туркменистан является стороной Конвенции ЕЭК ООН о доступе к информации, участии общественности в процессе принятия решений и доступе к правосудию по вопросам, касающимся окружающей среды (Орхусская конвенция), он не выполняет своих обязательств (UNECE, 2012[28]). Правительство могло бы приложить усилия по приведению своей практики в соответствие с этой Конвенцией и создать удобные для пользователя доступные платформы, на которых общественность может получать значимую информацию.

Институциональная структура и процессы принятия решений

Туркменистан объединил различные независимые министерства для оптимизации управления. В начале 2019 года имело место слияние нескольких министерств (отделы по вопросам промышленности Министерства энергетики и промышленности, а также Министерство автомобильного транспорта, Министерство железнодорожного транспорта и Министерство связи) с созданием нового министерства — Министерства промышленности и коммуникации. Правительство осуществило эту консолидацию отчасти для того, чтобы улучшить реализацию реформ политики в сфере транспорта, коммуникаций и промышленности (State News Agency of Turkmenistan, 2019[14]). Если интеграция ранее самостоятельных министерств позволит результативнее координировать политику, новая институциональная структура Туркменистана может улучшить комплексное планирование транспортной инфраструктуры страны.

Кроме того, в январе 2019 года осуществлено слияние Государственного комитета по охране окружающей среды (ранее отдельного министерства) с Министерством сельского и водного хозяйства (которое само было сформировано из двух отдельных министерств) и создано Министерство сельского хозяйства и охраны природы (Turkmen Portal, 2019[37]). Имеется риск того, что экологическая политика не будет занимать достаточно важного места в повестке дня сформированного нового министерства, и правительству следует обеспечить, чтобы новая институциональная структура не ослабила способности правительства учитывать экологическую политику при разработке политики.

Временные межсекторальные координационные органы уже существуют в форме государственных комиссий, которые президент может создавать на специальной основе для решения междисциплинарных проблем, таких как изменение климата. Как правило, государственные комиссии заседают лишь нерегулярно, а бюрократические препоны в сочетании с отсутствием ресурсов препятствуют выполнению их решений (UNECE, 2012[28]). Президентом созданы государственные комиссии по вопросам изменения климата, Каспийского мира и выполнения обязательств Туркменистана по экологическим конвенциям и программам ООН. Государственная комиссия по изменению климата, однако, так и не приступила к работе и в настоящее время бездействует, хотя в правительстве ведутся дискуссии о ее воссоздании.

В состав государственных комиссий входят представители соответствующих министерств, других государственных органов и государственных предприятий, но информация о текущем составе государственных экологических комиссий не является общедоступной. В зависимости от существующей структуры Государственной комиссии по изменению климата она может обладать потенциалом служить результативным инструментом координации действий правительства и интеграции вопросов климата в министерские портфели. Однако, как указывала ЕЭК ООН, нерегулярность заседаний и невыделение ресурсов являются серьезными барьерами для эффективности достижения государственными комиссиями целей в области политики (UNECE, 2012[28]).

Перечень значимых стратегических документов

Таблица 8.5. Основные действующие стратегические документы в отношении инфраструктуры

	Статус	Временной горизонт	Охватываемые секторы	Основные цели
Первый определяемый на национальном уровне вклад (ОНВ)	Представлен в 2016 году	2016-2030 годы	Экономика в целом	• Необусловленный целевой показатель: прирост выбросов ПГ будет значительно меньше роста ВВП • Обусловленный целевой показатель: достижение нулевого прироста выбросов ПГ и даже их сокращение к 2030 году • Основные отрасли, в которых будут сокращены выбросы: энергетика (нефть и газ являются основным источником выбросов ПГ, поэтому жизненно важны переход на альтернативные источники энергии, а также повышение энергоэффективности и энергосбережение), промышленность (повышение эффективности промышленных процессов с низким уровнем выбросов), транспорт (переход на более современную транспортную инфраструктуру с меньшим уровнем выбросов) • Приоритетные задачи в области адаптации к изменению климата: Национальная программа социально-экономического развития на 2011-2030 годы и Национальная стратегия по изменению климата, а также прочие стратегические документы
Национальная стратегия по изменению климата	Утверждена в 2012 году	Сроки не определены	Управление, планирование, транспорт, энергетика, водное хозяйство, промышленность	• Содействие диверсификации экономики • Увеличение доли возобновляемых источников энергии с упором на внедрение малых и средних генерирующих мощностей возобновляемых источников энергии в малонаселенных районах в краткосрочной перспективе (к 2020 году) • Модернизация газо- и нефтепроводов для уменьшения утечек природного газа • Содействие развитию отраслей, не связанных с углеводородами • Развитие и содействие использованию современных ирригационных систем • Улучшение общественного транспорта и создание стимулов к повышению эффективности использования топлива • Развитие узкоколейной железнодорожной системы и обеспечение электрификации существующего железнодорожного сообщения

Национальная программа социально-экономического развития на 2011–2030 годы	Утверждена в 2010 году	2011–2030 годы	Управление, планирование, энергетика, промышленность, транспорт	• Направлена на диверсификацию экономики, уменьшение отчасти зависимости от природного газа • Улучшение инвестиционного климата • Содействие усилению роли частного сектора • Модернизация промышленного производства за счет применения новых технологий • Ускорение повышения производственного потенциала химической и легкой промышленности
Концепция развития электроэнергетической отрасли Туркменистана на 2013-2020 годы	Утверждена в 2013 году	2013-2020 годы	Энергетика	• Строительство новых газотурбинных электростанций и реконструкция существующих электростанций • Монтаж высоковольтных линий электропередачи для объединения энергосистемы Туркменистана • Строительство высоковольтных соединений с Ираном для увеличения экспорта электроэнергии

Таблица 8.6. Прочие значимые документы

	Статус	Временной горизонт	Охватываемые секторы
Многосекторальная программа социально-экономического развития Туркменистана на 2012-2016 годы	Утвержден в 2012 году	2012-2016	Многосекторный
Многосекторальная программа Президента Туркменистана "Социально-экономическое развитие страны в 2019-2025 гг.	Утвержден в 2019 году	2019-2025	Многосекторный
Программа развития транспортной системы на 2012-2016 годы	Утвержден в 2012 году	2012-2016	Транспорт, ИКТ
Генеральный план развития железнодорожного транспорта	Утвержден в 2012 году	2012-2016	Транспорт
Генеральный план Министерства автомобильного транспорта на 2012-2016 гг.	Утвержден в 2012 году	2012-2016	Транспорт
Национальная программа развития гражданской авиации	Утвержден в 2012 году	2012-2016	Транспорт
Национальный план действий по охране окружающей среды на 2002-2010 годы	Утвержден в 2002 году	2002-2010 годы	Многосекторный
Стратегия и план действий по сохранению биоразнообразия Туркменистана на 2002-2010 годы	Утвержден в 2002 году	2002-2010 годы	Многосекторный
Национальный каспийский план действий на 2008-2011 годы	Утвержден в 2008 году	2008-2011 годы	Многосекторный
Программа развития финансово-экономической и банковской системы Туркменистана на 2012-2016 годы	Утвержден в 2012 году	2012-2016 годы	Многосекторная
Программа развития системы интеллектуальной собственности Туркменистана на 2015-2020 годы	Утвержден в 2015 году	2015-2020 годы	Многосекторный
Концепция внешнеполитического курса Туркменистана на 2017-2023 годы	Утвержден в 2017 году	2017-2023 годы	Многосекторный
Концепция развития цифровой экономики Туркменистана на 2019-2025 годы	Утвержден в 2018 году	2019-2025 годы	Многосекторный

Примечания

[1] Показатель «Свобода инвестиций» представляет собой компонент индекса экономической свободы, разработанного фондом «Наследие», им измеряются нормативные ограничения на инвестиционный режим страны по следующим направлениям: порядок осуществления иностранных инвестиций в стране, кодекс иностранных инвестиций, ограничения на собственность на землю, ограничения на инвестиции по секторам, экспроприация инвестиций без справедливой компенсации, валютные ограничения и меры контроля за операциями с капиталом.

Литература

ADB (2019), *Projects and Tenders (database)*, https://www.adb.org/projects?terms=. [25]

ADB (2018), *Turkmenistan: North-South Railway Project*, https://www.adb.org/projects/43441-013/main#project-overview. [31]

ADB (2017), *Turkmenistan: Country Operations Final Review Validation, 2002-2016*, ADB, Manila, https://www.adb.org/sites/default/files/evaluation-document/365111/files/in360-17.pdf. [21]

ADBI (2014), *Connecting Central Asia with Economic Centers*, ADBI, Tokyo, https://www.adb.org/sites/default/files/publication/159307/adbi-connecting-central-asia-economic-centers-final-report.pdf. [15]

Bertelsmann Stiftung (2018), *BTI 2018 Country Report: Turkmenistan*, http://www.bti-project.org. [22]

Big Asia (2019), *Утверждена программа развития Туркменистана до 2025 года [The development program of Turkmenistan until 2025 is approved]*, http://bigasia.ru/content/news/businness/utverzhdena-programma-razvitiya-turkmenistana-do-2025-goda/?utm_source=yxnews&utm_medium=desktop. [4]

Climate Watch (2019), *Data for Climate Action: Turkmenistan*, https://www.climatewatchdata.org/countries/TKM. [18]

CSIS (2019), *Reconnecting Asia (database)*, https://reconnectingasia.csis.org/database/#. [27]

Dealogic (2019), *Multiple Markets: One Platform (database)*, https://www.dealogic.com/. [26]

Dolgova, E. (2018), *Идёт работа над обновлением Национальной стратегии по изменению климата [Work is underway to update the National Climate Change Strategy]*, State News Agency of Turkmenistan, http://turkmenistan.gov.tm/?id=17694. [35]

EBRD (2014), *Strategy for Turkmenistan*, EBRD, London, https://www.ebrd.com/downloads/country/strategy/turkmenistan.pdf. [7]

Economist Intelligence Unit (2019), *Turkmenistan Country Report: 2nd Quarter 2019*, Economist Intelligence Unit, London, United Kingdom, http://www.eiu.com/. [6]

fDi Markets (2019), *fDi Markets: the in-depth crossborder investment monitor (database)*, https://www.fdimarkets.com/. [16]

IEA (2018), *IEA World Energy Balances 2018*, https://webstore.iea.org/world-energy-balances-2018. [32]

IEA (2015), *Eastern Europe, Caucasus and Central Asia - Energy Policies Beyond IEA Countries*, IEA, Paris, http://www.inogate.org/documents/Executive_Summary_IEA_INOGATE_review.pdf. [33]

IEA (2015), *Energy Policies Beyond IEA Countries: Eastern Europe, Caucasus and Central Asia*, International Energy Agency, Paris, https://doi.org/10.1787/9789264211513-en (accessed on 24 July 2019). [17]

IJGlobal (2019), *Project Finance (database)*, https://ijglobal.com/data/index. [24]

IMF (n.d.), *Regional Economic Outlook: Middle East and Central Asia* (indicator), http://data.imf.org/?sk=4CC54C86-F659-4B16-ABF5-FAB77D52D2E6&sId=1390030109571. [12]

IMF (2018), *World Economic Outlook: October 2018*, https://www.imf.org/external/datamapper/GGXCNL_NGDP@WEO/OEMDC/ADVEC/WEOWORLD. [2]

Observatory of Economic Complexity (2017), *Turkmenistan: Exports, Imports and Trade Partners*, https://atlas.media.mit.edu/en/profile/country/tkm/. [5]

OECD (2016), *Financing Climate Action in Turkmenistan*, OECD, Paris, https://www.oecd.org/environment/outreach/Turkmenistan_Financing_Climate_Action.Nov2016.pdf. [19]

Ovlyakulieva, J. (2012), *Три стратегических шага реформ [Three strategic reform steps]*, State News Agency of Turkmenistan, http://www.turkmenistan.gov.tm/?id=2967. [13]

Railway Gazette (2014), *Iran – Turkmenistan – Kazakhstan rail link inaugurated*, https://www.railwaygazette.com/news/news/asia/single-view/view/iran-turkmenistan-kazakhstan-rail-link-inaugurated.html. [30]

State News Agency of Turkmenistan (2019), *На правительственном заседании рассмотрены проекты ряда программ отраслевого развития [The government meeting reviewed projects of a number of sectoral development programs]*, http://turkmenistan.gov.tm/?id=18011%20Source:%20http://www.parahat.info/news/18011. [14]

State News Agency of Turkmenistan (n.d.), *Законодательство [Legislation]*, http://turkmenistan.gov.tm/?rub=12. [36]

Turkmen Portal (2019), *В Туркменистане созданы Министерство сельского хозяйства и охраны окружающей среды и Госкомитет водного хозяйства [Turkmenistan has created the Ministry of Agriculture and Environmental Protection and the State Committee for Water Management]*, https://turkmenportal.com/blog/17300/v-turkmenistane-sozdany-ministerstvo-selskogo-hozyaistva-i-ohrany-okruzhayushchei-sredy-i-goskomitet-vodnogo-hozyaistva. [37]

Turkmen Portal (2017), *Электроэнергетика Туркменистана: достижения и перспективы развития [Electric power industry of Turkmenistan: achievements and development prospects]*, https://turkmenportal.com/blog/11652/elektroenergetika-turkmenistana-dostizheniya-i-perspektivy-razvitiya. [34]

Turkmenbashi International Seaport (n.d.), *The international seaport of Turkmenbashi profitably located on the international corridor of TRACECA*, http://turkmenbashiseaport.tm/en. [29]

UNDP (2012), *Национальная стратегия Туркменистана по изменению климата [Turkmenistan's National Climate Change Strategy]*, UNDP, New York, https://www.undp.org/content/dam/unct/turkmenistan/docs/Publications/NATIONAL%20CLIMATE%20CHANGE%20STRATEGY%20OF%20TURMENISTAN_ru.pdf. [20]

UNECE (2012), *Turkmenistan Environment Performance Reviews: First Review*, UNECE, Geneva, http://www.unece.org. [28]

UNESCAP (2016), *Asia-Pacific Trade Briefs: Turkmenistan*, UNESCAP, Bangkok, https://www.unescap.org/sites/default/files/APTIR2016%20Turkmenistan_FINAL.pdf. [10]

US Department of State (2019), *2019 Investment Climate Statements: Turkmenistan*, https://www.state.gov/reports/2019-investment-climate-statements/turkmenistan/. [11]

US Department of State (2018), *2018 Investment Climate Statements: Turkmenistan*, https://www.state.gov/reports/2018-investment-climate-statements/turkmenistan/. [9]

Vakulchuk, R. and I. Overland (2018), "China's Belt and Road Initiative through the lens of Central Asia", in *Regional Connection under the Belt and Road Initiative. The prospects for Economic and Financial Cooperation*, Routledge, London, https://www.researchgate.net/publication/329310641_China's_Belt_and_Road_Initiative_through_the_lens_of_Central_Asia. [3]

World Bank (2019), *World Development Indicators (database)*, https://datacatalog.worldbank.org/dataset/world-development-indicators. [1]

World Bank (2018), *Logistics Performance Index*, https://lpi.worldbank.org/international/aggregated-ranking. [23]

World Bank (2015), *Joint Country Engagement Note (CEN) for Turkmenistan for the period FY16-FY17*, World Bank, http://documents.worldbank.org/curated/en/371591467987825776/pdf/99556-CRN-P151985-Box393225B-OUO-9-R2015-0199.pdf. [8]

Глава 9. Стратегическое планирование инфраструктуры для устойчивого развития в Узбекистане

В настоящей главе описывается планирование устойчивой инфраструктуры в Узбекистане и представляются текущие тенденции в области инвестиций в крупномасштабные инфраструктурные проекты. Сравниваются инфраструктурные планы в энергетическом, транспортном, промышленном и водохозяйственном секторах с международными обязательствами по Парижскому соглашению и Целями в области устойчивого развития (ЦУР). В данной главе также рассматриваются документы стратегического планирования по долгосрочному экономическому развитию, отраслевому развитию и охране окружающей среды, включая документы, связанные со смягчением последствий изменения климата и адаптацией к нему. В заключение определены несогласованности между поставленными целями и наблюдаемыми инвестиционными потоками, и тем самым предложены рекомендации для улучшения стратегического планирования устойчивой инфраструктуры.

Основные соображения

Узбекистан является страной с доходами ниже средних и самой густонаселенной страной в Центральной Азии. Его экономика по-прежнему в большой мере опирается на экспорт золота, топливо и хлопок. К главным торговым партнерам Узбекистана относятся Швейцария (в основном как рынок его экспорта золота), Китайская Народная Республика (первая страна происхождения импорта и вторая страна назначения экспорта) и Российская Федерация. Хотя правительство традиционно проводит протекционистскую торговую политику, с 2017 года большая открытость торговле стала одним из важнейших компонентов повестки дня экономических реформ. Диверсификация экономики и переход к производству продукции высокотехнологичных отраслей с более высокой добавленной стоимостью также является одним из главных приоритетов страны.

Правительство приступило к проведению различных важных реформ, направленных на улучшение инвестиционного климата для отечественных и иностранных инвесторов. В 2019 году страна занимает 74[е] место из 190 стран, поднявшись с 2017 года на 14 строчек, а в 2018 году вошла в десятку стран, в которых произошли самые значительные изменения. Некоторые проблемы сохраняются, они связаны с доминированием ГП в экономике в целом, что ведет к дискриминационным мерам в отношении иностранных инвесторов. Российская Федерация остается крупнейшим инвестором в Узбекистан, на нее приходится 55 процентов ПИИ, за ней следует Китай (15 процентов). Почти 50 процентов ПИИ в Узбекистан направляются в угольную, нефтяную и газовую отрасли.

При том что доля Узбекистана в глобальных выбросах ПГ остается ограниченной (0,33 процента), это страна с одними из самых интенсивных выбросов в мире из-за высокой интенсивности использования ископаемого топлива в структуре энергетики (в которой преобладает природный газ), изнашивающейся энергетической инфраструктуры, высоких энергетических субсидий и энергоемкого промышленного сектора (например, цементной промышленности). Узбекистан также особенно уязвим по отношению к последствиям изменения климата: в Ташкенте и Ферганской долине зафиксированы средние годовые температуры на 1,8°C и 1,6°C выше доиндустриальных уровней — намного большую величину, чем среднее глобальное повышение температуры. Это основной источник обеспокоенности сельского хозяйства, которым потребляется наибольший объем воды в стране и которое с большим отрывом опережает в этом отношении другие секторы.

При том что благодаря своему географическому положению Узбекистан является отличным кандидатом для того, чтобы стать одним из основных узлов транспортного маршрута между Китаем и Европой, в нем имеет место один из самых серьезных дефицитов инфраструктурных инвестиций в регионе даже для поддержания текущих показателей сети. Несмотря на обширную сеть автомобильных дорог и железных дорог, узкие места в логистике остаются серьезным препятствием для повышения связности страны из-за низкой эффективности и плохого качества услуг. В энергетике срок службы почти 40 процентов имеющихся в Узбекистане генерирующих мощностей истек, что ведет к частым прекращениям подачи электроэнергии. Развитие возобновляемых энергоресурсов является национальным приоритетом для диверсификации энергетического баланса Узбекистана, но в то же время, как показывает анализ проектов, разрабатываемых в настоящее время, приблизительно 60 процентов планируемых и строящихся проектов выработки электроэнергии по-прежнему относятся к природному газу.

Последние институциональные реформы создали прочную институциональную основу для повышения координации министерств, в ведении которых находятся инфраструктура и окружающая среда. В стратегических документах, таких как *Стратегия действий по пяти приоритетным направлениям развития Республики Узбекистан в 2017–2021 годах*, излагается четкое видение развития Узбекистана в следующие пять лет, и Стратегия включает конкретные профильные планы в отношении транспортной отрасли, энергетики и промышленности. Для согласования текущих инвестиционных планов с задачами долгосрочного развития и охраны окружающей среды Узбекистан должен планировать на долгосрочную перспективу сейчас и утвердить более долгосрочную стратегию развития экономики в целом, с тем чтобы сформулировать свои планы в отношении будущего.

9.1. Состояние дел: экономика, инвестиции и изменение климата в Узбекистане

Экономика и торговля

Таблица 9.1. Основные показатели экономики Узбекистана

Население (2018 год)	32 955 400
Уровень урбанизации (2018 год)	50,5%
Годовой прирост населения (2018 год)	1,7%
Площадь территории	447 400 км²
ВВП (в долл. США в текущих ценах 2017 года)	50 500 миллионов
ВВП на душу населения (в долл. США в текущих ценах 2018 года)	1 532
Рост реального ВВП (годовое изменение в 2018 году)	5,1%
Инфляция (средняя потребительская цена, годовое изменение)	н.д.
Экспорт товаров и услуг (% ВВП в 2018 году)	29,1%
Импорт товаров и услуг (% ВВП в 2018 году)	38,7%
ПИИ, чистые притоки (% ВВП в 2018 году)	1,2%
Чистое кредитование/заимствование сектора государственного управления (% ВВП в 2018 году)	0,9%
Безработица (% общей численности рабочей силы в 2018 году)	5,2%
Денежные переводы (% ВВП в 2016 году)	3,0%
Рейтинг прозрачности, подотчетности и коррупции в государственном секторе (1= весьма коррумпированный, 6 = минимально коррумпированный, в 2017 году)	2

Источник: World Bank (2019[1]), *Показатели мирового развития (база данных)*, Всемирный банк, https://datacatalog.worldbank.org/dataset/world-development-indicators; IMF (2018[2]), *Перспективы развития мировой экономики: октябрь 2018 года*, Международный Валютный Фонд, https://www.imf.org/external/datamapper/GGXCNL_NGDP@WEO/OEMDC/ADVEC/WEOWORLD

Экономика и демографические показатели

Узбекистан является страной с доходами ниже средних и самой густонаселенной страной в Центральной Азии. Его население численностью 32 млн человек является в основном городским: 51 процент проживает в городах (Таблица 9.1). ВВП Узбекистана не сократился так же резко, как ВВП других стран Центральной Азии, когда распался Советский Союз, и он стал первой страной Центральной Азии, которая в 1999 году достигла уровня ВВП на душу населения периода до независимости. Сектор услуг составляет наибольшую долю экономики Узбекистана — 39,9 процента, но промышленность (29,5 процента) и сельское хозяйство (17,3 процента) по-прежнему имеют важное значение. Доля сельского хозяйства в ВВП является крупнейшей в регионе после Таджикистана (World Bank, 2019[1]).

Торговля

Правительство традиционно проводит протекционистскую торговую политику, сосредоточенную на импортозамещении отраслей и ограничении экспорта продовольствия и прочей продукции для обеспечения их предложения на внутреннем рынке (Ganiev and Yusupov, 2012[3]). Все основные отрасли инфраструктурного сектора страны находятся в собственности или под контролем государства (International Trade Administration, 2019[4]). Однако с 2017 года повышение открытости для торговли стало одним из важнейших компонентов повестки дня экономических реформ, в частности, подтверждения приверженности вступлению во Всемирную торговую организацию (ВТО), в которой Узбекистан в настоящее время является наблюдателем (World Trade Organisation, 2019[5]). Дальнейшее повышение открытости торговли и членство в ВТО поможет Узбекистану достичь международных стандартов и сохранять доступ к рынкам экспорта (IMF, 2018[6]). Страна не входит в Евразийский экономический союз, хотя время от времени она выражала заинтересованность в укреплении связей с ним.

Экспорт Узбекистана представлен в основном сырьем и основными промышленными товарами. Золото составляет 44 процента экспорта Узбекистана в стоимостном выражении, а драгоценные металлы в целом — 45 процентов (см. Рисунок 9.1(c)). Следующими крупнейшими экспортными отраслями Узбекистана являются текстиль (в основном хлопок, хлопковая пряжа составляет 7,1 процента экспорта, хлопок-сырец — 2,2 процента), прочие металлы (рафинированная медь — 3,7 процента, сырой цинк — 2,2 процента, медная проволока — 2,5 процента) и полезные ископаемые (нефтяной газ — 8,3 процента). Узбекистан импортирует в основном готовую продукцию, особенно оборудование (25 процентов) и транспорт (12 процентов), а также металлы (12 процентов) (см. Рисунок 9.1(d)).

Страна ведет торговлю главным образом со Швейцарией (крупнейшей страной назначения своего экспорта, на которую приходится 44 процента экспорта в стоимостном выражении, поскольку в Швейцарии перерабатывается 70 процентов годовой мировой добычи золота (Mariani, 2012[7])), Китайской Народной Республикой (первой страной происхождения своего импорта и второй страной назначения экспорта) и Российской Федерацией (второй страной происхождения импорта и третьей страной назначения экспорта) (см. Рисунок 9.1(a) и (b)). На Казахстан и Турцию также приходятся крупные доли экспорта (соответственно, 8,2 процента и 9,7 процента) и импорта (соответственно, 11 процентов и 6 процентов).

Рисунок 9.1. Торговля Узбекистана

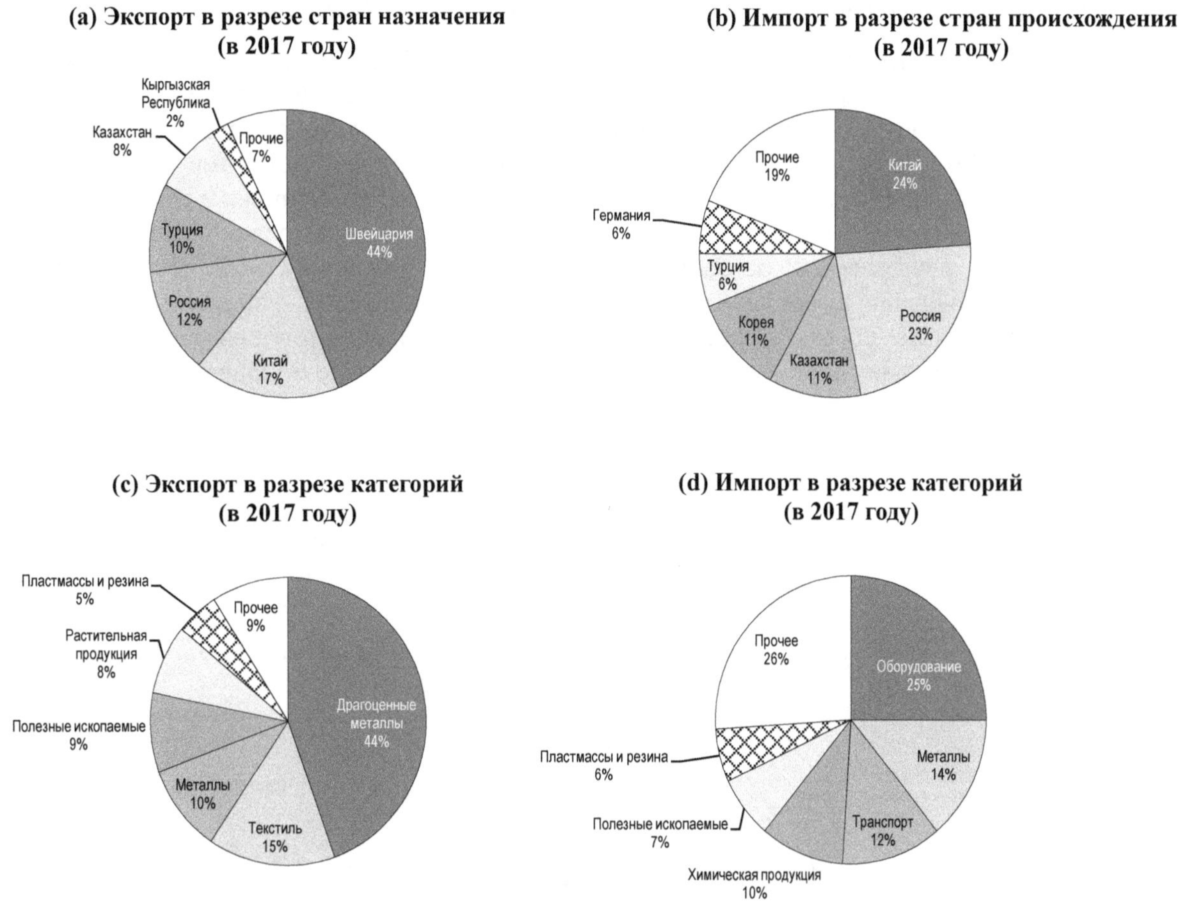

Источник: Observatory of Economic Complexity (2017[8]), *Uzbekistan: Exports, Imports and Trade Partners*, Observatory of Economic Complexity, https://atlas.media.mit.edu/en/profile/country/uzb/

Участие Узбекистана в региональных и глобальных цепочках создания стоимости (РГЦСС) сконцентрировано в основном на промежуточных биржевых товарах, таких как золото низкой пробы, топливо и хлопок. Доля промежуточных товаров в торговле (дублирующий показатель участия в РГЦСС) составляет 27 процентов экспорта и 53 процента импорта. Эти цифры выше среднего в Азиатско-Тихоокеанском регионе, которое составляет 18 процентов экспорта и 22 процента импорта (UNESCAP, 2015[9]). *Стратегия действий по пяти приоритетным направлениям развития Республики Узбекистан в 2017–2021 годах* (Стратегия развития на 2017-2021 годы) направлена на расширение участия страны в РГЦСС, в частности, путем содействия высокотехнологичным отраслям, главным образом производства готовой продукции с высокой добавленной стоимостью (в отношении дополнительной информации о стратегических документах Узбекистана см. раздел 3).

Увеличение числа торговых соглашений о товарах и услугах могло бы дополнительно повысить интеграцию Узбекистана в РГЦСС. Только девять соглашений о свободной торговле (ССТ) Узбекистана с другими странами имеют силу, у страны отсутствует ССТ в отношении услуг, которые помогли бы стране не только включиться в цепочки создания стоимости, но и заниматься деятельностью с более высокой добавленной стоимостью. У всех других стран Центральной Азии, за исключением Туркменистана, больше ССТ, в том числе у стран с меньшим размером экономики, например, Кыргызской Республики, у которой имеется 24 ССТ, имеющих силу (ADB, 2015[10]).

Увеличение числа ССТ также упростит торговлю, которой в настоящее время препятствуют длительные процедуры на границе и частые изменения в нормативных актах, из-за чего страна отстает от других стран региона в трансграничной торговле (EBRD, 2018[11]).

Согласно оценке показателей упрощения торговли ОЭСР (OECD, 2019[12]), наибольшую пользу Узбекистану принесут реформы в сферах оформления (например, упрощение и гармонизация документов и процедур), управления и беспристрастности, а также доступности информации. Показатели Узбекистана аналогичны средним показателям стран с доходами ниже средних по некоторым направлениям, таким как участие торгового сообщества, платежи и сборы, внутреннее сотрудничество пограничных ведомств, но ниже оптимальной мировой практики по всем направлениям, оцениваемым показателями упрощения торговли ОЭСР (см. Рисунок 9.2). Дальнейшие улучшения в отношении упрощения торговли помогут Узбекистану стать более конкурентоспособным: обычно упрощение торговли на 10 процентов связано с повышением разнообразия продукции приблизительно на 3-4 процента (Dennis and Shepherd, 2011[13]).

Рисунок 9.2. Показатели упрощения торговли ОЭСР

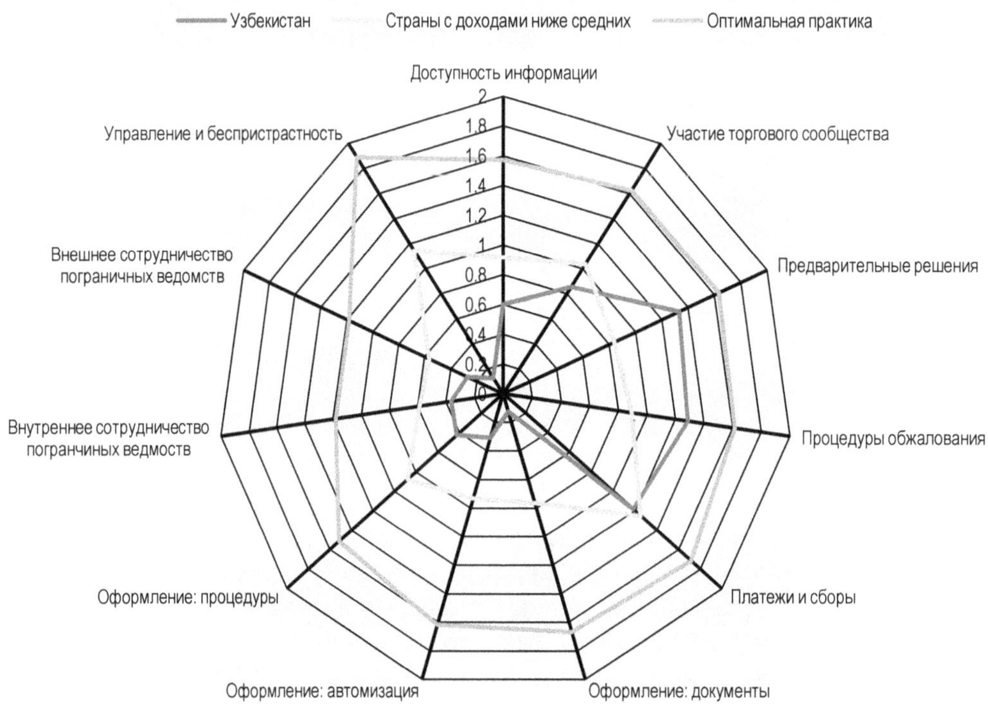

Источник: OECD (2019[12]), *Trade Facilitation Indicators (база данных)*, Organisation for Economic Co-operation and Development, http://www.oecd.org/trade/topics/trade-facilitation/

Инвестиционный климат

Большую часть своей истории после обретения независимости Узбекистан закрыт для иностранных инвестиций, в связи с чем это страна с наименьшим объемом прямых иностранных инвестиций (ПИИ) в Центральной Азии. В последние годы, однако, он начал проводить различные важные реформы, направленные на улучшение инвестиционного климата для отечественных и иностранных инвесторов. Такие реформы де-юро привели к улучшению рейтинга в докладе

Всемирного банка «Ведение бизнеса» 2018 года, в котором страна занимает 74ᵉ место из 190 стран, поднявшись с 2017 года на 14 строчек, а в 2018 году вошла в десятку стран, в которых произошли самые значительные изменения (EBRD, 2018[11]).

На институциональном уровне созданы новые ведомства при Министерстве инвестиций и внешней торговли Узбекистана, в частности, Агентство по привлечению иностранных инвестиций Узбекистана, которое будет оказывать информационную и правовую поддержку иностранным инвесторам. Также планируется, что иностранных инвесторов начнет обслуживать «единое окно», а инвестиционная карта обеспечит потенциальных инвесторов информацией о структуре производства в каждой области, необходимых инвестициях и конкретных проектах (NewsCentralAsia, 2019[14]).

Привлечение иностранных инвестиций также находится в центре внимания *Стратегии действий по пяти приоритетным направлениям развития Республики Узбекистан в 2017–2021 годах* (Стратегии развития на 2017-2021 годы) и является одной из основных тем подробной годовой программы на 2018 год Стратегии (Hashimova, 2019[15]). Годовой стратегией на 2018 год предусматривается 274 цели, в отношении каждой цели указаны конкретные ведомства, лица и бюджеты. В каждой области назначены должностные лица, ответственные за привлечение инвестиций и исполнение инвестиционных проектов.

Важные экономические реформы для улучшения инвестиционного климата включают мораторий на проверку компаний и упрощение процедур регистрации бизнеса, а также отмену требования об обмене определенных долей доходов от экспорта в твердой валюте по искусственно заниженному официальному валютному курсу (The Economist, 2019[16]). Правительство также уменьшило налоговое бремя на предприятия и упростило налогообложение, унифицировав и упразднив некоторые платежи. В настоящее время оно может выдавать вид на жительство сроком на 10 лет иностранцам, инвестирующим по крайней мере 3 млн долл. США (Hashimova, 2019[15]). Наряду с этим, правительство планирует снизить ставки налогов с корпораций с 14 процентов до 12 процентов в случае большинства компаний и НДС с 20 процентов до 12 процентов (The Economist, 2019[17]). Наконец, правительство также создало должность бизнес-омбудсмена и приняло закон «О противодействии коррупции», направленном на повышение прозрачности органов государственного управления (United States Department of State, 2019[18]).

Еще одной важной составляющей инвестиционного климата в Узбекистане является вопрос ответственного поведения бизнеса (ОПБ), который все более интегрируется в политику, направленную на привлечение более качественных инвестиций и увеличение инвестиций, устойчивых с социальной и экологической точек зрения. Хотя Узбекистан не является подписантом Руководящих принципов ОЭСР для многонациональных предприятий, он достиг значительных успехов в искоренении детского труда и принудительного труда в уборке урожая хлопка 2018 года[1]. В 2018 году использовалось на 48 процентов меньше принудительного труда, чем в предыдущем году (International Labour Organisation, 2019[19]).

Невзирая на такие достижения, фактический инвестиционный климат остается трудным для иностранных инвесторов. При том что законом «Об иностранных инвестициях» предусматривается, что все отрасли экономики открыты для иностранных инвесторов и что гражданство, резидентная принадлежность и страна происхождения не могут служить основанием для иного порядка обращения со стороны государства, государство по-прежнему активно присутствует в экономике и владеет долями во многих важнейших отраслях, в частности, энергетике, телекоммуникациях, авиалиниях и горнодобывающей промышленности. Кроме того, государство играет большую роль в регулировании инвестиций и потоков капитала в текстильной промышленности, в частности, отрасли производства хлопка и шелка. Такие меры по-прежнему имеют дискриминационные последствия для иностранных инвесторов. Только 5 517 компаний, или 1,8 процента всех зарегистрированных компаний, действующих в Узбекистане, получают иностранный капитал

(United States Department of State, 2019[18]). Насчитывается множество совместных предприятий, и некоторым компаниям приносят пользу иностранные инвестиции, но многие компании подают жалобы в связи со сложностями, возникающими, когда они пытаются обменивать валюту или снимать доходы (Bertelsmann Stiftung, 2018[20]). Последние изменения, однако, посылают сигнал о приверженности Узбекистана проведению реформ и повышению прозрачности. Так, в конце 2018 года агентствами Standard & Poor's и Fitch Узбекистану были впервые присвоены кредитные рейтинги, которые служат для потенциальных инвесторов международной оценкой кредитного риска Узбекистана. Его рейтинг BB- («неинвестиционного уровня спекулятивный») является таким же, как рейтинги Грузии и Вьетнама, благодаря чему Узбекистан находится между региональным лидером Казахстаном (BBB-/BBB, «инвестиционного уровня») и соседним Таджикистаном (B-, «в значительной степени спекулятивный») (Brookings, 2019[21]). Подход, принятый Узбекистаном к иностранным инвестициям, означает, что за прошедшее десятилетие его внешний долг вырос (в 2017 году достиг 32 процентов ВВП), но его уровни долга и зависимость от иностранных инвесторов и в основном Китая не считаются рискованными (Hurley, Morris and Portelance, 2018[22]).

В настоящее время около 55,6 процента ПИИ в Узбекистан поступает из Российской Федерации, Китай составляет 15 процентов. Остальные ПИИ в Узбекистан осуществляются странами — членами ОЭСР и многосторонними банками развития, главными из которых являются Япония (6,6 процента), Нидерланды (4,3 процента) и Исламский банк развития (4,2 процента) (Рисунок 9.3). С 2003 года по 2017 год Узбекистан привлек капитал ПИИ в новые предприятия в размере 26,6 млрд долл. США, что значительно ниже уровня аналогичных стран. Например, только в период 2008–2018 годов ПИИ в Марокко составляли 48 млрд долл. США, во Вьетнам — 213 млрд долл. США (BCG, 2018[23]).

Рисунок 9.3. ПИИ в Узбекистан в разрезе стран-источников в 2017 году

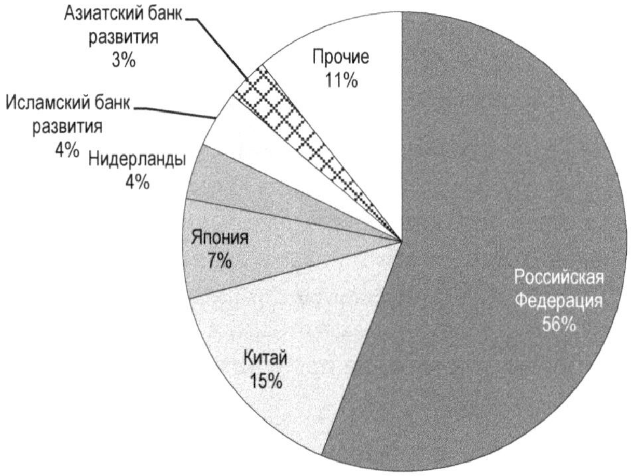

Источник: National Statistics Committee of the Republic of Uzbekistan (2017[24]), Инвестиции в основной капитал, National Statistics Committee of Uzbekistan, https://stat.uz/uploads/docs/investitsiya-yan-dek-2017ru1.pdf

Иностранных инвесторов в Узбекистан интересуют в основном природные ресурсы. Только уголь, нефть и природный газ составляли 49 процентов совокупных ПИИ (Рисунок 9.4). Производство химикатов, пластмасс и связь были другими наиболее привлекательными секторами для ПИИ в новые предприятия (26 процентов совокупных ПИИ в новые предприятия). Деятельность в отношении инфраструктуры в целом привлекала значительно меньший объем трансграничных инвестиций: строительство и строительные материалы получали 4 процента совокупных инвестиций (или 936,8 млн долл. США), транспорт — 3 процента.

Рисунок 9.4. ПИИ в новые предприятия в Узбекистане в разрезе видов экономической деятельности в 2003-2017 годы

Кумулятивный капитал ПИИ в новые предприятия с января 2003 года по сентябрь 2017 года в миллионах долларов США

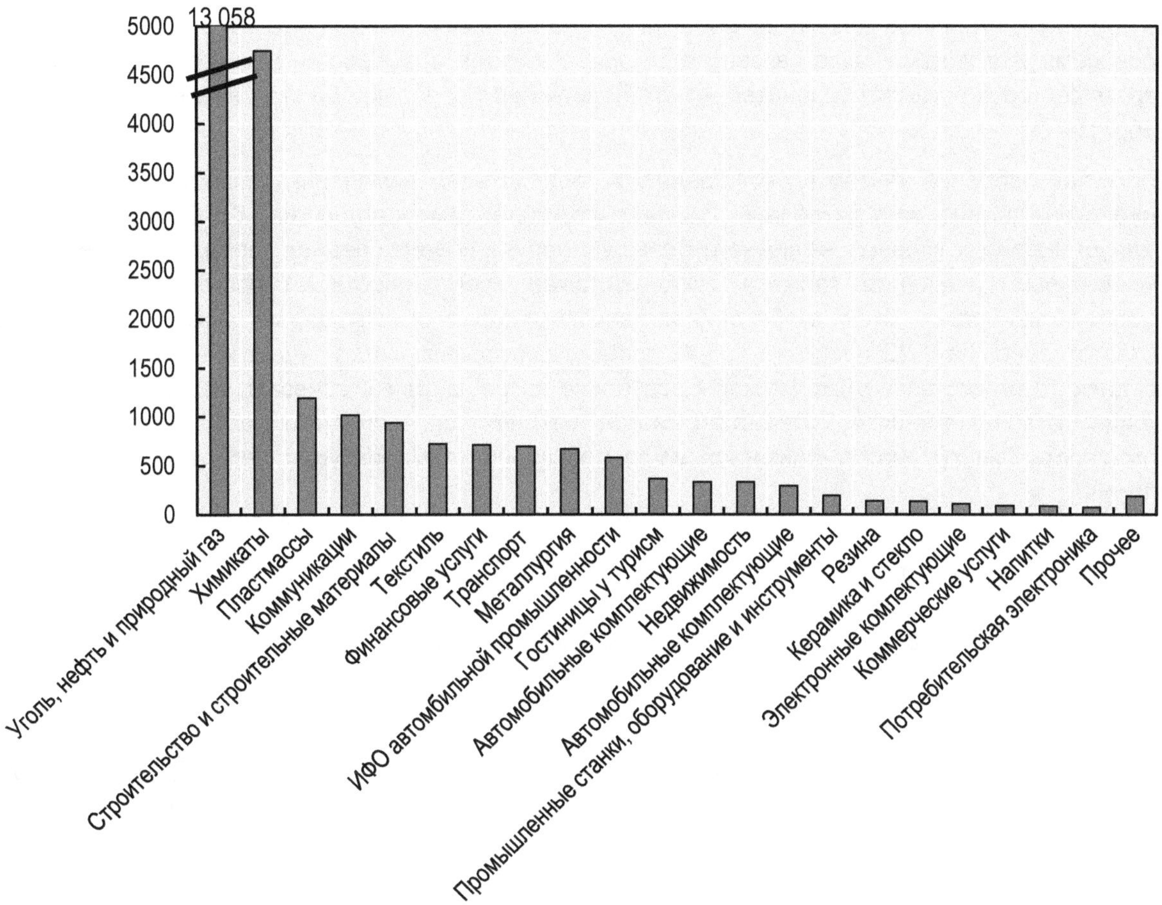

Примечание: ИФО = Изготовители фирменного оборудования. Прочее включает следующее: продовольствие и табак; биотехнологии; программное обеспечение и услуги в сфере ИТ; потребительская продукция; авиакосмическая промышленность; коммерческие станки и оборудование.

Источник: ОЭСР на основе fDi Markets (2019[25]), *fDi Markets: the in-depth crossborder investment monitor (база данных)*, fDi Markets, https://www.fdimarkets.com/

Изменение климата

Хотя в 2012 году совокупные выбросы парниковых газов Узбекистана составляли лишь 0,33 процента глобальных выбросов, Узбекистан стоит особняком в отношении интенсивности выбросов своей экономики. В 2012 году интенсивность выбросов ВВП Узбекистана составляла 3,85 кг CO_2-экв на 1 долл. США ВВП (World Bank, 2019[1]). Эта цифра согласуется с показателями других стран бывшего Советского Союза с высокими уровнями выбросов, такими как Казахстан и Украина, и является одной из самых высоких в мире. Ввиду признания этого задачами смягчения последствий изменения климата в определяемом на национальном уровне вкладе (ОНВ) Узбекистана предусматривается сокращение к 2030 году выбросов парниковых газов (ПГ) на единицу ВВП на 10 процентов по сравнению с уровнями 2010 года (UNFCCC, n.d.[26]). Выбросы Узбекистана на душу населения, однако, весьма малы и составляют 5,95 тCO_2-экв на душу населения. Это значительно меньше выбросов ПГ на душу населения в соседнем Казахстане (21,8 тонны), среднего в государствах — членах ОЭСР (12,9 тонны) и даже средних глобальных выбросов (7,5 тонны) (World Bank, 2019[1]). Несмотря на устойчивый экономический рост Узбекистана с тех пор, как он стал независимым, последние несколько десятилетий его выбросы парниковых газов остаются сравнительно постоянными (см. Рисунок 9.5).

В 2012 году крупнейшая доля выбросов парниковых газов Узбекистана приходилась на энергетику (82 процента); сельское хозяйство было ответственно за 10,5 процента, а с промышленными процессами и отходами было связано еще по 3,8 процента выбросов. Выбросы Узбекистана в разрезе секторов остаются сравнительно стабильными с тех пор, как он стал независимым (UNEP, 2016[27]).

Узбекистан особенно уязвим по отношению к последствиям изменения климата. В Ташкенте и Ферганской долине зафиксированы средние годовые температуры на 1,8°C и 1,6°C выше доиндустриальных уровней — намного бо́льшую величину, чем среднее глобальное повышение температуры. Изменение климата также угрожает регулярности атмосферных осадков и водообеспеченности. Сток в бассейнах рек Амударья и Сырдарья может сократиться, соответственно, на 7-22 процента и 5-42 процента, особенно когда ледники — их источники в соседних Таджикистане и Кыргызской Республике сокращаются и исчезают. К 2021-2040 годам дефицит водоснабжения в Узбекистане может увеличиться в среднем на 11-14 процентов, а урожайность культур может снизиться из-за повышения температур и нехватки воды (UNEP, 2016[27]).

Рисунок 9.5. Выбросы ПГ и ВВП Узбекистана в 1990-2017 годы

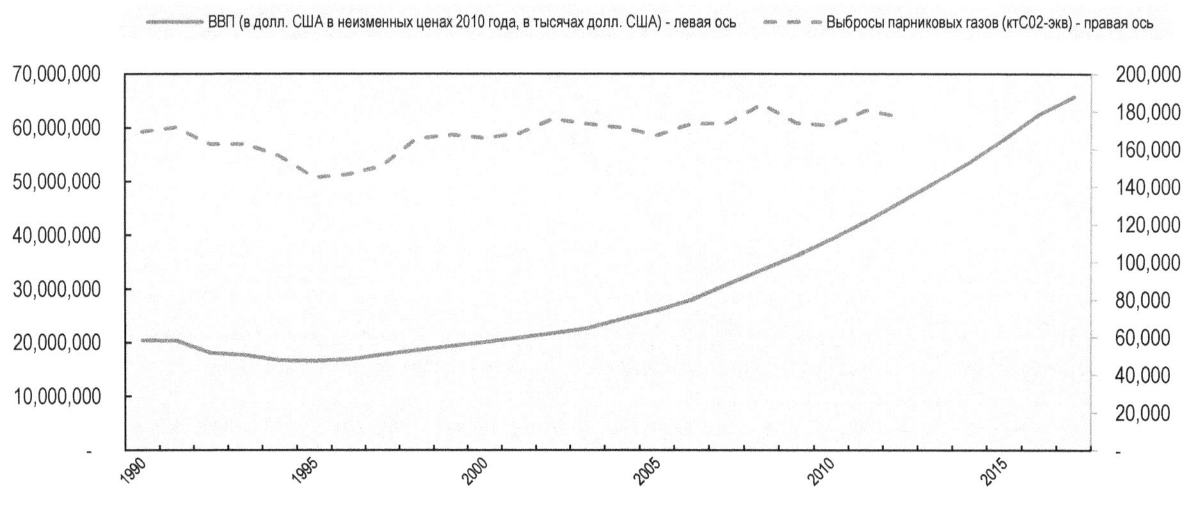

Источник: World Bank (2019[1]), *World Development Indicators (база данных)*, World Bank, https://datacatalog.worldbank.org/dataset/world-development-indicators

9.2. Потребности в инфраструктуре и текущие планы Узбекистана

В настоящее время Узбекистан наиболее нуждается в повышении потенциала инфраструктуры в регионе для поддержания показателей сети. Его транспортная и водохозяйственная инфраструктура отстает от демографических и экономических изменений, текущие инвестиции не обеспечивают достаточного содержания существующих активов. В автодорожной отрасли не выполнены крупные объемы отложенного текущего ремонта и содержания, которые составляют, по оценкам, 1 млрд долл. США в год. Потенциал автодорожной инфраструктуры должен увеличиться на 486 процентов к 2030 году и на 1365 процентов к 2050 году для осуществления планируемого объема грузовых перевозок, которые будут проходить через Узбекистан. К 2050 году доля автодорожных перевозок, как ожидается, увеличится на 50 процентов с менее чем 30 процентов в 2015 году. Железнодорожные перевозки к 2030 году также, как ожидается, увеличатся, но в 2050 году сократятся, скорее всего, из-за строительства новых железнодорожных линий в Кыргызской Республике и Таджикистане и частичного перемещения потоков движения на эти новые линии (ITF, 2019[28]). В энергетике также имеет место неэффективность, ее цена для экономики равна приблизительно 1,5 млрд долл. США в год, а издержки, связанные с низким качеством существующей инфраструктуры водоснабжения и водоотведения, составляют до 8 процентов ВВП в год (World Bank, 2016[29]). Столь неудовлетворительно работающая инфраструктура является значительным бременем для экономики.

Из инвестиций в размере 70,1 млрд долл. США в Узбекистан, которые отслеживались в период 2000–2018 годов, проекты в энергетике составляют более 64 процентов (37,2 млрд долл. США), а обрабатывающая промышленность и транспорт, соответственно, 23 процента и 13 процентов. Наконец, на водоснабжение и водоотведение приходится 4 процента планируемых и строящихся инвестиционных проектов, или 2,4 млрд долл. США. Почти половина (45 процентов) совокупных проектов в энергетике относится к отрасли разведки и добычи нефти и газа, за которой следуют проекты выработки электроэнергии (40 процентов). Нефте- и газопроводы также составляют 9 процентов инвестиций, а проекты передачи и распределения электроэнергии — остальные 6 процентов (Рисунок 9.6). В промышленном секторе преобладает обрабатывающая промышленность, на которую приходится более 98 процентов проектов, и лишь 1 процент проектов относится к горнодобывающей промышленности.

Рисунок 9.6. Инфраструктурные проекты в Узбекистане в разрезе секторов

Планируемые и строящиеся в 2000-2018 годы
В миллионах долларов США

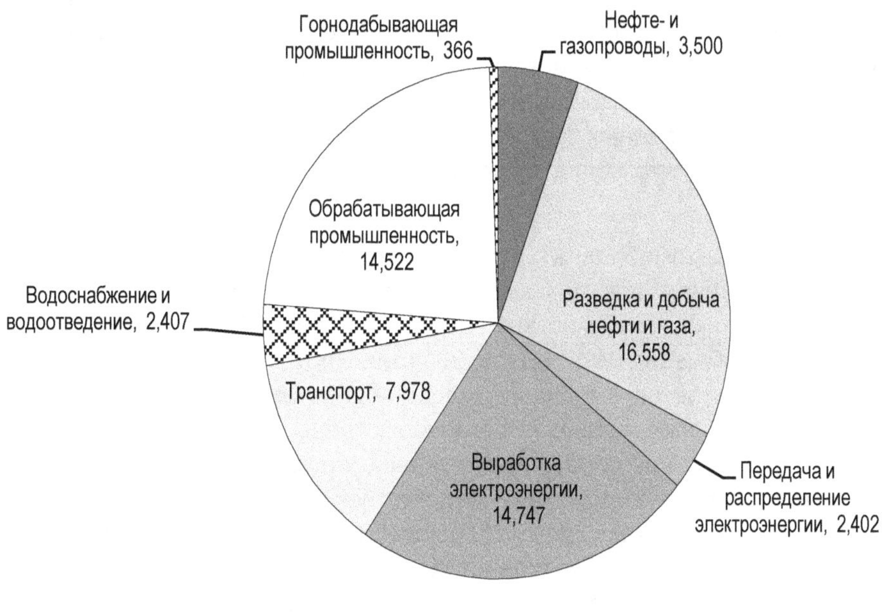

Источник: ОЭСР на основе баз данных по состоянию на апрель 2019 года.

Транспорт

Расходы на автодорожную отрасль в настоящее время составляют 1,3 процента ВВП Узбекистана. При том что в период 2005-2015 годов расходы несколько увеличились, они остаются низкими по международным стандартам (ADB, n.d.[30]). Такая нехватка инвестиций ведет к большой продолжительности перевозок, несоответствующему качеству транспортного сообщения и высоким эксплуатационным издержкам, следствием чего является утраченный экономический потенциал, неоптимальная региональная торговля и отрицательное воздействие на окружающую среду (ADB, 2019[31]). Железнодорожная отрасль также сталкивается с многочисленными проблемами, в частности, непроведением модернизации существующих железнодорожных линий и парка подвижного состава, а также низким качеством железнодорожного сообщения (ITF, 2019[28]). Требуются дополнительные инвестиции в железнодорожную отрасль, с тем чтобы она повысила транспортный и транзитный потенциал страны и создавала новые рабочие места.

Транспорт остается основой экономики не только Узбекистана, но и соседних стран, которые опираются на транспортную сеть Узбекистана для перевозки грузов и пассажиров. Железнодорожные сети соседних Таджикистана и Кыргызской Республики, например, зависят от транзита через Узбекистан: единственное международное сообщение между Таджикистаном и южной линией железнодорожной сети Кыргызстана проходит по югу Узбекистана (World Bank, n.d.[32]). Стоимость перевозки товаров из Узбекистана остается весьма высокой: издержки, связанные с тем, чтобы одна тонна товаров из Узбекистана достигла 20 процентов глобального ВВП, составляют приблизительно 175 долл. США, тогда как в Германии такой же доступ можно обеспечить по цене около 30 долл. США (ITF, 2019[28]). С 2012 года высокоскоростной поезд *«Афросиаб»* связывает Ташкент с Самаркандом, с 2016 года он курсирует в Бухару. Недавно Узбекистан также открыл пункты пересечения границы и автодорожное сообщение с соседними Казахстаном, Кыргызской Республикой и Таджикистаном (EBRD, 2018[33]).

Железные дороги служат преобладающим способом грузовых перевозок и составляют крупную долю рынка пассажирских перевозок на большие расстояния в Узбекистане (World Bank, 2014[34]). В прошлом десятилетии по железным дорогам ежегодно перевозилось около 60 млн тонн грузов и 15 млн пассажиров. Плотность железных дорог значительно выше, чем в соседних странах. В Узбекистане 10 км железных дорог на 1 км^2 по сравнению с 5 км/км^2 в Казахстане, 2 км/км^2 в Кыргызской Республике и 4 км/км^2 в Таджикистане. В отличие от других стран этого региона, таких как Кыргызская Республика, Таджикистан, Монголия, в которых не существует электрифицированных железнодорожных линий, приблизительно 29 процентов железных дорог Узбекистана электрифицированы, что является даже более крупной долей, чем в Казахстане (27 процентов) (ITF, 2019[28]).

Несмотря на обширную сеть автомобильных дорог и железных дорог, узкие места в логистике остаются серьезным препятствием для повышения связности страны. Издержки, связанные с деятельностью в сфере логистики, в Узбекистане вдвое выше, чем в Европе, отчасти из-за низких эффективности и качества сообщения (World Bank, 2014[34]). Плотность автомобильных дорог на 1 км^2 составляет 0,18, 38 процентов автомобильных дорог представляют собой грунтовые дороги (ITF, 2019[28]). За пределами определенных регионов страны (Ферганской, Наманганской и Андижанской областей) транспортное сообщение особенно неэффективно (World Bank, 2016[29]). Эти узкие места отражены в индексе эффективности логистики, в котором Узбекистан занимает 99^{е} место из 160 стран и имеет общую оценку 2,58 (из 5) по сравнению с оценкой 2,81 Казахстана (71ое), 2,55 Кыргызской Республики (108^{е}), 2,41 Туркменистана (126^{е}) и 2,34 Таджикистана (134^{е}). Оценки Узбекистана в отношении инфраструктуры (2,57), уровня эффективности логистики (2,59), наблюдения и отслеживания (2,71) и своевременности (3,09) значительно выше его оценки таможни (2,10) (ITF, 2019[28]).

Планируемые и в настоящее время строящиеся проекты в сфере транспортной инфраструктуры Узбекистана представлены в основном железнодорожными проектами, которые составляют 71 процент совокупных инвестиций в размере 8,3 млрд долл. США в транспортную отрасль (см. Рисунок 9.7). Автодорожные проекты образуют остальные 29 процентов, или 2,4 млрд долл. США, и они сосредоточены в основном на реконструкции региональных автомобильных дорог. Большинство этих проектов представляют собой инвестиции в существующие предприятия в результате региональных усилий, например, коридоры Центральноазиатского регионального экономического сотрудничества, которые координируются Азиатским банком развития и в которых организации, осуществляющие совместное финансирование, такие как Всемирный банк и Экспортно-импортный банк Китая (Эксимбанк), также активно финансируют участки региональных автодорог. Правительство также участвует в инвестициях в проекты автомобильных дорог и железных дорог. У его государственного предприятия «Узбекистанская железная дорога» насчитывается 50 действующих инвестиционных проектов улучшения железнодорожной инфраструктуры, расширения своей сети и обновления парка подвижного состава (EBRD, 2018[11]).

Рисунок 9.7. Проекты в сфере транспорта в Узбекистане в разрезе подсекторов

В миллионах долларов США

Источник: исследование ОЭСР на основе баз данных по состоянию на апрель 2019 года.

Проекты транспортной инфраструктуры, планируемые и строящиеся, как ожидается, создадут значительные вторичные экономические эффекты. В частности, эти проекты направлены на сокращение издержек, связанных с торговлей, уменьшение продолжительности перевозок, повышение безопасности и увеличение внутренней и трансграничной торговли (Таблица 9.2). Одним из наиболее значительных проектов, который в настоящее время строится и строительство которого завершается, является проект железной дороги «Ангрен–Пап». Эта железнодорожная линия, пассажирские и грузовые перевозки по которой начались в 2016 году, связывает Ферганскую долину с остальным Узбекистаном однопутной железной дорогой между городами Ангрен и Пап, но в настоящее время осуществляются ее электрификация и другие улучшения для удовлетворения неожиданно высокого спроса на этот новый маршрут (World Bank, 2019[35]). Долина является наиболее густонаселенной частью Центральной Азии, но в узбекистанской части долины экономический рост значительно ниже, чем в остальной стране. Так, в 2017 году ВВП на душу населения трех областей Узбекистана в Ферганской долине (Андижанской, Ферганской и Наманганской) был ниже среднего в Узбекистане, соответственно, на 38 процентов, 41 процент и 49 процентов (The State Committee of the Republic of Uzbekistan on Statistics, n.d.[36]). Этот проект является приоритетным для правительства: он изменит деятельность в сфере логистики в Узбекистане благодаря сокращению транспортных издержек и повышению надежности сети, что имеет важное значение для торговли и ценного экспорта. Повысится связность с Казахстаном, Китаем, Россией и Европой. Общая стоимость проекта составляет 1,6 млрд долл. США, он финансируется Всемирным банком, Экспортно-импортным банком Китая и правительством Узбекистана (World Bank, 2019[37]).

К наиболее значительным планируемым проектам относится железная дорога Китай–Кыргызская Республика–Узбекистан, которая свяжет эти три страны и, как ожидается, сократит на 900 км расстояние из Китая в Европу. Проект, если он будет в конечном итоге завершен, сократит продолжительность перевозок железнодорожных грузов между Китаем и Ближним Востоком на 7–8 дней (по сравнению с приблизительно 17 днями между Шанхаем и Дубаем в настоящее время) и создаст новые логистические услуги, такие как перегрузка на железной дороге (Emerging Markets Forum, 2019[38]). Доля использования железных дорог, как ожидается, увеличится до более чем 50 процентов к 2030 году, но потом снова уменьшится до уровня ниже 20 процентов к 2050 году, когда будут введены в эксплуатацию альтернативные маршруты из Китая через другие страны (ITF, 2019[28]).

Таблица 9.2. Актуальные проекты в транспортной отрасли Узбекистана

(а) Строящиеся					
Название	Подсектор	Описание	Стои-мость проекта (млн долл. США)	Источник финанси-рования	Тип инвестиций
Железная дорога «Ангрен–Пан»	Железные дороги	Новая железная дорога «Ангрен–Пан» протяженностью 124 км связывает три области в Ферганской долине с остальной страной в обход Таджикистана, в 2016 году начаты как пассажирские, так и грузовые перевозки по этой линии, но электрификация железной дороги еще продолжается. Проект сократит, и уже сократил, транспортные издержки, повысит пропускную способность и надежность перевозок. Пересмотренная дата завершения проекта — 2020 год.	1 633	Всемирный банк; Экспортно-импортный банк Китая; Правительство Узбекистана	В новое предпри-ятие
Два железно-дорожных туннеля в Камчик Довон	Железные дороги	В рамках проекта будет финансироваться строительство двух туннелей в Камчикском перевале по железной дороге, связывающей восток Узбекистана с остальной страной в обход Таджикистана.	400	Кредит неуказанной государственной организации, государственного агентства Китая	н.д.

Проект Кашкадарьинской областной дороги	Автомобильные дороги	Проект направлен на модернизацию участка протяженностью 77 км автомобильной дороги между городами Карши и Китаб на автомагистралях A380 и M39. Он включает пилотное обустройство обочины и монтаж сканирующего оборудования в пунктах пересечения границы. Строительство началось в 2017 году.	266	АБР; Правительство Узбекистана	В существующее предприятие
Вторая программа инвестиций в автодорогу коридора 2 Центрально-азиатского регионального экономического сотрудничества: второй транш	Автомобильные дороги	Проект расширит участок протяженностью 75 км двухполосного шоссе между городами Пунган и Наманган путем добавления двух дополнительных полос. Строительство началось в 2017 году.	265	АБР; Правительство Узбекистана	В существующее предприятие
Проект развития региональных автодорог	Автомобильные дороги	Проект направлен на сокращение издержек для пользователей автомобильных дорог и разработку программы устойчивых инвестиций в управление активами региональных дорог. Им предусматриваются, в том числе, работы по реконструкции существующих региональных дорог. Он повысит качество приблизительно 300 км приоритетных региональных дорог в Ташкенте, Фергане, Андижане и Намангане. Строительство началось в 2015 году.	400	Всемирный банк	В существующее предприятие
(b) Планируемые					
Название	Подсектор	Описание	Стоимость проекта (млн долл. США)	Источник финанси-рования	Тип инвестиций
Железная дорога Китай–Кыргызская Республика–Узбекистан	Железные дороги	Железнодорожная линия, связывающая Китай, Кыргызскую Республику и Узбекистан. Эта железная дорога может сократить на 900 км расстояние по железной дороге от Китая до Европы по сравнению с существующими маршрутами через Россию и Казахстан. Данная железная дорога, как планируется, свяжет экономику Узбекистана с новыми рынками за пределами Центральной Азии. Планирование началось в 2013 году.	2 500	н.д.	В новое предприятие
Третья программа инвестиций в автомобильные дороги коридоров ЦАРЭС	Автомобильные дороги	Проект увеличит внутреннюю и международную торговлю по коридорам Центральноазиатского регионального экономического сотрудничества (ЦАРЭС) благодаря строительству 365 км автомобильной	345	АБР; Правительство Узбекистана	н.д.

		дороги. Планирование началось в 2015 году.			
Проект электрификаци и железной дороги Бухара–Ургенч–Хива	Железные дороги	Проект повысит связность железнодорожной сети между городами Бухара, Ургенч и Хива на западе Узбекистана. Он сократит длительность перевозок и расширит возможности перегрузки грузов железнодорожных веток. Планирование началось в 2018 году.	339	АБИИ; Правительство Узбекистана	В существу-ющее предпри-ятие
Автодорога М-39 (29 км) в Кашкадарьинс кой области	Автомо-бильные дороги	Проектом предусматривается реконструкция автодороги М-39, которая является частью автомагистрали Карши–Шахрисабз–Китаб Кашкадарьинской области Узбекистана. Планирование началось в 2018 году.	266	Правительство Узбекистана (100 процентов)	В существу-ющее предпри-ятие
Автодорога 4П-79 (36 км) в Кашкадарьинск ой области	Автомо-бильные дороги	Проект реконструирует и расширит участок с 28-го километра по 64-й километр автодороги 4П-79, которая является частью автомагистрали Карши –Шахрисабз–Китаб Кашкадарьинской области Узбекистана. Планирование началось в 2018 году.	266	Правительство Узбекистана (100 процентов)	В существу-ющее предпри-ятие

Примечание: См. в разделе 1.2 «Справку о методологии» в отношении определения понятия «актуальный» в данном отчете и прочих сведений о том, как отбирались вышеуказанные проекты и определялась их приоритетность.
Источник: исследование ОЭСР на основе данных ADB (2019[39]), AIDDATA (2019[40]), IJGlobal (2019[41]), CSIS (2019[42]) и World Bank (2019[43]) по состоянию на апрель 2019 года.

Энергетика

Узбекистан является одной из самых энерго- и углеродоемких стран мира. Для производства одной единицы ВВП Узбекистан использует на 60 процентов больше энергии, чем Азербайджан или Казахстан, и в четыре раза больше, чем в среднем в мире. Такие проблемы в энергетике связаны с различными факторами, в частности, устаревшей инфраструктурой энергетики, слабой технологической базой, отсутствием инвестиций, неэффективностью и высокими энергетическими субсидиями. Экономика в большой мере опирается на природный газ, на который в 2016 году приходилось 87 процентов совокупного предложения первичной энергии и 75 процентов (или 43,7 ГВт·ч) выработки электроэнергии, а плотины гидроэлектростанций (20 процентов), угольные (4 процента) и мазутные электростанции (1 процент) составляли остальную часть (см. Рисунок 9.8). Такая сильная зависимость от природного газа и ограниченная диверсификация вызывают опасения относительно энергетической безопасности страны и ее возможной уязвимости по отношению к проблемам изменения климата в долгосрочной перспективе. Когда правительство стремится к росту промышленности и проводит стратегию развития, в котором ведущую роль играет экспорт, устойчивость электроэнергетики крайне важна для поддержки концепции развития Узбекистана (ADB, 2010[44]).

Рисунок 9.8. Выработка электроэнергии в разрезе видов топлива

ГВт·ч в 2016 году

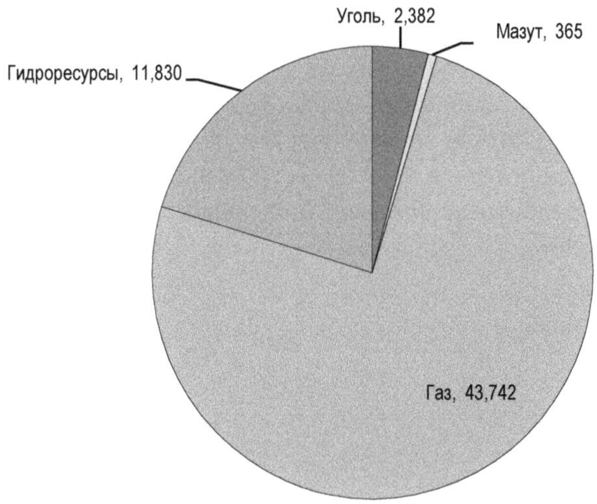

Источник: IEA (2018[45]), *IEA World Energy Balances 2018*, International Energy Agency, https://webstore.iea.org/world-energy-balances-2018

В настоящее время значительная доля генерирующих мощностей Узбекистана является устаревшей и требует модернизации или замены. Согласно данным Всемирного банка, срок службы почти 40 процентов имеющихся в Узбекистане генерирующих мощностей истек (World Bank, 2016[29]). Это привело к снижению надежности энергоснабжения, что оставалось главным препятствием для повышения результативности деятельности компаний в Узбекистане, следствием чего стало увеличение потерь доходов вследствие прекращений подачи электроэнергии с 8,9 процента до 16 процентов в 2015 году. По состоянию на 2013 год прекращения подачи электроэнергии имеют место в Узбекистане в среднем почти шесть раз в месяц, что значительно чаще, чем в государствах — членах ОЭСР (в среднем 0,6 в месяц) или Российской Федерации (в среднем 0,3 в месяц) (World Bank, 2019[1]).

Узбекистан является чистым экспортером энергии. В 2016 году он экспортировал несколько больше угля, нефти и электроэнергии, чем импортировал (соответственно, 0,04 мтнэ, 0,16 мтнэ и 0,13 мтнэ). Его экспорт природного газа был значительно крупнее: в 2016 году 13,10 мтнэ (IEA, 2018[45]). В 2017 году Узбекистан добыл 806 тысяч тонн сырой нефти и 56,4 млрд м^3 природного газа. Хотя уголь не является важной частью структуры энергетики страны, в Узбекистане есть действующие угольные шахты, на которых в 2017 году было добыто 4 млн тонн угля (National Statistics Committee of the Republic of Uzbekistan, 2017[46]).

С 2016 года Узбекистан стремится поддерживать развитие возобновляемых энергоресурсов, особенно солнечной энергии, в попытке диверсифицировать свой энергетический баланс и уменьшить свою зависимость от газа. В *Стратегии действий по пяти приоритетным направлениям развития Республики Узбекистан в 2017–2021 годах* Узбекистан указывает на увеличение использования возобновляемых источников энергии как на важную составляющую улучшения обеспечения населения страны высококачественной энергией. Текущие инвестиции страны в выработку электроэнергии, однако, по-прежнему сосредоточены на электростанциях, работающих на ископаемом топливе. Приблизительно 60 процентов (или 2,8 ГВт) планируемых и строящихся проектов выработки электроэнергии из совокупных 4,7 ГВт представлены газовыми электростанциями (Рисунок 9.9). Проекты гидроэнергетики составляют еще 24 процента, и на угольные теплоэлектростанции и солнечную фотовольтаику приходится, соответственно, 14 процентов и 2 процента. При том что некоторые проекты солнечной энергетики фигурируют в числе планируемых инфраструктурных проектов страны и они увеличат выработку энергии из возобновляемых источников, они незначительны по сравнению с инвестициями в газовые и угольные электростанции.

Как все прочие страны бывшего Советского Союза, Узбекистан достиг всеобщего доступа к электроснабжению. Качество систем передачи и распределения электроэнергии Узбекистана является сравнительно хорошим. Потери электроэнергии составляют около 8,8 процента, что соответствует потерям или меньше потерь в некоторых государствах — членах ОЭСР (например, 8,7 процента в Канаде, 9,0 процента в Латвии, 9,6 процента в Испании, 8,4 процента в Великобритании) (World Bank, 2019[1]).

Рисунок 9.9. Проекты выработки электроэнергии в Узбекистане в разрезе видов топлива

Планируемые и строящиеся
В мегаваттах

Источник: исследование ОЭСР на основе баз данных по состоянию на апрель 2019 года.

Крупные проекты энергетической инфраструктуры Узбекистана (Таблица 9.3) не демонстрируют динамики изменений в направлении экологизации структуры энергетики в соответствии с заявленными правительством задачами относительно энергетики. Большинство проектов касаются разведки и добычи нефти и газа, нефте- и газопроводов, а в возобновляемые источники энергии осуществляются небольшие инвестиции. Узбекистан участвует в Центральноазиатском магистральном газопроводе, оцениваемая стоимость которого для Узбекистана составляет 3,5 млрд долл. США из совокупных 11 млрд долл. США. Этот проект позволил Узбекистану экспортировать природный газ в Китай и приносит Узбекистану доходы от транзита. Проект считается проектом инициативы «Один пояс, один путь» (ОПОП), хотя строительство его первых двух этапов завершилось еще до начала ОПОП. В рамках ОПОП также разрабатываются Китаем газовые месторождения Узбекистана по соглашениям о разделе продукции (Emerging Markets Forum, 2019[38]).

Крупным планируемым высокоэффективным энергетическим проектом является угольно-газовая электростанция мощностью 600 МВт, которую планируется построить в Ташкентской области. Иностранным кредитором проекта выступает турецкая компания Yildirim Group.

Таблица 9.3. Актуальные проекты в энергетике Узбекистана

(a) Строящиеся						
Название	Подсектор	Описание	Стоимость проекта (млн долл. США)	Мощ-ность, если приме-нимо (МВт)	Источник финансиро-вания	Тип инвестиций
Узбекистон Мустакиллиги	Разведка и добыча нефти и газа	Проектом предусматриваются дополнительные разведка и разработка месторождения Мустакилликнинг. На первом этапе им будет перерабатываться 5 млрд м^3 природного газа (2018-2022 годы); на втором этапе будет производиться 500 тысяч тонн полимерной продукции (2023-2025 годы).	5 800	н.д.	Россия	В новое предприятие
Проект увеличения добычи углеводородов на 2017-2021 годы	Разведка и добыча нефти и газа	Проектом предусматривается строительство и ремонт скважин, мощностей месторождений и т.д. на сумму 1 млрд долл. США.	3 908	н.д.	Россия	В новое предприятие
Центрально-азиатский магистральный газопровод (узбекистан-ский участок)	Нефте- и газопро-воды	Четвертая линия, D, как ожидается, будет завершена в 2020 году. Ее протяженность составит 1 000 км, она будет проходить из Туркменистана в Китай через Узбекистан, Таджикистан и Кыргызскую Республику.	3 500	н.д.	Проектное финанси-рование	В новое предприятие
I и II блоки Туракурганской ТЭС	Газовые электро-станции	Проект расположен в 280 км к востоку от Ташкента. Общая установленная мощность ТЭС составляет 900 МВт: два блока установленной мощности 450 МВт.	1 200	900	АМСЯ; ФРРУ; Узбэнерго	В новое предприятие
(b) Планируемые						
Название	Подсектор	Описание	Стоимость проекта (млн долл. США)	Мощ-ность, если приме-	Источник финансиро-вания	Тип инвестиций

				нимо (МВт)		
Строительство угольно-газовой электро-станции в Ташкентской области	Угольно-газовая электроста-нция	Проектом предусматривается строительство угольно-газовой электростанции в Ташкентской области с использованием государственно-частных партнерств.	1 200	600	Yildirim Group (Турция)	В новое предприятие
Пскемская гидроэлектро-станция	Гидроэлек-тростанция	Планируется, что электростанция будет производить 900 млн киловатт•часов электроэнергии в год, благодаря чему это будет вторая крупнейшая гидроэлектростанция в стране.	800	400	Экспортно-импортный банк Китая	В новое предприятие
Проект модернизации Навоийской теплоэлектро-станции	Газовые электро-станции	Целью проекта является увеличение снабжения электроэнергией и тепловой энергией	316	н.д.	Япония	В существу-ющее предприятие
Программа устойчивого обеспечения энергией – модернизации распредели-тельной сети	Передача и распреде-ление электро-энергии	Проект способствует устойчивому потреблению электроэнергии в отдаленных районах Узбекистана путем модернизации распределительных сетей и повышения надежности обеспечения электроэнергией.	300	н.д.	АБР	В существу-ющее предприятие

Примечание: См. в разделе 1.2 «Справку о методологии» в отношении определения понятия «актуальный» в данном отчете и прочих сведений о том, как отбирались вышеуказанные проекты и определялась их приоритетность. АБР = Азиатский банк развития; АМСЯ = Агентство по международному сотрудничеству Японии; ФРРУ = Фонд реконструкции и развития Республики Узбекистан.
Источник: исследование ОЭСР на основе данных IJGlobal (2019[41]), Government of Uzbekistan (2019[47]), Dealogic (2019[48]), HydroWorld (2019[49]), OECD (2019[50]) ADB (2019[39]), CSIS (2019[42])

Промышленный сектор и горнодобывающая промышленность

Экономика Узбекистана является одной из наиболее диверсифицированных в Центральной Азии. Ее промышленный сектор традиционно сосредоточен на энергии, металлах, продовольствии и строительстве. В последние годы промышленное производство Узбекистана неуклонно растет (см. Рисунок 9.10), особенно в легкой промышленности (текстиль, швейная продукция), пищевой промышленности и транспортном машиностроении. В 2015 году правительство объявило программу структурного реформирования, модернизации и диверсификации промышленности. Диверсификация экономики и переход к производству продукции высокотехнологичных отраслей с более высокой добавленной стоимостью также является одним из его основных приоритетов его *Стратегии действий по пяти приоритетным направлениям развития Республики Узбекистан в 2017–2021 годах*. Однако в действительности либерализация цен и валютного курса практически не проводится, приватизация и реструктуризация предприятий носят ограниченный характер, а банковская система является слабой.

Промышленный сектор также является одним из крупнейших источников энергетической неэффективности и сектором, потребляющим наибольший объем электроэнергии, отчасти из-за неосведомленности об энергоэффективных технологиях. Согласно данным Всемирного банка, энергопотребление Узбекистана на единицу ВВП весьма высоко: оно в 6 раз больше среднего в 27 государствах — членах ЕС (Kochnakyan et al., 2013[51]). Самыми энергоинтенсивными отраслями Узбекистана являются металлургия, промышленность строительных материалов, таких как цемент, химическая промышленность и горнодобывающая промышленность. В этих отраслях используются старые энергонеэффективные технологии, но они также не осведомлены об энергоэффективных технологиях и потенциальных выгодах инвестиций в эти технологии.

Рисунок 9.10. Промышленное производство в Узбекистане в 2012-2015 годы

В миллиардах узбекских сумов

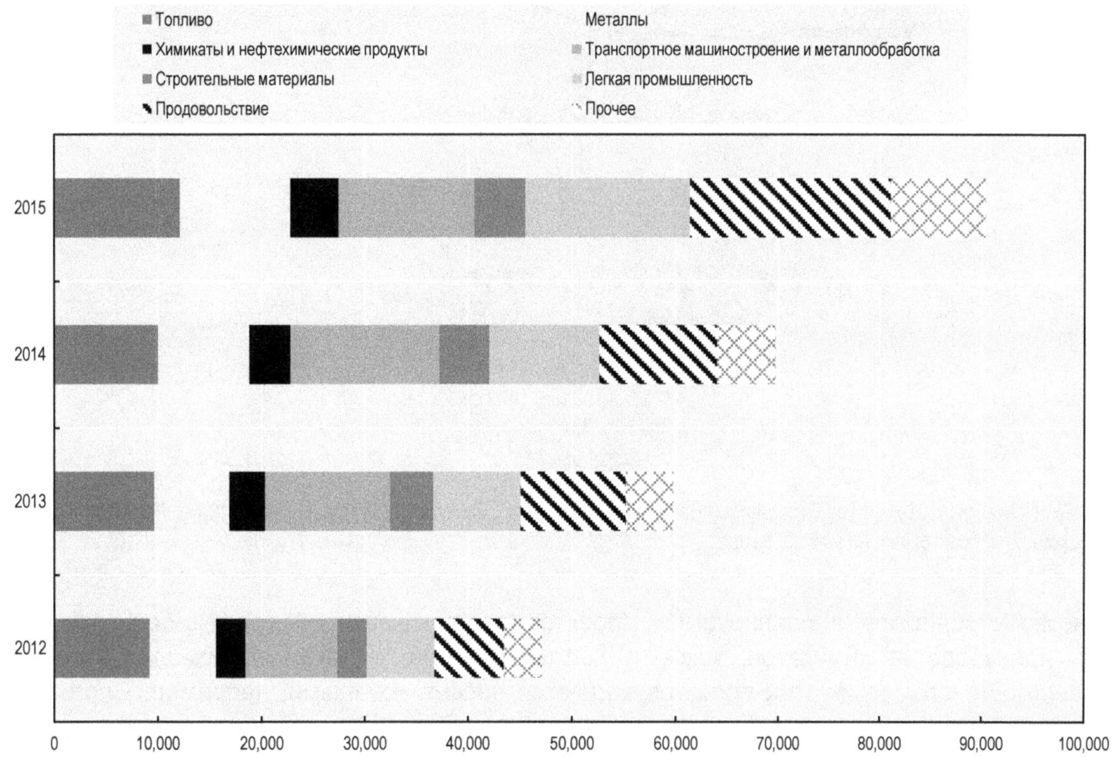

Примечание: узб. сум = узбекский сум. 1 миллион узбекских сумов равен приблизительно 118 долл. США
Источник: National Statistics Committee of the Republic of Uzbekistan (2017[52]), Промышленная продукция, National Statistics Committee of the Republic of Uzbekiştan, https://stat.uz/ru/otkrytye-dannye/ekonomika

Узбекистан является одним из крупнейших производителей цемента в Центральной Азии и имеет 9 крупных заводов, способных производить более 7,6 Мт цемента в год. Этой отрасли также помогает дробильная станция мощностью 1 Мт в год, расположенная в Ташкенте (Strommashina, n.d.[53]). Более половины (53 процента, или 7,6 млрд долл. США) строящихся и планируемых проектов обрабатывающей промышленности относятся к коксовой промышленности и нефтеперерабатывающей промышленности, за которыми следуют химикаты (36 процентов) и цемент (9 процентов) (Рисунок 9.11). Проекты химической промышленности включают крупный газохимический комплекс, крупный химический завод в Узбекистане и строительство металлургического завода. Узбекистан занимает 96ᵉ место из 125 в рейтингах сложности экономики, вследствие чего он в значительной мере подвержен внешним потрясениям из-за недостаточной диверсификации и сложности продукции (EBRD, 2018[11]).

Рисунок 9.11. Проекты промышленного сектора в Узбекистане в разрезе подсекторов

Планируемые и строящиеся
В миллионах долларов США

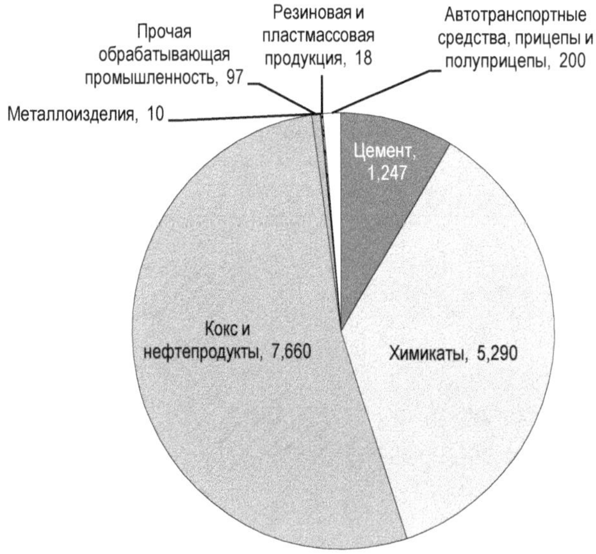

Source: (2019[41]); Dealogic (2019[48]); The Export-Import Bank of China (2019[54]), Government of Uzbekistan (2019[47]), AIDDATA (2019[40]) на основе информации по состоянию на май 2019 года.

Большинство строящихся и планируемых проектов обрабатывающей промышленности также касаются производства химикатов, кокса и нефтепродуктов, а также производства цемента (Таблица 9.4). Некоторые из этих проектов являются весьма крупными, например, Сургильский газохимический комплекс — проект стоимостью 4 млрд долл. США, совместно финансируемый компаниями «Узбекнефтегаз», Lotte Chemical Corporation, Korea Gas Corporation и STX, направленный на поставки 4,5 млрд $м^3$ газа с ожидаемым сроком эксплуатации 40 лет. Правительство также планирует удвоить объем производства цемента до 17 млн тонн в год для удовлетворения растущего внутреннего и регионального спроса (Strommashina, n.d.[53]). К крупным высокоэффективным проектам относится строительство цементного завода в Караузякском районе, а также цементных заводов в Сурхондарё и Ахангаране, которые будут производить всего 4 млн тонн цемента в год.

Таблица 9.4. Актуальные проекты промышленного сектора Узбекистана

Название	Подсекто р	Описание	Стоимость проекта (млн долл. США)	Источник финанси-рования	Тип инвести-ций
Сургильский газохимический комплекс	Химикаты	Проект расположен в Устюртском районе, его целью является поставка 4,5 млрд $м^3$ газа в год, а также строительство инфраструктуры для поставки сырья, газоразделительной установки и нефтехимического комплекса. Ожидаемый срок эксплуатации месторождения — приблизительно 40 лет.	4 000	Узбекнефтегаз (50 процентов), Lotte Chemical Corporation (22,5 процента), Korea Gas Corporation (22,5 процента), STX (5 процентов)	В новое предприятие

Проект производства жидкого топлива из газа Узбекистана	Кокс и нефте-продукты	Производственная мощность завода, расположенного на севере Узбекистана, составит 1,3 млн тонн нефтепродуктов (дизельного топлива, керосина, бензиновой фракции и сжиженного нефтяного газа).	3 600	ФРРУ, Китай, Республика Корея, Узбекнефтегаз	В новое предприятие
Строительство Ташкентского металлурги-ческого завода	Химикаты	Проект расположен в Ташкентской области, и, как ожидается, он будет производить 500 тыс. тонн продукции в год.	335	Metallurgical Technology and Engineering BV (Нидерланды)	В новое предприятие
Массовое производство автомобилей Hyundai компанией Evergreen Motors	Автотран-спортные средства, прицепы и полупри-цепы	Проект расположен в Наманганской области, его планируется завершить в 2021 году.	200	Korea Evergreen Motors	В новое предприятие
Строительство цементного завода в Кашкадарьин-ской области	Цемент	Проект осуществляется за счет прямых иностранных инвестиций и, как ожидается, достигнет объема производства 2 млн тонн.	200	Anhui Conch Cement (Китай)	В новое предприятие

(b) Планируемые

Название	Подсектор	Описание	Стоимость проекта (млн долл. США)	Источник финанси-рования	Тип инвести-ций
Завод по производству жидкого топлива из газа (*англ.* gas-to-liquid (GLT))	Кокс и нефте-продукты	Завод, как ожидается, будет введен в эксплуатацию в 2020 году и обеспечит годовое замещение импорта нефтепродуктов объемом до 1,5 млн тонн стоимостью более 1 млрд долл. США.	1 200	КБР	В новое предпри-ятие
Крупный химический завод в Узбекистане	Химикаты	Китайские компании построят крупный химический комплекс в Узбекистане	374	Экспорто-импортный банк Китая	В новое предпри-ятие
Строительство цементного завода в Караузякском районе	Цемент	Проектом предусматривается строительство нового цементного завода мощностью 1,5 млн тонн цемента в год в Караузякском районе.	213	Китай; Казахстан	В новое предпри-ятие
Цементный завод в Сурхондарё	Цемент	Как один из крупнейших заводов по производству портландцемента в Центральной Азии он будет производить 1,5 млн тонн цемента в год.	213	Китай; Казахстан	В новое предпри-ятие
Цементный завод в Ахангаране	Цемент	Завод будет построен в Ахангаранском районе, его годовой объем производства составит 1 млн тонн цемента.	108	Xin Lei Enterprise (Китай)	В новое предпри-ятие

См. в разделе 1.2 «Справку о методологии» в отношении определения понятия «актуальный» в данном отчете и прочих сведений о том, как отбирались вышеуказанные проекты и определялась их приоритетность. КБР = Китайский банк развития; ФРРУ = Фонд реконструкции и развития Республики Узбекистан.
Источник: исследование ОЭСР на основе данных Export-Import Bank of China (2019[54]), Trend News Agency (2019[55]), IJGlobal (2019[41]), Dealogic (2019[48]), Government of Uzbekistan (2019[47]), AIDDATA (2019[40]) по состоянию на май 2019 года.

Вода

Система водоснабжения и водоотведения Узбекистана унаследована от Советского Союза, срок ее эксплуатации истек, и она требует масштабной реконструкции. Этот сектор сталкивается с рядом проблем, в частности, такими, как изношенная инфраструктура, устаревшие стратегия и планирование сектора, нецелесообразные стандарты, ограниченные финансовые ресурсы и слабый институциональный потенциал. В настоящее время более 30 процентов домашних хозяйств не имеют качественной питьевой воды, а свыше 1 000 населенных пунктов вообще не обеспечены питьевым водоснабжением (WHO, 2019[56]). Таким образом, предоставление населению безопасных и финансово доступных услуг водоснабжения и водоотведения является одной из основных задач правительства. Правительство сделало обеспечение безопасным водоснабжением и водоотведением одним из приоритетов своей *Стратегии сокращения бедности и повышения благосостояния*. Целью этой стратегии является достижение в следующее десятилетие 100-процентного охвата услугами городов и 85-процентного охвата сельской местности. Для выполнения этих целевых показателей у правительства имеется план инвестиций в сектор объемом 2,9 млрд долл. США до 2020 года.

Проблема, связанная с водными ресурсами, также делает экономику уязвимой по отношению к воздействию изменения климата, особенно в сельском хозяйстве, в котором используется наибольший объем воды (EBRD, 2018[11]). Вода особенно важна для хлопководства, которое требует значительных объемов оросительной воды, пестицидов и удобрений. Узбекистан входит в последнюю пятерку стран в мире (2й процентиль) по продуктивности воды. Это отчасти объясняется старым законом «О воде и водопользовании» 1993 года, в который неоднократно вносились поправки и который включает положения о платежах за воду и бассейновом управлении, но нуждается в пересмотре.

Планируемые и в настоящее время строящиеся водные проекты составляют более 2,4 млрд долл. США, в том числе более 63 процентов в сфере водоснабжения и водоотведения и остальные 37 процентов — орошения и управления водными ресурсами (см. Рисунок 9.12). Все эти проекты финансируются при поддержке многосторонних банков развития, таких как АБР, ЕБРР, ЕИБ и Всемирный банк. Проекты в сфере орошения получают сравнительно большую долю финансирования, чем проекты водоснабжения и водоотведения. Например, проект управления водными ресурсами в Южном Каракалпакстане стоит более 522 млн долл. США, и планируется, что он улучшит оросительную сеть, с тем чтобы большое число фермеров в этом районе пользовалось повышенным производством орошаемого сельского хозяйства (World Bank, 2019[57]).

Рисунок 9.12. Водные проекты в Узбекистане

Планируемые и строящиеся
В миллионах долларов США

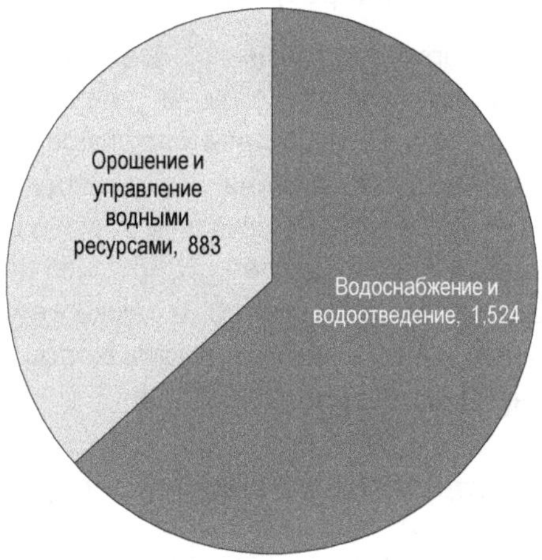

Примечание: Водные проекты включают проекты водоснабжения и водоотведения, а также проекты оросительных систем и их реконструкции
Источник: ADB (2019[39]), EIB (2019[58]), EBRD (n.d.[59]), World Bank (2019[43]), OFID (2019[60]), OECD (2019[50]).

9.3. Сильные и слабые стороны существующей институциональной структуры для планирования устойчивой инфраструктуры

Стратегическое планирование и взаимосвязи между долгосрочными задачами, планами в отношении инфраструктуры и экологическими соображениями

Узбекистан утвердил и осуществляет пятилетнюю стратегию развития, *Стратегию действий по пяти приоритетным направлениям развития Республики Узбекистан в 2017–2021 годах*, помимо которой правительство ежегодно публикует «программу правительства», которая служит вкладом в эти пять направлений политики (Таблица 9.5 и Таблица 9.6). В стратегии четко указано, какие государственные ведомства ответственны за какие задачи, но несколько задач в области политики ссылаются на индексы, которые не служат целесообразными контрольными показателями. Например, в индекс, выбранный в случае инфраструктуры (индекс глобальной конкурентоспособности), никогда не включаются данные об Узбекистане, и поэтому поставленная правительством задача повышения рейтинга Узбекистана не является практичной, поскольку отсутствует предыдущий рейтинг, с которыми можно проводить сопоставление.

При том что в Стратегии действий излагается четкое видение общего развития Узбекистана до 2021 года, Узбекистан пока не утвердил официально более долгосрочной стратегии развития экономики в целом, в которой сформулированы его планы относительно дальнейшего будущего. Узбекистан изложил свое видение развития по отраслям после 2021 года в отношении транспортной отрасли (*Стратегия развития транспортной системы до 2035 года*), энергетики (*Концепция развития гидроэнергетической отрасли на 2020-2024 годы*) и отдельных отраслей промышленности

(*Концепция развития текстильной и швейно-трикотажной промышленности на 2020-2024 годы*), но последовательный план развития после 2021 года еще не утвержден.

В 2018 году неправительственная организация «Буюк Келажак», в которую входит Экспертный совет в составе 240 экспертов с опытом работы за рубежом в более чем 30 странах, разработала долгосрочную стратегию *«Узбекистан 2035»*, но правительство не признает официально какие-либо из ее целей или основных показателей результативности.

В стратегии *«Узбекистан 2035»* содержатся амбициозные целевые показатели энергоснабжения (в частности, возобновляемые источники энергии и связность), транспорта (в том числе электромобили и региональная связность) и охраны окружающей среды (в частности, создание комитета по проведению анализа воздействия на окружающую среду и рисков, связанных с инфраструктурными проектами) и определены бюджеты и сроки в случае каждого этапа «дорожных карт» по секторам. Хотя стратегия *«Узбекистан 2035»* не поддерживается и не одобрена правительством, совместный подход к ее разработке, а также ее четкие количественные целевые показатели и поэтапные «дорожные карты» могут служить хорошим примером для официальных стратегий, которые будут в дальнейшем разрабатываться.

Институциональная структура и процессы принятия решений

Узбекистан разработал продуманную систему координации осуществления своей *Стратегии действий на 2017-2021 годы*. Им созданы специализированные координационные комиссии для осуществления стратегии в целом (в состав которых входят президент, его советники и премьер-министр) и по одной комиссии по каждому из пяти приоритетных направлений Стратегии: управление, верховенство закона, либерализация и развитие экономики, «социальные реформы» (включающие задачи развития инфраструктуры) и безопасность. Пять комиссий низшего уровня работают под председательством советников президента, которые подотчетны в отношении осуществления своего приоритетного направления комитету полного состава.

Комиссии по пяти приоритетным направлениям являются различными по размеру: от 21 члена (по вопросам внешней политики и безопасности) до значительно более громоздкого числа 51 члена (по развитию и либерализации экономики). В их состав входят представители соответствующих профильных министерств (Министерства транспорта, Министерства энергетики и Министерства экономики и промышленности — представители всех этих министерств входят в комитет по вопросам инфраструктуры), а также представители частного сектора, государственных предприятий, академий правительства и организаций гражданского общества.

Представители Государственного комитета по экологии и охране окружающей среды входят в две координационные комиссии (по безопасности, а также развитию и либерализации экономики). Однако он не представлен в комиссии по «социальным реформам», несмотря на свою крупную инфраструктурную составляющую. Без представителя по вопросам охраны окружающей среды эта координационная комиссия не может эффективно интегрировать экологические и климатические вопросы в общее планирование для решения задач развития инфраструктуры, поставленных стратегией.

Правительством Узбекистана также созданы специализированные министерства транспорта и энергетики. Министерство транспорта сформировано на базе Агентства автомобильного транспорта Узбекистана и прочих органов по вопросам транспорта (News of Uzbekistan, 2019[61]), а Министерство энергетики возникло в результате слияния Узбекэнерго, Узбекнефтегаз (в ведении которых находились нефть и газ) и Узбекгидроэнерго (которая ведает гидроэлектроэнергией) (The Tashkent Times, 2019[62]).

Перечень значимых стратегических документов

Таблица 9.5. Основные действующие стратегические документы

	Статус	Временной горизонт	Охватываемые секторы	Основные цели
Первый определяемый на национальном уровне вклад (ОНВ)	Представлен в 2018 году	2018-2030 годы	Экономика в целом	• Необусловленный/обусловленный целевой показатель: сокращение выбросов парниковых газов (в частности, CO_2, CH_4, N_2O) на единицу ВВП на 10 процентов по сравнению с уровнями 2010 года к 2030 году • Основные отрасли, в которых будут сокращены выбросы: энергетика (развитие возобновляемых источников энергии, сокращение потерь в результате утечек природного газа), промышленный сектор (модернизация и техническое обновление промышленных мощностей), транспорт (обеспечение расширения транспортных и логистических систем связи) • Приоритеты в области адаптации: смягчение катастрофы Аральского моря, адаптация сельского хозяйства и водного хозяйства, адаптация социальной сферы к изменению климата, адаптация стратегической инфраструктуры и производственных мощностей (стратегические документы, перечисленные ниже, помогают достигнуть этих приоритетов)
Стратегия действий по пяти приоритетным направлениям развития Республики Узбекистан в 2017-2021 годах	Утвержден в 2017 году	2017-2021 годы	Управление, транспорт, энергетика, промышленность, водное хозяйство	• Повышение результативности и прозрачности государственных органов (например, внедрение новой системы «электронного правительства») • Обеспечение высоких темпов прироста ВВП путем поддержания макроэкономической сбалансированности • Разработка мер политики по поощрению отечественного производства и увеличению межсекторального промышленного производства • Диверсификация структуры и географии экспорта • Поощрение роста частного сектора благодаря созданию благоприятной деловой среды • Обеспечение эффективного использования природных, минеральных и промышленных ресурсов • Строительство и развитие новых современных генерирующих мощностей электроэнергии • Дальнейшее развитие инфраструктуры автодорожного транспорта • Улучшение обеспечения водоснабжением, особенно в сельских районах, благодаря использованию современных эффективных технологий

Стратегия инвестиционной политики Республики Узбекистан до 2025 года	Утвержден в 2019 году	2019-2025 годы	Управление	• Улучшение инвестиционного климата • Расширение отечественных источников инвестиций и обеспечение эффективного использования инвестиционных ресурсов • Выработка новых подходов к привлечению иностранных инвестиций
Стратегия развития транспортной системы Республики Узбекистан до 2035 года	Утвержден в 2019 году	2019-2035 годы	Транспорт	• Удовлетворение спроса населения на высококачественные транспортные услуги • Развитие транспортных коридоров в общенациональных масштабах, что, в свою очередь, позволит повысить взаимосвязанность региона • Активное внедрение новых технологий и содействие инновациям в транспортной отрасли • Обеспечение равного доступа населения и бизнеса к транспортным инфраструктуре и услугам независимо от географического положения
Стратегия Республики Узбекистан по переходу к «зеленой» экономике	Утвержден в 2019 году	Сроки не определены	Управление, энергетика	• Обеспечение стабильного экономического прогресса с минимальными выбросами парниковых газов • Повышение эффективности производства и использования энергии благодаря применению современных технологий • Обеспечение рационального природопользования • Внедрение экологичных критериев принятия инвестиций
Концепция развития гидроэнергетической отрасли Республики Узбекистан на 2020-2024 годы	Утвержден в 2019 году	2020-2024 годы	Энергетика, водное хозяйство	• Реконструкция существующих гидроэлектростанций и строительство новых станций на основе современных технологий • Сохранение флоры и фауны в ходе строительства • Обеспечение эффективного использования водных ресурсов и управления ими
Концепция развития текстильной и швейно-трикотажной промышленности на 2020-2024 годы	Утвержден в 2019 году	2020-2024 годы	Промышлен-ность	• Увеличение производственного потенциала текстильной промышленности • Увеличение промышленного производства в 4,6 раза • Увеличение производства отделанных тканей в 3,1 раза, трикотажных тканей — в 4,3 раза, одежды и трикотажных изделий — в 3,7 раза и чулочно-носочных изделий — в 2,6 раза.

Таблица 9.6. Прочие значимые документы

	Статус	Временной горизонт	Охватываемые секторы
Стратегия сокращения бедности и повышения благосостояния на 2008-2010 годы	Утвержден в 2007 году	2008-2010 годы	Многосекторный
Программа охраны окружающей среды и рационального природопользования на 1999-2005 годы	Утвержден в 1999 году	1999-2005 годы	Многосекторный
Программа действий по охране окружающей среды на 2008-2012 годы	Утвержден в 2008 году	2008-2012 годы	Многосекторный
Программа приватизации на 2007-2010 годы	Утвержден в 2007 году	2007-2010 годы	Промышленность

Национальная программа развития ирригации на 2000-2005 годы	Утвержден в 2000 году	2000-2005 годы	Водное хозяйство
Государственная программа обеспечения сельского населения питьевой водой и природным газом	Утвержден в 2000 году	2000-2010 годы	Водное хозяйство, энергетика
Концепция развития атомной энергетики в Республике Узбекистан на период 2019-2029 годов	Предложен, не утвержден	2019-2029 годы	Энергетика

Примечания

[1] Узбекистан является вторым крупнейшим производителем хлопка в мире после США.

Литература

ADB (2019), *Projects and Tenders (database)*, https://www.adb.org/projects?terms=. [39]

ADB (2019), *Uzbekistan: Preparation of Central Asia Regional Economic Cooperation Corridor 2 (Pap-Namangan-Andijan) Railway Electrification Project*, https://www.adb.org/projects/48025-001/main#project-pds. [31]

ADB (2015), *Free Trade Agreements by country*, https://aric.adb.org/fta-country. [10]

ADB (2010), *Proposed Loans and Administration of Loan Republic of Uzbekistan: Talimarjan Power Project*, ADB, Manila, https://www.adb.org/sites/default/files/project-document/64346/43151-02-uzb-rrp.pdf. [44]

ADB (n.d.), *Kashkadarya Regional Road Project*, ADB, Manila, https://www.adb.org/sites/default/files/linked-documents/50063-001-ssa.pdf. [30]

AIDDATA (2019), *Data and Tools (database)*, https://www.aiddata.org/datasets. [40]

BCG (2018), *Investing in Central Asia: One Region, Many Opportunities*, BCG, Boston, https://www.bcg.com/Images/BCG-Investing-In-Central-Asia-report-ENG_tcm26-212857.pdf. [23]

Bertelsmann Stiftung (2018), *BTI 2018 Country Report: Uzbekistan*, http://www.bti-project.org. [20]

Brookings (2019), *Uzbekistan's star appears in the credit rating universe*, https://www.brookings.edu/blog/future-development/2019/01/23/uzbekistans-star-appears-in-the-credit-rating-universe/. [21]

CSIS (2019), *Reconnecting Asia (database)*, https://reconnectingasia.csis.org/database/#. [42]

Dealogic (2019), *Multiple Markets: One Platform (database)*, https://www.dealogic.com/. [48]

Dennis, A. and B. Shepherd (2011), *Trade Facilitation and Export Diversification*, http://econ.worldbank.org/projects/trade_costs. [13]

EBRD (2018), *Transition Report 2018-19*, https://www.ebrd.com/transition-report. [33]

EBRD (2018), *Uzbekistan Diagnostic: Assessing Progress and Challenges in Unlocking the Private Sector's Potential and Developing a Sustainable Market Economy*, EBRD, London, https://www.ebrd.com/publications/country-diagnostics. [11]

EBRD (n.d.), *Project Summary Documents*, https://www.ebrd.com/work-with-us/project-finance/project-summary-documents.html. [59]

EIB (2019), *Projects (database)*, https://www.eib.org/en/projects/index.htm. [58]

Emerging Markets Forum (2019), *The Impact of the Belt and Road Initiative in Central Asia and the South Caucasus: "'Inside-out" Perspectives of Experts from the Region*, Emerging Markets Forum, Gerzensee, http://www.research.pmcg-i.com/images/banners/The%20Belt%20and%20Road%20Initiative%20in%20the%20South%20Caucasus%20Region.pdf. [38]

fDi Markets (2019), *fDi Markets: the in-depth crossborder investment monitor (database)*, https://www.fdimarkets.com/. [25]

Ganiev, B. and Y. Yusupov (2012), *Uzbekistan: Trade Regime and Recent Trade Developments*, University of Central Asia, https://www.ucentralasia.org/Content/Downloads/UCA-IPPA-WP4-Uzbekistan%20and%20Regional%20Trade.pdf. [3]

Government of Uzbekistan (2019), *Инвестиционный портал Узбекистана [Investment portal of Uzbekistan]*, http://invest.gov.uz/. [47]

Hashimova, U. (2019), *Uzbekistan's 2019 Strategy: Foreign Investments a Key Focus*, The Diplomat, https://thediplomat.com/2019/02/uzbekistans-2019-strategy-foreign-investments-a-key-focus/. [15]

Hurley, J., S. Morris and G. Portelance (2018), *Examining the Debt Implications of the Belt and Road Initiative from a Policy Perspective*, Center for Global Development, Washington DC, https://www.cgdev.org/sites/default/files/examining-debt-implications-belt-and-road-initiative-policy-perspective.pdf. [22]

HydroWorld (2019), *Hydro Project Activity*, https://www.hydroworld.com/index.html. [49]

IEA (2018), *IEA World Energy Balances 2018*, https://webstore.iea.org/world-energy-balances-2018. [45]

IJGlobal (2019), *Project Finance (database)*, https://ijglobal.com/data/index. [41]

IMF (2018), *Republic of Uzbekistan : 2018 Article IV Consultation-Press Release; Staff Report; and Statement by the Executive Director for the Republic of Uzbekistan*, IMF, Washington DC, https://www.imf.org/en/Publications/CR/Issues/2018/05/11/Republic-of-Uzbekistan-2018-Article-IV-Consultation-Press-Release-Staff-Report-and-Statement-45873. [6]

IMF (2018), *World Economic Outlook: October 2018*, https://www.imf.org/external/datamapper/GGXCNL_NGDP@WEO/OEMDC/ADVEC/WEOWORLD. [2]

International Labour Organisation (2019), *Third party monitoring of child labour and forced labour during the 2018 cotton harvest in Uzbekistan*, ILO, Geneva, https://www.ilo.org/wcmsp5/groups/public/---ed_norm/---ipec/documents/publication/wcms_681372.pdf. [19]

International Trade Administration (2019), *Uzbekistan: Market Overview*, https://www.export.gov/article?series=a0pt0000000PAv7AAG&type=Country_Commercial__kav. [4]

ITF (2019), *Enhancing Connectivity and Freight in Central Asia*, International Transport Forum, Paris, http://www.itf-oecd.org. [28]

Kochnakyan, A. et al. (2013), *Uzbekistan Energy/Power Sector Issues Note*, World Bank, Washington DC, http://www.copyright.com/. [51]

Mariani, D. (2012), *Switzerland: the world's gold hub*, https://www.swissinfo.ch/eng/precious-goods_switzerland--the-world-s-gold-hub/33706126. [7]

National Statistics Committee of the Republic Of Uzbekistan (2017), *Промышленная продукция [Industrial Production]*, https://stat.uz/ru/otkrytye-dannye/ekonomika/158-otkrytye-dannye/2235-promyshlennaya-produktsiya. [52]

National Statistics Committee of the Republic of Uzbekistan (2017), *Развитие промышленного производства в Республике Узбекистан за январь-декабрь 2017 года [Industrial development production in the Republic of Uzbekistan for the years January-December 2017]*, https://stat.uz/uploads/docs/prom-yan-dek-2017-ru-.pdf. [46]

News of Uzbekistan (2019), *В Узбекистане создается Министерство транспорта [In Uzbekistan the Ministry of Transport is being created]*, https://nuz.uz/politika/38538-v-uzbekistane-sozdaetsya-ministerstvo-transporta.html. [61]

NewsCentralAsia (2019), *Uzbekistan Takes Steps to Encourage FDI Inflow and Foreign Trade*, http://www.newscentralasia.net/2019/02/04/uzbekistan-takes-steps-to-encourage-fdi-inflow-and-foreign-trade/. [14]

Observatory of Economic Complexity (2017), *Uzbekistan: Exports, Imports, and Trade Partners*, https://atlas.media.mit.edu/en/profile/country/uzb/. [8]

OECD (2019), *Creditor Reporting System (CRS)*, https://stats.oecd.org/index.aspx?DataSetCode=CRS1. [50]

OECD (2019), *Trade Facilitation Indicators (database)*, http://www.oecd.org/trade/topics/trade-facilitation/. [12]

OFID (2019), *Projects and Operations (database)*, http://www.ofid.org/PROJECTS-OPERATIONS. [60]

Strommashina (n.d.), *The Cement Industry of Uzbekistan*, http://strommashina.com/articles/central-asia-the-cement-industry-of-uzbekistan. [53]

The Economist (2019), *Uzbekistan Economy, Politics and GDP Growth Summary*, The Economist, https://country.eiu.com/uzbekistan. [17]

The Economist (2019), *Uzbekistan embarks on unexpected economic reforms*, The Economist, https://www.economist.com/asia/2019/03/07/uzbekistan-embarks-on-unexpected-economic-reforms. [16]

The Export-Import Bank of China (2019), *Major Projects (database)*, http://english.eximbank.gov.cn/. [54]

The State Committee of the Republic of Uzbekistan on Statistics (n.d.), *Показатели Валового Внутреннего Продукта [Gross Domestic Product Indicators]*, https://stat.uz/uploads/docs/Sns-1991-2017-ru.pdf. [36]

The Tashkent Times (2019), *Uzbekneftegaz, Uzbekenergo and Uzbekgidroenergo merged into Ministry of Energy*, http://tashkenttimes.uz/economy/3479-uzbekneftegaz-uzbekenergo-and-uzbekgidroenergo-merged-into-ministry-of-energy. [62]

Trend News Agency (2019), *News from Azerbaijan, Georgia, Kazakhstan, Turkmenistan, Uzbekistan, Iran and Turkey.*, https://en.trend.az/. [55]

UNEP (2016), *Third National Communication of the Republic of Uzbekistan Under the UN Framework Convention On Climate Change*, UNEP, Tashkent, https://unfccc.int/sites/default/files/resource/TNC%20of%20Uzbekistan%20under%20UNFCCC_english_n.pdf. [27]

UNESCAP (2015), *Asia-Pacific Trade Briefs: Uzbekistan*, UNESCAP, Bangkok, http://unnext.unescap.org/UNTFSurvey2015.asp. [9]

UNFCCC (n.d.), *Intended Nationally Determined Contributions of the Republic Of Uzbekistan*, UNFCCC, Bonn, http://cdm.unfccc.int/Issuance/cers_iss.html. [26]

United States Department of State (2019), *Uzbekistan*, https://www.state.gov/state-gov-website-modernization/. [18]

Uzbekistan, N. (2017), *Инвестиции в основной капитал [Investments in fixed capital]*, https://stat.uz/uploads/docs/investitsiya-yan-dek-2017ru1.pdf. [24]

WHO (2019), *Climate change adaptation to protect human health: Uzbekistan project profile*, https://www.who.int/globalchange/projects/adaptation/en/index7.html. [56]

World Bank (2019), *Pap-Angren Railway (P146328)*, World Bank, Washington DC, http://documents.worldbank.org/curated/en/843161559031552022/pdf/Disclosable-Version-of-the-ISR-Pap-Angren-Railway-P146328-Sequence-No-09.pdf. [35]

World Bank (2019), *Project: Pap-Angren Railway*, http://projects.worldbank.org/P146328?lang=en. [37]

World Bank (2019), *Project: South Karakalpakstan Water Resources MGMT Improvement*, http://projects.worldbank.org/P127764/south-karakalpakstan-water-resources-improvement-project?lang=en&tab=overview. [57]

World Bank (2019), *Projects and Operations (database)*, http://projects.worldbank.org/?lang=en. [43]

World Bank (2019), *World Development Indicators (database)*, https://datacatalog.worldbank.org/dataset/world-development-indicators. [1]

World Bank (2016), *Systematic Country Diagnostic for Uzbekistan*, World Bank, Washington DC, https://openknowledge.worldbank.org/bitstream/handle/10986/24588/Uzbekistan000S0c0country0diagnostic.pdf?sequence=1&isAllowed=y. [29]

World Bank (2014), *Project Information Document (PID) Concept Stage*, World Bank, Washington DC, http://documents.worldbank.org/curated/en/652671468337890644/pdf/PID-Print-P146328-02-05-2014-1391603275021.pdf. [34]

World Bank (n.d.), *First Phase of the Central Asia Road Links Program*, World Bank, http://documents.worldbank.org/curated/en/376021551878604407/pdf/Disclosable-Restructuring-Paper-First-Phase-of-the-Central-Asia-Road-Links-Program-P132270.pdf. [32]

World Trade Organisation (2019), *Accession status: Uzbekistan*, https://www.wto.org/english/thewto_e/acc_e/a1_ouzbekistan_e.htm. [5]

Annex A. Приложение А: Обзор отдельных стандартов и норм устойчивой инфраструктуры

В данном приложении представлен первоначальный обзор инициатив в отношении устойчивой инфраструктуры для повышения уровня информированности директивных органов, органов по планированию инфраструктуры и лиц, принимающих решения, о различных доступных инструментах, документах и методах, которые помогут им полнее интегрировать Повестку дня в области устойчивого развития до 2030 года, а также задачи в области климата и развития в свое стратегическое планирование инфраструктуры и процесс принятия решений. Данное приложение ни коим образом не является исчерпывающим, но призвано продемонстрировать различные инструменты и документы, которыми правительства могут воспользоваться для интеграции устойчивости в принятие решений относительно инфраструктуры. Оно также показывает, что универсального решения не существует и что важно адаптировать документы к специфике каждой страны, в частности, институциональному потенциалу. Для того, чтобы ориентироваться во множестве международных стандартов и норм, требуются программы технической помощи и укрепления потенциала, соответствующие конкретным потребностям и потенциалу страны-получателя.

1. Необходимость определений, стандартов и инструментов в отношении устойчивой инфраструктуры

Устойчивая инфраструктура имеет важнейшее значение для достижения Целей в области устойчивого развития (ЦУР) и целей в области климата Парижского соглашения, поскольку на существующие инфраструктурные системы приходится более 60 процентов глобальных выбросов ПГ. Хотя инфраструктура в прямой форме упоминается только в ЦУР 9, она лежит в основе всех других социально-экономических ЦУР (Thacker et al., 2018[1]). Оказание помощи странам в интеграции положительного социального и экологического эффекта в планирование инфраструктуры принесет сопутствующую пользу здоровью населения и качеству атмосферного воздуха благодаря экологически чистым транспортным системам (ЦУР 3), доступу к энергии (ЦУР 7), устойчивой индустриализации (ЦУР 9) и рациональным моделям потребления и производства (ЦУР 12). Устойчивая инфраструктура также может способствовать защите и поддержке рационального использования экосистем суши (ЦУР 15), а повышение эффективности планирования транспортной инфраструктуры и связности сократит неравенство внутри стран (ЦУР 10).

Выбор типа инфраструктуры, которая будет строиться, оказывает прямое и косвенное воздействие на окружающую среду и благосостояние населения. Поскольку инфраструктурные активы обычно планируются на десятилетия, воздействие, оказываемое инфраструктурой, является долговременным и может привести к замыканию стран на неустойчивых траекториях развития, например, вследствие повышенных уровней выбросов парниковых газов и недостаточной стойкости к климатическим и прочим катастрофическим явлениям. Страны должны избегать инвестиций, которые ведут к замыканию на углеродоемких и неэффективных с точки зрения ресурсов инфраструктуре и технологиях, и сосредоточить внимание вместо этого на инвестициях в «зеленую» инфраструктуру, экологически чистую энергию, экологически чистые технологии, человеческий и природный капитал. Они также должны обеспечить, чтобы инвестиции в инфраструктуру давали положительные результаты в социальной сфере, приносили пользу малоимущим, никого не оставляли позади и осуществлялись с соблюдением прав человека (UN Environment, 2019[2]). Риски для экологической, социальной, экономической, финансовой, а также институциональной устойчивости инфраструктуры необходимо учитывать во всех фазах планирования инфраструктуры и особенно в ходе начального стратегического планирования инфраструктуры на макроуровне.

В связи с Повесткой дня в области устойчивого развития до 2030 года существует множество оценок ожидаемых потребностей в инвестициях в инфраструктуру. По оценкам ОЭСР, для содействия глобальному развитию требуются инвестиции в инфраструктуру в среднем размере 6,9 трлн долл. США ежегодно до 2030 года (OECD, 2018[3]). Основная часть этих инвестиций необходима в развивающихся странах, в которых имеют место высокий прирост численности населения, повышение уровней доходов, быстрая урбанизация и такие глобальные тенденции, как рост неравенства и изменение климата. До настоящего времени внимание стран было сосредоточено в основном на устранении дефицита финансирования инфраструктуры и инфраструктурных инвестиций, при этом в ходе планирования и строительства таких проектов мало внимания уделялось экологическим и социальным проблемам, вследствие чего был принят подход выборочного решения вопросов климата, инфраструктуры и финансирования (OECD/World Bank/UN Environment, 2018[4]). Однако осуществление в настоящее время инвестиций в решительный переходный процесс, в частности, в устойчивую инфраструктуру, может увеличить ВВП на 2,8 процента в долгосрочной перспективе и принести пользу экономическому росту в краткосрочной перспективе. Поэтому крайне важно, чтобы решения относительно инфраструктурных инвестиций, которые будут приниматься в следующие пять лет, переориентировали потоки инвестиций на низкоуглеродную, стойкую к изменению климата инфраструктуру, с тем чтобы был достигнут масштаб инвестиций, необходимый для удовлетворения потребностей устойчивости и роста.

Соблюдение баланса социально-экономических и экологических аспектов инфраструктуры оказалось непростой задачей для стран. На уровне проектов внедрены и применяются, хотя не систематически, аналитические инструменты, такие как анализ затрат и выгод (АЗВ) и оценка воздействия на окружающую среду и социального воздействия (ОВОССВ). Кроме того, инвестициям в устойчивую инфраструктуру по-прежнему препятствуют различные барьеры, в частности, отсутствие четко сформулированных концепций, стратегий долгосрочного развития с низкими уровнями выбросов и дорожных карт инвестиций, отсутствие прозрачных процедур подготовки приемлемых для финансирования проектов устойчивой инфраструктуры, отсутствие единых определений (см. вставку А.1) и стандартов устойчивости. Необходимо интегрировать соображения в области климата и развития в решения и стратегии относительно инвестиций, что требует принятия мер по многим направлениям: от начального планирования устойчивой инфраструктуры до определения приоритетности проектов, их финансирования и осуществления (IDB, 2018[5]).

Вставка А .1. Определение устойчивой инфраструктуры

Инфраструктура является устойчивой, если на всем протяжении ее жизненного цикла (то есть от этапов планирования до ее эксплуатации и вывода из эксплуатации) она приносит социальные, экономические и экологические выгоды, но единого гармонизированного определения устойчивой инфраструктуры не существует (IDB, 2018[5]). Гармонизированное определение устойчивой инфраструктуры обеспечит последовательный сбор данных, поможет в подготовке проектов и указании целевых ориентиров и параметров успеха для привлечения дополнительных инвестиций частного сектора в устойчивую инфраструктуру. Межамериканский банк развития разработал основу устойчивой инфраструктуры, в которой делается попытка гармонизировать существующие определения устойчивой инфраструктуры исходя из Исешимских принципов содействия инвестициям в качественную инфраструктуру, утвержденных Группой семи. Такое модульное определение устойчивости необходимо корректировать с учетом специфики страны.

IDB (2018[5]), *What is Sustainable Infrastructure? A Framework to Guide Sustainability Across the Project Cycle*, Inter-American Development Bank, https://publications.iadb.org/en/what-sustainable-infrastructure-framework-guide-sustainability-across-project-cycle

2. Ориентация в многообразии принципов, стандартов и норм

В настоящее время проблема для директивных органов заключается не столько в отсутствии инструментов и документов для оценки устойчивости и ее интеграции в процесс принятия решений относительно инфраструктуры, сколько в многообразии стандартов устойчивой инфраструктуры и инструментов. Существует множество определений, подходов, стандартов, принципов, правил и основ устойчивого инфраструктурного развития, одобренных на международном, национальном и местном уровнях. Это множество инструментов и методов может привести к путанице и непреднамеренно препятствовать устойчивой практике, на внедрение которой направлены такие стандарты (IDB, 2018[5]). Наряду с этим, созданные инструменты, рейтинговые системы и правила могут быть чрезмерно сосредоточены на конкретных аспектах развития инфраструктуры, что, в свою очередь, еще более затрудняет определение того, какие стандарты применять в первую очередь для достижения устойчивости. Помимо этого, стремление к достижению полной устойчивости зачастую ведет к противоречиям между различными дисциплинами, связанными с планированием, строительством и эксплуатацией инфраструктурного проекта, и влечет за собой компромиссы между различными ЦУР.

Поэтому крайне важно разбираться в разнообразии действующих стандартов устойчивой инфраструктуры и задействованных заинтересованных сторон. В нескольких инициативах и документах делается попытка заполнить этот пробел в знаниях. Например, в «Навигаторе инструментов устойчивой инфраструктуры» [«*Sustainable Infrastructure Tool Navigator*»] (n.d.[6]) перечисляется более 50 рейтинговых систем (Таблица A.1), общих принципов и правил для оказания содействия в том числе таким заинтересованными сторонам, как сотрудники проектов, государственные должностные лица и финансирующие субъекты, в интеграции устойчивости в весь жизненный цикл инфраструктурных проектов. Для упрощения ориентации этот инструмент организован в разрезе фаз проекта (Таблица A.2), заинтересованных сторон, типов инструментов и секторов.

Таблица A.1. Организационная структура навигатора инструментов устойчивой инфраструктуры

<table>
<tr><th>I. Фаза инфраструктурного проекта</th><th>II. Основная аудитория и основные пользователи</th></tr>
<tr><td>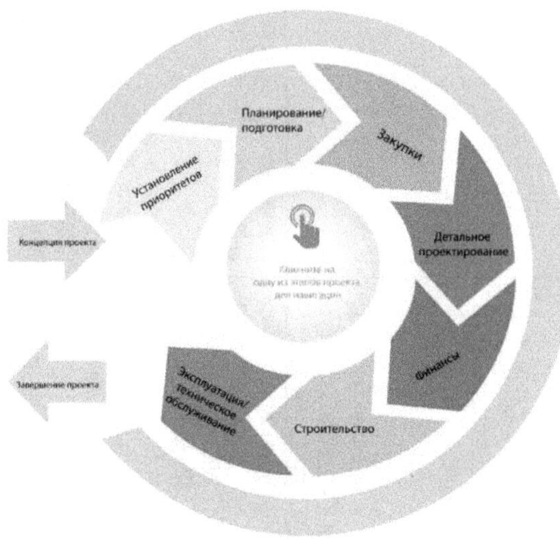
</td><td>• Сотрудники проекта
• Застройщики
• Государственные органы
• Общая аудитория
• Операторы
• Инвесторы
• Агентства кредитного рейтинга
• Финансовые организации
• Страховые организации</td></tr>
<tr><th>III. Типы инструментов</th><th>IV. Секторы</th></tr>
<tr><td>• Рейтинговые системы
• Правила
• Принципы
• Финансовые инструменты
• Глобальный целевой ориентир устойчивости
• Программное обеспечение для подготовки проектов</td><td>• Автомагистрали
• Городские районы, ландшафт
• Все производственные секторы
• Энергетика
• Транспорт
• Гидроэнергетика
• Стоянка автотранспорта
• Отходы</td></tr>
</table>

Источник*:* Sustainable Infrastructure Tool Navigator (n.d.[6]), https://sustainable-infrastructure-tools.org/

Таблица A.2. Стандарты, перечисленные в Навигаторе инструментов устойчивой инфраструктуры

Этапы жизненного цикла инфраструктурного проекта	Сектор инфраструктуры		
	Общий	Транспортный	Энергетика
1. Определение приоритетности	SOURCE [https://public.sif-source.org/] Инструмент Smart Scan [http://www.gib-foundation.org/smartscan/] Инструмент экономических процессов Zofnass [http://economictool.zofnass.org/] Стандарты экологических и социальных показателей МФК [https://www.ifc.org/wps/wcm/connect/Topics_Ext_Content/IFC_External_Corporate_Site/Sustainability-At-IFC/Policies-Standards/Performance-Standards] GRESB [https://gresb.com/about/] Инструмент финансовой оценки [https://www.fvtool.com/] Экологическая и социальная основа [https://www.worldbank.org/en/projects-operations/environmental-and-social-framework]	TREDIS [https://tredis.com/]	
2. Планирование / подготовка	Руководящие принципы в отношении устойчивой инфраструктуры китайских предприятий за рубежом [http://csr2.mofcom.gov.cn/article/policies/ind/201707/20170702608844.shtml] Метод оценки устойчивости инженерных сооружений [https://www.fccco.com/en/sustainability/responsible_construction/sustainability-system-assessment] Стандарт SURE [http://www.gib-foundation.org/sure-standard/]	Рейтинговая система Greenroads [https://www.greenroads.org/publications] Система анализа и рейтинга устойчивого транспорта [https://www.sccrtc.org/wp-content/uploads/2014/02/STARS-Pilot-Project-Application-Manual.pdf] TREDIS [https://tredis.com/] BE2ST-in-Highways [http://rmrc.wisc.edu/be2st-in-highways/]	Передовой опыт в области показателей возобновления энергии (англ. Performance Excellence in Energy Renewal-PEER) [http://peer.gbci.org/] Стандарт ответственной энергетики E0100 [https://www.equitableorigin.org/eo100-for-responsible-energy/overview/]
3. Закупки	GRESB [https://gresb.com/about/]	TREDIS [https://tredis.com/]	

	Инструмент экономических процессов Zofnass [http://economictool.zofnass.org/]		Передовой опыт в области показателей возобновления энергии (англ. Performance Excellence in Energy Renewal-PEER) [http://peer.gbci.org/]
4. Техническое проектирование	Руководящие принципы в отношении устойчивой инфраструктуры китайских предприятий за рубежом [http://csr2.mofcom.gov.cn/article/policies/ind/201707/20170702608844.shtml] Метод оценки устойчивости инженерных сооружений [https://www.fccco.com/en/sustainability/responsible_construction/sustainability-system-assessment] Стоимостная оценка устойчивых активов (англ. Sustainable Asset Valuation (SAVi)) [https://www.iisd.org/project/SAVi-sustainable-asset-valuation] Рейтинговая система IS [https://isca.org.au/component/content/article?id=867]	Рейтинговая система Greenroads [https://www.greenroads.org/publications] Система анализа и рейтинга устойчивого транспорта [https://www.sccrtc.org/wp-content/uploads/2014/02/STARS-Pilot-Project-Application-Manual.pdf] TREDIS [https://tredis.com/] BE2ST-in-Highways [http://rmrc.wisc.edu/be2st-in-highways/]	Передовой опыт в области показателей возобновления энергии (англ. Performance Excellence in Energy Renewal-PEER) [http://peer.gbci.org/] Протокол оценки устойчивости в гидроэнергетике [http://www.hydrosustainability.org/]
5. Финансирование	Руководящие принципы в отношении облигаций устойчивости [https://www.icmagroup.org/green-social-and-sustainability-bonds/sustainability-bond-guidelines-sbg/] Принципы социальных облигаций [https://www.icmagroup.org/green-social-and-sustainability-bonds/social-bond-principles-sbp/] Принципы устойчивого страхования [https://www.unepfi.org/psi/the-principles/] Принципы ответственных инвестиций [https://www.unpri.org/] Принципы «зеленых» облигаций [https://www.icmagroup.org/green-social-and-sustainability-bonds/green-bond-principles-gbp/] Стандарты климатических облигаций [https://sustainable-infrastructure-tools.org/tools/climate-bonds-standard/] Инструмент экономических процессов Zofnass [http://economictool.zofnass.org/]	TREDIS [https://tredis.com/]	Стандарт ответственной энергетики E0100 [https://www.equitableorigin.org/eo100-for-responsible-energy/overview/]

	Инструмент финансовой оценки [https://www.fvtool.com]		
6. Строительство	Руководящие принципы в отношении устойчивой инфраструктуры китайских предприятий за рубежом [http://csr2.mofcom.gov.cn/article/policies/ind/201707/20170702608844.shtml] Метод оценки устойчивости инженерных сооружений [https://www.fccco.com/en/sustainability/responsible_construction/sustainability-system-assessment] Инструмент Smart Scan [http://www.gib-foundation.org/smartscan/] Стандарты экологических и социальных показателей МФК [https://www.ifc.org/wps/wcm/connect/Topics_Ext_Content/IFC_External_Corporate_Site/Sustainability-At-IFC/Policies-Standards/Performance-Standards]	Рейтинговая система Greenroads [https://www.greenroads.org/publications] Система анализа и рейтинга устойчивого транспорта [https://www.sccrtc.org/wp-content/uploads/2014/02/STARS-Pilot-Project-Application-Manual.pdf] TREDIS [https://tredis.com/]	Стандарт ответственной энергетики E0100 [https://www.equitableorigin.org/eo100-for-responsible-energy/overview/] Протокол оценки устойчивости в гидроэнергетике [http://www.hydrosustainability.org/]
7. Эксплуатация / текущий ремонт и содержание	Действительно нулевые отходы [https://true.gbci.org] Руководящие принципы в отношении устойчивой инфраструктуры китайских предприятий за рубежом [http://csr2.mofcom.gov.cn/article/policies/ind/201707/20170702608844.shtml] Метод оценки устойчивости инженерных сооружений [https://www.fccco.com/en/sustainability/responsible_construction/sustainability-system-assessment] GRESB [https://gresb.com/about/] Инструмент Smart Scan [http://www.gib-foundation.org/smartscan/]	Рейтинговая система Greenroads [https://www.greenroads.org/publications] TREDIS [https://tredis.com/]	Стандарт устойчивой энергетики E0100 [https://www.equitableorigin.org/eo100-for-responsible-energy/overview/] Передовой опыт в области показателей возобновления энергии (англ. Performance Excellence in Energy Renewal-PEER) [http://peer.gbci.org/]

Источник: Sustainable Infrastructure Tool Navigator (n.d.[6]), https://sustainable-infrastructure-tools.org/

Инструмент «Навигатор» является весьма всесторонним, но не всеобъемлющим. Так, в нем не учитываются некоторые основные стандарты, признанные на международном уровне, которые не только касаются проектов устойчивой инфраструктуры, но и влияют на стратегии и условия в области политики в общем. В документе «*G20/OECD/WB Stocktake of Tools and Instruments Related to Infrastructure as an Asset Class – Progress Report*» [«*Обзор инструментов и документов в отношении инфраструктуры как класса активов: отчет о проделанной работе Группы 20-ти/ОЭСР/ВБ*»] (OECD and World Bank, 2018[7]) представлен комплексный обзор существующих инструментов, стандартов и документов относительно инфраструктурной политики, получивших международное признание, обычно Группы 20-ти или Группы семи или ОЭСР. Представленный в нем обзор, проведенный в консультациях с различными международными организациями, в частности, АБР, АфБР, АБИИ, ЕБРР, ЕИБ, СФС, МАБР, МФК, МВФ, ИБР, Центром по вопросам глобальной инфраструктуры (Центром ГИ), НБР и ООН, предназначен в основном для ответственных должностных лиц и директивных органов и касается разных категорий:

A. Инструменты и документы относительно вопросов политики,

B. Инструменты и документы в отношении проектов

C. Данные об инфраструктуре.

В нижеследующей таблице представлен обзор нескольких стандартов и принципов устойчивой инфраструктуры, признанных на международном уровне, предназначенных в основном для директивных органов, которые намереваются создать основу политики, благоприятную для инвестиций в устойчивую инфраструктуру. Нижеследующий перечень никоим образом не является полным, но он дает хорошее представление о различных документах ОЭСР, имеющих разный правовой статус. Некоторые документы являются юридически обязательными для государств — членов ОЭСР и государств, не являющихся членами ОЭСР, но соблюдающих ее принципы, а другие одобрены государствами — членами ОЭСР или Группой 20-ти, но остаются документами рекомендательного характера.

Таблица A.3. Примеры документов и стандартов по вопросам устойчивой инфраструктуры, признанных на международном уровне

А. Инструменты и документы по вопросам политики	
Рамочные условия	Исешимские принципы содействия инвестициям в качественную инфраструктуру Группы семи Принципы инвестиций в качественную инфраструктуру Группы 20-ти Основы политики в области инвестиций ОЭСР, утвержденные рекомендацией совета ОЭСР в 2015 году для улучшения инвестиционного климата для привлечения частных инвестиций, в частности, в качественную инфраструктуру, и для улучшения основы политики Применимые к отдельным секторам, такие как Руководящие принципы закупок в сфере транспортной инфраструктуры (МТФ) Принципы участия частного сектора в инфраструктуре ОЭСР, утвержденные советом ОЭСР в 2007 году
Финансирование	Общие принципы долгосрочного финансирования инвестиций институциональными инвесторами Группы 20-ти /ОЭСР Рекомендации ОЭСР в области политики относительно инвестиций в инфраструктуру экологически чистой энергетики Отображение ситуации с каналами привлечения институциональных инвестиций в устойчивую энергию Управление инвестициями и интеграция экологических, социальных факторов и факторов управления Инвестиции в климат, инвестиции в рост ОЭСР Механизмы финансирования для будущего климата: новый подход к инфраструктуре ОЭСР/ВБ/ЮНЕП
Управление	Основа для управления инфраструктурой ОЭСР для планирования и определения приоритетности инвестиций, управления ГЧП и закупками, создания результативных условий регулирования и управления рисками, связанными с добросовестностью Сборник образцов надлежащей практики для содействия добросовестности и прозрачности в развитии инфраструктуры Группы 20-ти – внимание сосредоточено на прозрачности и добросовестности инфраструктурного цикла: (противодействии коррупции и мошенничеству) в ходе оценки, планирования, проведения тендеров, осуществления и контроля за исполнением договоров и т.д. Руководящие принципы ОЭСР для многонациональных предприятий, которыми принципы и стандарты **ответственного ведения бизнеса** (ОВБ) в случае инвестиций интегрируются в жизненный цикл инфраструктурного проекта для улучшения экономических, экологических и социальных результатов, избегания политических тупиков и обеспечения того, чтобы инфраструктура отвечала общественным интересам Принципы корпоративного управления Группы 20-ти/ОЭСР и Руководящие принципы ОЭСР в отношении корпоративного управления государственных предприятий Противодействие коррупции, ответственное ведение бизнеса и окружающая среда благодаря Конвенции ОЭСР о противодействии коррупции, Основе ОЭСР для обеспечения добросовестности государственных инвестиций Открытая конкуренция в области закупок согласно Рекомендации Совета ОЭСР о государственных закупках и Договоренности ОЭСР об официально поддерживаемых экспортных кредитах
Развитие	Цели в области устойчивого развития Организации Объединенных Наций Принципы комбинированного финансирования КСР ОЭСР для улучшения доступности коммерческого финансирования ЦУР
Окружающая среда	Рекомендация совета ОЭСР 2019 года в отношении оценки проектов, оказывающих значительное воздействие на окружающую среду

B. Инструменты и документы в отношении проектов	
Планирование и определение приоритетности	Основа определения приоритетности инфраструктуры (ООПИ) ГВБ Принципы ОЭСР в отношении государственного управления государственно-частных партнерств
Институциональный потенциал разработки проектов	Программа сертификации ГЧП APMG многосторонних банков развития Диагностика готовности страны к ГЧП ГВБ
Подготовка проектов	Инструмент анализа ГЧП ГВБ Модель оценки бюджетных рисков ГЧП (ПФРАМ) ГВБ/МВФ Оценка готовности проекта ГВБ Руководящие принципы ГВБ в отношении работы с незапрошенными предложениями Рекомендация ОЭСР в отношении государственных закупок Рекомендация ОЭСР в отношении противодействия торгам по сговору в области государственных закупок Фонд устойчивой инфраструктуры SOURCE Международные специализированные центры ЕЭК ООН Стандарт абсолютной нетерпимости по отношению к коррупции ЕЭК ООН
Операционная поддержка и контроль за исполнением договоров	Основа раскрытия информации в рамках проектов ГЧП ГВБ Рекомендация ГВБ в отношении договорных положений ГЧП Аннотированные матрицы распределения рисков государственно-частных партнерств GI Hub Инструмент контроля за исполнением договоров ГЧП GI Hub

Опыт государств — членов ОЭСР, а также широкая сеть политических кругов ОЭСР и ее аналитический потенциал позволяют ей решать проблему инфраструктуры с разных стратегических точек зрения, в частности, инвестиционной, финансовой, связанной с управлением, и в разных секторах, таких как транспорт, ИКТ и экологически чистая энергия. Такие высококачественные целостные исследования и диалог, ориентированные на вопросы политики, служат особым дополнительным вкладом в исследования и диалог региональных и многосторонних банков развития.

По поручению министров государств — членов ОЭСР, полученному в 2017 году[3], в настоящее время в ОЭСР принят комплексный, стратегический подход к инвестициям в качественную инфраструктуру в форме разработке горизонтального проекта с участием 19 директоратов и агентств ОЭСР, которым охватывается множество дисциплин и областей специальных знаний. Некоторыми примерами этой работы служит следующее:

- Основа управления инфраструктурой ОЭСР оказывает содействие правительствам в планировании и определении приоритетности инвестиций; управлении государственно-частными партнерствами и закупками; создании результативных условий регулирования и управлении рисками, связанными с добросовестностью.
- Основа политики в области инвестиций ОЭСР помогает правительствам улучшить свой инвестиционный климат для привлечения частных инвестиций, в частности, в качественную инфраструктуру, и повысить качество основы политики для максимизации экономических, социальных и экологических результатов таких инвестиций.
- В одобренном Группой 20-ти в сентябре 2016 года Методическом документе Группы 20-ти/ОЭСР по диверсификации финансовых инструментов для инфраструктуры и МСП содержатся основные указания в области политики и регулирования по вопросам привлечения частных инвестиций в инфраструктуру, и он служит основой для привлечения инвестиций в качественную инфраструктуру в соответствии с Исешимскими принципами содействия инвестициям в качественную инфраструктуру Группы семи. Отдельные факультативные рекомендации в области политики призваны помочь правительствам в решении основных проблем, связанных с привлечением частного финансирования для инфраструктуры и МСП, в частности, институциональных инвесторов и рынков капитала, и диверсификации финансовых инструментов с особым акцентом на финансировании за счет акционерного капитала. Важное место в рекомендациях также занимают использование методов снижения рисков и различных моделей финансирования в случае инфраструктуры.
- Для оказания содействия странам в решении своих задач в области развития и инвестиций ОЭСР разработала показатели, которые помогут им разработать национальные планы действий и оценивать ход достижения семнадцати ЦУР. В рамках Исешимских принципов, а также принципов прозрачности и открытости дальнейшие исследования помогут выявить разрывы в области политики между существующими руководящими принципами и сохраняющимися проблемами стран с формирующимся рынком и развивающихся стран, которые еще предстоит решить.
- Исследования в области новых технологий и инноваций в инфраструктуре, в частности, формирование технологии блокчейн и технологии распределенного реестра, открывают способы улучшения инфраструктурных показателей благодаря дигитализации, оценке деятельности на основе более точных данных и информации, повышению устойчивости

[3] https://www.oecd.org/development/promoting-quality-infrastructure-japan-april-2018.htm

и укреплению доверия гражданского общества. Лишь на прошлой неделе ОЭСР впервые провела «Форум ОЭСР по вопросам политики в области технологии блокчейн», из этого ключевого мероприятия было вынесено множество соображений относительно потенциальных способов применения технологии блокчейн к инфраструктуре, которые должны быть изучены дополнительно.

- Проект «Механизмы финансирования для будущего климата», который является продолжением проекта «Инвестиции в климат, инвестиции в рост», сосредоточен на способах активизации финансирования высококачественной стойкой инфраструктуры в соответствии с долгосрочной декарбонизацией.
- Центр по «зеленым» финансированию и инвестициям ОЭСР объединяет директивные органы, органы регулирования и участников рынка в качестве катализатора инвестиций в переход к экологически чистой, стойкой к изменению климата глобальной экономике с низкими уровнями выбросов, им рассматриваются различные инструменты, в частности, «зеленые» облигации и «зеленые» банки.

1.2. Литература

IDB (2018), *What is Sustainable Infrastructure? A Framework to Guide Sustainability Across the Project Cycle*, IDB, Washington, D.C., http://dx.doi.org/10.18235/0001043. [5]

OECD (2018), *Investing in Climate, Investing in Growth: A Synthesis*, OECD, Paris, https://www.oecd.org/environment/cc/g20-climate/synthesis-investing-in-climate-investing-in-growth.pdf. [3]

OECD/World Bank/UN Environment (2018), *Financing Climate Futures: Rethinking Infrastructure*, OECD Publishing, Paris, https://dx.doi.org/10.1787/9789264308114-en. [4]

OECD and World Bank (2018), *G20/OECD/WB Stocktake of Tools and Instruments Related to Infrastructure as an Asset Class - Progress Report*, OECD/World Bank, Paris, http://www.oecd.org/g20/G20_OECD_WB%20Stocktake%20-%20Progress%20Report.pdf (accessed on 30 July 2019). [7]

Sustainable Infrastructure Tool Navigator (n.d.), *Sustainable Infrastructure Tools*, https://sustainable-infrastructure-tools.org/?s=&used_by=Project+Team&used_by=Developers&used_by=Operators. [6]

Thacker, S. et al. (2018), *Infrastructure: Underpinning Sustainable Development*, UNOPS, Copenhagen, https://www.itrc.org.uk/wp-content/PDFs/ITRC-UNOPS-Infrastructure_Underpining_Sustainable%20Development.pdf. [1]

UN Environment (2019), *Integrated Approaches to Sustainable Infrastructure*, UN Environment, Geneva, https://www.greengrowthknowledge.org/sites/default/files/downloads/resource/Integrated_Approaches_To_Sustainable_Infrastructure_UNEP.pdf. [2]

www.ingramcontent.com/pod-product-compliance
Lightning Source LLC
LaVergne TN
LVHW080648011026
849160LV00014B/1359